基于碳信贷的科技型中小企业融资机制与对策研究

李 虹　著

南開大學出版社
天 津

图书在版编目(CIP)数据

基于碳信贷的科技型中小企业融资机制与对策研究 / 李虹著. —天津：南开大学出版社，2017.12
ISBN 978-7-310-05524-1

Ⅰ. ①基… Ⅱ. ①李… Ⅲ. ①中小企业—企业融资—研究—中国 Ⅳ. ①F279.243

中国版本图书馆 CIP 数据核字(2017)第 322254 号

南开大学出版社出版发行
出版人:刘运峰
地址:天津市南开区卫津路 94 号　邮政编码:300071
营销部电话:(022)23508339　23500755
营销部传真:(022)23508542　邮购部电话:(022)23502200
*
北京建宏印刷有限公司印刷
全国各地新华书店经销
*
2017 年 12 月第 1 版　2017 年 12 月第 1 次印刷
240×170 毫米　16 开本　18.75 印张　333 千字
定价:68.00 元

如遇图书印装质量问题,请与本社营销部联系调换,电话:(022)23507125

前　言

伴随着可持续发展理念的深入人心，只关注企业经济效益的传统融资模式已远不能满足经济社会科学发展的需要。碳信贷把环境和社会责任纳入风险管理的范畴中，是一种符合可持续发展理念的新的融资模式，是金融机构获取新的利润增长点的必然途径，是信贷模式的必然转变之路。

国家统计局数据显示，截至 2014 年底，我国科技型中小企业已超 800 万家，在国民经济和发展中已经可以起到中流砥柱的作用。但由于其具有高风险性、高成本信贷特征，资金问题一直以来是其发展壮大的瓶颈。而且科技型中小企业在整个生产周期中排放大量的二氧化碳，在追求低碳经济的发展模式下，科技型中小企业不仅面临着融资的困难，更面临着碳减排的工作压力。碳信贷作为实现减排目标的重要途径，在国外已经取得了一定的成效，因此，我国如何利用碳信贷手段进一步完善碳减排举措、解决科技型中小企业的融资困境，是迫在眉睫的问题。基于以上内容，本书对基于碳信贷的科技型中小企业的融资机制进行了系统的研究。

（1）探究我国科技型中小企业融资约束和国外对科技型中小企业的碳信贷融资模式。从政策角度阐述我国对科技型中小企业发展和融资的扶持力度，结合我国科技型中小企业发展状况和融资特点，以天津市为例由点及面分析科技型中小企业融资约束。对欧洲、美洲和亚洲诸多国家的银行自身碳减排及对碳信贷的推行力度和成果，及其在科技型中小企业的实践应用经验进行全面的梳理，给我国的商业银行、科技型中小企业提供借鉴思路。

（2）分析我国科技型中小企业碳信贷融资机理。构建了适合我国科技型中小企业的碳排放核算模式；从科技型中小企业的人力资本、企业规模和技术资本三个维度分析了碳信贷与科技型中小企业发展存在的因果关系；从产业集群的角度验证了我国科技型中小企业碳信贷融资业务可以有效实施；结合科技型中小企业的特点全面、系统归纳出科技型中小企业碳信贷影响因素指标，指出基于银行、政府和企业三方下碳信贷融资的推行路径。

（3）建立适合我国科技型中小企业碳信贷的融资体系。基于碳信贷融资视角，选取了反映科技型中小企业未来发展和潜在影响的定性指标与定量指标，得到科技型中小企业一般业务的信用评级体系。最后，通过引入碳指标建立了适合我国科技型中小企业碳信贷融资的针对性信用评级指标体系。

（4）从政府、银行、科技型中小企业和公众四个角度为碳信贷融资机制的完善提供对策，改善科技型中小企业融资困境，实现科技型中小企业经济效益和环境效益的双赢。

碳信贷是有利于科技型中小企业发展的融资机制，其推行需要政府、企业、银行、公众的多方合作。本书以碳信贷为着力点，将环境因素加入碳信贷这种新兴的融资模式中，研究在促进科技型中小企业可持续发展的同时缓解企业的融资难问题，以期为科技型中小企业融资问题的解决提供建议和参考。

李　虹

2016 年 10 月

目　录

第一章 绪 论

第一节 研究背景与研究意义

一、研究背景

当今社会处于全面追求可持续发展的新时代，由温室气体排放量持续增长引发的气候变暖问题得到全球各界机构、人士的广泛关注。据联合国政府间气候变化专门委员会（IPCC）对全球温室气体排放量的监控数据显示，二氧化碳（CO_2）排放量自1987年的221亿吨上升至2014年的355亿吨；其中，中国、俄罗斯、美国和日本的合计量已经接近全球总量的50%。作为第一大发展中国家的中国，在经济增长迅速的同时，从2005年开始已经超过美国成为二氧化碳（CO_2）排放量最大的国家，排放量约占全球总量的27.5%，至2014年达到了美国的1.6倍，而国内生产总值（GDP）仅为美国的59%。中国迫切需要从以牺牲环境资源为代价追求国内生产总值（GDP）高增长，转变为低碳经济的发展方式，并将其作为改革的重中之重。

自2002年开始，联合国政府间气候变化专门委员会（IPCC）定期报告碳信息披露项目（CDP），中国的企业已于2008年加入碳信息披露项目（CDP）调查。据2011年碳信息披露项目（CDP）中国报告显示，通过碳信息披露项目（CDP）碳信息情况调查问卷分析，从回收率来看，欧洲地区最高达到91%，其作为最大的碳交易市场是全球碳减排的典范，我国碳信息披露调查问卷回收率最低仅为11%，我国推行低碳经济步履维艰；从参与减排政策指定的企业、制定了绝对减排目标的企业、认识到法规风险的企业这四个指标来看，我国碳信息披露还处于起步阶段，要同国际接轨仍需很长一段时间；从有气候变化管理激励机制的企业这一指标来看，虽然我国明显高于其他地域达到82%，但我国碳减排水平相比其他地域偏低。碳信贷作为实现减排目标的重要途径，在国外已经取得一定成效。

我国自2007年中期始，环保部门和金融监管机构等联合发布了有关防范环境问题对信贷可能造成的风险的指导性文件后，已开展碳信贷工作8年，但二氧化碳（CO_2）排放量仍然只增不减，高耗能、高排放、高污染、低效率企业的存在使我国经济仍然处于粗放型的增长状态下，使中国经济的可持续发展面临严峻的挑战。

据国家统计局数据显示，截至2014年底，中小企业达到1023万家，成为我国企业中数量最大的企业群体，占据我国企业数量总额的85%，在我国的国民经济和社会发展中起着中流砥柱的作用。其中，科技型中小企业最具活力和发展前景，占据中小企业的80%以上，但由于其具有高风险性、高成本信贷特征，资金问题一直以来就是科技型中小企业发展壮大的瓶颈。2010年12月16日，科技部、中国人民银行等发布《促进科技和金融结合试点实施方案》，其中明确提出科技型中小企业需要金融机构不断加大资金支持力度。但科技型中小企业在生产的前期、后期及输出等过程中排放大量的二氧化碳，在追求低碳经济的发展模式下，科技型中小企业不仅面临着融资的困难，更面临减少碳排放的社会压力。2012年中国金融监管机构通过颁布《绿色信贷指引》对我国商业银行的信贷方向进行引导，促进社会风险的有效防范和环境的改善，进而促使商业银行服务实体经济的效率稳步提升。因此，如何利用碳信贷手段进一步完善碳减排举措、改善中小企业面临的资金难题，实现中小规模科技企业的可持续生存与发展，为推动经济增长模式的转型与结构调整提供支撑，已经成为迫在眉睫的问题。

二、研究意义

《国务院关于加快发展节能环保产业的意见》自2013年8月颁布之后，对我国节能环保行业的发展以及市场和政策环境的改善起到了促进作用，并且有利于我国进一步拓宽融资渠道。意见要求各地区要在商业可持续、风险可控制的原则下着力支持节能环保项目，进而推进绿色信贷业务的实施。银行在政府绿色信贷政策的指引下，在碳信贷方式下给予中小企业尤其是科技型中小企业资金支持，建立相应的评级机制，在风险、环保与收益的协调统一下平衡银行自身的经营目标。有效的信用评级需建立完善的信用评价体系，对企业碳信贷进行风险度量，支持融资性担保机构加大对符合管理规范、资质较好和符合产业发展政策的节能环保企业的担保力度，以促进政府生态环境保护工作效率的提升和银行碳信贷业务的进一步实施。

在政策支持和银行业务导向下，科技型中小企业通过碳信贷融资寻找自身可持续发展的突破口，根据碳信贷实施影响因素调整政府、银行及企业决策，不仅能够拓宽资金获取渠道缓解融资压力，还能在碳经济发展的背景下实现碳减排目标，履行企业社会责任、满足各利益相关者需求。

综上所述，在碳信贷融资方式下研究科技型中小企业的融资机制，有利于完善碳信贷信用评价体系。碳信贷在商业银行绿色信贷制度基础上融入低碳理念，从物质流的视角，将企业生产过程视为二氧化碳输出的系统，一方面对碳减排程度、能力及趋势进行了有效分析，另一方面为科技型中小企业构建了碳减排信用水平的测量体系及方法，分别从政府层面、银行层面和企业层面改善科技型中小企业的融资现状和提高其节能减排能力。

本书在充分借鉴已有研究的基础上，通过调研、比较分析法和文献检索法分析科技型中小企业的融资机理，构建科技型中小企业碳信贷指标体系，为银行、政府监管提供参考，为政府科技部门制定相关碳信贷政策提供有力支撑，推动完善绿色信贷制度，同时改善科技型中小企业融资困境，促进节能减排，调整、优化产业结构，实现企业经济效益和环境效益的双赢。

第二节 核心概念界定

一、中小企业与科技型中小企业

（一）中小企业的概念

关于中小企业的界定不同的国家有不同的标准，国外大多数国家采用单一定量标准，只有少数国家，如美国、英国和德国采用定量标准和定性标准[①]。无论各个国家是采用单一定量标准还是采用定量和定性的复合标准，对于中小企业界定归纳起来有如下几个共同的看法，即独立所有、自主经营[②]、占有较小的市场份额。

我国对中小企业的界定一直在不断修改，要得到一个统一准确的界定是十分困难的[③]，有的人认为中小企业的“中小”一词是指企业的规模，中小企业相对于大企业来说生产经营规模较小[④]。管晓永（2002）认为“中小”一词指竞争力

① 管晓永．中小企业界定的理论标准与实践标准．经济学家，2002，04：64~68

② 张晓莹．中小企业界定研究．软科学，2002，06：53~56

③ 汤学俊，崔之余．中小企业标准的界定、评价及思考．商业研究，2002，01：111~112

④ 林民书．中小企业的界定标准研究．云南财贸学院学报，2000，06：14~17

更符合当今社会的发展。

2003 年 1 月 1 日起我国开始实施《中华人民共和国中小企业促进法》，其中对中小企业进行了明确的定义。中小企业是指依法在中华人民共和国境内设立，并且符合国家的产业结构，经济需求，政策驱动，旨在满足社会需要，促进经济发展，增加居民就业的各种所有制和各种形式的企业。

2009 年我国颁布《国务院关于进一步促进中小企业发展的若干意见》，其中指出，中小企业是我国经济发展的重要支柱，应进一步营造有利于其发展的环境，并且提出要切实缓解其融资困难的难题。

2011 年 6 月，工业和信息化部、国家统计局等部门联合印发了《关于印发中小企业划型标准规定的通知》，根据企业营业收入与资产总额等标准，将中小企业划分为中型企业、小型企业和微型企业。该规定从营业收入、职工人数以及资产总额三方面对我国 15 个主要行业关于中小企业的界定进行了划分，如表 1-1 所示。

表 1–1　我国 15 个主要行业关于中小企业的界定

行业	营业收入（万元）	从业人员（人）	资产总额（万元）
农、林、牧、渔业	<=20000		
工业	<=40000	<=1000	
建筑业	<=80000		<=80000
批发业		<=200	
零售业	<=20000	<=300	
交通运输业	<=30000	<=1000	
仓储业	<=30000	<=200	
邮政业	<=30000	<=1000	
住宿业	<=10000	<=300	
餐饮业	<=10000	<=300	
信息传输业	<=100000	<=2000	
软件和信息技术服务业	<=10000	<=300	
房地产开发经营	<=200000		<=10000
物业管理	<=5000	<=1000	
租赁和商务服务业		<=300	<=120000
其他未列明行业		<=300	

资料来源：《关于印发中小企业划型标准规定的通知》（2011）

（二）科技型中小企业概念与特征

1. 科技型中小企业概念

科技型中小企业属于中小企业的一部分，具备其一定的属性和特征，但与一般的中小企业相比又有很多不同①，不同点主要体现在其为社会提供产品或劳务的过程中，科技型中小企业涉及的基于新兴科学知识的技术含量高于其他一般企业②。科技型中小企业通常被定义为资金自筹、自愿组合和经营、盈亏自负、自我约束和发展的知识密集型经济实体，以科技人员为主，以技术开发，咨询，服务，高新产品，将高新技术产品从科学研发、生产到产品的输出销售，以及实现科技成果转化为主要经营内容的知识型密集型经济实体③。在国际上，科技型企业一般被称作高技术企业，基于企业所属的产业判定企业的性质是否属于高技术产业而划分出高技术产业与其他企业。从规模上来看，科技型中小企业相比高技术大企业存在一定的差距，它是高技术企业的雏形，与高技术大企业一样以创新为使命，以创新为生存源泉，需要通过培育才能成长为高技术企业。1993 年国家科委和体改委发布了《关于大力发展民营科技型企业若干问题的决定》，其中指出科技型企业是我国科技和经济体制改革的产物，它包括科技人员为主体创办的企业，包括从事科技研究的科研院所、学校、企业等创办的经济实体。文件指出，科技型企业应按照市场需求、政策导向，多渠道多方面的发展，并且不断提升其研究和开发能力。国家科技部发布的《关于进一步促进科技型中小企业创新发展的若干意见（国科发政〔2011〕178 号）》中提出了科技型中小企业的定义，即一直主要研发、生产高新技术产品，提供技术服务的企业群体④。表 1-2 给出了我国首批促进科技和金融结合的部分试点地区以及非试点地区科技型中小企业的认定条件。

---

① 杨军敏，徐波．产权市场建设与科技型中小企业融资行为研究．科技进步与对策，2007，02：8~10

② 闻岳春，王婧婷．科技创新型中小企业的资本市场融资策略研究．科学管理研究，2010，02：107-112

③ 张丹，林原，刘宁．科技型中小企业信贷风险补偿基金建立及创新研究——以大连市中山区为例．中国城市经济，2011，30：149~150

④ 科学技术部.《关于进一步促进科技型中小企业创新发展的若干意见》（国科发政〔2011〕178 号）

表 1-2　部分地区科技型中小企业的主要认定条件

认定条件 地区	是否有法人资格	注册资金（万元）	营业收入（万元）	大专人才占比	研发人才占比	研发比例	研究方向	资料来源
北京	是	—	—	≥30%	≥10%	≥5%	高新技术产品的研制、开发、生产和服务业务	《北京市科技型中小企业技术创新资金管理办法》（2006）
上海	是	—	—	≥30%	≥10%	≥5%	高新技术产品的研制、开发、生产和服务业务	《科学技术部、财政部关于科技型中小企业技术创新基金暂行规定》（2012）
四川	是	—	—	≥30%	≥10%	≥5%	高新技术产品的研制、开发、生产和服务业务	《四川省科技型中小企业技术创新资金财务管理暂行办法》（2009）
广东	是	≥30	—	≥30%	≥10%	≥5%	高新技术产品的研制、开发、生产和服务业务	《广东省科技型中小企业技术创新专项资金管理暂行办法》（2009）
苏州	是	—	在40000万元以下或从业人员在1000人以下	—	≥5%	中型科技企业≥1%;小型科技企业≥2%;微型科技企业≥3%	企业具有自主知识产权或专有技术	《苏州市科技型中小企业资格确认实施细则（试行）》（2013）
河北	是	—	工业≤4000；服务业≤1000	≥20%	—	≥2%	企业具有自主知识产权或专有技术或创新集成能力，且形成产品或服务	《河北省科技型中小企业认定管理办法》（2013）
河南	是	—	—	≥30%	≥10%	≥5%	高新技术产品的研制、开发、生产和服务业务	《河南省科技型中小企业技术创新资金项目》（2013）
辽宁	是	—	—	≥30%	≥10%	≥5%	高新技术产品的研制、开发、生产和服务业务	《辽宁省科技型中小企业技术创新资金管理暂行办法》（2013）
厦门	是	—	≥100	≥20%	≥10%	≥3%	从事一种或多种高新技术及其产品的研究、开发、生产和经营业务，产品属于《国家重点支持的高新技术领域》的科技型企业	《厦门市科技型中小企业备案登记管理办法》（2013）

2010 年 9 月由天津市科学技术委员会颁布的《天津市科技型中小企业认定管理办法》中强调了科技型中小企业人员和企业群体的规模，认定科技型中小企业是科技人员达到某一规模，拥有自主研发的知识产权、非专利技术和较为先进的知识，通过科技研发供应高技术产品或服务、开展创新活动的中小企业。与上述其他地区规定不同的主要有以下两点：（1）企业主营业务收入中科技经费支出占比要不低于 2%；（2）企业主营业务收入中，由知识产权、先进知识和专有技术取得的收入占比不低于 20%①。另外，还将科技小巨人定义为在企业所属行业排名前列，掌握自主知识产权的产品、技术和科技成果，实现超过 1 亿元销售收入并具有高成长性的科技型中小企业。

2. 科技型中小企业特征

科技型中小企业在其发展过程中逐渐形成了自身的独特特征，与一般类型的中小企业有着较大区别，具体特征表现在以下四个方面：

第一，科技型中小企业具有高风险性。科技型中小企业注重产品的研发与创新，研发与创新通常具有较大风险性与不确定性，为达到最大的经济效益，科技型中小企业一般会投入大量的人力资源、物力资源、财力资源研发创新，使得科技型中小企业面临众多难题与困境。高风险性是科技型中小企业的显著特征。

第二，科技型中小企业具有高成长性。科技型中小企业自身的高风险性也意味着其具有高成长性。科技型中小企业知识、技术、人才密集，发展速度快，成长性高。

第三，科技型中小企业技术创新优势突出。与一般企业相比，科技型中小企业一般规模较小，但是面对激烈的市场竞争环境，科技型中小企业依然发展迅速，得益于其自身拥有较强的技术创新能力。

第四，科技型中小企业面临融资难问题。科技型中小企业具有高风险性，且成长性高、规模较小、经营业绩不稳定等诸多因素都造成科技型中小企业面临融资难问题。

二、绿色信贷

从 20 世纪 90 年代初绿色信贷便初露头角，1992 年联合国环境规划署颁布的《银行关于环境和可持续发展的声明》可以视为联合国环境规划署金融倡议机构领导下的新运动的重要标志。自此世界银行、其他金融机构（如亚洲开发银行、泛

① 赵湜．企业技术创新的风险补偿机制研究．博士学位论文，武汉理工大学，2013

美开发银行、非洲开发银行等）以及各国都逐渐开始对绿色信贷有了进一步的实施。上海银行在我国大陆银行中第一个在此声明上签字。这一举措代表了我国银行业对环保事业的重视和对环保理念的推广，以“绿色银行”为发展目标，推动我国环保事业的可持续发展。2007 年，中国银监会等机构联合下发《关于落实环保政策法规防范信贷风险的意见》，标志着绿色信贷正式起步并成为我国节能减排的主要经济手段。

绿色信贷在国际上的探讨承接了有关环境金融的探讨成果。美国环境金融中心曾经提出：为解决环境保护资金问题，国家应该充分利用金融工具。索尼亚·拉巴特（Sonia Labatt）（2002）提出环境融资主要是指转化环境风险和提升环境质量的特殊金融工具①。商业银行的环境金融工具主要为了应对环境政策和企业因为环境问题引出的风险，金融机构在贷款的信用评级中引入环境因素，为积极提升环境质量的企业提供贷款。因此，绿色信贷自然是其中重要的金融工具。吉姆·吉尔斯（Jim Giles）（2004）将绿色信贷定义为在银行的贷款审核机制中考虑贷款企业或者项目的环境信息的金融工具②。我国学者何德旭（2007）、张伟等（2010）和周昕（2015）将绿色信贷定义为银行业依据国家环境经济和产业发展政策等开发的金融工具，其中规定给经营开发和利用新能源、从事生态保护、循环经济生产、生态农业和绿色制造等企业设定较低优惠利率的贷款扶持，给生产过程中产生大量污染的企业或项目限定贷款额度，或对贷款设定惩罚性的高利率。2007 年中国银监会颁布的《节能减排授信工作指导意见》、2008 年环保部发布的《绿色信贷环保指南》以及 2012 年银监会制定的《绿色信贷指引》等政策明确了绿色信贷业务的内涵：即在信贷业务中，银行需对耗能高、污染高的项目和企业制定严格的限制条件，进而通过放贷引导环保产业的发展，响应国家的节能减排战略。

分析现有研究成果，绿色信贷的含义主要有以下两层：第一，在金融业的核算和决策期间考虑生态环境要素，能够在企业降低能耗的过程中起到辅助和促进的作用，引导企业避免污染环境、浪费资源的粗放经营模式；第二，金融业关注环境防治是可持续发展理念践行的必然趋势，金融业作为经济枢纽，应注重人类的长远利益，促成金融与科技的结合，实现金融和环境的密切融合和良性循环。

绿色信贷区别于传统信贷的方面主要有以下三点：第一，不同的效益目标。区别于传统信贷对生态效益的忽视和对商业效益的重视，绿色信贷将生态效益和

---

① Sonia Labatt.Rodney R. White - Carbon Finance: The Financial Implications of Climate Change Wiley. 2007, 288

② Jim Giles. Carbon credits for the Joneses. NATURE, 2006,27

商业效益的最佳均衡作为效益目标。第二，不同的支持重点。传统信贷为高碳金融，对高效益但高耗能、高污染产业给予重点支持；绿色信贷则为低碳金融，其基于实现均衡的效益目标，重点支持战略型新兴产业和节能环保产业。第三，不同的经营重点。传统信贷忽视了企业社会责任，仅仅注重最大化股东或经营主体的经营收益；绿色信贷使金融机构承担一定的社会责任，能够实现金融机构自身经营活动的良性循环，并与外部产业发展形成有机统一。具体比较①如表 1-3 所示。

表 1–3 传统信贷与绿色信贷的对比

信贷类型 不同之处	传统信贷	绿色信贷
定义	贷款时参考企业财务状况，使得银行能在一定期限内获得资金回报的贷款模式	贷款时将生态效益和商业效益的最佳均衡作为效益目标，促进生态保护的同时实现经济的可持续发展
追求的目标	忽视生态效益，单纯注重商业效益	将生态效益和商业效益的最佳均衡作为效益目标
支持的重点	支持高效益、高耗能、高污染行业	支持战略型新兴产业和节能环保产业，表现为低碳金融
经营重点	忽视企业社会责任，最大化股东或经营主体的经营收益	有机统一经营活动和外部产业发展，形成良性循环

现阶段，我国经济处在高碳经济转化为低碳经济的道路上，绿色信贷是在传统信贷变革过程中创新和发展出的必然产物，其引导我国银行以一种新的经营理念和操作管理机制发展。自 2007 年 7 月开始，绿色信贷业务在我国金融行业陆续开展，国有银行以及商业性质的银行在政策指导下支持绿色产业发展，国家对绿色产业的主要支持政策、开展绿色信贷业务支持绿色产业发展的主要金融机构（选取绿色信贷排名报告中的部分上市银行及其他金融机构）及业务如图 1-1 和表 1-4 所示。

① 高歌．绿色信贷新趋势:碳信贷的前世今生．环境保护，2010，22：27~29

时间	政策	主要支持方式
2015	《关于加快推进生态文明建设的意见》	• 拉动环保产品的消费需求 • 引导社会资金多渠道投入 • 市场化环保产品
2014	《2014-2015年能源减排低碳发展行动方案》（国发〔2014〕23号	• 建立节能环保产业的负面清单 • 培育节能减排检查第三方机构 • 加大对碳减排项目的支持力度 • 推行能效、节能产品认证标识
2013	《关于加快发展节能环保产业的意见》（国发〔2013〕30号）	• 升级换代节能技术装备 • 支持企业技术创新 • 拓宽投融资渠道 • 鼓励引进国外环保项目
2013	《循环经济发展战略及近期行动计划》（国发〔2013〕5号）	• 构建三大产业循环体系 • 实施十大循环经济的示范工程、百个城市和千家示范企业 • 建立循环经济评价体系
2012	《绿色信贷指引》（银监发〔2012〕4号）	• 推动银行业金融机构绿色信贷业务的实施 • 促进经济发展方式转变和经济结构调整
2011	《关于环保系统进一步推动环保产业发展的指导意见》（环发〔2011〕36号）	• 鼓励各地区根据污染物排放水平制定专门的标准 • 公开环保产业企业的环境信息 • 政府实行绿色采购
2011	《关于加强环境保护重点工作的意见》（国发〔2011〕35号）	• 加快推动经济发展方式转变 • 提高生态文明建设水平，加强环境保护重点工作
2011	《“十二五”节能减排综合性工作方案》国发（2011）26号	• 调整优化产业结构 • 实施节能减排重点工程 • 加快节能减排技术开发和推广应用等
2011	《国民经济和社会发展第十二个五年规划纲要》	• 节约能源 • 降低温室气体排放强度 • 推广低碳技术
2010	《关于加快培育和发展战略性新兴产业的决定》（国发〔2010〕32号）	• 将开发和推广环保节能和高效率的产品和技术装备作为重点 • 加强对新能源、新材料产业的研发投入
2005	《关于落实科学发展观加强环境保护的决定》（国发[2005]39号）	• 完善环境监管制度 • 环保投入列入财政支出考核指标 • 停止对不符合环保标准的企业的信贷 • 增加环保技术的科研项目投入
2005	《关于加快发展循环经济的若干意见》（国发[2005]22号）	• 加大对循环经济的投资力度 • 利用价格杠杆 • 研究生态补偿机制、制定支持循环经济的财税政策

图 1-1　国家支持绿色产业发展出台的主要相关政策

表 1–4 开展绿色信贷业务的主要金融机构

金融机构	主要业务
中国人民银行	2015 年颁布《中国人民银行公告（2015）第 39 号》，在债券市场推出绿色金融债券；2016 年中国人民银行与财政部等七部委联合印发《关于构建绿色金融体系的指导意见》，设立绿色发展基金，发展绿色债券市场，发展碳交易市场和碳金融产品，构建和完善绿色金融体系
北京银行	2004 年与世界银行开展“GEF 中国节能促进项目”；2007 年与国际金融公司合作签署能效贷款项目，成为国内首家推出该项目的中小银行；2010 年，与荷兰国际集团合作签署“碳中和”备忘录；2011 年与中国节能协会服务产业委员会合作向会员单位授信贷款
中国建设银行	2006 年首次披露企业社会责任报告，为国内首家披露的大型银行；制定了《建设银行节能减排授信工作方案》和绿色信贷全业务流程；发布《节能环保倡议书》
中国工商银行	2008 年主动退出了 152 家两高企业贷款；2011 年，全行推行《绿色信贷建设实施纲要》
华夏银行	2010 年与法国开发署合作，启动绿色中间信贷项目
中国银行	2010 年推出《支持节能减排信贷指引》，将相关信贷划分为三个级别，分别是“禁止”、“允许”和“重点支持”
民生银行	2010 年在北京绿色金融商务区设立全国首家绿色金融专营机构
光大银行	2010 年与北京环境交易所合作，推出绿色零碳信用卡；又共同签订了《中国光大银行碳中和服务协议》，成为国内首家“碳中和”银行
兴业银行上海分行	2011 年，与上海环境能源交易所合作建立碳交易市场
浦发银行上海分行	2011 年推出首个绿色信贷综合服务方案
交通银行上海分行	2011 年对授信客户实行“三色七类”环保标识分类
浦发银行	2012 年由总行成立绿色信贷创新小组，开发绿色股权融资、排污权担保与传统担保相结合模式等创新绿色金融工具
亚洲开发银行	2012 年与中国政府合作，专门为广东省环境保护开展首个由政府主导的节能减排贷款项目，总计 1 亿美元
中国农业银行邢台分行	2013 年，制定专门的《绿色信贷办法》，实行考虑环保指标的一票否决制

续表

金融机构	主要业务
中国邮政储蓄银行	2013 年，重点支持达到环境指标的三农、小微企业等；制定了差异化的绿色信贷政策；荣获“2013 年度亚洲最佳绿色信贷银行”
兴业银行佛山分行	2014 年推出“8+1”的绿色金融服务模式支持绿色产业
中国银行业	2014 年成立绿色信贷专业委员会
中国农业银行云南省分行	2015 年与普洱市政府签订 300 亿信贷合同，支持普洱市的普洱产业

资料来源：由笔者在银监会网站统计整理

截至 2014 年底，我国银行业信贷余额中，绿色信贷余额达到 7.59 万亿元，同比上涨 45%[①]，我国银行业对两高一剩贷款余额和节能环保贷款余额如图 1-2 所示。

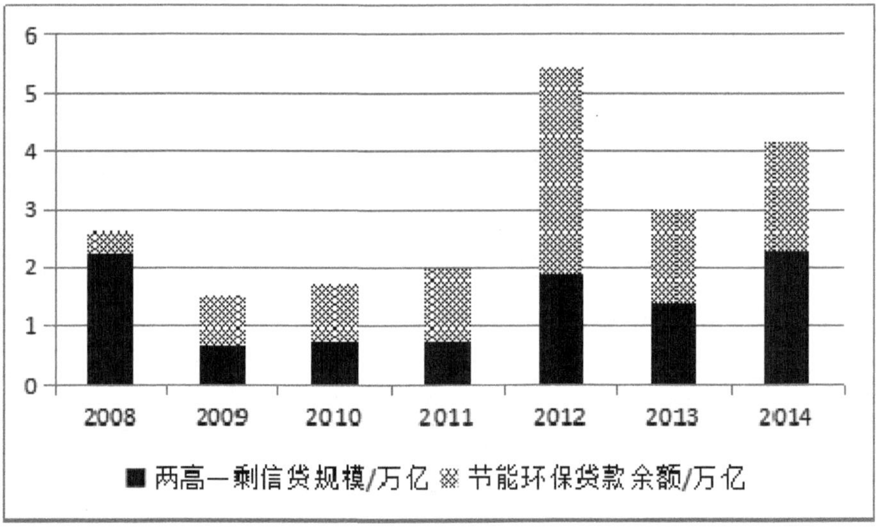

图 1-2　2008-2014 年我国银行业环保贷款规模

资料来源：中国银行业协会颁布的各年度银行企业社会责任报告

绿色信贷在银行信贷业务中处于初步阶段，2014 年，中国银监会颁布《绿色

① 曲格平．中国环境保护四十年回顾及思考(回顾篇)．环境保护，2013，10：10~17

信贷实施情况关键评价指标》，指导全国各地区各银行通过信贷业务引导绿色产业发展，为银行促进企业承担社会责任等具有重要的意义和作用。

三、碳金融与碳信贷

碳金融的概念从狭义上来讲主要是指以碳交易为基础的投融资活动，从广义上来讲主要是指为应对气候变暖控制温室气体排放采取的金融活动或安排。国内外学者目前多采用的是广义上的概念。广义上碳金融的业务模式分类如图 1-3 所示：

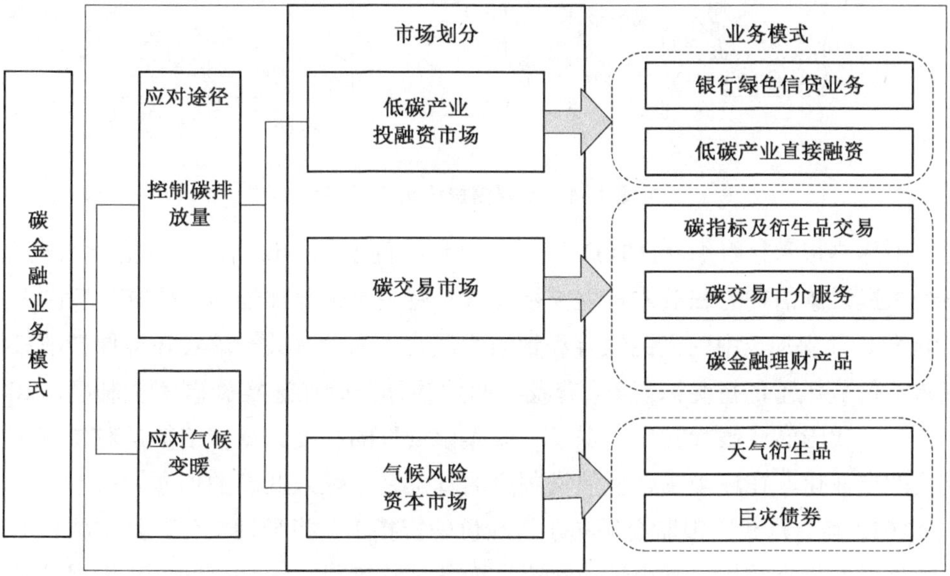

图 1-3 碳金融业务模式

碳信贷是绿色信贷概念的进一步细化，是在绿色信贷产品中落实到碳减排具体层面的金融创新产品，这种创新趋势同时也是绿色信贷在国际上的一个发展趋势。

（一）碳信贷的含义

国际上，实现碳减排的主要途径是绿色信贷，碳信贷是在功能上对其的进一步细化、创新。碳信贷是低碳环保的绿色信贷，有两种专业实施途径：一种是通过向低碳企业发放贷款，另一种是通过碳交易市场平台向符合清洁发展机制（CDM）的项目贷款。此种方式不仅有利于发展中国家发展低碳经济，学习借鉴与引进发达国家在节能减排方面的技术与成就，而且，发展中国家可利用此项信贷资金促进低碳经济的转型升级，同时也能增强企业的节能环保意识，激发企业开发清洁能源、发展循环经济与可持续发展经济的积极性。从另一个角度来看，碳信贷以“低碳与信贷结合”为理念，统筹经济、环境、金融等方面，通过金融机构开发金融产品，从而转变经济增长方式，发展低碳经济，从而进一步推动我国经济可持续发展。具体的体系流程如图 1-4 所示：

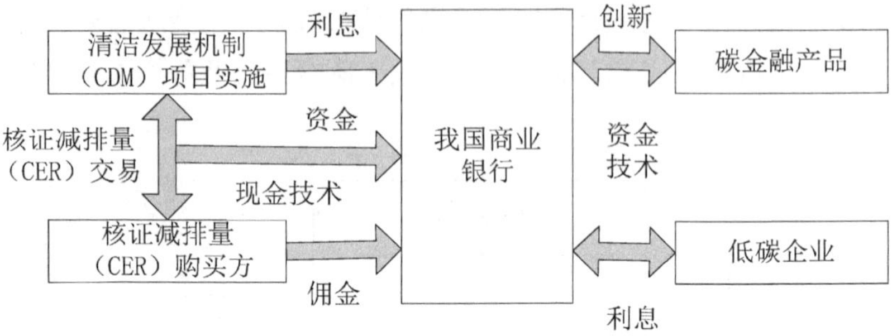

图 1–4　低碳信贷体系流程图①

国际热带木材组织（ITTO）关于热带保护问题的热议引出了碳信贷的概念，该组织提议碳信贷的获益方式主要是通过对有关热带雨林的项目建立收费制度。2008 年，环保局、中国人民银行和银监会联合颁布的《关于落实环境保护政策法规防范信贷风险的意见》，意味着我国商业银行开始加速实施碳信贷制度。2009 年 5 月，我国商业银行初步制定了“低碳信贷”的制度。低碳信贷是对传统信贷模式的专业化，在环境友好型信贷制度的基础之上融入低碳的理念。

2012 年 2 月我国银监会颁布了《绿色信贷指引》指导性文件，其主要目的在于优化当前信贷结构，减少环境污染方面的贷款项目，增加有助于环境保护的项目资金支持，有效防范环境和社会风险，从而推动宏观经济增长模式的转型与产业结构的优化升级。目前，国际上绿色信贷在节能减排的实践应用中已经卓有成效，作为绿色信贷减排工作进一步细化的碳信贷业务，与绿色信贷有相同之处，也存在一定的区别，区别主要体现在五个方面（见表 1-5）。

碳信贷体系主要分为两层：第一，给予低碳企业或项目优惠贷款利率，加大资金投放力度；第二，在清洁发展机制下的核证减排量（CER）贷款。我国商业银行开展的业务体系主要在第一层。

① 涂红．企业碳信贷信用风险的预测模型与应用研究．硕士学位论文，南昌大学，2015

表 1-5 绿色信贷与碳信贷的区别

名称 区别	绿色信贷	碳信贷
概念	通过提高贷款利率、实行优惠利率区别对待企业，限制高耗能、高污染企业贷款进而达到节能减排的引导作用	也被称作碳信用额度，授予企业二氧化碳当量或者吨二氧化碳的排放许可或者排放权
操作工具	贷款利率	清洁发展机制（CDM）项目、核证减排量（CER）、自愿减排量（VER）等
具体内容	环境风险评估、可持续金融和企业社会责任	三大机制：清洁发展机制（CDM）；联合履行机制（JI）；国际排放交易（IET）
执行对象	限制耗能高、污染严重的企业或者项目	有机农业、新能源、林业等部门
交易主体	金融机构与企业的信贷业务	企业或组织的碳信贷额度在国际市场上的买卖与转让

（二）碳信贷的产品

“碳信贷”在“碳金融”的发展下应运而生。碳金融产品为顾客提供具有竞争性的款项，与传统金融产品不同，碳金融产品贷款年限一般比较长，而且给顾客提供的贷款利率一般较低，给顾客提供更大的限额与便利化。表 1-6 列举了国外商业银行提供的碳信贷业务与产品。

表 1-6 国外银行业碳信贷产品①

贷款品种	产品名称	发行银行	产品内涵
住房抵押贷款	结构化节能抵押品	花旗集团	在贷款申请人信用评分体系中纳入省电等节能减排指标
	生态家庭贷款	英国联合金融服务社	免费对房屋购买交易提供配套的服务（评估家用能源及二氧化碳抵销服务等）
商业建筑贷款	优惠贷款	美国新资源银行	对于绿色项目中的商业或多用居住房屋贷款时提供适当的折扣优惠
	第一抵押贷款	美国富国银行	通过绿色能源与环境设计（LEED）认证的节能商业建筑物，提供再融资服务和第一抵押贷款，免除开发商为绿色商业建筑支付初始保险费用。

① 涂红．企业碳信贷信用风险的预测模型与应用研究．硕士学位论文，南昌大学，2015

续表

贷款品种	产品名称	发行银行	产品内涵
房屋净值贷款	便捷融资	花旗集团	同电气公司合作，对于居民购置民用太阳能技术给予便捷的融资服务
	贷款捐赠	美洲银行	针对贷款申请人使用维萨（VISA）卡消费金额，捐献给环保非政府组织一定比例的收入
汽车贷款	清洁空气汽车贷款	加拿大温哥华市银行	对低排放的车型提供优惠贷款利率
	保护环境（GoGreen）汽车贷款	澳大利亚合作银行（bank MECU）	是一种贷款者被要求种树来吸收私家汽车排放污染的贷款
绿色信用卡	气候信用卡	欧洲的荷兰拉博银行（Rabobank）	每年捐献一定比例金额给世界野生动物基金会
	信用卡	英国巴克莱银行	持有卡用户在购买绿色服务和产品时给予折扣及优惠的借款利率，卡利润的一半支付世界范围内的碳减排项目
运输贷款	小企业管理快速贷款	美洲银行	设置快速审批流程，提供无抵押兼优惠条款给货车公司，支持其开发节油技术，帮助其购买节油率更高的升级套装
项目融资	转废为能项目的融资	爱尔兰银行	贷款支持最长可以达 25 年，仅需要与当地政府签订废物处理合同，同时承诺支持合同范围外废物的处理

我国碳信贷业务起步较晚，目前还处于发展探索阶段。现阶段我国的碳信贷业务主要是通过清洁发展机制标准的审核，之后在国际碳交易市场上参与，获得发达国家的资金援助与先进科技。我国相关银行也相继推出了低碳产品，积极开发建设低碳环保理念的碳信贷产品。但我国碳信贷金融体系有待进一步建设与完善，相关银行的碳信贷产品有待进一步突破与开发。

目前，国际和国内碳信贷产品主要分为以下几类：

1. 低碳项目融资类。该类型产品采取给予低碳项目优惠利率的方式，例如英国银行启动融资项目“变废为宝”，承诺只要废物处理合理，贷款支持年限将延长至 35 年。另外，还有风能融资项目、生物能源项目等产品。

2. 低碳汽车信贷类。该类型产品主要采取将温室气体排放量等级、汽车能耗效率与贷款利率挂钩的形式，重点支持采取低油耗技术生产汽车的项目。目前，加拿大金融机构已经推出了低碳交通工具信贷产品，并且以欧洲国家为代表的全球许多国家推出了低碳汽车保险信贷。

3. 低碳技术改造信贷类。该类型产品主要考虑低碳技术改造获益情况，若供应商与节能企业签订合同，独立第三方对改造项目产生的节约成本的收益进行评估，银行可允许供应商运用节能减排获取的收益偿还贷款。该类型产品可以解决中小企业资金短缺的难题，对于中小企业来说通过企业低碳技术改造获得信贷是融资的一个较好的选择。

4. 低碳信用卡类。低碳信用卡类产品指当顾客购买低碳产品或服务时，将提供折扣或将一定比例的收益向绿色非政府组织捐款。例如，欧洲推出气候信用卡、英国推出绿色维萨（VISA）卡，国内的光大银行与北京环境交易所共同建立交易平台，个人通过预计每年碳排放量，通过信用卡购买碳减排额度，进而实现个人的碳中和。

5. 绿色债券类。绿色债券是绿色金融领域的一种融资工具。绿色债券的融资资金一般用于绿色交通、绿色建筑、环境保护项目、可再生能源的开发利用以及气候变化等项目。绿色债券直接或间接地为绿色项目融资。表 1-7 列出了国内外典型的绿色债券类型。

表 1–7　国际典型绿色债券[①]

资产类别	发行人	特征及案例
主权债券	中央政府	收益专款专用于具体的绿色计划，或用于支持一个国际倡议。如联合国绿色气候基金。
次主权债券	地方政府	责任债券或收益债券，现金流来自于具体方案或项目，专款专用于偿还债券，具体与绿色基础设施或公共服务挂钩。如法国城市可持续发展债券、马萨诸塞州债券等。
	政府机关	发行人为政府机构，如国家发展金融机构和绿色银行，或政府支持的基础设计领域机构，侧重于环境和社会目的。如北欧投资银行债券、欧洲铁路融资公司债券。
	超国家债券	一般责任债券，收益分配给符合条件的投资。如世界银行和国际金融公司绿色债券、欧洲投资银行气候债券。
金融机构债券	商业银行	商业银行发行的与符合条件的贷款池，如清洁能源、铁路、绿色建筑等挂钩的债券。如美国银行发行的绿色债券。
非金融机构公司债券	工商企业	一些工商企业的资产负债表中有大量绿色债券资产。如法国电力公司、苏伊士环能集团、中国三峡集团等公司债券。
	特殊目的机构	由项目开发公司或绿色项目的特殊目的实体发行的债券。如汉农阿姆斯特朗债券。

① 滕磊．绿色债券的国际创新和中国路径．生产力研究，2016，5：38～41

续表

资产类别	发行人	特征及案例
资产担保债券	商业银行	投资者对担保债券计划背后的金融机构（担保债券的发行人）和担保池中的相关资产具有双重追索权，资产池一般包括住宅或商业按揭贷款或公共部门的资产。如德国慕尼黑住房银行债券。
结构性融资或证券化	工商企业	公共事业公司发行的结构性资产担保债券，以此降低可再生能源资产的资金成本。
	暂持融通机构/金融公司	公司寻求对贷款或资产进行更成熟投资组合的再融资，从而将资金回收并投入新的贷款或发展，以获得更好的收益。如太阳能城市太阳能屋顶证券等。

（三）碳信贷的发展

最早的碳信贷概念源于国际热带树组织（ITTO）对热带雨林保护问题的热议。因此，初期的碳信贷市场多集中于林业和能源部门。目前，很多国家均已开展以碳信贷为核心的碳金融市场建设。2002 年，印度开始实行碳交易制度，直至 2008 年，为应对气候变化印度政府公布了行动计划。2008 年，澳大利亚和美国在关于碳交易的问题上进行讨论，荷兰的商业银行设计了独具特色的碳信贷产品。2010 年，德意志银行作为新能源效率的金融中介机构，为私人业主提供融资，完成节能改造，并且主动为企业提供碳信用交易。

在我国，2009 年以来，中国银行、交通银行和兴业银行等商业银行开拓了信贷投放在新技术和新能源方面的新方向。我国碳信贷参与最多的一类项目是清洁发展机制（CDM）项目。2013 年我国向碳信息披露项目（CDP）披露信息的企业仅为 32 家，截至 2014 年上涨到 45 家，碳信息披露项目（CDP）项目减排量占据全球市场份额的 45.7%。然而，形成碳减排交易量大的原因不在于我国清洁发展机制（CDM）交易规范程度，而在于我国的碳信贷价格明显低于国际价格。上海、北京和天津的业务量很有限，且多数充当清洁发展机制（CDM）项目的中介角色。另外，与国外碳信贷丰富的碳信贷产品相比，我国碳信贷产品层次较浅，较多停留在绿色信贷层面。商业银行信贷业务并未严格细分绿色信贷与碳信贷，主要设计了针对可再生能源如风能、太阳能、沼气和生物质能等的信贷产品，碳交易和碳排放设计的碳信贷产品较为缺乏。

第三节 研究内容与技术路线

一、研究内容

本专著选取科技型中小企业作为研究对象。首先针对何谓绿色信贷、碳金融和碳信贷以及三者之间的区别进行界定，对碳信贷融资、科技型中小企业融资及其融资风险评级支持理论及国内外研究进行较系统的综述；其次，从阐述国家对科技型中小企业发展的支持政策表现国家对该群体的重视，并以首批金融和科技结合的试点城市天津市为例，从天津市科技型中小企业的扶持政策、融资现状的调查分析，指出目前科技型中小企业融资方面存在的诸多问题和约束；再次，以欧洲、美洲和亚洲为地域分类对包括德国、英国、美国、加拿大、日本、韩国在内的诸多国家的银行，从自身碳减排及对碳信贷的推行力度和成果，及其针对科技型中小企业的实践应用经验进行全面的梳理，为我国的商业银行、科技型中小企业提供借鉴；最后，对我国碳信贷融资机理进行分析，在现状和机理分析的基础上构建科技型中小企业碳信贷融资机制，并为我国科技型中小企业的碳信贷融资提出可行且科学的建议。此外，该项研究具有理论价值，对于完善绿色信贷制度具有极大意义，而且为中小企业融资提供了研究思路。从实际应用角度来看，该项研究为政府机构、金融证券机构等制定相关法律政策提供较强的支持，有利于完善我国碳信贷政策，改善科技型中小企业融资难题，实现绿色发展目标。本项目研究内容主要包括如下七个部分：

（一）绪论

该部分主要阐述了文章研究背景和意义，以及核心概念的界定、研究的具体内容和相应的研究思路。

（二）相关理论与国内外相关问题的研究综述

该部分通过碳信贷相关理论，以及碳信贷融资、科技型中小企业融资和信用风险评级在国内外研究现状的阐述，为本专著的后续研究提供理论支撑。

（三）国家对科技型中小企业融资的扶持政策与融资现状分析

该部分首先从政策角度阐述我国尤其是天津市对科技型中小企业发展和融资的扶持力度，表明科技型中小企业在经济发展中日益重要的地位；其次，通过对比不同国家的融资支持，结合我国科技型中小企业发展状况和融资特点，用调查问卷的方法分析天津市科技型中小企业融资中存在的问题；最后，从科技型中小企业自身、政府政策的限制条件、银行信用担保体系的不健全等几方面分别阐述科技型中小企业的融资约束，为后续研究奠定基础。

（四）碳信贷融资的国际经验借鉴

该部分首先阐述碳信贷的国际标准，进而将国际上实施碳信贷以及自身碳减排效果显著的银行按欧洲、美洲和亚洲分类，对德国德意志银行、德国复兴银行、日本瑞穗实业银行、英国渣打银行、汇丰银行、美国花旗银行等银行进行分析，吸取碳信贷业务及其在中小企业开展信贷融资业务的实践经验，并对我国实施碳信贷具有代表性的银行进行经验的总结，发现我国银行业对科技型中小企业碳信贷业务的实施现状与国际之间存在的差距，并根据国际实践经验分析我国具体存在的问题，为下文提出的改进措施提供现实支撑方面。

（五）我国碳信贷融资机理分析

该部分首先分析高技术产业碳排放现状，并对未来碳减排程度及趋势进行了预测，阐述科技型中小企业在高技术产业碳减排中的重要性；其次，分析部分银行实施碳信贷业务对碳减排的效果，从科技型中小企业的人力资本、企业规模和技术资本三个维度利用单位根检验、协整检验和格兰杰因果关系的方法检验分析了碳信贷对科技型中小企业发展的促进作用，验证了碳信贷融资对科技型中小企业碳信贷的实施的必要性；再次，对商业银行和产业集群下的企业构建三方动态博弈模型，找到博弈的均衡点最优策略，验证在科技型中小企业产业集群下商业银行提供贷款（包括碳信贷）的可行性；最后，从银行、政府、科技型中小企业三个层面全面地、系统地归纳出碳信贷影响因素，采用影响矩阵法借助 Matlab 编程工具得出加权超矩阵、极限超矩阵，对所选指标确定权重，演绎出三方对碳信贷业务的推行路径，为后续基于碳信贷的科技型中小企业融资机制的建立、对策的提出提供源泉。

（六）我国碳信贷融资机制的建立

该部分首先通过碳信贷融资风险及科技型中小企业信用风险的特点，初步明确科技型中小企业碳信贷融资的风险特征；其次，通过定性分析确立了包括财务状况、发展前景、现金流量、技术与创新能力、成长与发展能力等多个分指标的科技型中小企业信用评价指标体系，并给出了相应测度方法和评分方法；通过层次分析法（AHP）测算各主体性指标的权重，在此基础上，采用专家打分法确定定性指标的分数，采用国家经贸委财经司与国家统计局工交司联合推荐的“功效系数法”，统计分析所有指标的实际数达到满意数的程度，并将其转换成对应的功效分值，用得到的分值来代表定量指标；利用主成分分析的 logistic 模型测算碳信贷融资中定性与定量指标的权重，再在综合分析国际公认的信用评级分类的基础上，结合科技型中小企业的特点，确定六级信用等级体系；最后，在科技型中小企业信用评级指标体系基础上考虑碳指标，并采用上述方法确定碳指标的评级分数，根据银行等信用机构的核定的主体性指标与碳指标权重占比，最终计算出信用评级分数，进而为科技型中小企业碳信贷业务提供贷款依据，解决其融资难、碳减排的问题。

（七）基于碳信贷的科技型中小企业融资机制的对策建议

该部分分别从政府、银行、科技型中小企业和公众四个角度为科技型中小企业的碳信贷融资机制的完善提供对策。从政府层面上看，主要是完善法律法规、税收政策支持、促进科技与金融的结合和积极发展天使投资四个方面；从银行层面来看，主要从发展科技型中小企业的关系型融资、不断健全信用担保体系以及不断完善信用风险管理体系三方面进行阐述；从企业层面看，主要从利用可扩展商业报告语言（XBRL）设计信息披露模式，对科技成果转化路径的优化、企业信用的促进以及引入物质流成本会计（MFCA）为科技型中小企业构建环境成本核算模型、控制企业的环境影响四个方面提出建议；从公众层面看，构建低碳信贷发展公众参与机制，以公众监督为主促使科技型中小企业进行节能优化。

二、技术路线

本书的技术路线图如图 1-5 所示。

三、研究方法

本专著主要运用文献研究法、比较研究法、影响矩阵法、三方动态博弈模型、单位根检验等研究方法。

（一）文献研究法

本专著通过阅读国内外大量关于碳信贷、绿色信贷、科技型中小企业的相关文献，并对中国知网上相关文献进行统计，分析相关文献内的研究内容、研究方法以及研究成果进展，为专著后续研究做了夯实的铺垫。

（二）比较研究法

本专著首先对比不同融资渠道的优缺点及存在的问题，为碳信贷的进一步有效实施起了重要的促进作用；其次，对国内外银行碳信贷融资业务以及政策支持进行对比，发现我国银行碳信贷业务存在的问题，通过借鉴国际经验进行优势互补。

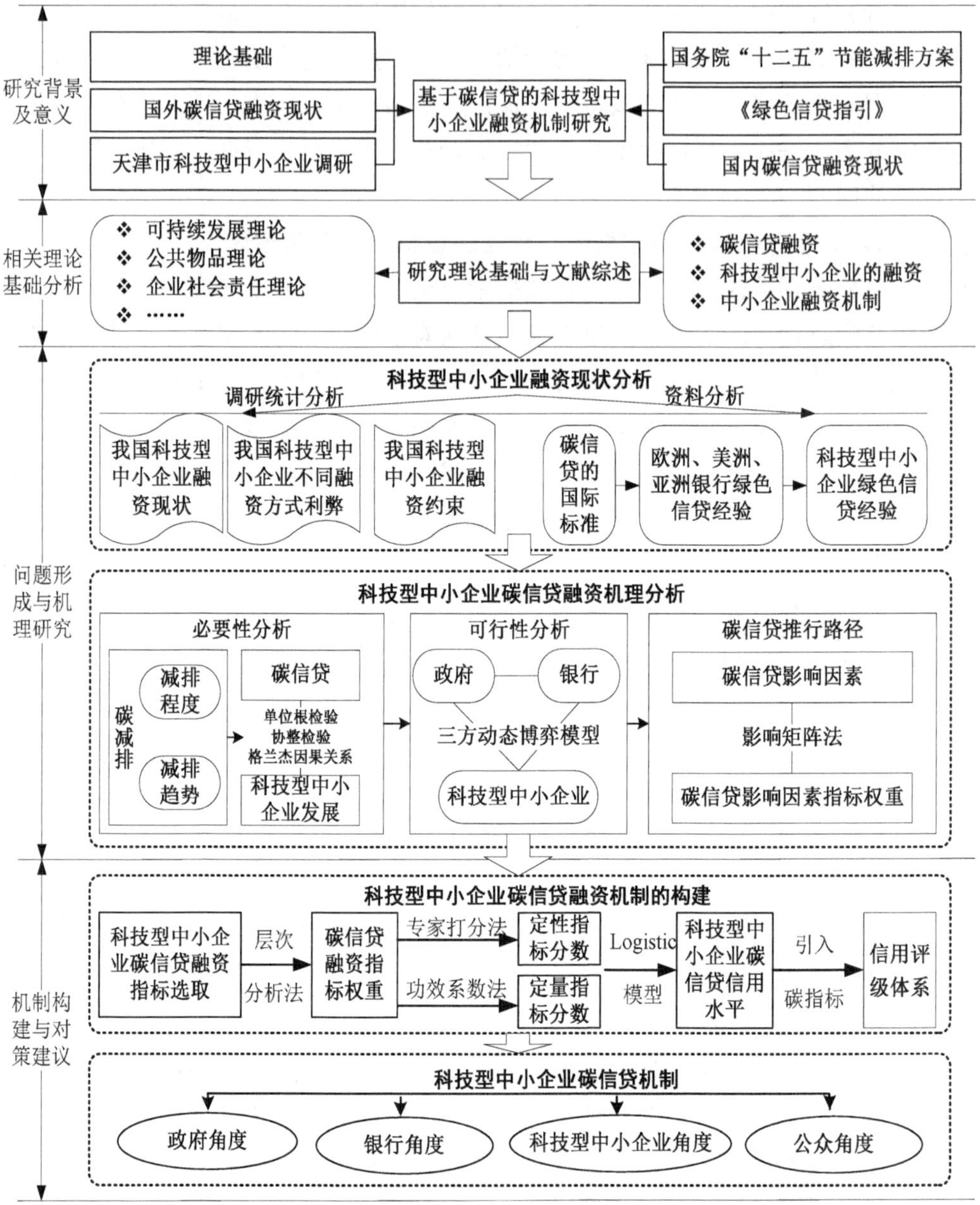
研究背景及意义
理论基础
国外碳信贷融资现状
天津市科技型中小企业调研
基于碳信贷的科技型中小企业融资机制研究
国务院“十二五”节能减排方案
《绿色信贷指引》
国内碳信贷融资现状
相关理论基础分析
可持续发展理论
公共物品理论
企业社会责任理论
……
研究理论基础与文献综述
碳信贷融资
科技型中小企业的融资
中小企业融资机制
问题形成与机理研究
科技型中小企业融资现状分析
调研统计分析
资料分析
我国科技型中小企业融资现状
我国科技型中小企业不同融资方式利弊
我国科技型中小企业融资约束
碳信贷的国际标准
欧洲、美洲、亚洲银行绿色信贷经验
科技型中小企业绿色信贷经验
科技型中小企业碳信贷融资机理分析
必要性分析
碳减排
减排程度
减排趋势
碳信贷
单位根检验
协整检验
格兰杰因果关系
科技型中小企业发展
可行性分析
政府
银行
三方动态博弈模型
科技型中小企业
碳信贷推行路径
碳信贷影响因素
影响矩阵法
碳信贷影响因素指标权重
机制构建与对策建议
科技型中小企业碳信贷融资机制的构建
科技型中小企业碳信贷融资指标选取
层次分析法
碳信贷融资指标权重
专家打分法
定性指标分数
功效系数法
定量指标分数
Logistic模型
科技型中小企业碳信贷信用水平
引入碳指标
信用评级体系
科技型中小企业碳信贷机制
政府角度
银行角度
科技型中小企业角度
公众角度

图 1–5　技术路线图

（三）影响矩阵法

本专著首先依据科技型中小企业的特点、碳信贷的特点，将碳排放影响因素分为政府、银行、企业三大类，细分为15个影响因素；其次，使用影响矩阵方法，借助matlab软件对银行碳信贷发展影响因素之间的关系进行分析，对影响因素进行筛选，找出影响碳信贷有效发展的关键因素；最终确定各影响因素的权重，更明确地指出了企业、银行、政府如何更科学的实现低碳金融和融资需求的融合路径。

（四）因果关系检验

本专著在对科技型中小企业进行界定之后，基于单位根检验、协整检验和格兰杰因果关系检验，从科技型中小企业的人力资本、企业规模和技术资本三个维度分析碳信贷与科技型中小企业发展是否存在因果关系，对研究结果进行分析并提出相应的对策建议。

（五）动态演化博弈模型

本专著在有限理性的前提下，建立银行产业模式下科技型中小企业信贷的动态演化博弈模型，对集群企业内部制定还款规则，同时对博弈主体制定失信惩罚措施，以此寻求银行与企业间的演化稳定均衡状态的最优策略。

（六）层次分析法（AHP）

本专著通过层次分析法（AHP）根据影响科技型中小企业信用状况的主要因素构造层次分析结构，筛选出影响碳信贷有效发展的关键因素，确定主体评价指标体系的权重，提高评价的客观性，提高结果的可靠性，提高决策的正确性。

（七）功效系数法

本专著采用功效系数法计算通过层次分析法（AHP）筛选出的关键指标实际值实现满意值的程度，将指标值转化为相应的功效分数，据此识别基于贷款风险以及对银行经营的预期风险和事实风险。

四、主要创新点

绿色信贷源于国外，作为重要的金融工具，绿色信贷关注的是环境与整个金融的关系。本专著在充分借鉴已有研究的基础上，通过调研、比较分析法和文献检索法分析，对基于碳信贷的科技型中小企业的融资机制进行了深入的探究，主要创新点为以下几方面：

第一，通过对我国科技型中小企业发展现状尤其是融资现状的整体把握，采用问卷调查的方法，以作为首批科技和金融结合试点城市的天津为例，探究科技型中小企业融资的现状与约束。通过系统梳理国际上欧洲、美洲和亚洲三个地区包括英国、美国和韩国等具有示范效应的银行实施碳信贷的经验，进一步发现我国商业银行在推行科技型中小企业碳信贷融资方面的经验与不足。

第二，在对我国推行碳信贷方式下的科技型中小企业融资机理分析的过程中，首先通过计算并分析高技术产业碳排放趋势，表明我国科技型中小企业碳减排的必要性，构建了适合我国科技型中小企业的碳排放核算模式，以为其碳信贷融资做技术支撑；其次，从科技型中小企业的人力资本、企业规模和技术资本三个维度运用单位根检验、协整检验和格兰杰因果关系检验相结合的方法分析碳信贷与科技型中小企业发展存在的因果关系，与以往定性分析不同，本书从定量的角度表明科技型中小企业实施碳信贷的必要性；再次，从产业集群的角度构建政府、银行和科技型中小企业的三方动态博弈模型，验证了我国科技型中小企业碳信贷融资的可行性；最后，区别于以往的定性分析，本专著采用影响矩阵法，结合科技型中小企业的特点全面地、系统地归纳出科技型中小企业碳信贷影响因素指标，进而指出基于银行、政府和企业三方关系下碳信贷融资的推行路径。

第三，在对信用评级体系构建过程中，本专著基于碳信贷融资视角，将定性指标与定量指标相结合选取指标反映科技型中小企业的未来发展和潜在影响，并分别通过层次分析法（AHP）和功效系数法确定定性和定量指标的碳减排信用水平数值，进而基于主成分分析的 logistic 模型确定定性指标和定量指标的权重，引入碳指标建立了适合我国科技型中小企业碳信贷融资的针对性信用评级指标体系。

第四，在基于以上理论和实证分析过程中，从政府层面的法律法规支持构建了碳信贷政策信息共享机制，并提出了基于科技型中小企业生命周期的科技和金融结合的模式；从银行层面建立了针对科技型中小企业的风险补偿机制和再担保体系，并建立了引入碳排放因素的碳信贷风险预警机制；从科技型中小企业层面，构建了引入物质流成本会计（MFCA）的环境成本核算模型，和以可扩展商业报告语言（XBRL）为预警平台引入企业环境、能源及碳排放信息的科技型中小企业信息披露机制，便于银行、政府监管，为政府科技部门制定相关碳信贷政策提供有力支撑。

第二章　相关理论与国内外研究现状

碳信贷的相关理论基础包括可持续发展理论、公共物品理论、企业社会责任理论、信贷风险管理理论以及金融发展与行业成长关系理论。本章对此进行了阐述，并梳理了碳信贷融资、科技型中小企业融资和信用风险与融资信用评级的国内外研究现状。

第一节　理论基础

一、可持续发展理论

可持续发展理论最早可以追溯到1962年《寂静的春天》的问世，该书中提出的有关生态的观点最终被人们所接受。由此，环境问题由一个边缘问题逐渐走向全球政治、经济议程的中心。随后，20世纪70年代，罗马俱乐部发布《增长的极限》这一研究报告，其中首次提出了合理而持久均衡发展以及持续增长的概念。1987年，世界环境与发展委员会（WCED）向联合国大会提交经过4年研究和充分论证的报告——《我们共同的未来》，正式提出了可持续发展的概念和模式。

在可持续发展思想形成的历程中，最具国际化意义的是1992年6月在巴西里约热内卢举行的联合国环境与发展大会。在这次大会上，来自世界178个国家和地区的领导人通过的《21世纪议程》《气候变化框架公约》把发展与环境密切联系在一起，使可持续发展走出了仅仅在理论上探索的阶段，响亮地提出了可持续发展的战略，并将之付诸为全球的行动。

可持续发展理论包括生态、经济以及社会三方面协调统一可持续发展，以公平性、持续性和共同性原则为基础，着重强调在发展中兼顾经济效率、生态文明和社会公平，注重经济发展与环境保护的有机结合。在生态方面，可持续发展在有限制的前提下追求经济发展，不能以牺牲环境为代价，要保护生态环境，对生态资源破坏进行生态补偿；在经济方面，可持续发展要求在寻求经济高增长的同时也要保证质量的高增长，转变粗放经济增长模式为集约型经济增长模式，将高能耗、高污染、高排放以及低效率的生产方式转变为清洁生产方式，提高经济活动的资源利用率以及效益水平；在社会方面，强调社会公平，以经济可持续发展为基础，以生态可持续发展为条件，在以人为本的前提下追求生态、经济与社会整个系统的健康、稳定和持续发展。在全球气候因碳排放量的增长而变暖的情况下，可持续发展理论进一步验证了经济增长质量的重要性。

碳信贷的开展有助于企业在经营活动中主动向低碳化、可持续化的方向发展，积极改进生产技术实现清洁发展，减少碳排放，从而实现企业经济效益和生态环境保护的有机统一。碳信贷的发展是实现社会可持续发展的重要金融举措，可持续发展理论是开展碳信贷的重要基础。

二、公共物品理论

公共物品理论于 1954 年由萨缪尔森提出，公共物品具有非竞争性消费和非排他受益的特点。大气环境是任何人都可以消费享受且均可以从中受益的公共物品，由于资源环境是公共物品，人人都享有无节制使用的权利，这种无节制的消费使用会造成对资源环境的过度消耗；同时，由于环境受益的非排他特征使得无人愿意对环境公共物品进行维护和修复，最终对环境资源的使用会超过环境的承载能力。因此，通过对公共物品理论的探索，将大气环境作为公共物品，且处理好大气环境的使用权利和维护责任是根本。

此后，奥斯特罗姆、马斯格雷夫、科斯、布坎南、阿特金森和斯蒂格利茨、蒂布特等人分别从不同的角度对公共物品进行了分析，从而形成了丰富的公共物品理论。例如，奥尔森对公共物品理论的表述是“任何物品，如果一个集团 $X_1,X_2,\ldots\ldots X_n$ 中的任何个人 X_i 能够消费它，它就不能适当地排斥其他人对该产品的消费”。换句话说，该集团或社会是不能将那些没有付费的人排除在公共物品的消费之外的；而对非公共物品，这种排斥是能够做到的。布坎南认为所有由集体提供的商品或服务都是公共物品，具体表述在《民主财政论》一书中为“任何集团或社团因为任何原因通过集体组织提供的商品或服务，都将被定义为公共物品”。以物品消费特征为标准，奥斯特罗姆在《公益物品和公共选择》一书中明确区分了公共物品和私人物品的属性，这种区分是以非竞争性和非排他性以及配置决策机制为标准做出的。

公共物品理论强调经济社会中公共物品在国有和个人之间的区分。二氧化碳（CO_2）的排放对全球气候的影响，不仅造成了环境污染，也是对人体健康的损害，属于国有公共物品，因此亟须政府对环境保护的政策和资金等给予支持。碳信贷主要面向低碳企业或项目，对于低碳企业给予信贷优惠和支持，对于高污染和高能耗的企业或项目减少甚至不予信贷支持，引导企业自觉向可持续和低碳化发展。由于碳信贷的发放主要在于低碳化而非经济收益，碳信贷的开展是引导企业在获取经济利益的过程中注重企业环保责任的践行的统一，企业环保责任的履行需要付出一定的成本，因此，需要政府对碳信贷进行大力支持，及时制定相应的碳信贷政策，有效利用碳信贷实现对环境资源的保护，使企业和个人在消费环境这种公共物品时，采用绿色或可持续性的环境消费方式，从而达到公共物品环境的可持续化。公共物品理论是分析政府在碳信贷实践中作用的重要理论支撑。

三、企业社会责任理论

企业社会责任理论于1924年由谢尔登（Sheldon）首次提出，卡罗尔（A. B. Carrol）对美国经济委员会构建的由内到外三个同心圆的企业社会责任分类从低级到高级的角度做了进一步的补充：最底层为经济责任和法律责任；中间层为社会公德责任；最高层次为慈善责任。发展至后来，企业社会责任理论衍生为企业社会契约理论、企业社会响应理论、企业社会表现理论、利益相关者理论、经济伦理理论、层次责任理论和企业公民理论八方面内容。企业社会责任理论，是基于企业社会契约理论，强调企业对与之有契约关系各方的利益诉求做出应有的反应；企业社会响应理论，强调企业应该注重如何承担社会责任，采取的社会责任策略；企业社会表现理论，注重企业履行社会责任的行为及其效益；利益相关者理论，强调平衡考虑企业各利益相关者利益的索取权；经济伦理理论，从道德的角度规范企业的行为，认为企业对经济、生态和社会负有责任；层次责任理论，强调承担社会责任的层次性顺序；企业公民理论，强调了企业承担社会责任的范围。

碳信贷的开展要求企业在追求自身经济利益的同时，要注重履行企业社会责任，保护生态环境，但责任的履行不可避免地会导致企业部分经济利益的流失。根据企业社会责任理论来看，环境保护已得到政府和社会公众的重点关注，企业开展碳信贷是对政府和社会公众的积极响应，有助于提升企业社会责任表现，改善企业社会形象。同时，基于利益相关者理论分析，银行等金融企业开展碳信贷是为了应对社会公众、政府等利益相关者的合法性压力，碳信贷的开展有助于减轻企业合法性压力。因此，企业社会责任理论是分析企业等市场主体投入碳信贷实践驱动因素的重要理论基础。

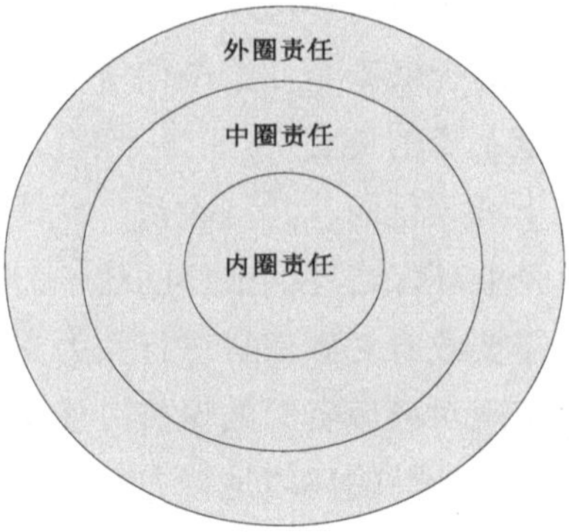

图 2-1　美国经济发展协会企业社会责任同心圆模型

四、信贷风险管理理论

国外商业银行信贷风险管理理论最早始于 18 世纪 70 年代亚当·斯密在《国富论》中提出的真实票据理论。他认为，银行资金主要由短期闲置资金构成，因为没有充分考虑银行贷款的多样性，从而忽视了存款的相对稳定性。从当前看该理论比较局限，但是该理论的认识发展仍具有极大的历史意义。发展至 1915 年的资产转换理论，莫尔顿认为，资产可转换理论能保持银行所需的流动性，改善后的可转换资产可以促进银行多样化发展，扩大资产经营范围，还能够促使银行提升自身经营目标。1936 年凯恩斯在《就业、利息和货币通论》中提出货币是生息资产的观点，他认为，货币的有效需求对国家的经济发展也有极大的影响作用。1949 年普鲁克诺在《定期放款与银行流动性理论》一文中指出，银行需在日常贷款业务中考虑债务人的偿债能力，并关注债务人的预期收入，因为与资金获取来源少的债务人相比，资金获取来源广的债务人无法按时偿债的概率要小很多，如此可有效减少银行发生损失的概率。此后，诸如资金总库理论、资产分散理论、资金转换理论等理论看法相继被很多著名经济学家提出。

我国对于商业银行信贷风险管理的研究于 20 世纪 80 年代末起步，虽然和西方相比起步较晚，但是自 20 世纪 90 年代以来，国内社会各界在认真研究西方研究硕果的基础上，结合我国实际国情，做出了许多有价值的研究。

我国商业银行信贷风险管理理论的内容主要为以下几点：一是“资产管理理

论”，认为商业银行基于资产的流动性和安全性合理调整资产结构、自主安排资金的用途，从资产业务中获取高额利益。该理论强调商业银行的资产规模由既定负债决定，银行通过资产的有效管理达到最优化资产结构的目标。二是“负债管理理论”，该理论与资产管理理论本质的不同在于其着眼于负债的经营，商业银行通过借入资金调整负债结构、保证资金的流动性，进而实现资产和收益的增加。三是“资产负债综合管理理论”，该理论是前两者理论的发展和深化，强调商业银行通过从全方位的角度，多层次的调整资产负债的结构，实现资金安全性、流动性和收益性的均衡。四是“全面风险管理理论”，该理论强调商业银行改变以往单纯的信贷风险管理模式，转变为同时考虑市场、信用和操作三项信贷风险的管理模式。

碳信贷属于金融领域的新兴业务，基于碳信贷对科技型中小企业开展信贷融资需要承担较以往不同的信贷风险，而此种信贷风险的实践经验积累较少。根据信贷风险管理理论，在推行碳信贷实践时，必须针对碳信贷业务本身制定相应的市场、信用和操作风险防控体系，以便更有效地推动碳信贷的发展。信贷风险管理理论是分析如何顺利开展碳信贷的重要理论支撑。

五、金融发展与行业成长关系理论

行业发展所需的资金可以通过内源融资和外源融资这两种方式获得，而融资方式选择的决定性因素是融资成本的高低。金融发展与行业成长关系理论由拉詹和津加莱斯于 1998 年提出，该理论指出行业对外部融资的依赖性越强，金融发展在行业成长中的作用也越大，金融市场的发展以及金融体系的完善就会极大地推动这类行业企业的成长，与此同时也会促进企业承担企业社会责任、降低道德风险和制约逆向选择。在衡量行业对外部融资的依赖程度时，拉詹和津加莱斯把行业成长分解为两个分量：行业中单位数量的增加和行业中现有单位平均规模的扩大，即总体成长和个体成长。其中，总体成长中新建单位对外部融资的依赖程度往往比现有单位高，从而在对外部融资依赖程度较高的行业中，单位数量的增加应该对金融发展特别敏感。他们对美国行业对外部融资的依赖程度的实证研究支持了他们的估计结果，即金融发展使总体成长增加的经济效应，是其使个体成长增加的经济效应的两倍。

金融业的发展可以为企业提供更广的融资渠道。金融体系的完善度、金融工具的市场化程度以及区域发展情况决定了金融产品的发展。碳信贷产品是低碳经济时代的必然产物。科技型中小企业群体的成长有赖于资金的支持，碳信贷融资机制的完善有利于科技型中小企业群体的发展壮大，促进科技型中小企业在追求经济利益的同时履行自身低碳环保责任。金融发展与行业成长关系理论是研究金融机构与科技型中小企业成长关系的重要理论基础。

第二节　国内外研究现状

一、碳信贷融资研究现状

在低碳经济的背景下，金融行业的可持续发展离不开金融产品的创新，碳信贷融资是金融行业履行企业社会责任、引导企业绿色低碳发展的必然产物。国内外学者对碳信贷融资开展了较为丰富的研究，推进碳信贷融资业务的发展。

（一）国外研究现状

20 世纪六七十年代，空气中二氧化碳（CO_2）含量的不断攀升使人们越来越关注环境问题，许多科学家开始呼吁政府以及其他组织采取行动。1987 年《我们共同的未来》一书发布，各国政府纷纷响应，出台有关环保政策。1992 年，联合国环境与发展会议上，参会各国签署了《联合国气候变化框架公约》，公约两年后正式生效。截至 2013 年 7 月，有 195 个国家签署《联合国气候变化框架公约》。然而，协议中只是规定了发达国家的减排量目标，对于控制全球气候排放量远远不够。历年来，国际上已召开多次气候大会，研讨全球环境气候问题，具有关键节点性的几次国际气候大会见表 2-1。

1997 年，在日本京都召开的缔约方大会初步形成限制全球温室气体的法案——《京都议定书》,《京都议愿书》提出了三种灵活机制，即联合履约机制（JI）、碳市场机制（IET）和清洁发展机制（CDM）。

表 2–1　国际气候大会关键节点

时间	地点	会议全称	颁布文件	主要议题
1992	巴西里约热内卢	联合国环境与发展大会	《里约环境与发展宣言》、《21 世纪议程》和《气候变化框架公约》（以下简称《公约》）等	讨论环境与发展问题

续表

时间	地点	会议全称	颁布文件	主要议题
1997	日本东京	《公约》第3次缔约方大会	《京都协议书》	为了人类免受气候变暖的威胁
2007	印度尼西亚巴厘岛	《公约》第13次缔约方大会	巴厘路线图	讨论《京都议定书》在2012年到期后，全球如何进一步降低温室气体排放等问题。
2009	丹麦哥本哈根	《公约》缔约方第15次会议	不具法律约束力的《哥本哈根协议》	商讨《京都议定书》一期承诺到期后的后续方案，签署全球行动新协议以便未来应对气候变化。
2010	墨西哥坎昆	《公约》第16次缔约方会议暨《京都议定书》第6次缔约方会议	坎昆协议	1.在《京都议定书》下，确定发达国家缔约方在2012年后第二承诺期的减排指标； 2.在《公约》长期合作行动特设工作组下，没有参加《京都议定书》的发达国家应该承担与其他发达国家可相比的减排指标。
2011	南非德班	《公约》第17次缔约方会议暨《京都议定书》第7次缔约方会议	德班一揽子协议	1.确定发达国家在《京都议定书》第二承诺期的量化减排指标； 2.明确非公约发达国家在公约下承担与其他发达国家可比的减排承诺； 3.落实有关资金、技术转让方面的安排； 4.细化《坎昆协议》中有关“三合”和透明度的具体安排。
2012	卡塔尔多哈	《公约》第18次缔约方大会暨《京都议定书》第8次缔约方会议	多哈系列协议	具体贯彻“德班平台”在2015年以前完成2020年后新的气候变化公约的制定工作； 1.商讨制订减排新框架的具体日程； 2.通过《京都议定书》修正案； 3.停止长期合作特设工作组运作； 4.启动“德班平台”具体讨论； 6.提交绿色气候基金的初步运作报告。
2015	法国巴黎	《公约》第21次缔约方会议暨《京都议定书》第11次缔约方会议	《巴黎协定》	1.达成关于2020年后加强应对气候变化行动的协作； 2.发达国家在2020年之前要在1990年的基础上减少排放至少25%-40%； 3.发达国家承诺，到2020年之前每年为发展中国家提供1000亿美金的资金支持，并建立技术转让机制； 4.希望落实《公约》基本原则、加强全球行动的成果。

图 2-2 给出了《京都议定书》规定的碳市场交易规则。对于不能在限定的期限内完成减排量的国家，可以在碳市场购买排放额度，对于提前完成减排量的国家可以将富余的排放额度出售。

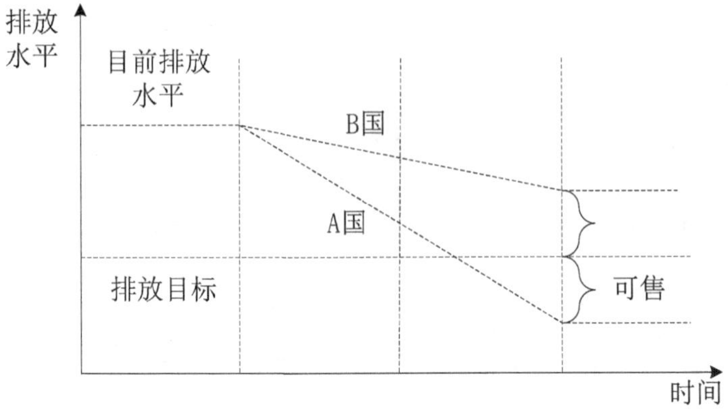

图 2–2 《京都议定书》规定下的碳交易市场

由图可知，在碳市场背景下，各个国家或者企业有两种选择：通过自身的努力实现减排目标；如果不能实现减排目标，可以通过碳市场购买排放额度。这种规定的建立有利于减少二氧化碳的排放，实现碳融资并推动低碳经济的发展。

2003 年，英国颁布《我们能源的未来：创建低碳经济》白皮书用于指导低碳发展，其中不仅提出了碳金融的概念，也首次提出在未来要发展低碳经济的观点，并开始研究金融业务环境风险评估、碳金融产品开发。白皮书指出希望国家通过多样化金融工具来维护生物种群，保护生态环境。2011 年 12 月德班国际气候大会延续了《联合国气候变化框架公约》、《京都议定书》以及“共同但有区别的责任”的原则，启动了绿色气候基金。德班国际气候会议为二氧化碳排放的市场控制机制提供了国际交易平台，这也预示着国际碳排放权交易市场将进入新的发展阶段。

至 2015 年法国巴黎气候大会，《联合国气候变化框架公约》近 200 个缔约方一致同意通过全球气候变化新协定——《巴黎协定》。协定共 29 条，为 2020 年后全球应对气候变化行动做出安排。

目前在国外主要开展了碳信用卡、运输贷款和商业建筑贷款等碳信贷业务。国外学者对碳信贷业务的研究及成果主要分为以下几方面（具体研究成果如表 2-2 所示）。国外学者研究了不同领域的碳信贷业务，吉姆·贾尔斯（Jim Giles，2006）

阐述了英国个人碳信贷业务如何运作[1]。罗伯特（Robert）[2]、布洛赫·辛哈（Prabhakant）[3]、露辛达（Lucinda L.）[4]等分别研究了森林、家庭用电、生物多样性保护等方面的碳信贷等等。约翰（John A，2008）认为碳信贷可以通过私人机构（如商业银行）自发建立起自主权市场[5]。波迪亚尔（Poudyal，2011）对以森林为保护对象的碳信贷业务进行了研究，通过评估城市森林碳信用质量提出高质量信贷产品可以增加市场潜力、有效减少温室气体排放[6]。道格拉斯（Douglass，2011）研究以草原为对象的碳信贷业务，提出该碳信贷产品可以改善土地管理，减少澳大利亚热带大草原出现火灾的风险、控制过度放牧等，进而维护生态物种的多样性[7]。

表 2–2　国外基于碳信贷的研究学者代表及成果

类别	代表学者	主要贡献
开展碳信贷的必要性研究	恩里奇（Enrich，2007），托马斯·布朗（Tomas Brown，2007）	指出银行界开展环境金融业务、提供低碳信贷支持是发展低碳经济的有效途径之一，有助于对企业盲目开工的行为进行约束。
	欧尔（Olpher，2008）、艾伯特（Albert）和休伯特（Hubelt，2008）	实证发现，遵循国际协议和准则的银行比没有签署的银行能够带来更好的国际声誉和银行绩效。
	肯菲特（Kemfert，2009）和伯纳德（Bernard，2008）	指出发展中国家开展低碳信贷业务能够对经济的发展起到良好的促进作用。
	里斯特贝尔格雷（Litserbelgerhe，2009）和桑榭尔（Salllshell，2009）	研究认为企业发展关注的重点是碳中和技术，低碳经济实质上就是绿色的经济发展模式。

① Jim Giles. Carbon credits for the Joneses. NATURE, 2006, 37

② Robert D. Cairns, Pierre Lasserre. Implementing carbon credits for forests based on green accounting. Ecological Economics, 2006, 610~621

③ Prabhakant, G. N. Tiwari. Evaluation of carbon credits earned by energy security in India. International Journal of Low-Carbon Technologies, 2009, 4: 42~51

④ Lucinda L. Douglass, Hugh P. Possingham, et al. The Effect of Carbon Credits on Savanna Land Management and Priorities for Biodiversity Conservation . Carbon Credits and Spatial Conservation Priorities, 2011, 9~13

⑤ John A. Mathews. How carbon credits could drive the emergence of renewable energies. Energy Policy, 2008, 3633~3639

⑥ Poudyal N C, Siry J P, Bowker J M. Quality of urban forest carbon credits. Urban Forestry & Urban Greening, 2011, 10(3): 223~230

⑦ Possingham H P, Carwardine J, et al. The effect of carbon credits on savanna land management and priorities for biodiversity conservation. PloS one, 2011, 6(9):23~43

续表

类别	代表学者	主要贡献
碳信贷产品相关研究	吉姆·贾尔斯（Jim Giles，2006）	阐述了英国个人碳信贷业务如何运作。
	波迪亚尔（Poudyal，2011）	对以森林为保护对象的碳信贷业务进行了研究，通过评估城市森林碳信用质量提出高质量信贷产品可以增加市场潜力、有效减少温室气体排放。
	道格拉斯（Douglass，2011）	研究以草原为对象的碳信贷业务，提出该碳信贷产品可以改善土地管理，减少澳大利亚热带大草原出现火灾的风险、控制过度放牧等，进而维护对生态物种的多样性。
开展碳信贷业务的相关研究	阿蒂斯（Athus，2009）和科尔奥福斯（Biologhs，2009）	认为商业银行碳信贷产品可以约束项目融资人，通过企业提交的环境评估报告促进其保护自然环境。
	休米·比格斯比（Hugh Bigsby，2009）	将商业银行贷款以碳作为支付系统中的货币，森林所有者可以以碳作为存款，碳信贷使用者在偿还贷款的同时进行碳补偿或者以碳直接支付。
	瑞安·荷加斯（Ryan Hogarth，2012）	研究以乌干达种植园贷款项目为例，发现通过商业银行的贷款可促使贷款人使用的能源转变为太阳能，进而通过太阳能的利用估算种植园产生碳信贷额度的潜力和潜在收益。
	埃马努埃莱·坎皮格里奥（Emanuele Campiglio，2015）	文章提出在潜在的货币在政策和金融监管下，商业银行在面临碳信贷业务方面的长期贷款决策时，可以调整其激励与约束。
碳信贷国际市场	余琼敏（Jongmin Yu）和明迪（Mindy，2014）、马洛里（Mallory，2014）	研究以从欧洲进口的煤炭和以俄罗斯进口的天然气两种可替代化石能源的交易为例，提出交易中的汇率能够影响碳信贷市场。

（二）国内研究现状

低碳经济的开展在我国还处于初步阶段，针对绿色信贷的研究方面，陈雁（2008）提出在金融信贷领域中需考虑环境因素，经济外部性内部化不显著，相关监督力度不足以及国内对推动可持续发展的认识不足，提出推行绿色信贷是关键[①]；苏宝梅（2009）从经济伦理角度出发，阐述了单纯依靠政府手段提升企业

① 陈雁．绿色信贷：金融服务调控环保行为的新篇章．环境保护，2008，08：20~22

经济责任和道德责任是不现实的，推行绿色信贷是构建和谐社会的必然选择①；叶勇飞②（2008）、张斌③（2009）、李华友④（2010）、古小东⑤（2010）等借鉴国外经验，从监督机理、环境准则、法律制度和激励措施等方面提出适合我国国情的绿色信贷业务发展的建议；张秀生和李子明（2009）通过对商业银行和地方政府的博弈分析，得出在传统经济增长模式下，地方政府自主权利过大造成的寻租行为，是政府环境监管缺位的重要原因，中央政府对地方政府进行补贴能促进绿色信贷的展开⑥；曹洪军和陈好孟（2010）建立了不确定环境下的博弈模型，通过分析发现，缺乏外部约束性的情况下银行与企业之间容易达成合谋，因此完善银行绿色信贷的激励机制是构建绿色信贷交易的主要内容，并且在实施绿色信贷的同时需要有“绿色金融”相配套⑦。

由于低碳经济的发展与碳减排压力的增长，碳金融在我国有了初步的发展。袁艳平和蒲丽娟（2012）提出由于我国处于开展碳金融业务的初期，商业银行在面临机遇的同时也面临着市场、经营和政策的风险，需要通过自身的战略定位、内部控制和基础建设等控制碳金融风险⑧；杜莉等人（2012）指出欧盟的碳金融交易机制对产业结构产生着深远影响，需要对现有的碳金融交易机制进行不断完善才能有利于中国产业结构的调整，才能有利于实现中国绿色经济不断发展的战略目标⑨；盛春光（2013）阐述了全球碳金融市场的结构框架，分析了国际碳金融市场的交易规模和发展困境，从国家政策扶持、碳市场资源、金融基础服务以及构建法律制度四方面阐述我国碳金融市场发展的可行性⑩；张善明（2013）通过碳金融在我国碳减排促进作用的阐述，发现了碳金融在我国实施的约束，提出需要加速建立碳交易平台、进行碳金融的创新以及对碳资产定价权的争取⑪；曹军新和姚斌（2014）基于银行信贷的角度探究碳减排与金融稳定性之间的关系，经实证分析发现应针对不同减排弹性、成本和空间的行业设定不同减排比例，使

① 苏宝梅．绿色信贷：和谐社会的必然要求．济南大学学报(社会科学版)，2009，02：12~14

② 叶勇飞．“绿色信贷”的“赤道”之旅．环境保护，2008，07：46~48

③ 张斌．赤道原则对我国绿色信贷的启示．中国金融，2009，16：42~43

④ 李华友，杨姝影，李黎．绿色信贷加快德国转入绿色发展轨道．环境保护，2010，07：67~69

⑤ 古小东，绿色信贷的国际经验与启示．金融与经济，2010，07：19~21

⑥ 陈秀生，李子明．“绿色信贷”执行效率与地方政府行为．经济问题，2009，03：87~90

⑦ 曹洪军，陈好孟．不确定环境下我国绿色信贷交易行为的博弈分析．金融理论与实践，2010，02：17~22

⑧ 袁艳平，蒲丽娟．商业银行介入碳金融业务的风险及其控制研究．商业研究，2012，01：134~138

⑨ 杜莉，丁志国，李博．产业结构调整升级：碳金融交易机制的助推——基于欧盟数据的实证研究，清华大学学报（哲学社会科学版），2012，05：143~150

⑩ 盛春光．全球碳金融市场发展困境与中国选择．生态经济，2013，03：53~55

⑪ 张善明．我国碳金融发展路径思考．宏观经济管理，2013，02：41~42

银行信贷质量最优化[①]。

通过 CNKI 检索了关于篇名含“碳金融”且发表于 CSSCI 的论文 170 余篇，通过对这些文献的汇总整理发现，我国科学研究领域从 2009 年开始对碳金融进行研究探索，本文对这些文献的研究方向及成果进行了整理，得出了自 2008 年到 2015 年我国相关学者对碳金融的研究成果，见表 2-3 所示：

表 2-3　我国学者对碳金融的研究成果

研究方向	2015	2014	2013	2012	2011	2010	2009	总计
碳金融内涵与特殊属性研究	0	0	0	1	3	5	1	10
国内外碳金融发展历程、政策及现状	2	4	5	6	7	14	1	39
地区开展碳金融的发展及优劣势	1	0	1	2	1	2	0	7
我国碳金融发展的制约因素	0	1	3	3	3	11	0	21
碳金融业务创新	0	4	1	0	1	5	3	14
碳金融市场可行性研究	0	1	1	1	0	5	0	8
加快碳金融业务的建议	0	1	1	7	9	14	0	32
碳金融交易的分配机制、需求机制、价格机制、风险防控机制及溢出效应研究	2	5	1	0	0	1	0	9
碳金融对国内外的影响	0	1	0	1	0	3	0	5
碳交易的基本理论	0	0	0	1	0	0	0	1
碳金融体系的构建	0	1	0	1	0	4	0	6
碳金融产业结构及能源消费结构的影响	0	0	0	3	0	0	0	3
开发性金融支持碳金融发展	0	0	0	1	0	0	0	1
农村金融与低碳金融结合	0	0	0	1	1	0	0	2
碳金融收益率尾部特征研究	0	0	0	1	0	0	0	1
碳金融发展的法律演化	2	0	0	1	0	0	0	3
碳金融的激励机制	0	0	0	0	1	0	0	1
碳金融本土化	1	0	0	0	1	0	0	2
碳金融共生网络构建	0	0	0	0	0	1	0	1
碳金融市场的前景分析	0	0	0	1	0	4	1	6
碳金融交易中政府与市场的关系	1	0	0	0	0	0	0	1

① 曹军新，姚斌．碳减排与金融稳定:基于银行信贷视角的分析．中国工业经济，2014，09：97~108

由表 2-3 可知，我国对碳金融的研究起步较晚，迄今只有大约 5 年的时间，其研究重点偏重于碳金融内涵、国内外碳金融发展现状的比较、我国碳金融发展的制约因素分析以及提出如何加快碳金融发展的对策等方面，且研究侧重定性分析，鲜有对于碳金融的定量分析。

碳信贷是碳金融业务在低碳产业资本市场中的业务模式，乔海曙和陈守端（2011）通过对碳金融业务的层次分析，提出碳信贷在碳金融业务中处于较高层次，与其他业务相比具有较完善的制度基础，市场需求量较大①；张晟（2011）则分析了在低碳经济的背景下商业银行开展碳信贷业务的商机与阻碍，提出若想取得碳信贷的进展，需要政府与商业银行的共同协作、对企业社会责任的主动承担、金融产品的创新，最终实现政府、银行和企业三方的共赢②；张越超③（2012）以资源型城市的城市商业银行为例，分析其开展碳信贷业务的效果，提出自身把握业务的能力、低碳领域专门人才和信贷风险是影响开展碳信贷业务的主要原因；李虹（2014）以天津滨海新区为例，从政府、企业和银行三个角度分析了影响商业银行开展碳信贷的主要影响因素，认为碳信贷产品、碳信贷人才以及碳排放标准等方面还需不断完善④。

（三）研究评述

国外碳信贷的研究主要集中于个人、家庭和生物多样性等方面，对开展碳信贷的必要性、环境因素在银行业发展和银行参与国际环境标准等方面进行了研究。关于科技型中小企业融资的研究大都集中在融资约束、融资方式等方面。我国学者对碳信贷的研究较少，大都局限于对国内外碳信贷现状分析和国外经验介绍，鲜有从碳信贷在我国的发展潜力、可行性和未来趋势等方面进行探究。另外，碳信贷风险对商业银行开展碳信贷业务造成较大影响，国内外学者针对碳信贷建立风险度量指标，构建风险度量体系的研究较少。

二、科技型中小企业的融资研究现状

（一）国外研究现状

1. 融资约束

美国从 20 世纪 40 年代起，设立扶持中小企业发展的官方机构。在 1997 年

---

① 乔海曙，陈守端．碳金融业务分层模型及发展思路．金融论坛，2011，06：3~8

② 张晟．商业银行推行低碳信贷的实践、困境与对策．时代金融，2011，36：234

③ 张跃超．浅析资源型城市城商行的低碳信贷选择．中国证券期货，2012，09：232~235

④ 李虹．滨海新区碳信贷发展影响因素研究．天津师范大学学报(社会科学版)，2014，04：52~56

美国总统克林顿指出必须强化教育，推进科学技术的发展，进而加速科技型中小企业的成长。其他国家也在快速发展科技型中小企业。部分学者针对科技型中小企业融资进行了研究，奥基（Oakey，1994）提出融资约束是高科技企业尤其是处于成长阶段初期的企业面临的最主要的问题①；在信贷时，金融机构常常忽视中小企业尤其是高科技中小企业，皮佩（Piper A.，2000）概述了有关科技型中小企业的融资问题，提出政府需鼓励正式、非正式部门对其进行风险投资②；费雷德里克（Frederique，2008）提出造成科技型中小企业研发强度过低的原因是信贷约束③；保罗（Paulo M. N.，2011）研究研发强度与科技型中小企业成长之间的关系，发现研发强度受限会使企业无法快速发展壮大，而其中限制研发强度最关键的因素就是融资约束④；汉（Han，2013）提出在办理抵押贷款时，中小企业与大企业相比较为缺少价值较高的抵押物，在办理信贷时，中小企业会受到信贷政策和银行更多的约束条件。因此，商业银行会较为倾向于利用商业信用进行融资。

2. 融资方式与渠道

摩尔（Moore）、方登（Gordon，1994）等经研究发现在研究与开发阶段需要融资时，企业优先考虑内部融资，然后再考虑单纯的债务、优先股股票、各种混合证券，最后才考虑发行权益性证券⑤。纳德吉尔森（Ronald.Gilson，1998）经调查分析提出美国的高技术企业需要融资时，风险资本市场是其优先选择⑥；圭迪兹（Guidici）、帕莱亚里（Paleari，2000）调查研究意大利科技型中小企业的融资现状，发现有将近 3/4 的企业在成长周期初创阶段一般优先考虑自由资金，以及长短期的贷款⑦；扎里克森（Zackrisson，2005）以科技型中小企业的角度分析了

① Moore B. Financial constraints to the growth and development of small high technology firms. Hughes & Storey: Financing Small Firms, London, 1994

② Piper A. Finance in UK high technology small firms: an overview. Venture Capital: An International Journal of Entrepreneurial Finance, 2000, 2(2): 143-153.

③ Frderique savignae. Impact of financial constraints on innovation: What can be learned from direct measure. Economies of Innovation and New Technology, 2008, 17(6):553~569

④ Paulo Maçãs Nunes,Zelia Serrasqueiro, João Leitão. Is there a linear relationship between R&D intensity and growth? Empirical evidence of non-high-tech vs. high-tech SMEs. Research Policy, 2012, 1(1):36~53

⑤ LakshmiS-S, Stewart C M. Testing Static trade-off against Peking order Models of Capital Structure. working paper, National Bureau of Economic Research, 1994, 90~101

⑥ Ronald J.Gilson, Benard S.B1ack. Venture Capital and Structure Capital Markets: Banks Versus Stock Markers. Journal of Financial Economies, 1998, 47

⑦ Guidici.G,and Paleari,S.(2000).The Provision of Finance to Innovation: A Survey Conducted among Italian Technology-based Small Firms. Small Business Economics, 2014, 1: 37~53

其对金融融资顺序（财政债务股本）的偏好①；京（Kyung N. K.，2012）研究了企业间的合作以及政府直接和间接的研发资金支持对科技型中小企业创新绩效的影响，发现政府对研发的资金支持能够刺激企业的创新，进而促进企业上下游的协作②。李（Lee N.，2015）通过调查英国 10000 多家的中小企业，指出金融危机会限制创新型中小企业融资渠道，对企业的发展造成影响，提出商业银行需要创新金融产品，为科技型中小企业拓宽融资渠道③。

3. 融资风险

卡彭特（R. Carpenter，2002）提出在中小企业尤其是高科技中小企业融资时，考虑到企业资产主要为无形资产，缺乏较高价值的抵押物品，因此债务融资担保是十分必要的④；纽温休泽恩（Nieuwenhuizen C，2003）、克龙（Kroon J，2003）阐述了金融机构对中小企业的评价制度⑤；丽丝·奥伯恩（Lise Aaboen，2006）对瑞典的 183 家科技型中小企业进行研究，发现大部分企业与金融机构之间存在紧密的联系，公司管理层能力、内部控制以及财务能力是科技型中小企业融资结构、资金支持增长的关键影响因素⑥。戈德霍夫（Gedajlovic E.，2012）研究发现，在不完善的金融体系下政府以直接购买科技型中小企业股权的方式为其提供融资资本，会影响企业未来决策与规划，因此为降低风险需建立健全的金融体系⑦。张穆等（Mu Zhang，2013）对科技型中小企业信用影响因素的实证研究发现，企业财务状况是关键因素，并证明了企业自主创新能力与信用风险之间的负相关关系，为促使金融机构给科技型中小企业提供信贷以支持自主创新的发展提供理论支撑⑧。安吉利亚（Angilella）、马祖（Mazzù S.，2014）提出由于科技型中小企

① Sjögren H, Zackrisson M. The search for competent capital: financing of high technology small firms in Sweden and USA. Venture Capital: An International Journal of Entrepreneurial Finance, 2005, 7(1): 75~97

② Kyung-Nam Kang. Hayoung Park Influence of government R&D support and inter-firm collaborations on innovation in Korean biotechnology SMEs. Technovation, 2012, 1 32(1): 68~78

③ Lee N, Sameen H, Cowling M. Access to finance for innovative SMEs since the financial crisis. Research Policy, 2015, 44:370~380

④ Carpenter R E, Petersen B C. Is the Growth of Small Firms Constrained by Internal Finance? Review of Economics & Statistics, 2002, 84(2):298~309

⑤ Nieuwenhuizen C, Kroon J. The relationship between financing criteria and the success factors of entrepreneurs in small and medium enterprises. Development Southern Africa, 2003, 20(1):129~142

⑥ Lise Aaboen, Peter Lindelöf, Christopher von Koch, Hans Löfsten .Corporate governance and performance of small high-tech firms in Sweden. Technovation, 2006, 26(8):955~968

⑦ Gedajlovic E, Cao Q, Zhang H. Corporate shareholdings and organizational ambidexterity in high-tech SMEs: Evidence from a transitional economy. Journal of Business Venturing, 2012, 27(6):652~665

⑧ Mu Zhang, Ying He, Zong-fang Zhou .Study on the Influence Factors of High-Tech Enterprise Credit Risk: Empirical Evidence from China's Listed Companies. Procedia Computer Science, 2013, 17:901~910

业的资产价值难以衡量，通过建立一个基于企业软信息的包括企业技术风险、市场风险和生产风险三方面信用风险的评级模型，帮助商业银行更有效的评判企业的信贷风险，减少信息的不对称①。

（二）国内研究现状

本文通过对中国知网以“科技型中小企业融资”作为搜索词进行搜索，来源选取 CSSCI 截至 2015 年，共计 84 篇论文。

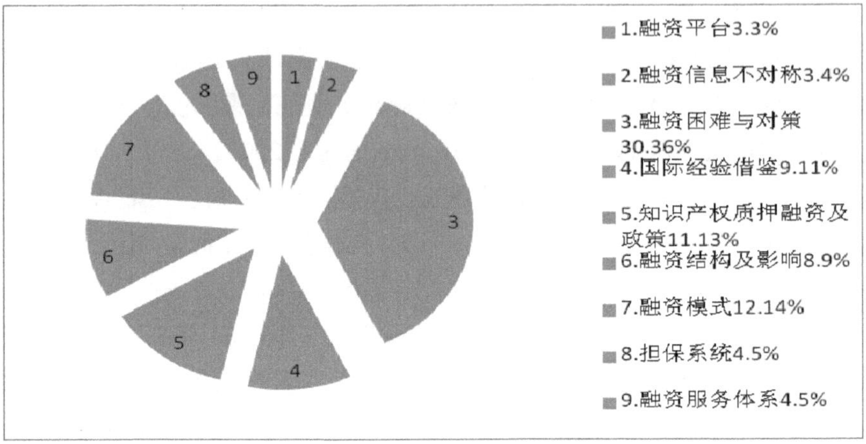

图 2-3 我国学者对科技型中小企业融资的研究成果

由图 2-3 我们可以看出，国内对科技中小企业融资的研究方向较多，但是将文献进行再划分，学者们对科技型中小企业融资的研究方向主要有以下几方面：

一是融资模式和渠道：陈海生（2003）提出了具有高科技中小企业自身特色的 R&D 融资的直接途径和间接途径②；许良虎和张济建（2004）开启了我国对科技型中小企业融资模式的探究，文章通过对苏南地区的科技型中小企业进行调查，发现企业在处于不同的成长阶段时采取的融资模式不同，在初创期和成长期阶段企业需要以贷款、产权交易等外部融资模式取得资金支持③；张静（2008）经由科技型中小企业的融资现状和渠道分析，提出现有商业银行对企业的信用评价体系对科技型中小企业并不适用，需要完善健全独有的评价体系④；林原（2012）则以大连高新区为例研究科技型中小企业融资模式的创新，提出该企业群体应以

① Silvia Angilella, Sebastiano Mazzù.The financing of innovative SMEs: A multicriteria credit rating model. European Journal of Operational Research, 2014, 244:540~554

② 陈海声．高科技中小企业的 R&D 融资途径初探．现代财经-天津财经学院学报，2003，04：52~54

③ 许良虎,张济建．科技型中小企业融资模式选择——暨苏南地区科技型中小企业融资情况调查．科技与经济，2004，03：54~57

④ 张静．开发性金融支持科技型中小企业融资模式研究．现代商业，2008，24：180

自身信用为依托，通过建立完善的信用评价体系，对信用评价高的企业优先、优惠贷款[①]；张献元（2013）通过分析美国、日本和德国等国家对科技型中小企业融资模式的先进经验，针对我国该企业群体面临的融资障碍提出完善对策[②]。科技型中小企业各融资渠道之间的比较如下表：

表 2–4 各融资渠道之间的比较

融资渠道＼比较	融资门槛	融资效率	融资额度	披露要求	专业技术要求	政策影响	融资风险
创业板	名低实高	较低	较大	严格	较小	较弱	市场壁垒
产权交易市场	较高	较高	较大	严格	高	强	市场壁垒
小额贷款公司	较低	高	较小	较松	无	较弱	信用风险
私募股权基金	高	较高	较大	较松	较小	较弱	控股风险
商业银行	高	较高	较大	严格	较高	较强	信用风险

二是融资困难及对策：由于科技型中小企业的成长性难以预测，为使金融机构能够更好地评价企业、控制风险，孙林杰等（2007）运用层次分析法（AHP）法和模糊综合评价法构建了评价融资能力的计量体系[③]；杨宜（2009）运用数据包络分析方法对北京高科技中小企业的融资效率进行了实证研究，发现融资效率与企业规模之间存在正相关关系[④]；处在不同成长周期的科技型中小企业采取的融资模式和融资渠道不同，在初创时期科技型中小企业需要一定的政府支持，迟建新（2010）提出建立多层次的融资体系以促进政府支持与企业的相互配合，进而促进科技型中小企业的发展[⑤]；在商业银行为科技型中小企业贷款时，为应对企业较高的信用风险，李增福和李颂（2010）设计了资产价格浮动利率法和滚动结算法达到商业银行风险与收益的平衡，激励商业银行对科技型中小企业的资金支持，缓解其融资压力[⑥]；李巧莎（2013）运用金融生长周期理论，对科技型中小企业成长的不同阶段提出不同的融资对策[⑦]。

---

① 林原．基于信用体系建设的科技型中小企业融资模式创新对策——以大连高新区为例，辽宁经济，2012，07：30~31

② 张献元．世界各国科技型中小企业融资模式的比较研究．西部金融，2013，12:70~73

③ 孙林杰，孙林昭，李志刚．科技型中小企业融资能力评价研究．科学学与科学技术管理，2007，05：146~150

④ 杨宜．北京高科技中小企业融资效率研究．科技管理研究，2009，10：151~154

⑤ 迟建新．创业板呼唤政府对初创期科技中小企业的引导．财政研究，2010，03：64~67

⑥ 李增福，李颂．商业银行对科技中小企业贷款方式的研究．华东经济管理，2010，03：83~85

⑦ 李巧莎．基于金融成长周期理论的科技型中小企业融资问题研究．科技管理研究，2013，10：243~245

三是国际经验借鉴：徐向艺（2003）阐述德国政府扶持中小企业措施经验对我国政府支持高科技中小企业发展的启示作用[①]；俞海海等（2008）从科技型中小企业成长阶段的角度出发，借鉴国外政策的成功经验，提出具有前瞻性、可行性的建议[②]；李巧莎（2011）通过对日本科技型中小企业融资成功经验的研究，给予我国政府从政策、担保体系网络化为企业提供融资[③]的建议；曹荣等（2013）将美国政府对科技型中小企业融资如政府担保、风险投资的间接调控模式和金融危机时代的政策调整，作为我国政府支持科技型中小企业政策的指引[④]。

四是影响因素分析：费腾和刘力臻（2012）利用协整和误差修正的方法，从短期和长期的角度研究企业规模、抵押价值、成长性和盈利能力与科技型中小企业融资结构之间的关系，发现仅有企业规模在短期内对其影响较为显著[⑤]；程欣炜和林乐芬（2014）以江苏省的科技型中小企业为例进行了实证研究，选取融资特征指标分析银行的融资与科技型中小企业特征之间的关系，发现主要影响因素是银行金融产品的创新[⑥]；顾婧等（2015）则以成都市的科技型中小企业为例，发现影响融资渠道以及融资额度的关键因素分别是外源融资和企业财务状况[⑦]。

（三）研究评述

现有对科技型中小企业融资的研究主要集中在知识产权融资、政府担保、民间融资等方面，而基于碳信贷的科技型中小企业融资模式还未被推广和使用；对科技型中小企业碳信贷影响因素多停留在定性分析，定量分析极少。

三、信用风险与融资信用评级

信用风险有狭义和广义之分，狭义上专指信贷风险，即贷款人在贷款到期时不愿意或者不能够履行还款义务，增加银行等金融机构不良贷款的可能性。广义上是指由所有的客户质量降低造成的风险。2004 年 6 月颁布的《巴塞尔新资本协议》中明确界定了信用风险的定义：即借款者或者交易对方不能够按照事先约定

---

① 徐向艺．德国政府支持发展高科技中小企业的政策措施及其启示．理论学刊，2003，04：53~55

② 俞海海，屠梅曾，王爱民．基于科技中小企业成长阶段的政策扶持探讨．科技管理研究，2008，06：324~326

③ 李巧莎．日本科技型中小企业融资:经验借鉴及启示．科技管理研究，2011，05：43~47

④ 曹荣，赵建玲．美国支持科技型小企业融资模式及对我国的启示．河北大学学报(哲学社会科学版)，2013，02：124~126

⑤ 费腾，刘力臻．我国科技型中小企业融资结构微观影响因素研究——基于协整及误差修正模型方法．东北师范大学学报(哲学社会科学版)，2012，04：31~34

⑥ 程欣炜，林乐芬．科技型中小企业特征与银行融资的关系研究．金融论坛，2014，06：53~60

⑦ 顾婧，李慧丰，倪天翔．科技型中小企业融资障碍因素研究——来自成都科技型中小企业的经验证据．科技管理研究，2015，03：97~101

条款来偿还贷款的不确定性。

对信用风险可以从三个角度进行分类：从来源上可以分为交易对手风险和发行者风险；从风险的组成上可分为违约风险和信用价差风险，前一种风险，是指交易一方不愿或无力支付约定款项而致使交易另一方遭受损失的可能性。后一种风险是指由于信用品质的变化引起信用价差的变化而导致的损失，具体由信用价差跳动风险和信用价差波动风险组成。风险从层次上可分为交易层次、交易对手或发行人层次、资产组合层次。

传统的信用风险多通过多元统计分析的方法度量，以信用评级划分为代表。信用评级(Credit Rating)，又称资信评级。这一概念最初产生于1902年，约翰·穆迪对当时发行的铁路债券进行信用评级，后来针对不同的评估对象及其金融产品采用不同的评级方法和内容[①]。信用评级的采用不仅能为企业自身提供决策，还为社会提供资信信息。

（一）国外研究现状

国外对信用评级的研究是以理论做基础，多采用数学模型分析企业违约风险。早期的信用评级大多依靠专家的经验指导和评估，应用比较广泛的方法主要有5C、5P以及5W法[②]。费希尔（Fisher，1936）首次提出线性判别函数，研究重点在于区别不同规模下企业创新方式的差别[③]。其后有许多研究学者采用该方法。例如，基于费希尔理论，费里德（Freed）、格洛弗（Glover，1987）提出两种创新性规划用于判别公司破产问题[④]。由于专家经验判别法存在主观性的缺点，大多数研究人员渐渐减少对专家经验的依赖，转而运用数理统计对信用评价进行研究。

比弗（Beaver，1966）在研究企业经营发展情况时，最先利用单变量进行研究；研究显示在公司倒闭前的五个会计年度内的财务指标对评估公司运营情况具有很好的预警作用[⑤]。得益于此项研究，多元线性判别分析法（MDA）和回归分

① 邹建平．证券评级概论．上海：复旦大学出版社，1999，10~21

② Lyn, C.T.. A survey of credit and behavior scoring: forecasting financial risk of lending to consumers. International Journal of Forecasting, 2008, 124~129

③ Fisher, R.A.. The use of multiple measurements in taxonomic problems. Annals of Eugenics, 1936, 111~121

④ Freed, N., Glover, F. A linear programming approach to the discriminant problem. Decision sciences, 1981, 12~32

⑤ Beaver, W.H. Financial ratios as predictors of failure, in: Empirical Research in Accounting: Selected studies. Supplement to Journal of Accounting Research, 1966, 19~32

Beaver, W.H. Market prices, financial ratios and the prediction of failure. Journal of Accounting Research, 1967, 10~31

析法（RA）开始出现。经典的 Z-score 预警模型由奥尔特曼（Altman，1968）研究得出，其选取美国的破产和非破产的两类样本公司，利用 MDA 对二十二个关键的财务指标进行分析，对企业的财务状况进行预测，从而建立了 Z-score 模型①。随后奥尔特曼（Altman，1978）创建了预测更加准确的 Zeta 模型，预测成功率为 90%②。迪金斯（Deakins，1972）通过改进 MDA 方法，使得 Zeta 的预测成功率上升 5 个百分点③。虽然艾德密斯特（Edmister，1971）利用 RA 使得预测的结果可信度进一步提升，但其研究忽略了变量，仅仅将变量控制在 0—1 范围内，研究存在一定的不足④。柯林斯（Collins，1980）运用比较分析法，选取同一数据样本，分别利用 RA 和 MDA 两种方法进行研究，通过对比分析结果发现 MDA 优于 RA⑤。

考虑到 MDA 无法对企业破产相关的风险进行有效的评定，迈耶（Meyar，1970）第一次提议使用线性概率方法（LPM）对金融机构的破产问题进行预测，鉴于 LPM 也存在一定的统计缺陷，因此加入多元条件概率进行研究，方法主要有 logit 以及 probit⑥。而马丁（Martin）最先使用 logit 回归分析了银行的倒闭风险⑦，格拉布勒斯格（Grablowskg，1981）将 probit 法应用于信用客户分类分级上⑧。

为了进一步提高企业信用评级技术，20 世纪 80 年代后，递归分类树（RPA）开始应用到信用评级领域。该方法是一种基于二进制分类树理论的二分分类技术。费来德玛尼特（Frydmanetal，1985）首次运用 RPA 进行公司破产的评估与预测⑨。斯里尼瓦桑（Srinivasan，1985）和金（Kim，1988）运用 RPA 对商业银行贷款分

---

① Altman, E.I. Financial Ratios, discriminant Analysis and the prediction of corporate bankruptcy. Journal of Finance, 1968, 87~98

② Altman, E.I. Examining Moyer’ s re-examination of forecasting financial failure. Financial Management, 1978, 110~123

③ Deakin, E.B. A discriminant analysis of predictors of business failure. Journal of Accounting Research, 1972, 43~76

④ Edminster , R.o. Financial Ratios and credit scoring for small business loans. Journal of commercial bank lending, 1971, 67~87

⑤ Collins, A.Robert. An empirical comparison of bankruptcy prediction models. Financial Management, 1980, 78~112

⑥ Meyer, P.A., Pifer, H.W. Prediction of bank failure. Journal of Finance, 1970, 65~76

⑦ Martin, D. Early warning of bank failure. A logit regression approach. Journal of banking and finance, 1977, 78~98

⑧ Grablowsky, B.J., Talley，w.k. Probit and discriminant factors for classifying credit applications: A comparison. Journal of Economics and Business, 1981, 69~78

⑨ Frydman, H., Altman, E.I., Kao, D.L. Introducing recursive partitioning for Financial classification: The case of financial distress. The Journal of Finance XL, 1985, 11~32

类进行了深度研究[①]。1985 年科尔萨（Kolesar，1985）和肖沃斯（Showers，1985）将整数规划应用于信用评级中[②]。此后数学规划判别法由马哈茂德（Mahmood，1987）和劳伦斯（Lawrence，1987）[③]、线性目标规划由斯里尼瓦桑（Srinivasan，1987）和金（Kim，1987）[④]、生存分析方法由考克斯（Cox et al，1984）[⑤]也引入到信用评级领域。

随着人工智能的发展与运用，大批的更加科学系统的评估法逐渐运用到信用评估领域。巴等（1982）提议综合人工智能与发达的计算机科学技术，对公司的基本运营情况和财务状况进行分析预警，即专家系统（ES）[⑥]。而马特萨斯尼斯（N.F.Matsatsinis，1997）通过研究为 ES 设计了一套系统的知识收集与展示的方法，主要应用范围是财务分析[⑦]。延森（Jensen，1992）在研究中首次尝试利用 BP 神经网络对银行贷款质量归类，其划分正确率为 76%-80%，但鉴于其选取的样本相对较少，其分析结果的科学性必然会受到一些影响[⑧]。塔姆（Tam）等比较分析了 logit 模型、BP 神经网络以及线性规划方法，分析显示在评估企业破产的可能性方面，BP 方法显然要优于其他两种方法。拉希米（Rashmi，2002）研究发现模糊神经网络在企业信用估计方面要优于 MDA[⑨]。这种方法对数据的准确性比较宽松而且可以对所有的非线性函数构建模型，其使用范围更加大。20 世纪 90 年代后期，数据包络分析（DEA）作为一种数学规划技术被引入信用评价中。查恩斯（Charnes et al，1978）[⑩]、佩莱马坎德拉（I.M.Premachandra）以一千多家企业为

---

① Srinicasan, V., Kim, Y.H. Designing expert financial systems: A case study of corporate credit management.Financial Management, Autumn, 1988, 32~44

② Kolesar, P., Showers, J.L. A robust credit screening model using categorical data. Management Sciences, 1985, 123-133

③ Mahmood, M.A., Lawrence, E.C. A performance analysis of parametric and Nonparametric discriminant approaches to business decision making. Decision sciences, 1987, 308-326

④ Srinicasan, V., Kim，Y.H. Credit granting: A comparative analysis of classification procedures. The Journal of Finance XL, 1987, 665-683

⑤ Cox, D.R., Oakes, D. Analysis of survival Data.London: Chapman&Hall, 1984, 19~21

⑥ Barr.Feigenbaum. The handbook of artificial intelligence . London: Pittman Books Ltd, 1982, 65~87

⑦ N.F.Matsatsinis, Knowledge acquisition and representation for expert systems in the field of financial analysis. Elsevier Science, 1997, 98~117

⑧ Jensen Herbert. Using neural networks for credit scoring .Management Finance, 1992, 178~198

⑨ Rashmi, M., Malhotra, D.K.. Differentiating between good and bad credits using neuro-fuzzy systems. European Journal of Operational Research, 2002, 145~165

⑩ Charnes et al. Measuring the efficiency of decision making units. European Journal of Operational Research, 1978, 213~224

样本，通过加入新变量来改进 DEA 模型，研究表明评估的结果可信度增加[①]。

（二）国内研究现状

邹建平（1999）指出，所谓信用评级是指通过综合考察影响各类经济组织或各类金融工具的内外部因素，使用科学严谨的方法，用简单明了的符号表示企业在经济承诺方面的履行能力和信任程度的综合评价结果，公告给社会的一种评价或咨询行文[②]。我国对企业信用评级的研究多集中在信用评级方法的应用上，大致从五个方向进行研究。

第一个方向是对信用评级机构监管的研究。柳永明（2007）通过分析美国的标准普尔（NRSRO）制度在发展过程中的改革状况，举出中国在设立信用评级组织时可以借鉴的经验并列明了有关的启发[③]；郑又源（2010）对中国的信用评级市场份额进行分析发现，中国的信用评级市场基本上由 5 个最大的信用评级机构控制，市场分布表现出明显的寡头特征，通过分析中国信用评级及其具有的外部性，对中国发展信用评级提出了建设性的参考意见[④]；高汉（2010）分析了美国对信用评级组织提出的规定以及相应的监管制度的改革背景，以便为中国的监管制度建设提供参考[⑤]；金融危机的爆发促使人们对信用评级机构产生疑问与不信任。有学者研究发现，信用评级组织的不作为等行为是引发金融危机的重要推动力[⑥]；由于金融危机的爆发，国际上对信用评级机构的监管力度不断加大，学者对评级监管的研究也增多，姜楠（2014）设计了适合我国信用评级组织的相关监管框架[⑦]。

第二个探讨领域主要涉及评级机构的收费模式。李增福（2008）通过构建信用评级收费模式的理论框架，阐述国际上信用评级模式的变革，最后分析我国评级业的收费模式选择[⑧]；顾勤琳[⑨]（2010）阐述了什么是信用评级，研究认为非付费模式的信用评级会有很大的问题，提供收费模式的评级反而可以提高评级质量；

---

① I.M.Premachandra. DEA as a tool for predicting corporate failure and success: A case of bankruptcy assessment. Science Direct, 2011, 67~112

② 邹建平．证券评级概论，上海：复旦大学出版社，1999.101~112

③ 柳永明．美国对信用评级机构的监管:争论与启示．上海金融，2007，12:57~61

④ 郑又源．我国信用评级机构规制与监管问题研究．兰州大学学报，2010，06:125~130

⑤ 高汉．美国信用评级机构的责任演变与监管发展——从安然事件到次贷危机．华东政法大学学报，2010，05:150~157

⑥ 张强，张宝．金融危机背景下我国信用评级机构声誉机制研究．经济经纬，2010，01：150~154

⑦ 姜楠．我国信用评级机构监管框架设计．经济纵横，2014，07：55~59

⑧ 李增福．信用评级收费模式:机制与选择．上海金融，2008，01：36~39

⑨ 顾琴琳．信用评级收费机制研究．征信，2010，01：4~7

张帅（2014）对国内与国外的信用评级收费模式进行了比较，发现由于我国的监管体系不完善、不健全，国外在较为完善的监管体系下采用的发行人付费方式在我国会引发负面影响，提出我国需完善监管体系和机制的建议①。

第三个方向是对信用评级方法（如图 2-4）的研究。王春峰等（1998）利用判别分析法评估商业银行的信用风险，并对比 logit 方法说明判别分析法的优势与局限②；邹小芃等（2005）研究分析了公司征信体系的多个模式，并对 probit 等多种方法下的信用评估进行研究③；马若微等（2005）对 MDA 等评级过程中主要使用的方法进行概述，研究费希尔运作的机制并利用一百多家企业的相关数据进行检验④；何平等（2010）通过分析以往信用评级的文献对 TIC 进行拓展，利用 TIC 对信用评级与债券融资成本的作用开展探究⑤；徐旭初和颜廷峰（2012）也对以往关于 Z 评分模型、BP 神经网络等主要的信用评估方法进行文献研究，总结出建立评级指标选取等相关原则⑥。

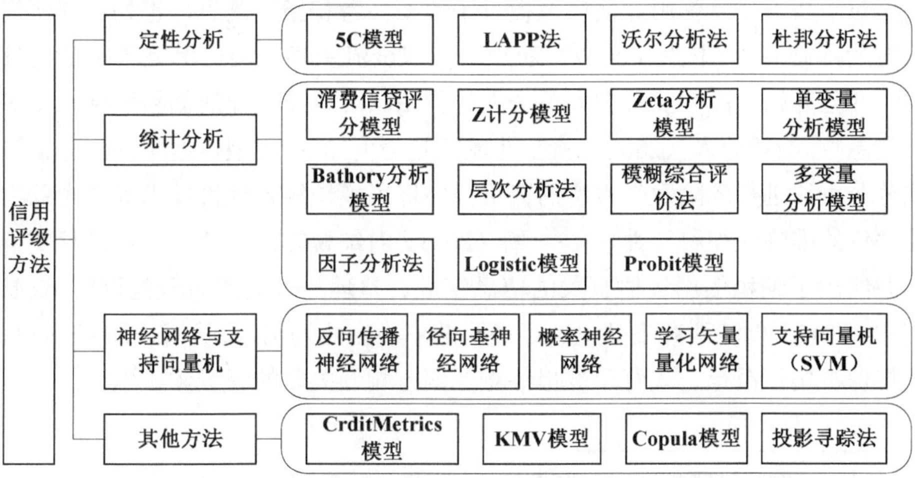

图 2-4　信用评级方法分类

第四个方向是信用评级变动影响的研究。纪婧（2007）度量了因信用评级迁移给投资者带来的风险，分析了信用评级迁移的关键影响因素，通过构建信用评

① 张帅．覆盖全社会信用体系 2020 年基本建成．苏州日报，2014-11-05A03

② 王春峰，万海晖，张维．商业银行信用风险评估及其实证研究．管理科学学报,1998，01：70~74

③ 邹小芃，余君，钱英．企业信用评估指标体系与评价方法研究．数理统计与管理，2005，01：37~44

④ 马若微，唐春阳．基于 Fisher 判别的企业短期贷款信用违约模型构建．系统工程，2005，12：16~22

⑤ 何平，金梦．信用评级在中国债券市场的影响力．金融研究，2010，04：15~28

⑥ 徐旭初，颜廷峰．中小企业信用评级：一个文献综述．学理论，2012，23：126~128

级迁移模型，测算债务人违约的概率与强度，进而对信用产品进行合理的定价[①]；陈虹和宫晓蓉（2012）研究金融机构信用评级的变化对短期资金市场的影响，发现信用评级的降低会造成金融机构的借贷资本和担保资金比率等提升，金融机构会出现筹资能力下降、交易活动减少等现象[②]；王萌萌（2013）以 2007 至 2011 年沪深两市的上市公司为例研究了企业信用评级变动对其持有的超额现金量政策带来的影响，将信用评级的下降视为企业的融资约束，经研究发现企业信用评级下降时会调增现金持有量，防止企业发生财务困境进而控制风险[③]；史志超（2014）以 2006 至 2012 年债券市场中的企业为例，研究企业盈余管理受企业信用评级变动的影响，结果发现在信用评级调增之前，企业会将真实盈余向上调整[④]。

第五个方向是对信用评级体系构建的研究。杨青和梁新（2002）认为应该系统考量中小规模科技企业的发展环境与可能存在的风险，对中小规模科技企业的信用评估应以企业的技术和产品为重点评估对象，在高收益的指导下建立评估体系，这对于我国建立信用评估体系提供了重要参考和指导意见，也为后续研究奠定一定的基础[⑤]；康书生（2007）通过引入现金流量相关的比率完善了信用评估体系，并且开始关注企业管理人员个人的信用状况以及企业的创新发展水平等非财务信息[⑥]；戴毅等人（2008）将企业风险划分为 8 种类型，运用层次分析法、主成分分析法进行风险发生概率的评价，并运用模糊综合评价技术提高企业内部风险评价的准确性和科学性[⑦]；唐一春（2011）对纳税方面的信用评估进行实证研究，并给出了纳税信用评估有关的信息获取、整理与披露的对策建议[⑧]；查慧园和刘洋（2012）以江西鄱阳湖生态经济区的中小企业为例，引入第三方担保机构，构建担保机构、银行、政府和被担保企业四方相互关联的评级体系[⑨]。

---

① 纪婧．信用评级迁移风险的度量与定价研究．博士学位论文，复旦大学，2007

② 陈虹，宫晓蓉．信用评级变动对短期金融市场的冲击．资本市场，2012，01：68~70

③ 施燕平，刘娥平，唐舜．信用评级与公司超额现金持有——债务危机下信用评级的微观角色分析．财贸研究，2015，05：116-124＋130

④ 李琦，罗炜，谷仕平．企业信用评级与盈余管理．经济研究，2011，S2：88-99.

⑤ 杨青，梁新．科技型中小企业投资价值测评指标体系研究．武汉理工大学学报(信息与管理工程版)，2002，06：49~52

⑥ 康书生，鲍静海，史娜等．中小企业信用评级模型的构建．河北大学学报(哲学社会科学版)，2007，02：26~33

⑦ 戴毅，霍佳震，张倩．基于模糊层次综合方法的企业内部风险评价．同济大学学报(自然科学版)，2008，06：864~868

⑧ 唐一春．辽宁省纳税信用等级评定信息的应用研究．沈阳农业大学学报(社会科学版)，2011，02：174~177

⑨ 查慧园，刘洋．担保机构引入第三方信用评级体系的构建——以江西鄱阳湖生态经济区为例．江西社会科学，2012，11：75~79

（三）研究评述

截至目前，国外对信用评级的研究比较成熟，具体的实务操作有相应的理论做支撑。我国对信用评级的研究较之国外晚了近半个世纪，相关理论都是借鉴国外已有成果，所以我国的企业信用评级研究迫在眉睫。

综上所述，信用评价体系建设的局限性主要概括为以下四个方面：

1. 缺乏针对性的信用评价体系

在建立企业的信用评价体系时，我国的商业银行多选取针对大企业的指标，不能体现中小型企业的特征；另外，在选取指标时，各商业银行采用了不统一的标准。

2. 信用评价体系的参考方法不全面

信用评价体系需要满足以下几方面要求：第一，了解熟悉科技型中小企业的成长周期以及发展特征；第二，了解科技型中小企业的产品、项目。当满足以上两点要求时，信用评价体系才能充分反映科技型中小企业的状况，才能做出更为准确的评判。

3. 信用评价体系采用的企业信息不统一

目前，大部分科技型中小企业的信用信息没有统一的整合与管理，主要掌握在税务、财政、海关以及工商等多个部门。这些企业信息没有闭合的信息系统，无法在各部门之间进行有效的管理。

4. 科技型中小企业未充分意识到信用的重要性

中小企业包括科技型中小企业在内控方面较弱，未意识到信用评价的重要性，对构建信用评价体系的意识并不强。

通过以上对国内外关于碳信贷发展以及科技型中小企业融资的研究，本专著拟在现有研究成果的基础上，对如何有效发展碳信贷以更好地服务科技型中小企业进行一定的探索，拟从借鉴国际碳信贷对企业融资的经验以及分析科技型中小企业进行碳信贷的可能性、根植性、未来趋势发展等角度较全面的阐述科技型中小企业进行碳信贷融资的发展前景，构建较系统化的银行信用风险评级框架，针对科技型中小企业贷款情况，形成针对科技型中小企业的信用风险评级体系，为推动我国银行风险监管、促进科技型中小企业融资做出探索性工作。

第三章　科技型中小企业发展政策规范与融资现状研究

第一节　科技型中小企业发展制度规范研究

一、国家关于推进科技型中小企业发展的政策

改革开放以来，我国经济持续增长，同时，中小企业也取得了蓬勃发展，成为我国经济增长的重要推动力。但2008年金融危机以来，由于市场环境复杂多变，环境不确定性加剧，我国中小企业的发展面临了巨大的风险。国家为应对市场环境造成的诸多变数也相继出台了相关政策，以支持和引导我国中小企业持续、健康发展。

中小企业是支撑中国经济发展的重要源泉，其中科技型的企业是提升中国创新能力和科技水平的关键组成，世界各国的经济发展历程均表明中小科技企业在推动技术发展和创新成果方面存在明显的优势。国家及各省市对科技型企业融资的扶持政策、国家十二五规划、绿色信贷指引、经济政策及配套政策措施等文件，为本书提供了理论依据。如表3-1所示：

表3–1　国家针对科技型企业出台的主要相关通知、法律、政策

法规 年份	通知、法律、政策	颁布单位	主要目的
2006	《国务院关于实施<国家中长期科学和技术发展规划纲要（2006—2020）>若干配套政策的通知》（国发〔2006〕6号）	国务院	提高自主创新能力，将我国建设成为创新型国家，全面落实科学发展观，促进经济与社会的可持续协调发展

续表

法规 年份	通知、法律、政策	颁布单位	主要目的
2007	《科技型中小企业创业投资引导基金管理暂行办法》（财企〔2007〕128 号）	财政部 科技部	支持科技型中小企业自主创新
2009	《科学技术部、财政部关于科技型中小企业技术创新基金的暂行规定》国办发〔1999〕47 号	财政部 科技部	扶持、促进科技型中小企业技术创新，设立政府专项基金。加强创新基金运营效率，从而优化其资金服务水平
	《关于进一步加大对科技型中小企业信贷支持的指导意见》（银监发〔2009〕37 号）	科技部 银监会	加强科技资源和金融资源的结合，更深层次加大对科技型中小企业信贷支持，促进科技产业的全面可持续发展
	《国务院关于进一步促进中小企业发展的若干意见》（国发〔2009〕36 号）	国务院	加大财税、信贷等扶持力度，改善中小企业经营环境，转变发展方式，实现又好又快发展
	《促进科技和金融结合试点实施方案》（国科发财〔2010〕720 号）	科技部、中国人民银行等	推动科技研究成果产业化，扩大科技的应用范围，并促进科学技术的研究投入
2013	《关于开展促进科技和金融结合试点工作情况调查的通知》（国科财函〔2013〕8 号）	科技部 财务司	促进科技和金融结合，协调指导小组秘书处组织开展试点工作情况的调查工作
	《2013 年度科技型中小企业技术创新基金项目指南》	科技部	中小企业、各类机构以及地方创新基金管理部门申报、组织创新基金项目的重要指导性文件
2014	《中小企业发展专项资金暂行管理办法》	财政部 科技部	规范专项资金使用效率
2015	《国务院关于大力推进大众创业万众创新若干政策措施的意见》	国务院	推进大众创业、万众创新

由表 3-1 可知，近几年国家为科技型中小企业融资提供了大力支持。其中国务院在建设创新型国家，全面落实科学发展观中起到了指导性的作用，国务院不断加大财税、信贷等扶持力度，为科技型中小企业的融资提供了最基本的保障。科技部作为我国科技发展宏观战略的指挥者，确定了我国科技发展的总布局，推

进科技型中小企业的进步是我国走可持续发展道路的关键，为了促进科技型中小企业融资，科技部在推出科技企业孵化器、建立组织创新基金项目、推进经济发展战略调整等方面都起到了重要作用。我国银监会、中国人民银行以及中国银行业协会等为推动科学技术与金融产业的融合，促进科技成果的产业化以及增加科技的研发投入等做出了积极贡献。

二、天津市科技型中小企业发展制度规范的比较与分析

2010 年，中共天津市委、天津市政府把加快科技型中小企业发展作为转变发展方式、调整产业结构的重大战略部署，出台《天津市科技型小巨人成长计划》等纲领性和政策性文件。

2010 年 6 月，天津市科委、天津市金融办和科技部火炬中心共同举办了高新技术企业国际投融资洽谈会等一系列融资活动。同年 7 月，天津市科委、市金融办制定并由天津市政府出台了《关于推动天津市科技金融改革创新的意见》（津政办发〔2010〕70 号），通过建立健全企业价值链、金融服务链、中介服务链和政府服务链，申办科技银行等途径，发展科技与金融紧密结合的现代科技金融服务体系。同年 9 月，天津市委、市政府颁布《关于加快科技型中小企业发展的若干意见》（津党发〔2010〕9 号），为加快科技型中小企业发展做出了战略规划。之后又颁布了《关于支持科技型中小企业发展的若干政策》（津政发〔2010〕33 号 ），支持引导科技型中小企业改革发展。

2011 年，高新区制定了《天津高新区科技小巨人成长计划》，确定“万千百十”发展目标。随着天津市推进科技型中小企业发展的进程，科技创新也逐渐成为天津经济新的增长点。

2011 年 12 月 26 日，天津市滨海新区《中心商务区鼓励科技型中小企业发展扶持办法》颁布实施。自 2006 年起，国务院便鼓励天津市滨海新区开发开放，使滨海新区逐步建设成为我国北方对外开放的门户、高水平的现代制造业和研发转化基地。天津市滨海新区地处环渤海经济中心带，应不断加强先进技术的研发创新，大力推动高新技术产业的发展。目前，以滨海新区为依托，天津市已建成九大功能区。天津市应充分利用与发挥其功能优势，加强功能区内的科技型企业改革创新，发展极具优势与竞争力的高科技企业。

2012 年 6 月 10 日，第六届中国企业国际融资洽谈会确定天津市等 16 个地区为首批促进科技和金融结合试点。为实现 2012 年科技型中小企业的发展目标，天津市科委出台六项措施加强推进科技与金融的结合，如图 3-1 所示。

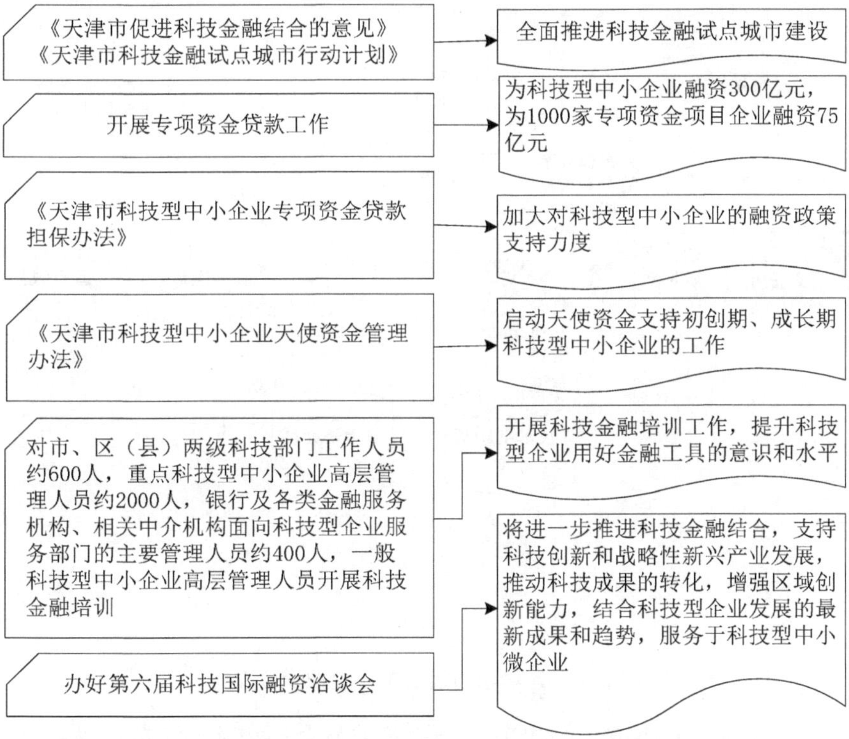

图 3–1　天津市科委出台推进科技与金融结合的六项措施

2012 年 12 月 10 日，天津市人民政府出台《关于进一步促进科技型中小企业发展的政策措施》，其中制定的十条措施均为科技型中小企业的发展提供了服务与支持。

2013 年《天津市支持科研院所创新发展实施意见》出台，支持科研院所与企业开展科技合作，帮助企业转型为科技型中小企业或升级为科技小巨人企业、科技小巨人领军企业等。

在“十二五”期间，为顺利开展促进科技型中小企业发展相关规划，天津市设立专项资金来保障中小科技企业的创新与研发投入，体现了对中小科技企业的高度重视与资金支撑。

2013 年天津落实了企业商业贷款 40 亿元，涉及 500 项政府周转资金贴息项目，50 家缺少抵押的科技型中小企业获得 1 亿元政策性担保；总共在区县建立了 16 个科技金融对接平台，组织银行和企业全年进行了 400 多次融资对接活动，合计落实 1000 亿元各类融资基金。

天津市还为科技型中小企业专门设立了资金项目并建立了支持机构，如图 3-2

所示：

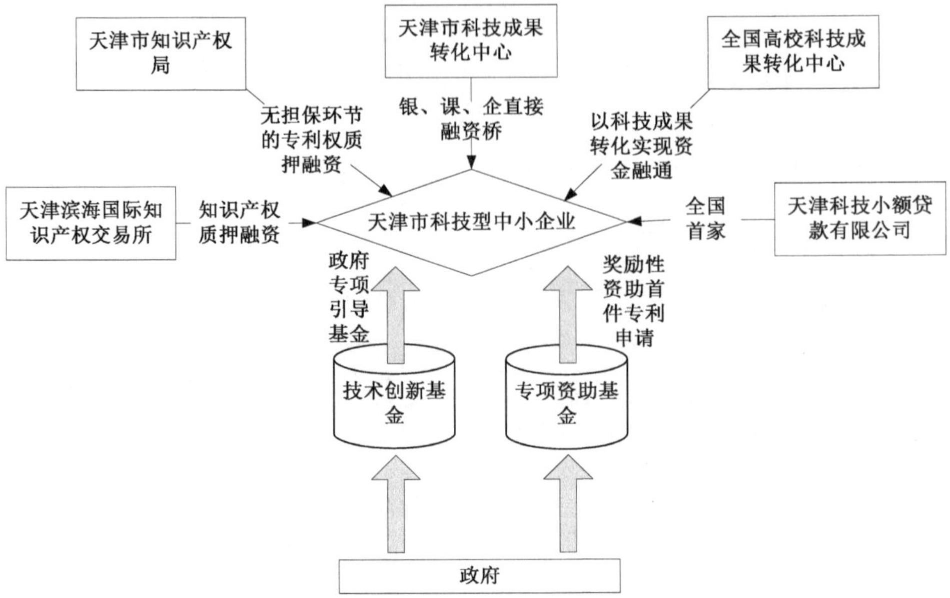

图 3-2　天津市科技型中小企业资金支持

2014 年 5 月，天津市人民代表大会常务委员会颁布《天津市促进中小企业发展条例》，支持、鼓励中小企业大力开展创新活动，加大科技创新与研发投入，鼓励中小企业与高等院校及科研所等的协同、交流合作，促进中小企业转型升级，着力发展科技型中小企业，并且支持、鼓励国家重点研究中心、高技术仪器中心、重点实验室等向科技型中小企业提供研发创新服务。

2014 年颁布《天津市科学技术委员会、天津市知识产权局关于联合推动创新型城市建设和科技型中小企业创新发展的意见》，促进科技型中小企业创新发展，充分利用专利资产价值，解决科技型中小企业融资难问题，加强科技金融专利质押贷款的各种政策和措施融合，在科技型企业中建立有专利质押贷款需求的数据库，对开展专利质押贷款的金融机构和贷款需求企业进行相关业务培训；鼓励资产评估机构、专利代理机构、律师事务所、交易服务机构等中介服务机构面向企业开展专利权质押贷款的专业服务，推动天津滨海国际知识产权交易所专利投融资服务平台建设，对帮助科技型中小企业专利质押融资的对接平台给予财政资金支持等。

三、科技型中小企业发展的国际比较

科技型中小企业的发展过程一般划分为初创期、成长期、成熟期、蜕变期四个阶段，不同阶段面临着不同的融资问题，这些问题直接影响到科技型企业的研究与开发（R&D）投入力度以及研究与开发（R&D）投入的效率，进而影响项目开发和资源利用情况。同时，科技型中小企业是发展科学技术产业、推动经济发展转型以及建设国家创新体系的重要主体，高技术产业往往体现出的是科技型中小企业的发展情况。由于高技术统计年鉴中包括大型企业统计数据，本书需要统计的是科技型中小企业相关数据，因此为了便于在各国家间进行比较，将高技术产业中的大型企业统计数据去除。

表 3–2　部分国家去除大型企业后高技术产业研究与开发经费占工业总产值比例

行业 国家	医药生产	办公、会计和计算机制造	广播、电视及通信设备制造	精密仪器和光学器具制造
中　国	0.88125	0.46875	1.13125	1.19375
美　国	16.60625	6.68125	9.825	11.4625
日　本	10.25	4.75625	5.5625	10.6125
德　国	5.16875	2.7875	3.925	3.925
英　国	15.575	0.2375	4.725	2.26875
加拿大	7.425	6.825	9.075	-
韩　国	1.56875	2.45625	4.15625	1.35
瑞　典	8.4	8.7	9.20625	5.61875

资料来源：《中国高技术产业统计年鉴》。注：表中为去除大型企业后的数据。

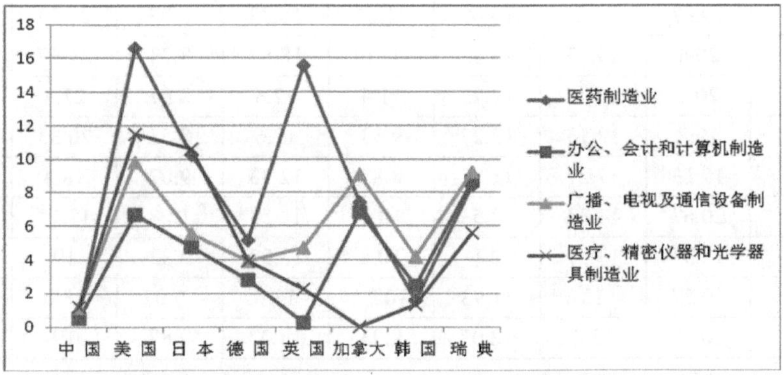

图 3–3　部分国家分行业高技术产业研究与开发经费占工业总产值比例趋势图

研究与开发（R&D）支出占工业总产值的比值这一指标可以用来评价高技术产业科技实力和核心竞争力。

在国际上，美国和英国医药制造业的研究与开发支出占工业总产值的比例较高，日本占比较高的则是医疗精密仪器和光器具制造业，加拿大和瑞典在广播、电视及通信设备制造业上的研究与开发支出占工业总产值的比例较高。这些体现了不同国家对不同产业科技创新的重视情况。我国为头号制造国，工业总产值相比这些国家处于较高水平，但是高技术产业研究与开发支出占工业总产值的比值指标除了飞机和航天器高技术产业以外都明显低于其他国家，表明我国靠自主创新技术获得的产值不高，两者相互依赖度不高。

高技术产业作为我国经济的重要增长点，需要我国对产值与科研投入关联程度高及高技术产业中对工业产值贡献较大的高技术产业加大研究与开发投入，从而真正提升我国的核心竞争力，争取从中国制造大国加速发展成为中国创造大国。

通过对比研究与开发经费来源，2012 年研究与开发经费中企业投入的资金占研究与开发经费的 73.9%，政府资金占 21.68%，可以看出我国高技术产业的企业研究与开发经费投入占主体地位，加大研究与开发投入意味着我国在资金投入上要予以一定的倾斜，同时进一步加大金融机构对企业的资金支持。

表 3-3　2001—2013 年部分国家高新技术产业出口占制造业出口的比重

地区 年份	中国	美国	日本	德国	英国	加拿大	韩国	瑞典
2001	13.73	21.73	17.73	12.2	22.73	11.07	19.87	11.6
2002	15.53	21.2	16.53	11.67	21.13	9.47	21	12.13
2003	18.07	20.53	16.27	11.27	17.53	9.13	21.53	10.87
2004	19.87	20.2	16.07	11.87	16.33	8.07	21.93	11.6
2005	20.4	19.93	15.33	11.6	18.87	8.73	21.67	11.27
2006	20.2	20.07	14.73	11.4	22.6	8.87	21.4	10.73
2007	19.8	18.13	12.27	9.33	12.6	8.53	20.33	7.67
2008	19.13	17.27	11.53	8.87	12.33	9.07	18.4	7.47
2009	20.67	14.33	12.53	10.2	14.53	10.8	19.13	8.6
2010	18.33	13.27	12	10.2	13.93	9.33	19	9.27
2011	20.27	13	11.93	10.27	13.6	10.07	18.8	8.93
2012	20.47	13.4	12.07	9.93	14.07	9.87	19	9.07

资料来源：《2014 中国高技术产业统计年鉴》。注：表中数据为去除大型企业后的数据。

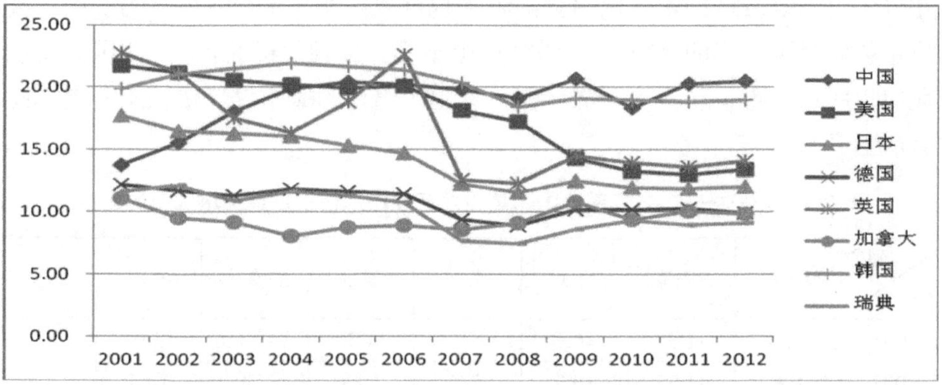

图 3–4　2001—2013 年部分国家高新技术产业出口占制造业出口的比重

通过上述图中各国高新技术产业出口占制造业出口的比重可知，我国在 2001—2005 年间的比重呈现大幅度上涨，2005—2008 年间的比重变化趋势比较平稳，2008—2009 年度呈现小幅度上涨后，2009—2010 年间所占比重有所下降，但是 2010 年以后又呈现上涨趋势。

美国与日本在 2001—2009 年间比重的变化幅度呈现基本一致的下降趋势，但在 2009—2010 年间美国仍呈现下降趋势而日本则有小幅度上升，2011—2012 年两国的趋势基本保持一致，都是先增后减，但是变化不大。日本和德国也基本呈现一致的变化趋势，仅仅在 2003—2004 年间有所不同，日本在 2003—2004 年呈现小幅下降而德国在该期间呈现小幅上升。瑞典与日本在 2004—2013 年间呈现相同的变化趋势，但在 2001—2004 年间变化趋势不稳定，呈现上升下降、上升下降的状态。加拿大在 2004—2007 年呈现缓慢上升趋势。韩国则呈现先上升后下降的趋势，2008—2009 年间又有所上升，2010—2012 年也是先上升后下降的情形。英国是所有国家中变化趋势最不稳定的国家，2001—2004 年间呈现大幅度的下降趋势，2004—2006 年间所占比重上升趋势坡度较大，2006—2007 年间又开始下降且下降幅度高于 2001—2004 年间并低于 2001—2006 年间所占比重的最低值，2009 年以后变化趋势较之前年份略显平稳。

高新技术产业生产的高新技术产品带有高附加值，因而我国高新技术产业出口很大程度上带动了我国制造业出口的附加值。我国 2001—2012 年高新技术产业出口占制造业出口的比重的变化趋势表明：我国高新技术产业在国际竞争中的地位显得越来越重要，且我国技术含量也有所提高。与其他世界各国相比，我国的部分高新技术产业的出口占制造业出口的比重逐年上升并趋于稳定，上升的最大值超过了美国等发达国家，说明我国越来越重视高新技术产业外贸的发展。美国和日本整体呈现下降的趋势，在 2008 年由于受到金融危机的影响，美国高新技术产业出口所占比重呈现大幅下降，但日本由于出口国家不仅仅依赖于美国因而比重有所上升。

表 3-4　2001—2012 年部分国家高技术产业增加值占制造业增加值的比重

年份＼国家	中国	美国	日本	德国	英国	加拿大	韩国	瑞典
2001	6.33	11.33	10.6	7	11.33	5.8	13.93	9.07
2002	6.6	11.33	10.2	7.2	10.8	5.4	14.4	10.47
2003	7	11.47	11	7.6	10.47	5.67	14.8	11.67
2004	7.27	11.67	11.27	7.87	10.33	5.47	15.8	13.87
2005	7.67	12.07	10.47	8.27	10.8	5.73	15.13	14.07
2006	7.67	12.8	10.73	8.13	11.47	6.13	15.33	13.93
2007	8.47	12.73	10.8	8.53	11.4	6.2	15.47	12.47
2008	8.6	12.87	10.87	8.6	11.27	6.33	15.53	12.6
2009	8.73	13	11	8.73	11.47	6.07	15.67	12.8
2010	9	13.07	10.93	9	11.4	5.93	15.4	13.07
2011	8.93	13.47	11.27	9.27	11.2	6.33	15.27	13.4
2012	9.13	13.73	11.4	9.53	11.6	6.27	15.4	13.6

资料来源：《2014 中国高技术产业统计年鉴》，注：表中数据为去除大型企业后的数据。

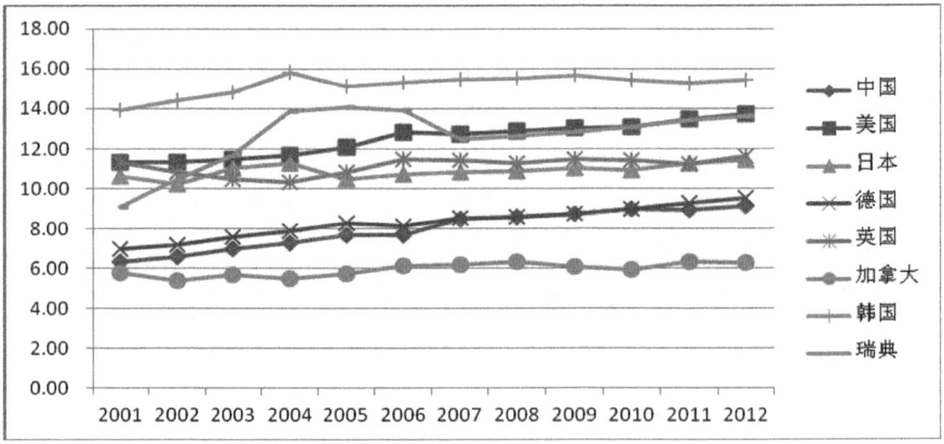

图 3-5　中国高技术产业增加值占制造业增加值的比重

高新技术产业增加值占制造业增加值的比重是反映高新技术高产出的重要指标，从图表中可以计算出，中国的环比增长速度分别为4.21%、6.06%、3.81%、5.5%、0%、10.43%、1.57%、1.55%、3.05%、-0.74%、2.24%，年均增长速度3.38%，说明中国的高新技术产业处于上升阶段；美国的环比增长速度分别为0%、1.18%、1.74%、3.43%、6.1%、-0.52%、1.05%、1.04%、0.51%、3.06%、1.98%，出现负值的部分原因是金融危机的影响，年均增长速度1.75%；同理，日本的年均增长速度为1.01%，每年的高新技术增加值占制造业的比重几乎不变，说明日本高新技术产业水平已经处于成熟阶段；德国的年均增长速度为2.86%，部分原因是德国政府倾向于早期新兴企业发展的投资，风险较高，而高新技术产业正是吸引这种投资的企业，从而使得高新技术产值不断地增加；英国的环比增长速度分别为-4.71%、-3.09%、-1.27%、4.52%、6.17%、-0.58%、-1.17%、1.77%、-0.58%、-1.75%、3.57%，年均增长速度0.14%，这是受英国传统的重科学、轻技术、重发明、轻产业观念的影响，科学研究的优势在高新技术产业中同样被埋没。加拿大的年均增长速度为0.56%，韩国年均增长速度1.05%。韩国政府加大科技投入，推进科技体制改革，注重对中小企业的科技投入，对失业的科技人员创造就业机会，这些措施都保证了韩国高新技术产业保持增长。瑞典年均增长速度为3.67%，这与政府成立的科学研究中心有很大的关系。

从以上分析可以看出，日本、加拿大的年均增长速度为负值，说明其环比正增长速度低于其环比负增长速度，其余几个国家的环比正增长速度高于各自的环比负增长速度。

科技型中小企业要想在竞争中生存下来，其能动性起着很大作用，包括组织结构的安排可以随时调整，弹性比较大，创新效率要显著高于大企业，创新周期也要显著低于大企业。科技型中小企业不同于传统意义上的企业，它们的技术更新更快，信息传递也比较迅速，投入力度比较大，当然也面临着比传统企业更大的风险，最重要的是科技型中小企业的回报率也很丰厚。正是由于中小规模科技企业的种种特殊性决定了其融资渠道。本专著首先分析美国、日本科技型中小企业融资渠道和融资结构特点，然后分析我国科技型中小企业的融资渠道及结构特点。通过比对三个国家的渠道差异，为解决我国科技型中小企业融资困难提供国际经验，并为中小规模的科技类企业获取资金的碳信贷渠道提供发展空间。

（一）美国科技型中小企业的融资来源

美国科技型中小企业是美国技术创新的重要推动力，从20世纪初往后的60多年间，美国大约有70%的科技发展项目由科技型中小企业完成，其发展之快与美国的支持政策有着直接关系。由于美国资本市场的完善和融资多元化机制的形成，中小规模的企业大多从私人渠道募集资金或者从传统的金融机构获取银行贷款，同时专门针对中小企业，管理局也会给予一定的资金支持[①]。

美国科技型中小企业可以通过专门的银行信贷渠道、通过美国中小企业管理局以及成熟的高科技中小企业资本市场融资，而且融资风险较低。美国政府为支持创业投资的发展，拓宽科技型中小企业的融资渠道，还出台了美国小企业投资公司计划等等，有效地降低了科技型中小企业的融资风险。

1. 私募基金

私募基金在美国科技型中小企业的融资来源中占有很高的比重。对于成长性与创新性都极高的美国科技型中小企业来说，私募基金为其重要的融资来源。

所谓私募基金是指私下或直接向特定群体募集的资金，与公募基金相对应。私募基金与公募基金的比较见表 3-5。

私募基金起源于美国，主要有两大类：一类是宏观基金，另一类是相对价值基金[②]。其合伙人组成有一般合伙人和受限合伙人。私募基金按照投资方式不同与组织结构不同分为不同的类型，见表 3-6。

私募基金在美国科技型中小企业获取资金来源中占有很大的份额，成为中小规模的科技企业吸收资金的重要来源，同时就美国科技型中小企业的发展状况来看，也说明了这一融资渠道的重要作用。

表 3–5　私募基金与公募基金比较[③]

类别	私募基金	公募基金
募集方式	私下非公开	公开销售
募集对象	少数特定投资者，一般为富裕阶层或者机构投资者，数量一般不超过 200 人	社会公众投资者
信息披露	一般只需要半年或者 1 年私下向投资者和监管机构公布投资组合，不需要公开披露	要求定期公开披露详细投资组合以及基金重大变动
与投资者关系	投资者可与基金管理人共同商讨并制定基金投资方案，包括投资目标和投资策略等	由基金管理人按照基金合同或契约确定投资方案，投资者在投资过程中的参与度较低
监管原则	监管相对宽松、基金运作有较高的自由度	监管较为严格，对基金的运作行为有相对严格的限制

① 孔凡保．资本市场与风险投资——以美国为例．中国经济出版社，2005，13~16

② 李安方．美国私募基金的运作机制．改革与开放，2001，06:21~22

③ 樊志刚，赵新杰．全球私募基金的发展趋势及在中国的前景．金融论坛，2007，10：3～8

美国的私募基金发展大致经历了萌芽、成长与挫折、爆炸性增长以及重新崛起四个阶段。美国的私募基金之所以能发展壮大与两点因素有密切的关系：一方面是合适的市场中介的存在；另一方面是政府政策的支持。中国的私募基金产生于 20 世纪 90 年代，其发展大致经历了萌芽、形成、发展和调整四个阶段。与美国私募基金相比，中国私募基金发展时间较短，各方面还不完善，还有很多需要借鉴的地方。表 3-7 给出了美国与中国私募基金的现状对比。

表 3–6　私募基金不同类型

投资方式	私募股权投资基金	私募股权投资基金主要是针对非上市公司股权的投资，更关注企业的成长性，投资后一般均参与企业的经营管理，目的在于控制或影响企业治理结构和经营收益，待企业发展成熟后通过股权转让等方式退出实现资本增值，私募股权投资基金本身并不直接经营工商业业务
	私募证券投资基金	私募证券投资基金的投资重点是进行上市公司股票投资、衍生工具投资等资本运作，其更加重视价差交易等交易性机会，而不是长期投资
组织结构	公司型私募基金	公司型私募基金以公司形式进行注册登记，公司不设经营团队。而整体委托给管理公司专业运营。公司型私募基金的大部分决策权掌握在投资人组成的董事会手中，投资人的知情权和参与权较大
	契约型私募基金	契约型私募基金本质上是一种信托安排，又称信托型私募基金，一般由基金管理公司、基金托管机构和投资者三方通过信托投资契约建立。契约型私募基金的投资者作为信托契约中规定的受益人，对基金运营及重要投资决策通常不具有发言权，投资者组成的是持有人大会而非股东大会。对投资决策没有太大的影响力
	有限合伙型私募基金	有限合伙型是全球私募基金采取的主流模式，它以特殊的规则促使投资者和基金管理者的价值取向实现统一，实现激励相容，从而在一定程度上规避了公司型私募基金和契约型私募基金存在的道德风险。并降低投资者在投资失败后需要承受的损失

表 3–7　我国与美国私募基金现状对比

类别 国家	组织结构	经营方式	管理机制
美国	组织结构简单；投资者主要是一些大的投资机构和富人	操作手法多样；一般是封闭式的合伙基金，不上市流通；高度杠杆操作；主要投资于金融衍生市场，投资性强	采取与绩效挂钩的薪酬激励机制
中国	介于合法与不合法之间	高风险与高收益并存	不规范与严格自律相统一

目前，我国大量的私募基金通过私募证券基金的形式进入资本市场。这些资金偏重操作，使得其对有助于国民经济发展的中小企业支持不够。

通过对比，我们可以看到我国私募基金在发展过程中存在的问题。特别是随着我国金融市场金融衍生品的陆续推出及对外的进一步开放，对金融市场的影响将更加广泛且深入。因此，亟须建立一套完善、高效的私募基金监管体系，充分发挥市场机制的作用，为私募基金的健康发展提供良好的制度环境，促进私募资金的发展，为我国科技型中小企业的融资谋求出路。

2. 银行信贷渠道

目前，银行对科技型中小企业的贷款数额少、贷款成本高以及还本付息的风险大等多重风险，使科技型中小企业贷款步履维艰，为了有效降低向科技型中小企业提供贷款的风险，美国商业银行首次提出“信用评分体系”以及贷款证券化的方法，对规模比较小的科技型中小企业则建立社区银行解决其贷款问题，对缓解科技型中小企业融资困难问题起到了决定性作用。

1998 年美国金融机构为中小企业的贷款占其全部股本和债务额的 26.66%，占全部债务额的 53%[①]。关系贷款占中小企业贷款总额的 56.35%，银企间的关系平均保持在 9 年以上[②]。银行向科技型中小企业贷款主要集中在科技型中小企业发展阶段的成长期和成熟期，图 3-6 给出了美国处于成长期和成熟期的科技型中小企业的主要资金来源。

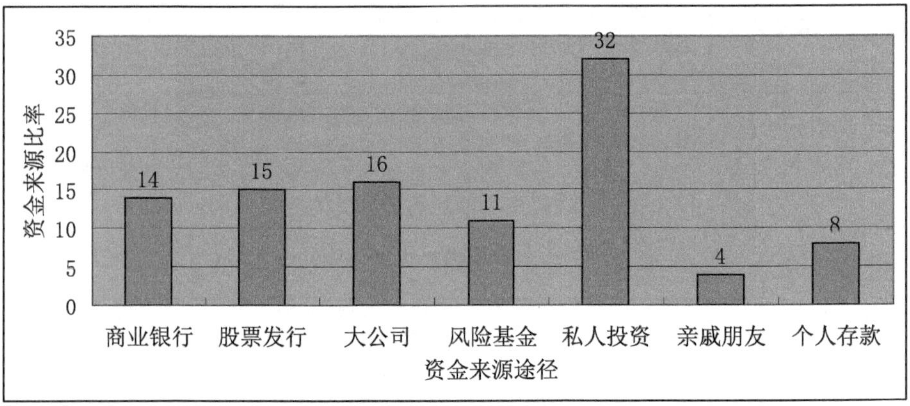

图 3–6　美国科技型中小企业成长期和成熟期的资金来源

值得一提的是，硅谷银行作为专注服务于科技型中小企业的专业化银行，为美国硅谷地区的科技型中小企业融资做出了巨大贡献，硅谷银行于 1987 年在美国纳斯达克市场上市，在美国境内外设有多个分支机构，其主要的目标客户是受风

① 郭嘉．科技型中小企业融资渠道的比较与选择．特区经济，2004，09：80~82

② Porta. Legal Determinants of External Finance. National Bureau of Economic Research，2002, 07:112~132

险投资支持但未上市的高科技公司。表 3-8 是硅谷银行为不同行业提供贷款的情况。数据显示，美国硅谷银行投向软件、风险投资、生命科学等领域的贷款金额逐年增加，且增幅较大。这些行业的发展受到硅谷银行的高度重视。

硅谷银行通过不断进行金融创新，开发适合科技型企业的金融产品来满足其融资需求。在帮助科技型中小企业发展的同时，硅谷银行也会同企业一道获得可观收益，具体包括信贷利息和企业部分期权，这部分期权也是银行考虑到企业日后上市能够从中获得权益回报而索取的。表 3-9 是美国硅谷银行运营的创新模式。

表 3–8　硅谷银行为不同行业提供贷款的金额（单位：万美元）

行业＼年度	2012 年第三季度	2013 年第二季度	2013 年第三季度	2014 年第四季度	2015 年第二季度	2015 年第三季度	2015 年第四季度
软件	298342	3593954	3738142	4996246	1643110	5320056	5482110
硬件	1205059	1217612	1153394	1140494	524983	970915	1080231
风险投资	1408346	1918731	1953161	4621299	2093557	4611953	5511929
生命科学	1038327	1095581	1108061	1300727	585608	1612680	1724545
高档葡萄酒	135194	14399	150838	206845	30182	195448	202808
其他	313177	312618	290397	236519	97920	298198	226591

资料来源：https://www.svb.com/

表 3–9　美国硅谷银行创新模式①

一、客户定位明确、资金来源途径多样	硅谷银行的客户群体为高新技术企业，尤其是一些新成立的科技型中小企业，这些企业成长快但风险巨大，很难从传统的商业银行获得商业贷款。另外，与传统的商业银行不同，硅谷银行的资金来源主要是风投机构的客户存款而不是公众存款。这大大增加了硅谷银行的风险承受能力。
二、股权与债权完美融合	一方面，硅谷银行为了在退出时获利，与贷款企业签订股权协议，以获取股东权益。另一方面，硅谷银行利用从风投公司那里获得的客户存款为企业贷款，这大大减少了成本与风险。
三、直接投资与间接投资结合	组合投资结构，大大降低了硅谷银行的成本与风险，并且较好地利用风投机构的资源，即丰富的风投经验和对投资企业深入的背景调查。

① 宋永辉，杨海莹．基于美国硅谷银行模式的我国科技银行发展思考．安徽农业科学，2015，29：347～349

3. 科技型中小企业的扶持机构

美国扶持科技型中小企业的专门机构——美国中小企业管理局（U.S. Small Business Administration，SBA），成立于 1953 年，被美国国会确定为“永久性联邦机构”。其总部设在华盛顿，在美国各大城市设有分局、69 个地区办公室、17 个分支办公室，其员工人数超过 4000 人。

美国中小企业管理局设立的主要目的是听取中小企业的意见及需求、在银行和中小企业间建立良好的信贷关系、与商业银行联合办理贷款、为科技型中小企业提供贷款担保、为企业提供相关证券融资咨询服务、提供创新研究资助等。为了增强银行对中小企业贷款审查的责任心，美国中小企业管理局一般情况是采用比例担保代替全额担保，银行也必须承担相应的责任。

表 3–10　美国中小企业管理局担保类型

贷款金额或类型	担保比例	担保费用
15 万美元以下	85%	2%
15 万美元以上 200 万美元以下	75%	3%-3.5%
出口项目贷款	90%	--

资料来源：U.S. Small Business Administration

美国中小企业管理局的主要职责有四个方面：第一，资金支持。美国中小企业管理局一般不会提供贷款给科技型中小企业，但是会为其提供担保服务，通过担保服务为中小规模的企业获取资金提供支持，同时美国政府也会在税收等方面给予中小规模企业一定的资金支持。第二，咨询与管理培训服务。中小企业管理局有经理服务公司，其中包含 1 万多名经验丰富的退休人员，还有 960 个中小企业服务店。公司可以提供技术、营销和决策等涉及管理方面的培训；定期开办讲座和讨论会，在讲座中和讨论会上会分发有关资料。具体组织者有商会、大专院校、中等学校、贸易协会和成年教育小组等。第三，获得政府采购合同。美国中小企业管理局通过将比较大的合同进行拆分分包给多个小企业，同时在某些方面为中小企业给予能力评定，增加小规模企业的信誉度。第四，促进小企业的进出口贸易。美国中小企业管理局在中小企业数量较多的区域专门设立出口服务中心，为中小规模的企业介绍项目、提供战略规划等系列服务。

4. 美国小企业投资公司计划

结合科技型中小企业自身的优势与特点，美国扶持科技型中小企业的专门机构美国中小企业管理局为其制定了专门的投资计划，称为美国小企业投资公司（Small Business Investment Companies，简称 SBIC）计划。该计划于 1958 年正式推出，引导民间资本为中小企业融资提供支持。

美国小企业投资公司在美国中小企业管理局的监管下开展业务。依据科技型中小企业的特殊性，专为其提供风险资本，改善科技型中小企业的现金流状况。美国小企业投资公司不仅有力地推动了科技型中小企业的长远发展，而且对于风险投资行业的变革与发展起到了推动作用。美国的科技型中小企业通过美国小企业投资公司获得外源资金，在美国中小企业管理局的扶持监管下，与商业银行建立长期稳定关系，有效地改变了科技型中小企业自身资金不足的难题。此外，美国小企业投资公司还为科技型中小企业提供证券融资咨询服务。通过美国小企业投资公司，美国的很多金融公司与银行可以开展风险投资业务，在此过程中，美国小企业投资公司起到了在科技型中小企业与银行之间的信息中介作用，并且有效地将风险投资与科技型中小企业融资需求联系在一起。

图 3-7 是美国小企业投资公司的运作模式图。

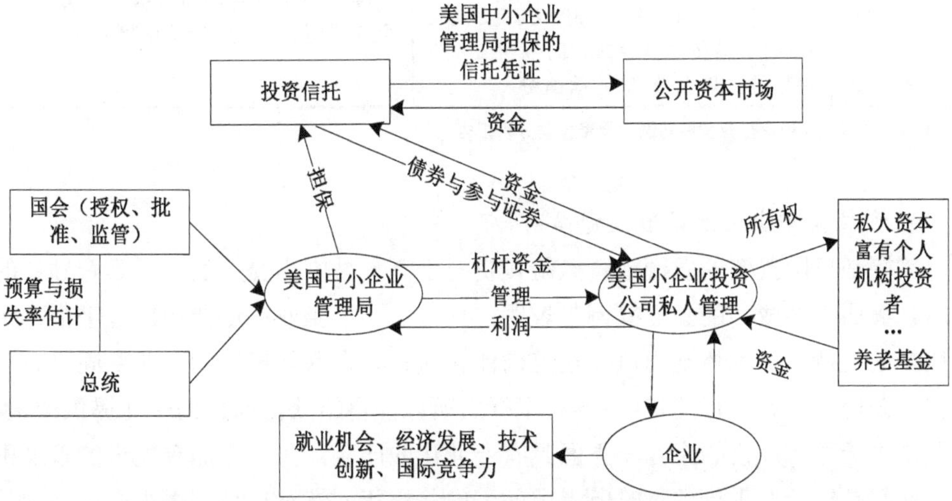

图 3–7　美国小企业投资公司运作模式

美国小企业投资公司计划，即美国小企业投资公司计划主要以“担保债券”和“参与证券”两种方式给小企业公司提供融资支持。详细见表 3-11。

表 3-11 “担保债券”与“参与证券”

方式 项目	担保债券	参与证券
杠杆资金	美国小企业投资公司可以获得 3 倍于私人缴费资本的杠杆资金	美国小企业投资公司可以获得 2 倍于私人缴付资本的杠杆资金
债券期限	10 年期不分期偿还每半年付息一次可以在任何时候赎回，头 5 年中，第一年赎回需付 5%的罚金，以后罚金率每年下降一个百分点，第 6 年开始不需付罚金	债权期限为 10 年
利息率	利息率比 10 年期国债利率高 1.25%到 1.5%，目前大约为 6.5%	在其累计盈利之前，其原本应当每半年支付一次的债券利息由小企业管理局代为支付，实现累计盈利后，再按复利偿还美国中小企业管理局预先为其支付的利息
费用分配	每年付给美国中小企业管理局 1%的管理费，当美国中小企业管理局批准一笔 5 年内杠杆资金额度时，要收取 1%的承诺费。资金拨付时需付 2%的使用费，以及 0.5%的承销费	美国中小企业管理局可以获得美国小企业投资公司约 10%的利润分配

资料来源：中国创业投资行业发展前景与投资预测分析报告

5. 科技型中小企业风险投资体系

美国是风险投资的发源地，风险投资对于高科技中小企业的发展具有独特的作用。美国许多成功的企业案例都表明，科技型中小企业在创业初期几乎都得到过风投的支持，这也体现出风投在美国比较盛行。在获得风投的企业中同时有一半左右获得过硅谷银行的贷款。硅谷银行之所以能再给获得风投的企业提供资金，主要是由于融入风投的企业一方面具有专业化的团队，另一方面有先进的管理机制，这些是银行在进行信贷时所考虑的。硅谷银行业针对科技型中小企业不同的发展阶段也制定出了相应的融资计划，比如针对初创期的科技型中小企业会同意其以专利技术等知识产权作为抵押，在科技型中小企业进入经营生产期后银行也会将企业的应收账款作为抵押，分担风险。

美国的科技型中小企业得以高速发展得益于其完善的政策支持、完备的规章制度、政府机构的扶助与担保、金融机构充足的资本支持以及完善的风投管控体系。我国需要从中吸收经验，促进我国科技型中小企业进一步发展壮大。

（二）日本科技型中小企业的融资渠道

日本科技型企业的资金来源包括内源与外源。内源融资包括创业板市场、二柜交易市场，外源融资包括中小企业金融服务机构的贷款、社会公众的直接投资以及租赁性质的融资[①]。另外，信用担保体系以及多层次资本市场体系也是日本科技型中小企业融资的渠道，如图 3-8 所示。

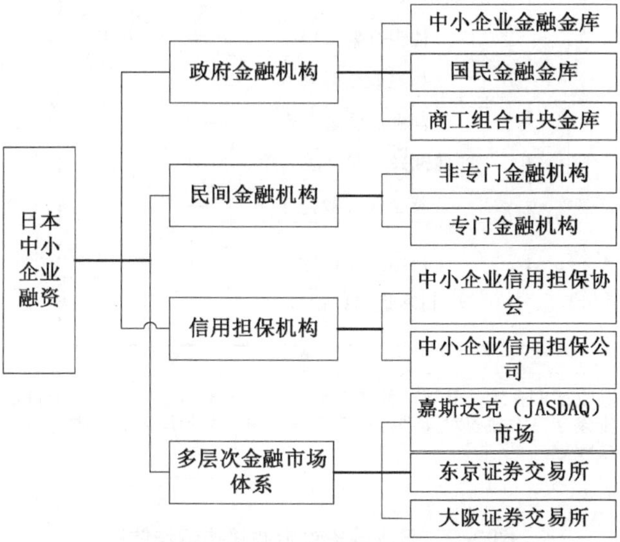

图 3–8　日本科技型中小企业融资渠道

1. 政策性金融支持

日本的政策性金融机构独具特色，其中健全的组织体系、专属资金来源、法律支持以及严格的监督机制都颇为典型[②]，如图 3-9 所示。日本政策性金融机构由日本开发银行、日本进出口银行（简称二行）以及国民金融公库、中小企业金融公库、北海道东北开发金融公库、冲绳振兴开发金融公库、住宅金融公库、农林渔业金融公库、公营企业金融公库、环境卫生金融公库以及中小企业信用保险公库等组成（简称九库，类似于专门服务中小企业的政策性银行）。“二行九库”的资金主要依靠财政融资，并且几乎每个政策性金融机构都有一部单独的法律来管理，如《日本开发银行法》等，这些法律的修订使更多的政策性金融机构为中小企业进行贷款融资。另外，日本政策性金融机构的监管十分严格，由政府出资建立，大藏省对其进行行政管理，银行总裁均为大藏省任命，业务上由大藏省和主

① 范肇臻．日本中小企业金融支持模式及特点．现代日本经济，2009，03:51~55

② Jensen．Cost of free-cash-flow，corporate finance，and takeovers. American Economic. 2006, 03:19~23

管省厅领导。

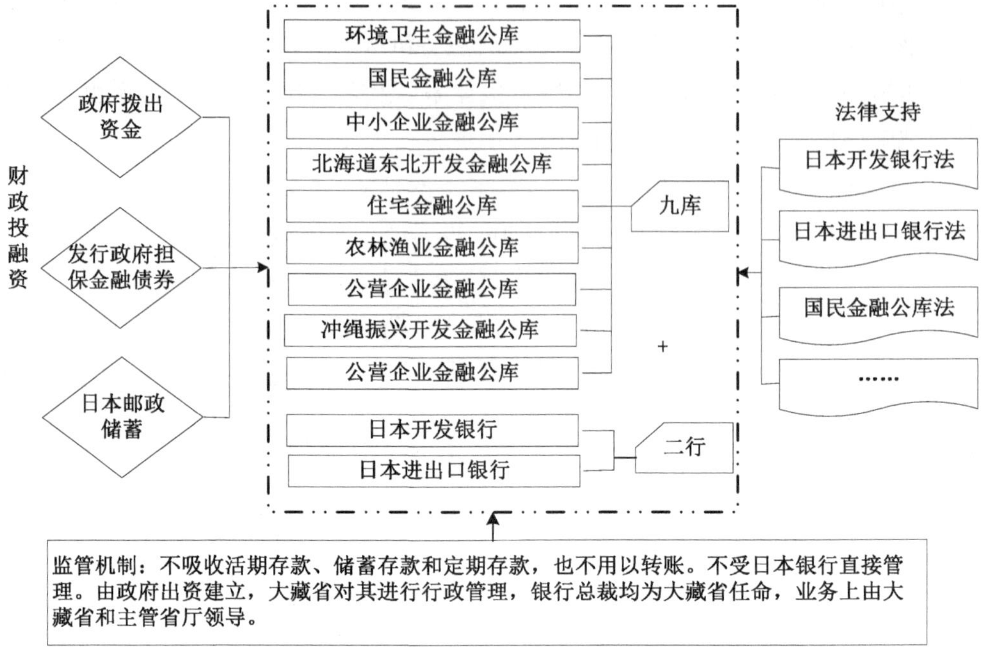

图 3–9　日本政策性金融机构运作体系

日本的政策性金融机构为中小企业提供长期大额贷款、长期小额低息贷款和长期稳定的贷款，所提供的贷款占中小企业贷款总额的 10%[①]。国民公库的贷款利息为 6.65%—7.7%，低于普通贷款[②]。中小企业金融公库发放一般贷款，其期限为 10—15 年，限额为 4 亿日元。另外还发放特别贷款，其期限可长达 20 年，且额度可达 6 亿日元。截至 2015 年，日本中小企业金融公库包括 46 个特别贷款项目[③]。日本对于中小企业的扶持得益于政策性金融机构。

2. 民间中小金融机构

日本民间金融机构贷款有五项原则[④]：

（1）安全性原则。储蓄者的存款是日本民间金融机构放贷资本主要组成成分，贷款利息用来偿付储蓄者的利息，贷款人一旦拖延还贷付息，就会影响储蓄者的

① 郭燕芸．日本政策性金融在中小企业融资方面对中国的启示．知识经济，2012，06:72

② 綦振法等．中小企业的作用、问题与建议．山东理工大学学报（社会科学版），2002，04：24~26

③ Berger AN, Small Business Credit Availability and Relationship Lending：The Importance of Bank Organizational Structure.Economic Journal, 2009, 29~41

④ 苑德军．日本民间金融机构的贷款管理．现代日本经济，1986，03：49~52

本利支付以及金融机构的切身利益，因此投放出去的贷款是否能按期偿还，至关重要。

（2）收益性原则。日本民间金融机构以谋取最大收益作为根本目标。经济收益不大的贷款坚决不贷。

（3）发展性原则。日本民间金融机构只有在支持企业发展的基础上才能寻求自身的发展，两者相互依存。民间金融机构通过对企业的经营成果、财务状况、技术开发能力等情况有准确的认识，来理智判断是否给予贷款。

（4）流动性原则。日本民间金融机构在贷款的分配环节，科学判断贷款投向与额度，避免阻碍贷款顺利周转的因素的出现。

（5）公共性原则。日本民间金融机构的贷款政策和方针必须接受大藏省和日本银行的指导。

日本民间金融机构对于企业的贷款考察主要依据四方面的指标，如表 3-12：

表 3-12　日本民间金融机构贷款考察指标

指标	公式	含义
自有资本比率	$自有资本比率=\frac{自有资本}{资本总额}\times 100\%$	自有资本比率越高，还债能力越强
固定资产比率	$固定资产比率=\frac{固定资产总额}{自有资本}\times 100\%$	该比率超过 100%，说明超过部分是靠他人资本维持
固定资产长期适应比率	$固定资产长期适应比率=\frac{固定资产总额}{(自有资本+固定负债)}\times 100\%$ 其中，固定负债＝企业长期贷款额＋债券发行额	当比值大于 1 时表示固定资产使用了流动资金，对偿债能力产生不良影响
流动比率	$流动比率=\frac{流动资产总额}{流动负债}\times 100\%$	该比率越高，企业的短期付款能力越强

3. 信用担保体系

日本政府为了支持中小企业贷款，成立了中小企业贷款担保以及贷款保险两类企业，专门服务于贷款性质的融资需求。中小规模的企业贷款担保公司由地方政府公共团体出资组建，为中小企业提供 70%—80%的贷款担保①。此种做法可以在一定程度上遏制金融机构盲目投资，其原理就是让金融机构业承担部分风险。

① 李建红．日本金融机构对中小企业的金融支持．华南金融研究，2000，04：38~40

日本政府积极改善本国的信用担保体系，经过努力，信用担保协会快速发展，推动了日本高科技中小企业信用体制的改革与完善。信用担保协会为高技术中小企业债务提供者提供担保。日本政府出资成立的中小企业贷款保险公司对担保公司再进行保险，将风险分散开，免除了担保机构为中小企业进行贷款或者担保的后顾之忧。

4. 多层次的资本市场体系

1961 年，市场二部在东京及大阪交易所建立，1991 年，通过在线经济交易系统将券商与柜台交易市场（OTC）连接起来的自动报价系统（JASDAQ）成立。随后又建立了面对成长企业的新市场——MOTHERS。2000 年纳斯达日本市场创办。2002 年日本分层次的资本市场形成，其结构为：全国性交易所市场、地区性交易所市场以及场外交易市场。不同层次的市场上市标准存在很大不同，如表 3-13 所示。

表 3–13　日本多层次资本市场上市标准比较

<table>
<tr><th colspan="2">市场层次</th><th>对象企业</th><th>利润额</th><th>净资产额</th><th>市场总额</th><th>公募股数的最低限</th><th>股东人数</th></tr>
<tr><td colspan="2">嘉斯达克（JASDAQ）市场</td><td>—</td><td>最近一年税前盈余不能为负，或营业利润为 5 亿日元以上，若市值超过 50 亿日元，则不受限</td><td>最近一年净资产不少于 2 亿日元</td><td>10 亿日元以上</td><td>>=2000000 股，平均流通股数 >=1000000 股</td><td>1 万股以下：人数 >=300；1 万股以上，2 万股以下，人数 >=400；2 万股以上，人数 >=500</td></tr>
<tr><td rowspan="2">东京证券交易所</td><td>—</td><td>创立时间 3 年以上</td><td>最近 3 年税前利润：第 1-2 年，各 1 亿日元，第 3 年 4 亿日元；最近 3 年平均发行股数计算的每股税前盈余，前 2 年任 1 年为 15 日元以上，第 3 年一定要大于 15 日元</td><td>股东权益 10 亿日元以上，且每股 100 日元以上</td><td>—</td><td>400 万股以上</td><td>上市前少数特定人的持股比例低于 80%，上市 1 年后低于 70%。持有 1000 股以上的股东人数：少于 1000 股的 800 人以上；1000 股到 2000 股的 1000 人以上；2000 股以上的由 1200 人起算，每增加 1000 万股再加 100 人至 2200 人</td></tr>
<tr><td>高增长新兴股票市场</td><td>具备成长潜力</td><td>—</td><td>—</td><td>5 亿日元以上</td><td>新发公众股 1000 单位以上</td><td>—</td></tr>
</table>

续表

市场层次		对象企业	利润额	净资产额	市场总额	公募股数的最低限	股东人数
大阪证券交易所	大阪新市场	周边成长型企业；营业额占总营业额的20%以上	上一年营业利润为正	上市时为2亿日元以上	—	公众股数达上一营业周期最后一天为止发行股数的10%，且不低于20万股	上市时100人以上
	海格力斯市场	—	1亿日元以上	6亿日元以上	—	最低流通股数：1100股以上；最低公开发行股数：500股以上	400人以上

从申请上市企业的规模、资本额及注册年限比较来看，东京证交所上市标准最为严苛，主要体现在对于年利润、股东权益以及公募股数的最低限，最大程度地保护中小公众股东的利益①。

另外，日本从德国引进主银行制度，即银行与企业之间建立持续、专属、综合的交易关系。此时银行持有企业股份，且承担监督企业的主要责任。例如关西城市银行，它不仅为科技型中小企业提供资金支持，还建立了新天地会，为企业间建立产业链，并为企业与海外大型项目建立联系充当沟通媒介。除了向德国学习，日本还借鉴美国的风险投资制度及其发展模式等，并结合日本独特的实际国情建立了适合本国的风险投资制度。

第二节　科技型中小企业融资现状分析

一、我国科技型中小企业整体融资现状分析

（一）融资渠道

企业融资来源有内源和外源之分。内源融资主要是利用公司自身经营积累的属于股东所有的资金。外源融资渠道通常包括政策性金融和商业性金融，其中正规金融和非正规金融组成商业金融。直接金融和间接金融组成正规金融，民间借

① 刘岩，丁宁. 美日多层次资本市场的发展、现状及启示. 财贸经济，2007，10：36~43

贷就是我们常说的非正规金融。股票市场融资、风投、产业投资基金、产权交易市场、债券市场融资等是我们常见的直接融资方式；银行贷款、票据贴现和融资租赁是我们常见的间接融资方式。中国国有金融机构为主的独特金融环境，以及中小科技企业的规模和盈利水平等的局限性，使中国中小科技企业的外部融资主要来自中小规模商业银行，而国有商业银行处于辅助地位。

我国科技型中小企业的融资结构特征包含三方面内容：第一自有资金，[①]其次是向银行融资，最后是向国家政策性金融机构融资或进行民间融资。近几年，国内不少专家学者对科技型中小企业在不同生命周期的融资渠道进行了大量研究，基于这些企业的特殊性，提出生命周期的各个阶段融资的主要方式，本研究将其归纳为以下几方面，见图 3-10：

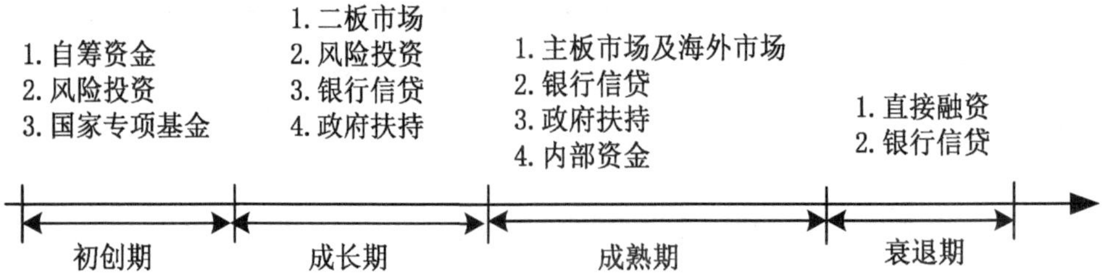

图 3–10　我国科技型中小企业各生命周期的主要融资方式

（二）融资模式

1. 银行信贷

为了获得外源融资，中小科技公司正不断地加强自身的竞争优势，而银行信贷这一间接融资模式成了我国科技型中小企业的外源融资首选，其融资服务模式正处于不断创新阶段[②]。科技型中小企业与银行之间的信息不对称、企业的财务状况和经营信息的不足、财务制度的不健全都导致债券维护困难[③]，另外，银行很难获得企业资本运作能力、企业的信用状况等情况[④]。但在国家的宏观调控下，银行也在逐步依据国家宏观调控转变发展战略。通过与科技型中小企业的长期合作更加深入了解其经营状况，及时调整贷款策略。表 3-14 给出了 2002—2014 年我国科技型中小企业贷款的状况。

---

① 徐良平. 中小企业创新融资与创业板市场. 上海交通大学出版社，2007，27~30

② 樊增强. 科技型中小企业发展面临的问题及对策. 生产力研究，2000，06：127~128

③ 陈柳钦. 高新技术产业发展的资本支持研究. 知识产权出版社，2008，15~16

④ 王小兰，赵弘. 突破融资瓶颈：民营科技企业发展与金融创新. 社会科学，2006，22~41

表 3-14 2002—2015 年我国科技型中小企业贷款的状况 单位：亿元

贷款情况 年份	金融机构贷款余额	科技型中小企业贷款余额	科技型中小企业贷款余额占比
2002	13.98	7.87	56.3%
2003	16.98	9.12	53.7%
2004	18.86	10.15	53.8%
2005	20.68	10.08	48.7%
2006	23.83	8.89	37.3%
2007	27.78	10.6	38.2%
2008	32.01	11.68	36.5%
2009	42.56	14.43	33.90%
2010	50.92	17.7	34.8%
2011	58.19	21.17	36.4%
2012	66.15	24.28	36.7%
2013	73.32	26.31	35.9%
2014	81.68	27.76	33.99%
2015	99.35	31.26	31.46%

资料来源：中国金融年鉴，中国人民银行网站

由表 3-14 可知，金融机构给予中小企业的贷款额度整体上呈现上升趋势，在 2006—2008 年期间增长速度有所放缓，但总体还是保持一个相对固定的水平。由下图可以明显看出这一趋势。

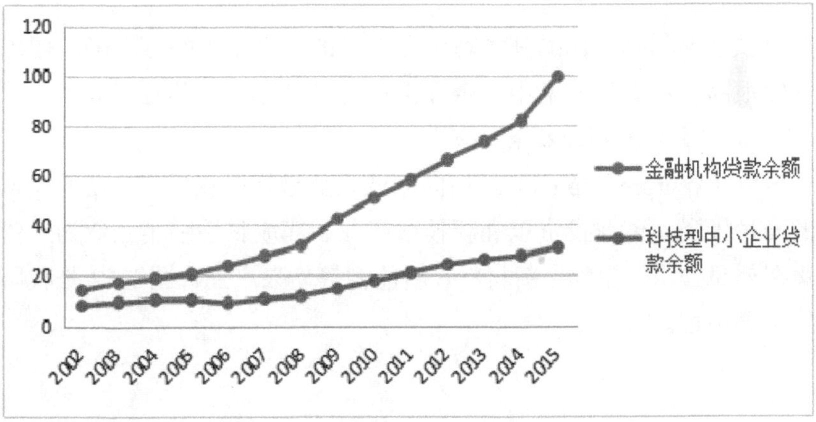

图 3-11 我国金融机构各项贷款余额与中小企业贷款余额

从融资成本的角度，我国银行贷款利率如表 3-15：

表 3–15　我国央行贷款基准利率

调整时间	六个月内	六个月至一年（含一年）	一年至三年（含三年）	三年至五年（含五年）	五年以上
2002.02.21	5.04	5.31	5.49	5.58	5.76
2004.10.29	5.22	5.58	5.76	5.85	6.12
2006.08.19	5.58	6.12	6.3	6.48	6.84
2007.12.21	6.57	7.47	7.56	7.74	7.83
2008.12.23	4.86	5.31	5.4	5.76	5.94
2010.12.26	5.35	5.81	5.85	6.22	6.4
2011.07.07	6.1	6.56	6.65	6.9	7.05
2012.07.06	5.6	6	6.15	6.4	6.55
2014.11.22	5.6	5.6	6	6	6.15
2015.03.01	5.35	5.35	5.75	5.75	5.9
2015.05.11	5.1	5.1	5.5	5.5	5.65
2015.06.28	4.85	4.85	5.25	5.25	5.4
2015.08.26	4.6	4.6	5	5	5.15

资料来源：中央银行官网

http://www.pbc.gov.cn/publish/diaochatongjisi/126/index.html

我国贷款基准利率变化的基本态势是上升的，近年来略有下降，但民间的贷款利率依然很高，对于科技型中小企业来说无疑是加大了其融资成本。

2. 科技型中小企业创业投资市场

创业投资（Venture Capital）是指向创业企业进行股权投资，使所投资创业企业发育的一种投资。创业投资以高新技术产业、高成长性中小企业为投资对象，一般聚集在信息技术、生物、新材料、新能源等新兴产业。图 3-12 是我国创业投资市场的发展历程。

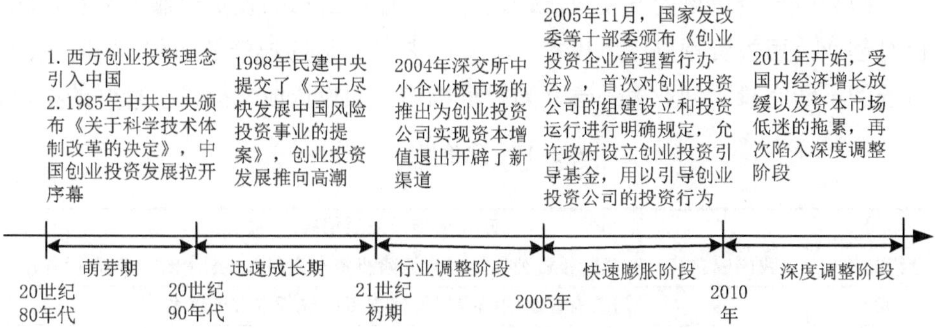

图 3–12　创业投资的发展历程

与一般的企业投资不同，创业投资不仅仅投入资金，而且利用投资机构长期积累的经验、知识以及信息网络帮助企业相关的管理人员更好地经营企业。图 3-13 是我国创业投资市场的运作体系。我国创业投资引导基金运作模式见表 3-16。

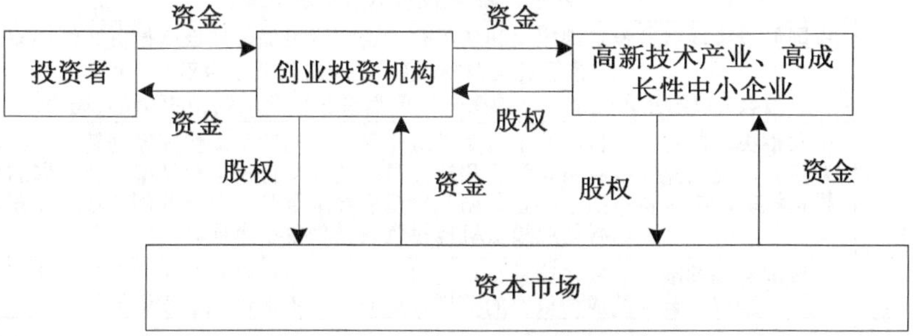

图 3–13　创业投资市场运作体系

表 3–16　创业投资引导基金运作模式比较

运作模式	模式特点	运作效果	适用条件	地位
参股基金	参股创投企业或设立子基金	保本微利，能持续经营	适合国家、省、市、县各级政府，范围广	主要模式
融资担保	补偿创投企业或担保机构支持债权融资	能保本持续运营	适合地方各级政府，范围较广	次主要模式
跟进投资	对创投企业的投资项目进行投资跟进	保本微利、能持续运营	范围小，所占引导基金比例小	辅助模式
投资保障	对创投机构扶持的创投企业给予补助	一次性无偿支付	范围狭窄，主要适用科技型中小企业	辅助模式
风险补偿	对投资于初创期高科技中小企业的创投机构给予补助	一次性无偿支付	适用于规模较小的区域性引导基金	辅助模式

资料来源：中国创业投资行业发展前景与投资预测分析报告

我国创业投资市场的发展也比较迅速。从已经公布的投资金额上来看，私募股权对创业公司投资额要比风投多。表 3-17 是我国风险投资的历程。同时中国资本市场的不断完善、创业板的建立为投资机构收回投资成本提供了良好的渠道。

表 3–17 风险投资历程

年份	政策措施及发展情况
上世纪90年代	我国成立第一家风险投资公司，成为风险投资与高科技企业相结合的先行者。
2003	我国政府首次明确提出要建立多层次资本市场体系。
2004	由科技火炬中心、深圳证券交易所、国家开发银行、中国高新区协会创业中心专业委员会等共同发起的《科技型中小企业成长路线图计划》，成为中国政府引导风险投资行动的风向标。
2006	《国家中长期科学和技术发展规划纲要（2006-2020）》，明确要大力扶持风险投资发展。
2007	《关于促进创业投资企业发展有关税收的通知》正式出台。
2008	金融海啸的冲击，使中国风险投资面临了资金募集难、退出亦难的困境，资金投入承诺减少,投资数量不断下降。
2011	中国创投市场财务投资规模比2010年有一定幅度增加，共披露投资案例1323起，已披露投资案例782起，已披露投资总金额达1467.47亿元人民币，已披露平均单笔投资金额达到1.88亿元人民币。
2012	中共中央、国务院近日印发了《关于深化科技体制改革加快国家创新体系建设的意见》，提出建立政府引导资金和社会资本共同支持初创科技型企业发展的风险投资机制，实施科技型中小企业创业投资引导基金及新兴产业创业投资计划，引导创业投资机构投资科技型中小企业。
2013	经过国务院批准，股权转让系统正式启动，为非上市股份公司的融资、公开转让股权，该系统成为重要的渠道，从而进一步促进风险投资的壮大。

3. 融资扶持机构

我国对科技型中小企业的融资扶持主要表现在担保方面，有多种形式，具体见表 3-18。

我国科技型中小企业存在较多的担保模式，但其中也存在诸多问题。首先，由于科技型中小企业、担保方以及银行之间存在信息不对称问题，导致担保机构与企业合作存在较大障碍。另外，企业、银行与担保方没有遵循风险共担的原则。银行认为科技型中小企业风险性较高，总是对其望而却步。银行对担保机构的不信任，造成银行与中小企业的贷款合作减少。此外，担保体系不健全，中小企业本身存在一些问题，如内部管理问题、经营目标不明确、执行力度较差等。

表 3-18　我国科技型中小企业融资支持担保模式

担保形式		担保内容
政策性担保		政府设立独立担保机构并出具信用担保基金，间接支持中小企业融资
企业互助担保		由诸多科技型中小企业（通过核定）组成一个企业互助的团体，并与银行、政府组成三方联合担保体，共同出资设立担保基金以从事服务于企业的融资担保业务
商业担保		由科技型中小企业自愿组织成立的一种类似于股份有限公司的营利性担保机构，受政府相关部门的监管，自主经营、自负盈亏，政府不拨付资金
联合担保	网络联保	由几家科技型中小企业组成联盟，以互联网为平台，共同向银行申请贷款资格，参与的企业对任何企业的每一笔贷款承担的责任
	天使联合担保	由地方区、县（市）科技局共同出资金设立成为天使担保基金，由银行与国有控股的高科技担保公司共同开发适合于科技型中小企业的融资产品
	商会联保模式	由若干科技型中小企业自愿形成一个贷款担保联合体，并承担每个企业所借贷风险
	同业协会担保	针对同一类型的行业，该行业协会组织内部优秀的科技型中小企业自愿交纳一定数量资金成立联合担保基金，行业协会向银行或金融机构推荐需贷款的企业，各参与企业共同承担信贷风险

（三）小结

中国科技型中小企业与美国科技型中小企业、日本科技型中小企业相比存在较大差异，通过对比可以发现，中国科技型中小企业融资模式较为单一，主要来源于内源融资，且企业贷款数量有限，不能满足其需要。美国科技型中小企业融资以资本市场主导，有专门为科技型中小企业服务的银行信贷渠道与管理局，有成熟的资本市场。日本有专门的政策性金融机构为企业融资提供支持与保障，使得日本企业承担了较少的风险。我国的科技型中小企业融资渠道较狭窄，融资难度较大，应借鉴国外融资经验和模式，将碳信贷这一绿色理念推广到我国科技型中小企业融资上，为我国科技型中小企业找出一条切实可行的融资道路。

二、天津市科技型中小企业融资现状调查说明

（一）天津市科技型中小企业数量分析

天津市经济保持平稳快速增长，经济总量不断增加，战略发展定位明确，发

展空间较大，政府管理规范，高度重视科技型中小企业的发展。天津市科技型中小企业成为推动城市科技创新和经济发展的重要力量。全力支持和加快本市科技型中小企业的发展建设，是天津市做出的一项重大战略决策。

近年来，天津市中小规模的科技企业不断发展壮大，得益于天津市中小企业有关扶助政策的施行，由此涌现出的一批影响力较大的科技型中小企业，从其发展现状来看，具有以下四方面的特点：

1. 增长速度较快

据《人民日报》消息，2012 年上半年，天津新开设的中小规模的科技公司高达 9000 多家，截至 2012 年 6 月底，中小规模科技企业累计 3 万多家，其中年销售额过亿的新增 500 多家。截至 2015 年 8 月底，天津市认定的科技型中小企业数目及认定流程如表 3-19 所示。

表 3-19　截至 2015 年 8 月份天津市认定的科技型中小企业数目

企业类型	企业数量
初创期企业	50761 家
成长期企业	13869 家
壮大期企业	5440 家
小巨人企业	3387 家
全市累计认定	73457 家

数据来源：天津市科技型中小企业服务网，截至 2015 年 8 月

2012—2015 年科技型中小企业发展现状如表 3-20 所示。

表 3-20　2012—2015 年天津市科技型中小企业发展状况

年份	科技型中小企业数目	年销售收入超亿元企业
2012 年年末	3.5 万家	1231 家
2013 年年末	4.92 万家	1879 家
2014 年年末	6.10 万家	2150 家
2015 年上半年	7.3 万家	2697 家
2015 年年末	7.33 万家	2785 家

资料来源：《2015 天津市统计年鉴》《2015 天津科技统计年鉴》，天津市科服网

与北京和上海的企业数量作一比较：到 2014 年底，北京市共有科技型企业

2521823 户，占企业总数的 30%，注册资本 117588 亿元，占全部注册资本的 25%。科技型企业以服务型（数量 225956 户，注册资本总额 8266 亿元）为主。制造型科技企业 16227 户，注册资本 3522 亿元，分别占全部科技企业的 6.4%和 30%。（数据来源：北京市工商行政管理局）。

上海市目前没有科技型企业的统计数据，所以针对中小企业进行统计：截至 2014 年底，上海市全市共有中小企业（法人型企业，下同）40.6 万户，吸纳从业人员 966.84 万人，实收资本总额为 24034.32 亿元，分别占全市企业的 99.5%、80.8%和 77.1%，中小规模的企业对上海市经济做出了重大贡献。

天津市政府一直大力促进战略新兴产业的发展。天津市科技型中小企业带动了天津战略型新兴产业，促进了科技创新发展，提升企业的创新能力，增加了社会财富。截至 2015 年底，科技型中小企业的净资产年均增长率接近 60%，各股东资产净值增加近 400 万元，极大地带动了人民群众收入的增加以及社会财富的增长。

2. 区域分布广泛

中小规模的科技企业在天津分布较为广泛，开发区也是这类企业聚集的政策区，有 60%左右集中在国家级科技园区和各工业园区及市内六区，余下企业广泛地分布于环城四区及远郊区县内。由于滨海新区的发展纳入国家发展战略，该地区的中小科技企业发展如雨后春笋，形成集聚效应。图 3-14 是 2014 年底天津市各区县科技型中小企业分布情况。

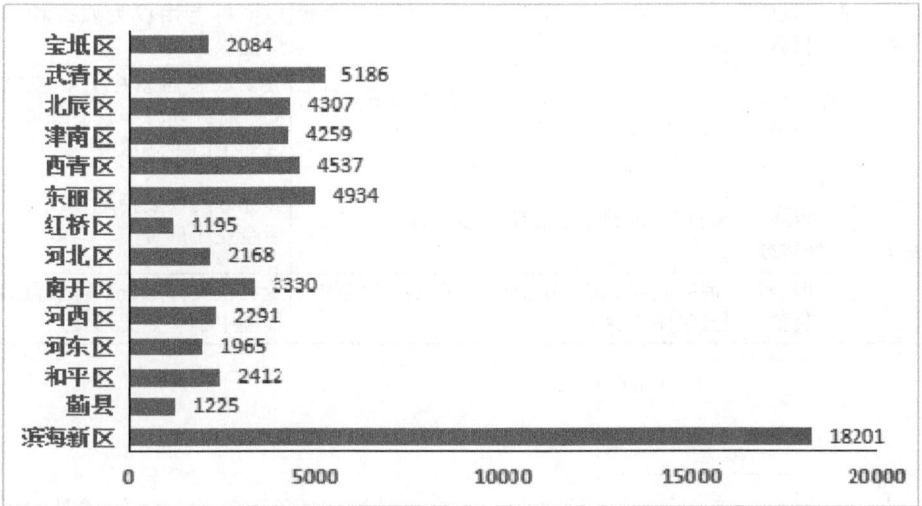

图 3-14 天津市各区县科技型中小企业分布

3. 产业类别多元化

天津科技型中小企业发展迅速，其中涌现出赛象科技、红日药业等成长性较强的领军企业，2009 年规模以上的科技型中小企业数量占全市规模以上中小企业的 15.6%[①]。天津市绝大多数中小科技企业的主要经营领域为制造，主要分布在机械设备、电子信息以及环保和新能源等细分行业。随着互联网科技的发展和天津市政策的支持，电子信息行业的发展尤为显著，已成为天津经济发展的重要力量。

4. 创新环境进一步优化

天津市人民政府开展了多项致力于发展中小科技企业的计划，如“313”项目，并且给予专项资金保障。伴随着天津自贸区先行先试，科技企业的发展环境进一步优化和宽松。表 3-21 是天津市部分商业银行服务科技型中小企业的特色金融产品情况。

表 3–21 天津市部分商业银行的创新特色科技金融产品

商业银行	科技金融产品	产品适合企业类型/目标客户	产品特色
上海银行	便捷贷	符合国家产业发展导向和本行业信贷投向，各项资产权属清晰，经营管理水平较高，经济效益良好，信用等级高的各类流通型、生产型、科技型企业	抵押率高、期限长、成本低、办理速度快
	小巨人	有明显经营特色的小企业客户	一揽子差异化服务
浦发银行	科技小巨人贷款	成长期、壮大期科技型中小企业、科技小巨人企业	融资品种多，融资期限可达 3 年
	商标权质押贷款	拥有驰名、著名商标和知名品牌的中小企业	以商标专用权为质押物的新型担保方式
	投资联动业务	企业资质良好、未来预期效益较好，且有股权投资需求的成长型中小企业	提供股权融资中介、投贷联动、财务顾问等股债融资相结合的全面金融服务
天津银行	商标专用权质押贷款	拥有中国驰名或省级著名商标的小企业	商标专用权质押融资，有效盘活企业无形资产
	专利权质押贷款	拥有发明、实用新型和外观设计专利的科技型中小企业	专利权质押融资，有效盘活科技型中小企业无形资产

① 罗永泰，管瑶，王艳婷. 天津市科技型中小企业的提升模式和发展对策研究. 天津市社会科学界联合会，新规划·新视野·新发展——天津市社会科学界第七届学术年会优秀论文集《天津学术文库》（下），天津市社会科学界联合会，2011，10：15~21

（二）天津市科技型中小企业专利特点

2012年，天津科技网依据科技型中小企业认定管理系统和国家知识产权局检索平台，对系统数据库中专利申请量排位前100名的天津市科技型中小企业的专利申请情况进行了统计分析，完成了“天津市百家科技型中小企业专利申请情况统计分析报告”。报告显示，天津市科技型中小企业在天津市专利申请中较为重要。数据分析得出如下主要结论：

（1）截至2014年底，百家科技型中小企业专利申请量16832件，占天津市企业专利申请量（26351件）的63%。充分发挥了龙头带动作用，见表3-22所示。

表3-22　专利申请数据

<table>
<tr><td>专利数量</td><td colspan="2">百家科技型中小企业</td><td>天津市企业</td><td>比例</td></tr>
<tr><td>专利申请量</td><td colspan="2">16832</td><td>26351</td><td>63%</td></tr>
<tr><td rowspan="2">专利申请</td><td>2013年</td><td>2014年</td><td rowspan="2">—</td><td rowspan="2">—</td></tr>
<tr><td>16302</td><td>16832</td></tr>
</table>

资料来源：天津统计年鉴2015

（2）根据2005—2014年数据分析，百家企业专利申请量增长率2013年达43%，2014年达41.7%。申请量超过20件的企业从2005年的5家增加到2014年的71家，超过50件的企业从2005年的2家增加到2014年的32家。

（3）按技术领域分析，百家企业分属九个技术领域。2005—2014年，光机电一体化领域专利申请量、入选企业量、发明人数三项指标位居第一；生物与医药领域发明专利申请量位居第一；新材料、高技术服务业、电子与信息领域的专利产出效益（主营业务收入/专利数）依次为849.32万元/件、447.69万元/件和357.53万元/件，位居前三；新能源与高效节能、资源与环境领域申请态势较好但体量较小；农业与农村、航空航天工业领域处于申请起步阶段，仍需大力培育。

虽然天津市对科技型中小企业的融资进行了大力扶持，然而“融资难”始终是科技型中小企业发展的一大障碍，科技成果转换难、人才引进难、生产经营难和持续发展难等问题随即产生。对企业的生命周期融资特征和发展模式的分析，研究企业融资的掣肘之处，是当前推动中小规模科技企业发挥技术创新和助力经济作用的重大现实问题。

三、天津市科技型中小企业融资现状调查结果与分析

目前资料显示天津市科技型中小企业融资出现的难题，主要体现在融资渠道

单一、品种较少，尚未展开以碳排放为考核信息进行贷款，而仅根据财务绩效依赖银行间接融资等方面。虽然天津市鼓励商业银行设立中小科技企业的信贷专营机构或部门，提升科技型中小企业资金支持服务，但是仅就目前来看，获得贷款的科技型中小企业仅占到科技型中小企业总数的10%左右。由于大部分科技企业拥有较多的无形资产而缺乏符合担保规定的实物性资产，使得科技企业的贷款融资的门槛增高，此类融资瓶颈对于中小规模的科技企业尤为显著。对于无形资产等丰富的成熟期科技型企业，虽没有固定资产抵押和担保，但只要列入科技计划，银行就放宽其贷款额度和渠道。这是由于政府在某种程度为列入计划范围内的企业进行了信用担保，基于政府稳定的信誉保障，银行对此类企业很容易开绿灯予以资金支持。但是，这种“隐形担保”是有条件的，被担保的科技型中小企业必须是实力显著或者处于成熟期，保证年销售收入在亿元以上，处于细分行业内的全国前十。基于此，本专著对天津市100家科技型中小企业进行问卷调查及实际调研，对融资约束原因做进一步分析。

第三节　天津市科技型中小企业融资约束原因分析

中小规模的科技类企业是推动天津市提高科学技术水平并将科技产业化运作的关键主体，然而其发展面临资金短缺的约束，化解中小规模的科技企业的融资困难成为当前面临的重大议题。因此，有必要对影响其融资的因素进行深入分析。

一、科技型中小企业自身弱点

（1）科技型中小企业面临技术更新换代快、技术研发资金需求大的影响，其自身发展存在较大的风险，贷款要得急、金额少且次数多。根据对天津市科技型中小企业的调研结果，表3-23为科技型中小企业资金需求期限。

表3–23　科技型中小企业资金需求时间

资金需求期限	企业占比（%）
1-3个月	29
3-6个月	4

续表

资金需求期限	企业占比（%）
6 个月-1 年	26
1-3 年	32
3-5 年	6
5 年以上	3

（2）企业对自身信用状况没有给予足够的重视使得金融机构对科技型中小企业“慎贷”“惜贷”。很多科技型中小企业没有注重人力资源的开发，缺少专门的人力资源部门，也很少考虑人才长期培训计划。许多企业主认为设置人力资源部门不会为企业创造任何利润，因此也就没有人力资源规划等人才优化措施。

（3）由于物质投资能起到立竿见影的效果，短期内就会给企业带来利润，而人力资源投资是一个长期的过程，往往还具有一定的滞后性，资金较为紧张的科技型中小企业并不重视人才的培养，容易造成企业的人才流失、稳定性较差，企业的可持续性发展会受到影响，企业的收入也势必受到影响，对于企业融资时银行对企业评级是不利的。

（4）以天津市为例，科技型中小企业从业人员和科技人员在 35 岁以下的比例超过了 50%，人才队伍趋近于更具激情与热情的年轻化，年轻一代需要更多的激励，否则就很难留住人才，最终还会导致上段所说的结果。从企业的自身素质即人才分布来看，如表 3-24：

表 3-24　天津市高技术企业人才分布情况

年份 / 指标	研究与开发机构数(个)	研究与开发人员全时当量(万人年)	研究与开发经费(亿元)	新产品开发经费(亿元)
1995	47.51	0.13	0.4	0.72
2000	30.64	0.2	2.47	2.62
2005	35.98	0.38	8.06	9.24
2010	70.76	0.89	21.51	22.38
2011	72.31	0.95	27.51	33.96
2012	114.62	1.17	33.14	40.61
2013	98	1.26	22.62	22.29
2014	103	0.84	11.9	21.9

注：表中数据为去除大型企业后的数据

资料来源：2014 中国高技术产业统计年鉴，2015 天津统计年鉴。

科技型中小企业出于自身特点，不但需要较高综合技术的技术人员，还需要一般的中层人员和管理阶层满足一定的技术需求。而现状表明，天津市大量的科技型中小企业还未满足这些条件，而且高端人才的成本对于这些中小型科技企业来说负担较重，另外企业还普遍缺乏完善的员工培训体系。这些问题促使科技型中小企业的自身素质不高，加大了融资的难度。

二、政策性融资限制条件较高

通过对天津市科技型中小企业服务网中科技型中小企业注册年限进行整理，得到图 3-15 所示分布。

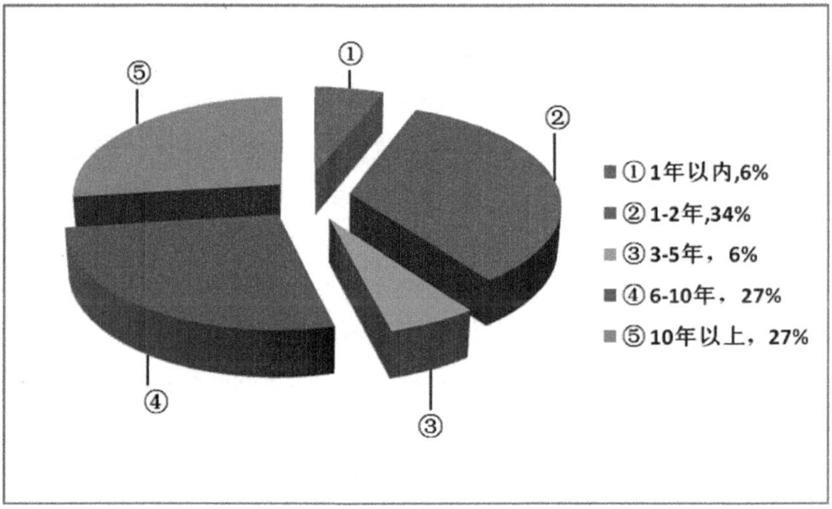

图 3–15　科技型中小企业成立年限所占比重

中华人民共和国科技部规定：注册年限在 5 年以内，年收入不超过 5000 万元为初创期科技型中小企业，所以在调研中，处于初创期的科技型中小企业占到了 46%。对于初创期科技型中小企业的财务状况调研结果如图 3-16[①]所示。

① 李巧莎. 基于金融成长周期理论的科技型中小企业融资问题研究，科技管理研究. 2013，10：243-245+250

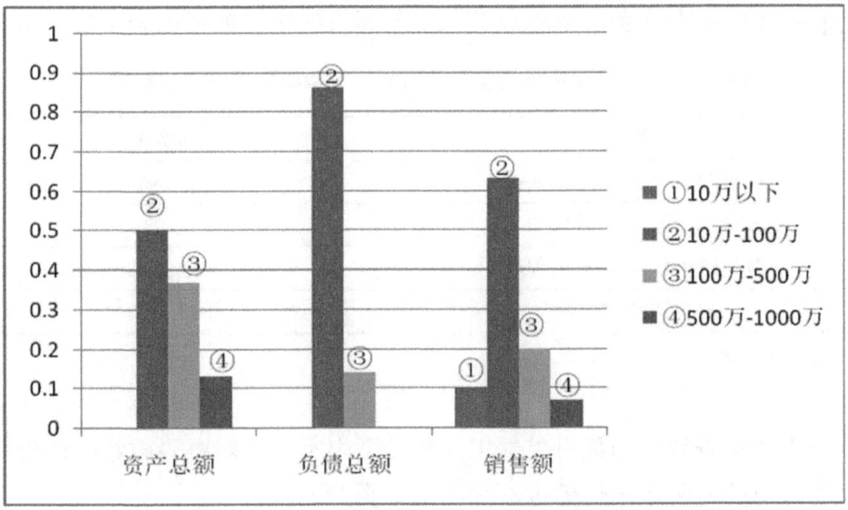

图 3–16　初创期科技型中小企业财务状况

资料来源：实地调研

由图 3-16 中可以看出，初创期的科技型中小企业负债总额在 10 万元-500 万元之间占到了 100%，即几乎所有的被调研初创期科技型中小企业都存在负债现象。《关于支持科技型中小企业发展的若干政策》对初创期的无偿资助最终获得额度已经不能满足企业抵销债务。

此外，我国科技型企业的主要科研资金来源于企业自有资金，政府资助科研资金比例较低。表 3-25 是近年来天津市科技型企业的经费来源情况。

表 3–25　天津市科技型企业的经费来源　　　　单位：亿元

年份	研究与试验发展经费支出	政府资金	企业资金	国外资金	其他资金
2009	178.47	32.37	137.66	3.41	5.03
2010	229.56	44.14	170.20	8.24	6.98
2011	297.76	47.60	231.47	5.98	12.71
2012	360.49	58.10	284.09	6.60	11.70
2013	428.09	72.63	329.35	10.06	16.05
2014	46469	74.58	365.89	9.84	14.38

资料来源：《2015 天津科技统计年鉴》

对科技型中小企业关于财税政策和服务体系的统计数据如表 3-26 所示。

表 3–26　科技型中小企业有关财税政策和服务体系调查结果[①]

项目	满意度
财税政策手段多元化扶持	55.29%
财税政策制定与企业需求的吻合度	55.9%
财税政策优惠的合理程度	59.39%
财税政策公平性	57.78%

资料来源：实地调研

由上表的调查统计结果可以看出，科技型中小企业对财税政策的评价总体不高，说明政府的财税政策仍需进一步向中小企业倾斜。

根据《科技型中小企业技术创新基金 2013 年度报告》显示，2013 年度创新基金的拨款情况如表 3-27 所示。

表 3–27　2011—2013 年创新基金拨款情况　　单位：万元

项目类型		2011		2012		2013	
		拨款额度	占拨款额度比例(%)	拨款额度	占拨款额度比例（%）	拨款额度	占拨款额度比例（%）
技术创新项目		389909	84.03	410385	79.94	255463	63
补助资金项目		34090	7.35	50000	9.74	50000	13.33
引导基金项目	风险补助和投资保障项目	15000	3.23	20000	3.9	20000	4.93
	阶段参股试点项目	25000	5.39	33000	6.42	80000	18.74
合计		463999	100	513385	100	405463	100

表中的引导基金项目为专门针对科技型中小企业创业进行的扶持，拨款额度虽然从 2011 年到 2013 年逐年增大，但是在大量的科技型中小企业争夺引导基金

① 陈成天. 支持中小企业融资的财政政策研究. 财政部财政科学研究所，2015

的背景下，势必会出台一些门槛较高的政策来限制得到引导基金的企业数量。2013年的拨款额度为405463万元，而天津市取得的额度为1.62亿元，仅占总额度的3.99%。这势必会加剧企业的融资难度，无形中提高融资限制。

另外，根据中国人民银行天津分行发布的《2013年天津市金融运行报告》统计数据显示，2013年天津市金融机构本外币信贷额度为23316.6亿元，而同期有关中小企业的贷款额度仅为0.89亿元，企业数量与规模比中小企业更小的科技型中小企业的贷款额度会远远小于0.89亿元。相较于科技型中小企业占到企业总数的60%以上而言，贷款额度非常小。这也从另一方面说明了科技型中小企业政策性融资的限制条件较高。

三、银企信息不对称

信息不对称是指在市场经济活动中，交易双方掌握着不同的信息量，存在着一定的差异性，掌握信息较多或较为充分的一方在交易中占有优势，处于较为有利的地位，而另一方处于较为不利的地位。

银行与企业间信息不对称是科技型中小企业难以获得贷款的重要因素。根据调查，天津市有超过50%的中小企业存在财务制度和财务报表不健全的现象。在银行的信用评价体系中，60%以上的企业是处于3B或者3B以下的水准，而银行出于安全考虑，一般将80%以上的贷款用于3A或者2A类企业。即使科技型中小企业有较好的项目，管理也较规范，但是往往不愿将自身的必要信息公开，再加上信用意识比较淡薄，实际中会存在逃避债务的行为。银行在决定贷款之前想要了解企业的真实经营情况就会变得非常困难，也就无法准确评估借贷可能存在的风险。另一方面，企业为了获得银行的贷款，可能会选择一些有利于获得贷款的信息进行披露，而选择将不利于获得贷款的信息进行隐藏，由于银行不能及时获悉企业的良好投资前景，为了弥补这种风险潜在的损失，企业便会面临着更高的贷款利息。信息不对称程度过高也会导致银行选择放弃好的帮扶项目，企业也无法顺利申请到银行的贷款支持。

内部控制审计报告一般是由第三方审计机构对企业内部控制实施情况等进行审核，以创业板企业为例，目前我国创业板信息披露的规范体系主要包括四个层面，具体情况见表3-28。

表 3-28　创业板信息披露规范体系

<table>
<tr><th colspan="2">规范层面</th><th>具体内容</th></tr>
<tr><td colspan="2">证券基本法律</td><td>《公司法》《证券法》《刑法》</td></tr>
<tr><td colspan="2">针对性法律法规</td><td>《会计法》《注册会计师法》
《股票发行与交易暂行管理条例》</td></tr>
<tr><td rowspan="3">部门规章与规范性文件</td><td>部门规章</td><td>《上市公司信息披露管理办法》《创业板管理暂行办法》《会计师事务所审批和监督暂行办法》</td></tr>
<tr><td>公司信息披露内容要求</td><td>《创业板公司招股说明书》《IPO 及在创业板上市申请文件》《年度报告内容与格式》《半年度报告内容与格式》</td></tr>
<tr><td>公司信息披露编报原则</td><td>《季度报告的内容与格式》</td></tr>
<tr><td rowspan="2">自律性文件</td><td>深交所</td><td>《创业板上市规则》《上市公司规范运作指引》</td></tr>
<tr><td>中注协</td><td>《中国注册师协会会员执业行为惩戒办法》</td></tr>
</table>

本书通过对巨潮资讯网上在创业板上市的天津企业内部控制审计报告披露情况进行手工整理，具体结果如表 3-29 所示。

表 3-29　2009 年—2015 年创业板天津企业内部控制审计报告披露情况

年份	类别	披露	未披露	合计
2009	数量	0	1	1
	比例（%）	0	100	100
2010	数量	2	1	3
	比例（%）	66.7	33.3	100
2011	数量	2	2	4
	比例（%）	50	50	100
2012	数量	1	4	5
	比例（%）	20	80	100
2013	数量	4	3	7
	比例（%）	57.1	42.9	100
2014	数量	5	2	7
	比例（%）	71.4	28.6	100
2015	数量	5	2	7
	比例（%）	71.4	28.6	100

由表 3-29 可以看出，内部控制审计报告的披露企业数量每年几乎保持不变，

但是随着天津市在创业板上市企业数量的增加，披露内部控制审计报告的企业数量反而没有增加，这就导致披露的企业所占比例在减小。我国创业板企业在信息披露方面仍然存在一定的问题，具体表现为信息量披露不足，注重形式而不注重内容，自愿性披露信息数量甚微，公司的重大问题披露不及时，预测性信息披露存在严重的选择倾向。相较于创业板，广大的非上市科技型中小企业的信息披露制度远远差于创业板，披露信息质与量都很难让银行了解企业的真实信息。

四、正规针对性金融机构较少

中国目前的金融资产大多由数量不多的大中型银行掌控，而大中型商业银行主要融资对象为规模较大、信誉较好的大中型企业或国有企业，对于中小科技企业的资金支持较少，信贷流程也未顾及科技型中小企业，在银行内部控制制度、激励方面没有考虑到科技型中小企业的特点。据有关资料显示，天津商业银行更多的是遵循“二八原则”，即将业务重点放在了占比 20%的能扩大业务的大型企业，主要资金支持领域为铁路等大型基建设施，对于较为分散的、维护成本高、花费大量人力资源的占比 80%的中小企业，容易被忽视而不作为他们的重点服务对象。

商业银行因为人力配置与管理体制的特殊性，与科技型中小企业缺乏相互沟通的平台。鉴于银行没有将工作重点放于科技型中小企业上，并且信贷服务于科技型中小企业的风险大，缺少相应的补偿机制，更缺乏分享其高收益的可能性，权利与义务严重失衡，所以也没有动力去充分了解它们的发展态势和各个企业的发展背景与实力等情况，银行过多的关注现有的保全措施和当下可以获得的利润。这些都不利于科技型中小企业与银行间的长期互动和相互信任。

同时，现有商业银行对科技型中小企业进行贷款少的另一个原因是缺乏有效的中小企业信贷风险管理方面的技术，对于科技型中小企业的信用信息不甚了解，社会上专门负责征信的管理机构较少。贷款银行只能各自单独对接受贷款的科技型中小企业进行信息采集，费时费力，并且效率低下，极大降低了商业银行对科技型中小企业信贷风险管理的能动性。大多数商业银行采用的是逐级审批的授信制度，中国建设银行总行对中小企业信贷业务进行了一项调查，主要调查对象为二级分行关于进行中小企业信贷业务的观点，如表 3-30 所示。

表 3–30 中国建设银行有关信贷业务调查结果

业务发展影响因素	被调研银行认可占比（%）
业务流程过长、条件过高	81.82
审批转授权限制过严	45.45
审批材料繁杂、审批环节效率低下	36.36

资料来源：建设银行研究部专题研究报告

从表中可以看出，业务流程过长、业务条件过高是制约商业银行进行科技型中小企业信贷业务的最主要障碍。

民间融资这一历史时间漫长的融资方式，在我国古代已有雏形。新中国成立之初，实行计划经济，对民间融资持谨慎态度。但随着改革开放的展开，中小企业发展迅速。尤其是近年来，我国中小企业已经开始跻身国际市场，因此对于资金的需求也日益加大。传统金融机构的融资方式不能满足中小企业经营需求，民间融资得到了长足的发展。民间融资一般有两种模式，第一是亲友圈互助，第二是职业化逐利。两种模式各有利弊，具体比较见表 3-31①。

表 3–31 民间融资模式比较

类别	亲友圈互助	职业化逐利
主要特点	借贷人为亲友，不以此为职业，体现互帮互助	以盈利为目的，并以此为职业
主要形式	有业务往来的朋友圈，或者是亲友圈的投资型借贷	有组织跨界经营、个体放高利贷等
还款期限	时间不固定，短则几天，长则数年	时间较短，一般不超过三个月
借款利率	以无息偏多，有息情况下维持在 1%-2%之间	利息较高，许多情况下甚至高于银行同期基准利率的 4 倍
借款范围	较窄，有一定关系的亲友圈	已经突破“地缘、亲缘、商缘”

目前情况下，职业化逐利模式的融资模式已经广泛存在于民间借贷关系中，如图 3-17 所示。

① 奚尊夏，王立平，张江，潘忠兵，魏博文. 民间融资的模式、规模及评判——台州民间融资新情况调查. 上海金融，2012，02：104~108

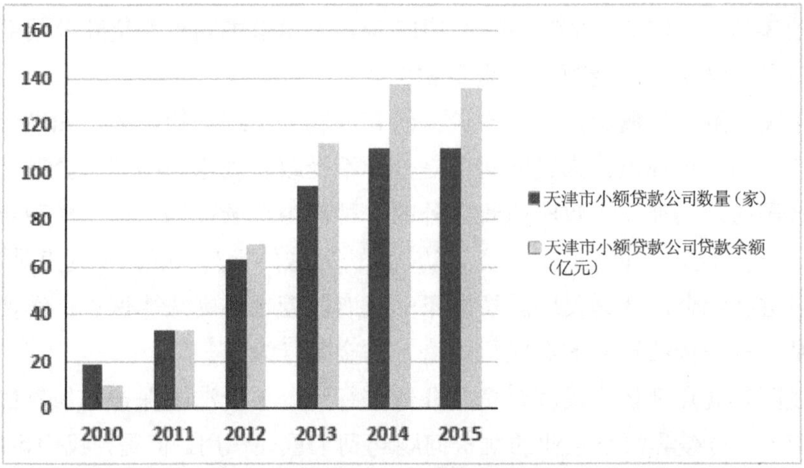

图 3–17　天津市小额贷款公司数量与小额贷款公司贷款余额

表 3–32　民间融资模式比较天津市小额贷款公司数量与小额贷款公司贷款余额

类别／年份	天津市小额贷款公司数量（家）	天津市小额贷款公司贷款余额（亿元）
2010	19	10.23
2011	33	33.51
2012	63	69.47
2013	94	112.14
2014	110	137.06
2015	110	135.63

数据来源：中国人民银行网站

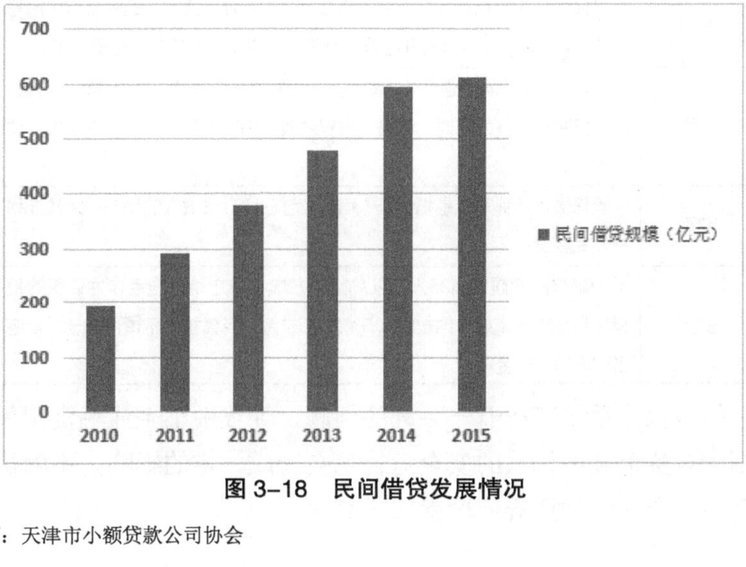

图 3–18　民间借贷发展情况

数据来源：天津市小额贷款公司协会

由图 3-17 和图 3-18 可知，截至 2015 年，天津市民间小额贷款公司数量已经达到 110 家，民间借贷金额已经达到 613 亿元。

有关民间融资的概念，目前理论上没有形成一个统一的表述，归纳起来，有四种观点。第一种观点认为民间融资是一种不受政府规范和约束的金融活动，这种观点强调的是其独立于政府监管之外的一种自由市场行为；第二种观点认为民间融资是一种不受法律保护的融资活动，是一种法外行为；第三种观点是将第一、二种观点进行综合，认为民间融资即不受政府监管也不受法律保护；第四种观点认为其是一种非依法设立的金融机构进行的金融行为。

上述四种观点都认为民间融资是非依法行为，不受法律保护。虽然民间融资的手续简单，对缓解中小企业的融资问题起到了重要作用。但是，我们也应看到，民间融资与违法行为之间的界限不是很清晰，很容易演变为违法行为。所以，应引导民间金融发展成正规金融的重要补充。

五、信用担保体系不健全

《担保法》规定的担保形式有保证、抵押、质押、留置和定金。《担保法》所称保证是指保证人和契约人约定，当债务人不履行债务时，保证人按照约定履行债务或者承担一定的责任，需要订立保证合同，采取一般保证方式或者连带责任保证方式。

表 3-33　主要担保方式

抵押	《担保法》所称抵押是指债务人或者第三人不转移抵押人的房屋和其他地上定着物、机器和交通运输工具，抵押人可以依法处置的其他财产等。
质押	《担保法》所称质押是债务人或第三人将其动产或权利出质给债权人占有，当质权实现条件出现时，债权人有权就质押物优先受偿；质押物仅限于动产和权利凭证。
留置	《担保法》所称留置是指债权人可以留置已经合法占有的动产，并就该动产优先受偿。
定金	是为确保合同履行当事人可以约定一方向另一方给付定金作为债权的担保，当债务人不履行约定时，无权要回定金，当债权人不履行约定时，应当双倍返还定金。

天津市的担保体系还存在着一系列的问题，导致中小企业融资担保行业的无序发展加剧，对整个金融体系的安全运行也会造成一定的影响。不解决好这些问题，科技型中小企业的融资难问题就很难克服。

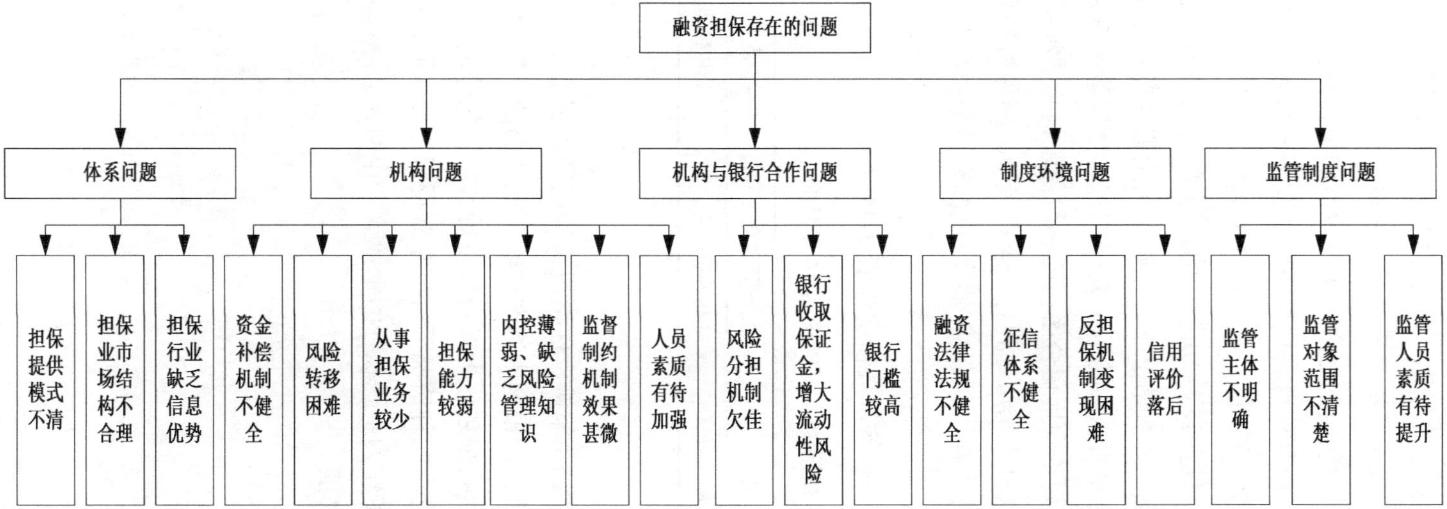

图 3–19　科技型中小企业融资担保存在的问题[①]

① 蒋平. 中国中小企业融资担保制度问题研究. 博士学位论文，西南财经大学，2011

上述融资担保问题广泛存在于金融市场中。目前天津市的信用担保机构存在三个重大问题：一是机构数目大但是能力较弱，其能力弱表现在规模和管理方面。现实情况中，一部分担保机构会要求企业提供反担保，即要求企业将 20%—30% 的贷款资金作为保证金存入担保机构制定的账户，所获收益归担保机构所有。担保机构的这种行为虽属无奈之举，但是使得科技型中小企业不情愿通过担保机构获得银行的贷款。二是政策的扶持力度不够，社会资助不到位。在目前这种情况下，能享受免征营业税的担保机构只占到了 10%—20%，大部分科技型中小企业信用担保的资金没有得到定期补偿，一般情况下只是政府基金或者专项基金的一次性投入。三是担保机构之间缺乏商业互助合作，对于担保事项风险没有建立有效的风险转移机制。同时，在信贷理论中提倡金融机构和担保机构共同承担风险。根据已有的情况表明，企业的担保机构无法做到总是承担风险，担保机构只能依靠自身的担保费用和利息收入维持生存，具有高风险特征的科技型中小企业使其担保机构的发展受到了阻碍。

截至 2014 年天津市融资性担保机构发展情况如表 3-34 所示。

表 3–34　天津市融资性担保机构 2014 年总况

担保机构数量	从业人员	注册资本金	担保发生额
124	1468 人	128.8 亿元	338.15 亿元

数据来源：中国融资与担保协会官网

从表 3-34 中可得知，天津市 2014 年融资性担保机构已经达到 124 家。本书通过对中国融资担保业协会进行统计，根据中国产业研究院发布的《2014—2018 年中国担保行业市场前瞻与投资战略规划分析报告》，发现其中大部分的担保机构规模较小，业务空置情况比较严重。此种情况下就很难获得银行的认同，或者认同度很低。担保公司利用注册资本作为金融杠杆的乘数放大作用就会降低，难以有效承担起科技型中小企业担保功能。

第四章　全球主要商业银行低碳实践应用

第一节　碳信贷的国际标准

低碳经济背景下，金融机构实现可持续发展需要不断承担环境与社会责任，开展金融创新，发展碳信贷。而赤道原则为金融机构管理和控制碳信贷业务中的环境与社会风险、履行金融机构社会责任提供了统一的标准。

赤道原则于 2002 年由各跨国商业银行倡导。根据其要求，金融机构在发放贷款资金时要对项目可能造成的环境影响进行全面评价，以使贷款项目促进环境与社会的协调发展。在国际准则中，赤道原则作为项目融资标准被国际商业银行广泛接受，成为大多国际商业银行实施碳信贷的国际标准。

此外，国际上还发起了其他一些与银行责任密切相关的协议或原则，如《联合国全球契约》（UN Global Compact）、《联合国环境规划署金融行动》（UNEP Finance Initiative）、《碳披露项目》（Carbon Disclosure Project）、《全球报告倡议》（Global Reporting Initiative）、《联合国负责任投资原则》（UN Principles for Responsible Investment）、《气候原则》（Climate Principles）、《采掘业透明倡议》（Extractive Industries Transparency）等。

一、赤道原则的内涵

目前各跨国金融机构都以赤道原则为参考对项目进行投资，截至 2016 年 2 月底，全球 36 个国家 83 家金融机构已正式采纳赤道原则，涵盖新兴市场 70%以上的项目融资业务。赤道原则是依据各跨国金融企业的可持续发展原则而建立的，主要是为了判断、评估和管理融资项目所产生的环境与社会风险，制定风险方案并定期公告的碳信贷实践原则，是推动银行可持续发展以及承担自身社会责任需要遵循的原则之一。根据赤道原则，依据环境与社会风险可以把项目分为三类：

A 类，指存在潜在重大的具有多样性和不可逆转性的环境与社会风险的项目；B 类，指存在的环境与社会风险是有限的、可逆转的和可弥补的项目；C 类，指存在的环境与社会风险较小甚至没有的项目。

赤道原则表明，金融机构应当依据项目可能产生的环境与社会风险对项目进行分类，并对风险项目进行不同程度的环境和社会风险评估；借款企业要针对融资项目中的风险制定有助于降低环境和社会风险的行动计划，同时，借款企业还应当征求受影响的相关利益者的建议或要求。此外，赤道原则还要求银行在贷款期内对项目的整体经营情况进行不间断地监测，并对所监测的信息进行核实，同时定期对赤道原则的开展情况和积累的经验进行报告。

二、赤道原则主要内容

赤道原则列举了赤道银行在进行投资决策时所要依据的 10 条特别条款和条件，其基本框架如图 4-1 所示：

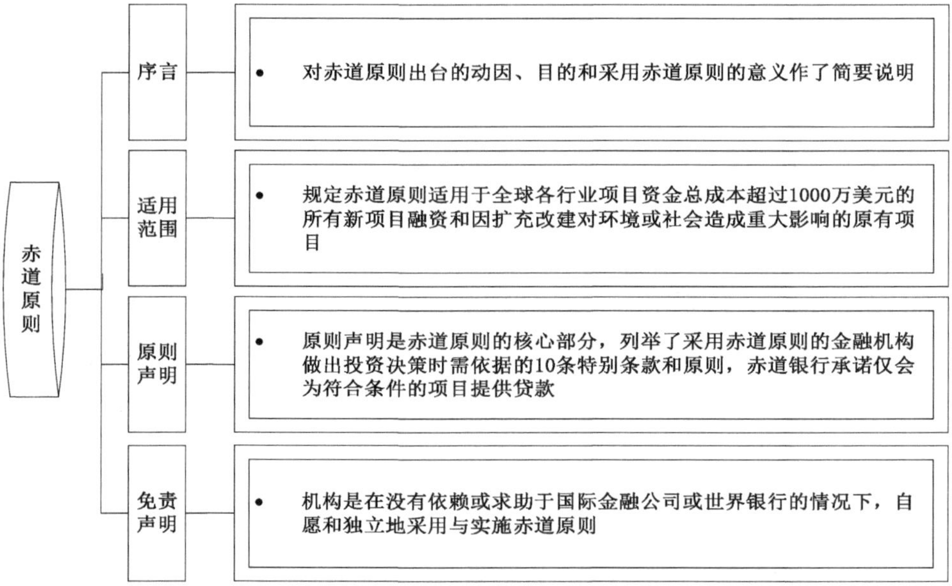

图 4–1　赤道原则基本框架

赤道原则是银行业促进社会与环境良性发展的重要标志，它最先明确了融资项目中的环境与社会风险评判标准以及相关的风险防范原则，使整个银行业的环境与社会标准得到了基本统一，社会与环境风险可以得到有效控制，更有利于银行碳信贷业务的开展。从银行角度来看，实施赤道原则的银行会因承担社会责任而树立良好的形象，产生商誉价值；而且，有助于银行规避融资项目中的社会与环境风险，提高银行的风险防范和控制能力。从社会角度来看，赤道原则使环境与社会可持续发展落到实处，使人与自然、人与社会、人与人等达到真正的和谐。

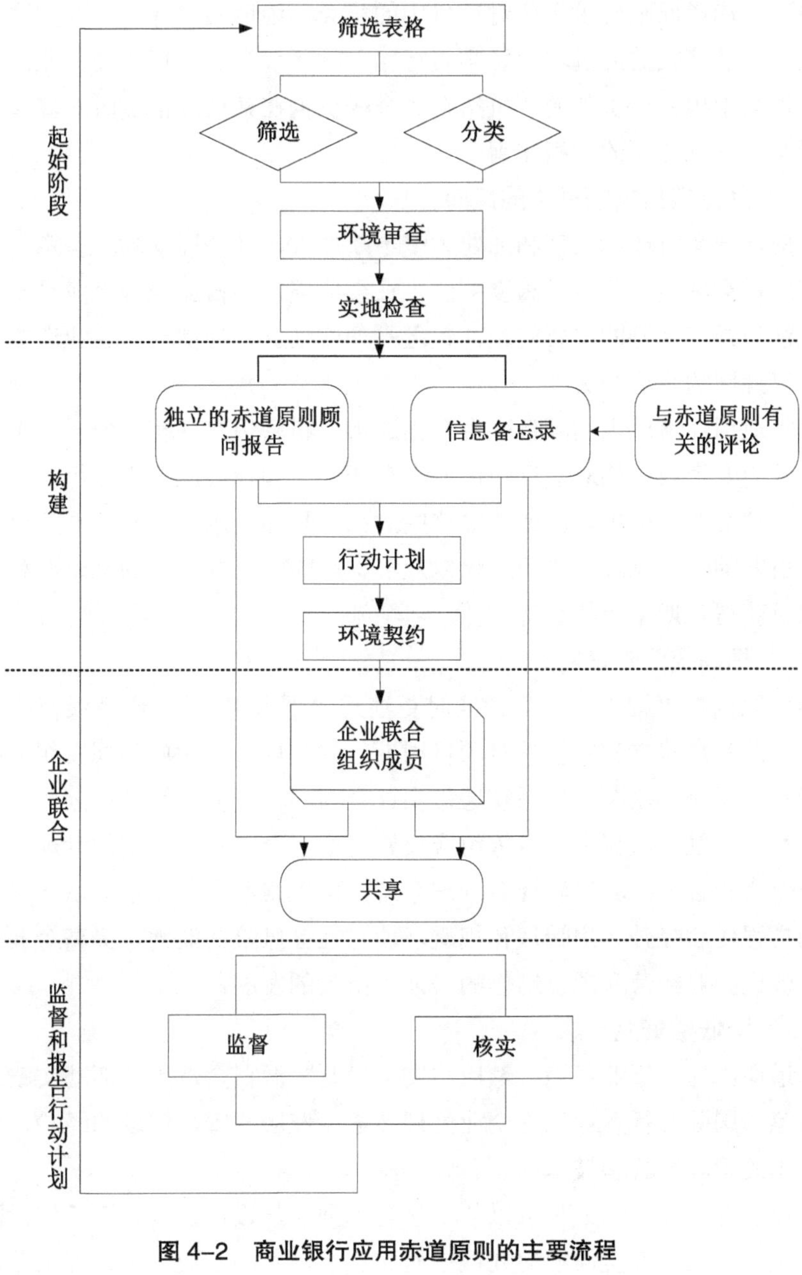

图 4-2　商业银行应用赤道原则的主要流程

三、赤道原则的意义

将赤道原则积极应用于国际商业银行的信贷业务审核审批过程中，完善其项目贷款的风险管控能力，可以引导企业重视业务中潜在的环境与社会风险，并帮助企业进行相应的风险控制与管理，增强企业风险管控能力，提升企业的项目投资收益率。赤道原则要求企业对项目中的社会环境风险进行评审与关注，使企业在提升自身经济收益的过程中切实履行相应的环境保护责任，使企业经营实现可持续发展与承担社会责任的有机结合。金融机构在开展碳信贷时对赤道原则的应用还具有以下几方面的积极作用：

（一）降低碳信贷项目中的风险

当前，国家对环境治理和惩罚力度不断加大，社会民众的环保意识也逐步提高，并对社会环境问题给予高度关注，社会环境问题日益成为企业经营和项目运营中无法忽视和回避的重要问题，置之不理或处置不当都会给企业造成不可估量甚至难以挽回的经济损失。

对于适用赤道原则的项目融资，赤道银行将聘请具备相应资质与丰富经验的环境和社会专家或机构对项目中可能存在的环境和社会风险点进行扫描、识别和评估，并帮助客户提出降低或消除这些潜在风险的技术方法和管理建议，防范这些风险引发的经济风险、政策风险以及声誉风险，提高项目的确定性和安全性，保障项目获得长期稳定的经济效益。

（二）提高企业管理能力

赤道原则在“授人以鱼”的同时更注重“授人以渔”。赤道银行将要求申请项目融资的客户建立和完善贯穿项目周期、并与项目的性质和规模相适应的环境和社会管理系统。这个管理系统通常由社会与环境评估、管理计划、组织能力、培训、社区接触、监督和报告等组成要素构成一个完整和系统的管理体系。

一个完善合理的环境和社会管理系统，可以帮助企业识别评估环境和社会风险，切实强化和提升客户管理和规避环境与社会风险的能力，提高企业的综合竞争力，促进企业经营和项目运作的长期可持续的发展。

（三）降低融资企业成本

赤道原则的《行业环境、健康与安全导则》源自全球工业活动实践经验的总结，借鉴了国际各行各业优秀企业处理环境、健康和安全问题的经验，包含了丰富而实用的管理经验和技术信息。

企业的管理和技术人员可以从中学习到项目从设计建设、运营到拆除整个过程中环境、健康和安全问题的处理措施和工艺，帮助企业改进处理工艺，降低能源消耗，提高资源综合利用率，从而降低企业的管理成本。

（四）便于企业与国际金融机构开展融资合作

赤道原则是全球主流金融机构项目融资的环境和社会基本标准和国际惯例，国际上85%以上的项目融资交易都遵循赤道原则。在国际合作中，国际金融机构更倾向于选择在环境、安全和社会方面与之有共同理念的企业作为合作伙伴，而实施赤道原则是参与到国际重大融资项目的基础条件。国内企业采用赤道原则的管理项目，其融资的环境和社会风险易于获得国际知名金融机构的认同，为企业获得海外资金、境外投资上市等各类金融活动带来便利，有助于获得同更多国际金融机构合作的机会和更大的海外发展空间。

（五）树立低碳品牌

在低碳理念和社会责任意识日益深入人心的今天，树立保护生态环境、积极履行社会责任的形象已经成为企业获得社会认同、提高知名度和增强品牌竞争力的重要内容。赤道原则能够帮助客户与项目所在地的居民以及当地的生态环境建立起良好的关系，获得当地居民的认同和支持，树立起积极保护生态环境、勇于承担社会责任的企业形象，有助于企业获得公众认可，从而提高企业的知名度、增强企业的竞争力。

（六）避免环保低碳政策风险

赤道原则要求项目方遵守当地的环境法规和标准，以及环境、健康与安全指南的要求。随着经济结构的调整转型，我国对自然资源和环境保护的力度不断加大，制定更加严格的环保法律、更高的环境要求和更低能耗标准已经成为必然趋势。目前，我国的环境保护政策和相关标准借鉴了大量的国际先进经验，包括全球金融界所普遍采用的赤道原则，可以说赤道原则在一定程度上指明了我国环境政策的发展方向。对具有长远发展规划和具有战略眼光的企业来说，接受赤道原则的要求有助于企业规避和降低由于环保政策改变带来的风险。

第二节　欧洲地区商业银行低碳实践

一、德国商业银行低碳实践

赤道原则已经成为德国银行碳信贷业务共同遵守的准则。各个银行依据赤道原则对项目进行划分，并对产生的社会和环境风险进行系统评估。如德国银行对于低碳相关的企业提供较低成本的贷款资金，投资可再生能源企业能得到低于市场利率的低息贷款，企业还可以新建或改造低碳建筑物获得低成本的贷款，甚至可以减少还款金额①。德意志银行作为最重要的跨国金融机构之一，对德国低碳发展做出了很大贡献。

（一）德意志银行

1. 银行碳信贷实践

1870年德意志银行成立于德国柏林，其建立之初便以经营大型融资项目为业务范围。截至1996年6月，它在德国设有1662个分支机构，在海外设有780个。其经营业务覆盖全面，经营管理良好且具有良好的社会责任和风险管控意识，在管理上比较重视环境与社会风险（ES风险）的管理，其2014年环境与社会风险框架内的各经济部门的交易量占比情况如图4-3所示。

德意志银行制定的环境与社会风险管理框架明确了一系列流程和责任，适用德意志银行全球的业务，对德意志银行业务开展过程中的环境与社会风险达到了有效控制。此框架包括四部分：风险识别、风险评估、风险决策、贷后跟踪监测。其具体的框架如图4-4所示。

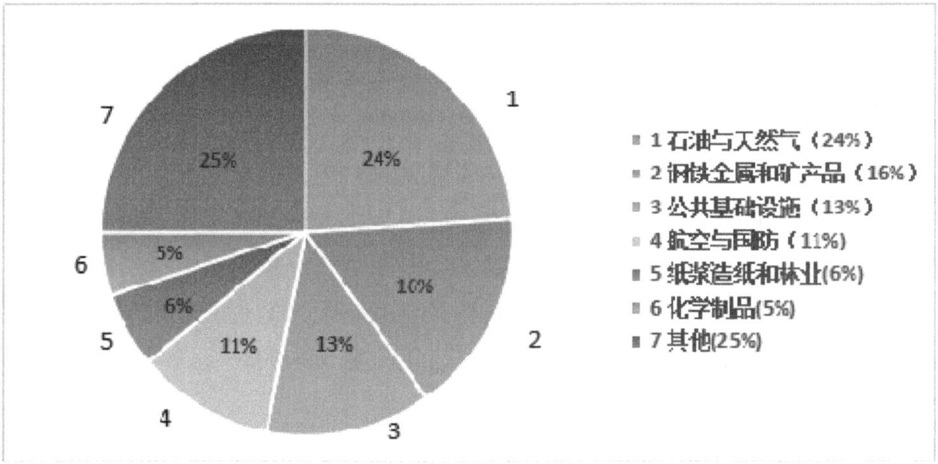

图4–3 环境及社会风险框架内的交易量分布

来源：2014年德意志银行社会责任报告

① Economy.E. Will Environmental Risks in China Overwhelm Its Opportunities？Harvard Business，2007，06:17~32

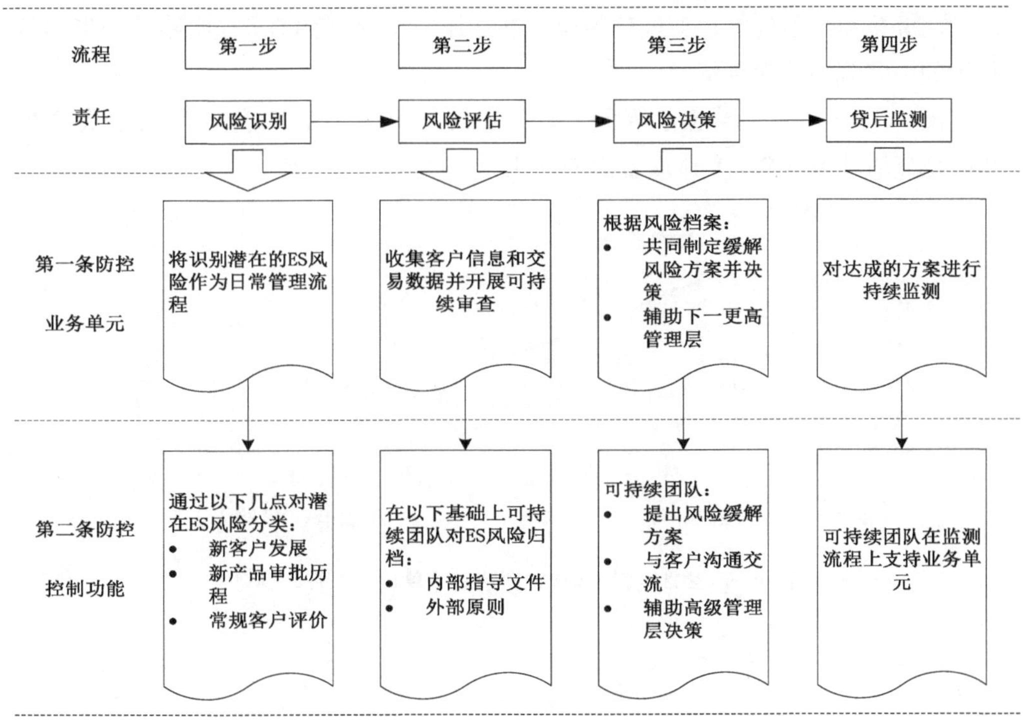

图 4–4　环境与社会风险管理框架

德意志银行将环境和社会风险分为高、中、低三个层次：高风险影响是指那些对环境有着极其不利影响的因素，这些因素往往是种类多、不可逆转并且前所未有的；中级风险是指那些能引起不利环境和社会影响的风险，往往这些风险可以缓解，其种类不多，潜在影响不会很严重；低级风险是那些对环境和社会有极小或没有影响的风险。运用这个系统对风险进行分类，德意志银行可以对环境和社会的潜在风险列一个清单，如：评估环境和社会的基本条件是什么，对于环境和社会是否有更好的替代品，到什么程度可以影响当地人的健康、安全和人身等。

另外，德意志银行推行“碳中和”，其全球的业务在许多层次上影响着德意志银行的碳足迹，包括银行内部的办公地点、出差人员使用的纸张和水资源。德意志银行尽量减少其经营业务对环境带来的负面影响。为了达到减排目标，德意志银行不断改进环保信息技术，降低能源消耗，使资源循环再利用。随着全球商务活动的增加，德意志银行已经成功使用视频会议，有效减少了商务旅行产生的碳排放量。

回顾过去，德意志银行通过努力已经减少自身 20%的碳足迹。2012 年底，其运营业务实现碳中和目标。同年，德意志银行成为全球 33 家碳信息披露领袖企业之一，并赢得了最佳绿色智能建筑奖，在 2012 年的绿色 IT 最佳实践奖中也因其长远的战略观而一举夺魁。

图 4-5、4-6、4-7 给出了德意志银行 2010—2012 年在能源消耗、水资源消耗和降低二氧化碳（CO_2）排放方面的成果。

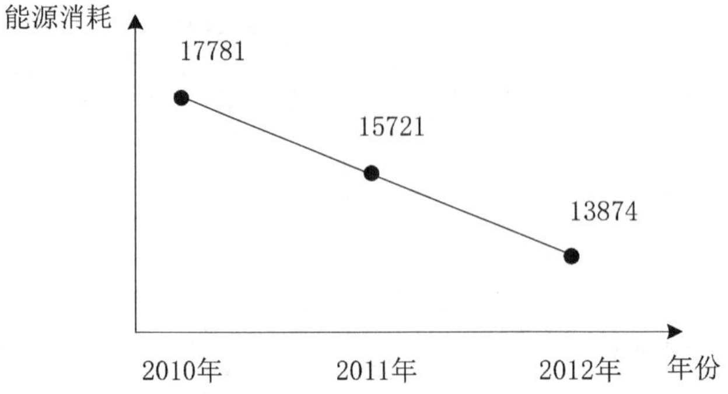

图 4-5　2010-2012 年能源消耗（单位：千瓦时/人）

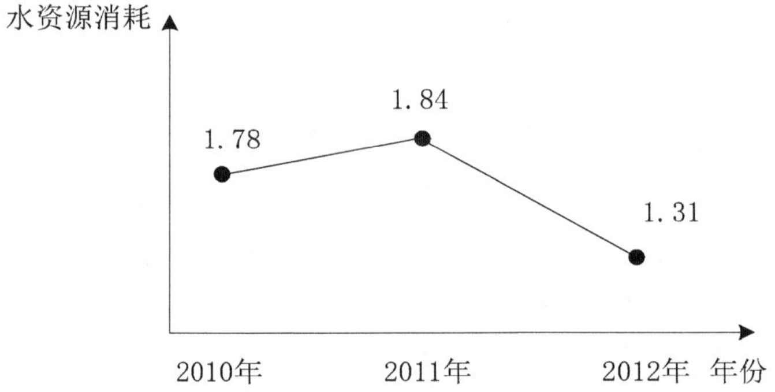

图 4-6　2010-2012 年水资源消耗（单位：吨/人）

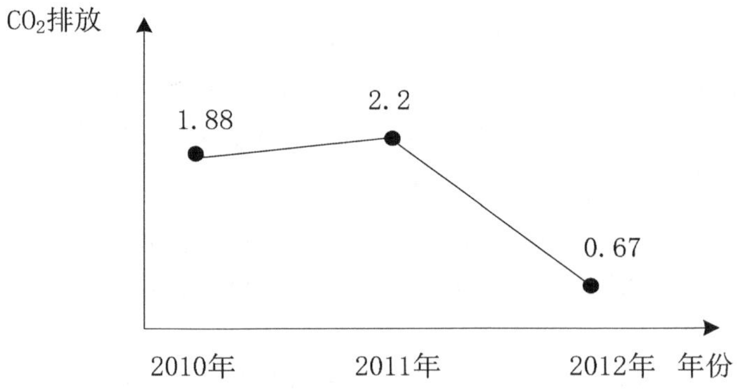

图 4-7　2010-2012 年二氧化碳（CO_2）排放（单位：立方米/人）

德意志银行的可持续性表现已被主要可持续性评级机构（包含在主要收录目录中）评估很多年了。这些评估为社会责任投资（SRI）投资者提供一个重要的决策工具。该行认为，可持续性评级和排名提供了一个与同行比较的基准，帮助德意志银行进一步完善可持续性管理过程和对利益相关者的披露程度。在最相关的可持续性评级和外部评估中，德意志银行(Deutsche Bank)的表现和报告在评估中有一个很高的位置。例如，其中一个成就是碳信息披露项目（CDP）披露分数获得满分 100 分。

德意志银行 2013—2015 年环境数据如表 4-1 所示：

表 4-1　德意志银行 2013-2015 年环境数据

温室气体排放 吨当量二氧化碳（除非规定不同）	2015	2014	2013
温室气体排放总量	271807	285278	299038
基于市场的建筑能源使用	169718	179644	178272
商务旅行	95995	98835	108715
范围 1：直接的温室气体排放	59131	59896	70286
天然气消耗	28469	28660	33975
液体化石燃料	1061	1116	2096
氢氟碳化物	6093	6799	12051
拥有/租赁车辆	23508	23320	22165
范围 2：间接温室气体排放	140189	149867	142202
基于市场的电力消耗	104325	112949	102444
蒸汽，加热和冷却	35864	36918	39758
范围 3：其他间接温室气体排放	72487	75515	86551
航空运输	66574	68524	80904
租赁汽车和出租车	4697	5453	4264
铁路运输	1216	1538	1382
减排			
采用优质碳证书退休的基于市场的温室气体排放量	100%	100%	100%

续表

温室气体排放 吨当量二氧化碳（除非规定不同）	2015 年	2014 年	2013 年
基于市场的温室气体排放量(包括可再生能源,不含碳信用额)/每平方米出租面积	0.066	0.068	0.075
基于市场的温室气体排放(包括可再生能源,不含碳信用额)/全职员工	2.75	2.92	3.05
总能量消耗吉焦	3863888	3992236	4232468
总能量消耗千兆瓦时	1073	1109	1176
能源消耗千兆瓦时	714	745	768
主要燃料能源（石油、天然气等）千兆瓦时	202	203	228
供热、冷却千兆瓦时	158	161	179
可再生能源发电千兆瓦时	567	575	605
标准化空间能源消耗千瓦时每平方米	262	264	295
全职员工标准化能源消耗千瓦时每全职员工	10857	11357	12000

来源：德意志银行 2015 年企业责任报告

2. 德意志银行自身“碳中和”实践

除了利用信贷杠杆引导融资企业实行低碳，德意志银行还大力推行“碳中和”，其全球的业务在许多层次上影响着德意志银行的碳足迹，包括银行内部的办公地点、出差人员使用的纸张和水资源。德意志银行在尽量减少其经营业务对环境带来的负面影响。为了达到减排目标，德意志银行不断改进环保信息技术，降低能源消耗，使资源循环再利用。随着全球商务活动的增加，德意志银行已经成功使用视频会议，有效减少了商务旅行产生的碳排放量。2013 年德意志银行实现“碳中和”。2014 年德意志银行的碳减排效果相比 2013 年更上一层，减排效果比较显著，详细信息如表 4-2 所示。

表 4–2 德意志银行温室气体减排成效

温室气体（GHG）排放（吨）	变动率（%）	2013	2014
温室气体排放净额	-5	568211	540626
温室气体直接排放	-10	67104	60876
温室气体间接排放	-3	416392	402312
温室气体其他非直接排放	-9	84715	77439
减排总量净额	-2	304682	297303
总能源消耗（吉焦）	-5	4190719	3989714

来源：德意志银行官网

德意志银行实现碳中和具体表现在绿色建筑、水资源节约等方面，如德意志银行在全球的建筑写字楼有 4000 所，80%的二氧化碳排放来自这些房地产，因此，德意志银行与房地产商紧密合作，从建筑物设施的选取方面进行慎重考量以减轻碳排放。2011 年，通过新项目，如污水排放控制冷却塔项目，实现了节约水资源 10 亿升。2011 年，美国绿色建筑委员会给予德意志银行首届国际领袖奖。德意志银行的生态项目管理办公室提供关于跨银行所有业务的测量和验证，改进的数据采集意味着银行可以实时跟踪关键能源指标，识别机遇和问题，并采取及时的、有针对性的行动，以改善性能。德意志银行的大厦性能仪表板，是设施经理跟踪包括能源消费需求高峰、入住率及面积变化的最重要的指标。在 2014 年，总电力购买中的认证可再生能源（主要是水力和风力发电）比例已经达到 77%。

作为银行自身碳减排的典范，德意志银行在能源消耗、水资源消耗和二氧化碳消耗方面都取得了一定成效。其先进的数据采集技术使得关键能源消耗及时得到跟踪，发现问题并快速做出处理，并且德意志银行对风险的划分、防控也值得我国借鉴。目前，我国商业银行在自身节能减排方面的措施极少，一方面没有制定节能环保的目标，另一方面没有形成系统的节能减排程序。面对当前高能耗、高污染的问题，商业银行在积极推出低碳产品的同时，也应规范自身的能源消费，并起到带头作用。

3. 中小企业融资政策

德意志银行的中小企业业务与个人、个体经营等业务归为一类，统一由私人与商业客户部负责。私人与商业客户部主要为中小企业提供支付、证券投资和存贷款等产品和服务，面向中小企业开发的绿色信贷产品详情见表 4-3。

表 4–3　德意志银行中小企业绿色信贷产品

区域	中小企业客户
德国	为绿色能源投资项目提供商业贷款或者一定的补贴
意大利	为绿色投资项目提供商业信用
波兰	为绿色投资项目提供商业信用
西班牙	为绿色投资项目提供商业信用
葡萄牙	为绿色投资项目提供商业信用

（二）德国复兴信贷银行

德国复兴信贷银行（KFWBankengruppe，简称 KFW）是创建于 1948 年的国有性质的银行，主要出资人是联邦和各地方政府。其经营业务领域主要是为德国的宏观经济发展、出口业务以及国外投资等提供融资支持①。值得一提的是，德国的企业规模结构中 99%都属于中小规模，而中小规模的企业对该国的就业做出了最主要的贡献（近三分之二），因此德国复兴信贷银行的首要目标是对该国的中小规模的企业供应长期性的优惠融资支持，融资支持主要体现在企业设备更新、住房的建设等方面。该行在环境方面也积极做出贡献，充当着三个角色：一是经济界的伙伴，二是政府环保目标的执行者，三是实现可持续发展项目的融资者，切实履行环保责任。

表 4-4 给出了德国复兴信贷银行针对绿色信贷的融资计划。该融资计划推动了该行的低碳实践，并为该行碳信贷业务的开展积累了经验。

表 4–4　德意志复兴信贷银行绿色信贷融资计划

融资计划	贷款对象	支持项目	促销基金类型	德国复兴银行贷款的优势
德国复兴银行环境保护计划	1. 德国和非德国企业的合资企业 2. 自雇专业人士 3. 能源承包企业 4. 合作与经营模式	对于德国以外的投资并有助于大幅改善环境状况的项目	投资方向为一般环保项目，每个项目 1000 万欧元	1. 自启动年 3 年偿还期 2. 100%发放 3. 小企业低利率政策

① Hill. Banking on the Future：A Survey of Implementation of the UNEP Statement by Banks on the Environment and Sustainable Development. Economic Journal，2010, 12: 39~51

续表

融资计划	贷款对象	支持项目	促销基金类型	德国复兴银行贷款的优势
德国复兴银行能源效率计划	1. 德国和非德国企业的合资企业 2. 自雇专业人士 3. 能源承包企业	1. 对德国以外的有利于大幅度节能减排的投资 2. 前 3 年的平均消费基础上，更换投资能降低能源消耗 20%以上 3. 与行业平均水平相比，新投资必须达到 15%以上的能源节能	贷款资金投资于能源效率项目，通常每个项目 2500 万欧元	1.自启动年 3 年偿还期 2. 100%发放 3. 小企业低利率政策
德国复兴银行能源周转融资倡议	对于大型商业企业在德国以外的年度集团营业额 500 万欧元至 3 亿欧元	对于德国在能源效率领域的大型投资项目，如节能、发电、存储和传输，以及利用可再生能源等领域的创新项目	德国复兴信贷银行向直接贷款的银行财团贡献 50%的项目融资	1. 高融资额 2. 100%发放 3. 自启动年 3 年偿还期
环境创新计划	德国和非德国企业和其他自然人和法人实体、直辖市广大股东的企业、地方和市政当局，市政当局经营和拥有的公司、市政专用协会、其他特殊用途而注册成立的协会或机构	对于重大工业项目的融资，第一次在先进的技术程序和组合程序方面，可投入使用以减少对环境的污染	财务费用高于 70%	1. 有吸引力的长期融资利率 2. 德国复兴银行贷款利息补助 3. 在特殊情况下，投资授出高达 30%的财务费用 4. 100%发放
中小企业能源效率咨询	小型和中小型企业的年度总能源费用超过 5000 欧元	必须提供咨询服务，出具由一个独立的能源专家认可的“中小企业能源效率的建议书”	1. 初步意见：授予资格的咨询费用（扣除费用）的 80%，高达 1280 欧元 2. 详细咨询：符合资格的咨询费用（扣除费用）的 60%，高达 4800 欧元的补助金	—

（三）德国银行信贷风险管理

德国银行界针对信贷的风险管理有一系列规则与制度，通过约束和激励金融行为，减少不确定性，有效防范和控制了风险的发生。

1. 全面质量管理

德国银行风险管理大致经历了三个阶段：20 世纪 80 年代，银行大量倒闭，促使德国商业银行注重信用风险的衡量与管理；20 世纪 90 年代，形成了以风险价值模型（VAR）为核心的市场风险管理技术；20 世纪 90 年代末期，金融风暴席卷东南亚，德国银行进入全面质量管理阶段。

全面质量管理最基本的工作程序是计划——执行——检查——处理四个阶段，这四个阶段又分为 8 个步骤，如图 4-8 所示。

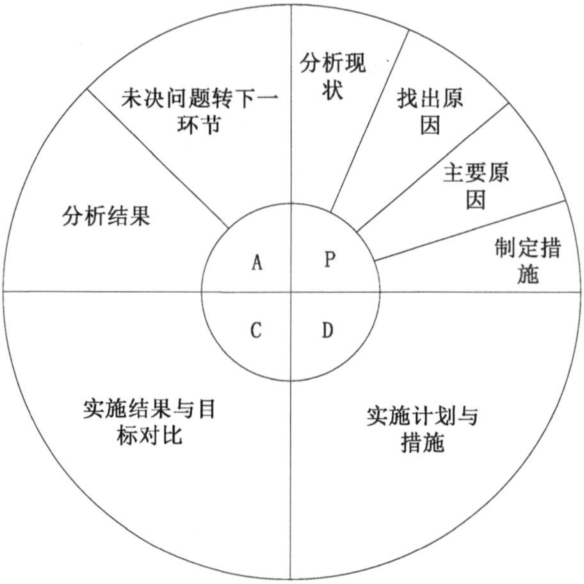

图 4–8　全面质量管理的 4 个步骤

2. 集中化风险管理

大多数德国银行实行集中化风险管理模式，风险管理委员会负责制定宏观风险政策，对总风险进行汇总、监控和报告，同时对风险管理方法与架构进行决策。对于具体的风险管理则由具体业务部门负责，典型的银行便是德意志银行。

3. 健全的风险内控体系

健全的风险内控体系是德国商业银行风险管理制度的重要方面，它由以下几部分组成，见图 4-9：

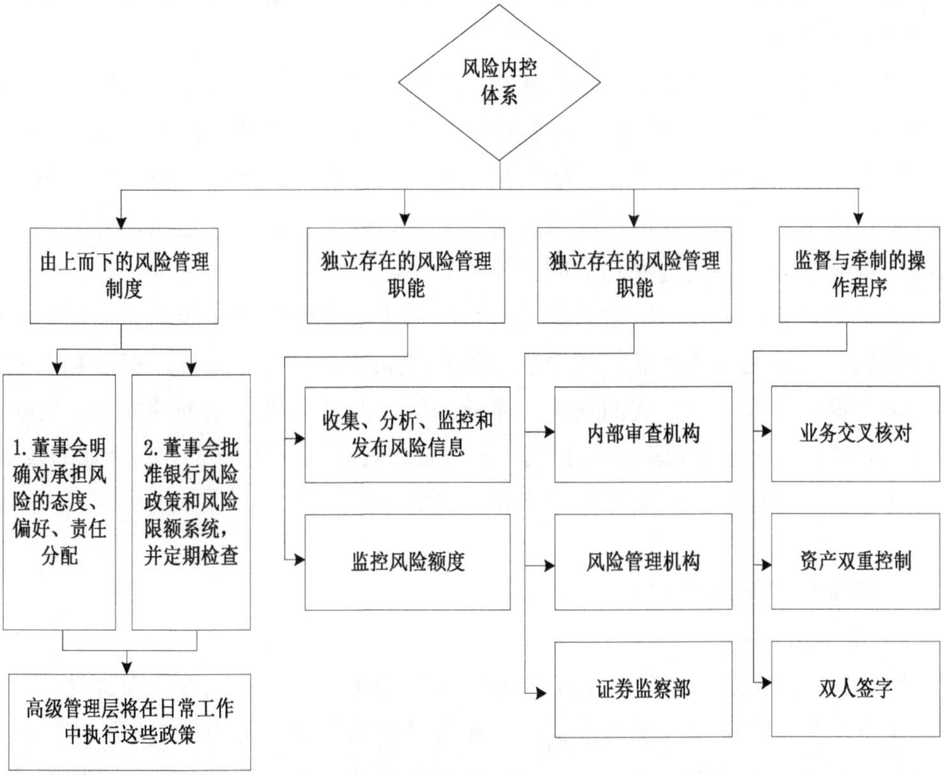

图 4–9　德国银行的风险内控体系

（四）小结

通过德意志复兴银行总结德国实施碳信贷的过程，可以看出：积极融入碳信贷并在碳信贷业务中践行赤道原则，使德国银行业在碳信贷发展方面取得了较大的成就。德国的银行不仅较早介入低碳信贷，促进银行业低碳发展和可持续发展，还使自身在全球竞争中赢得了先机。另外，德国政府为低碳信贷进行贴息贷款，其“杠杆作用”明显，对于环保节能项目绩效好的给予一定额度的贴息，并且还可以给予 10 年的贷款利率不到 1%的优惠政策，这种政府贴息的形式很好地支持了环保节能项目。同时，以政策性银行为主要力量，德国银行业推出了一系列的绿色金融产品和服务，推动了德国低碳经济的发展。德国复兴信贷银行的节能环保金融产品从最初的融资到后期销售都是公开招标，政府起到提供贴息及制定相关管理规定的作用，其他不作任何干涉。最后，德国环保部门的认可是企业获得低碳信贷的关键。环保部门起到了审核的作用，以确保政府的贴息能准确地支持各种节能环保项目。任何一个想得到政府贴息的项目，必须经当地或上级环保部门的认可才能申请。

值得注意的是，以德意志银行和德国复兴信贷银行为代表的德国银行，在信贷业务过程中非常重视风险防范与控制，对信贷过程中实施全面系统而又集中的风险管理，尤其是德意志银行在碳信贷中的风险控制，其依据赤道原则和银行可持续发展原则对社会与环境风险进行等级划分，建立社会与环境风险控制体系，为碳信贷业务的发展起到保驾护航的作用。

在中小企业融资方面，德意志银行虽然对中小企业支持较少，但依然为中小企业提供有关绿色信贷产品，如绿色贷款和商业信用；相对来说，德国复兴信贷银行作为政策性银行，主要面向中小企业融资，并且提供一系列的绿色信贷融资计划，如中小企业能源效率融资计划，大大促进具有环保优势的中小企业的发展，为开展中小企业碳信贷业务积累了丰富的经验。

二、英国商业银行低碳实践

（一）渣打银行

渣打银行(Standard Chartered)于 1853 年获得英国政府特别许可而建立，主要经营东方业务，目前其经营范围甚广，业务量在诸外资银行中仅次于汇丰。英国渣打银行坚持低碳发展理念，在开展贷款业务时注重考虑项目潜在的环境影响，利用贷款对企业的投资领域加以影响或调整，对于实现低碳经济发展起到重要的作用。环境问题，特别是资源稀缺问题越来越影响银行业的业务，针对这些问题，需要政府、企业和个人共同努力，做出积极的应对。对于金融企业，应不断推出可再生能源和低碳积极投资，减少环境对金融业的影响。同时渣打还制定专门针对环境与社会风险的信贷管理程序，不仅有效贯彻赤道原则，而且减少了违约风险。

1. 基于赤道原则的碳信贷实践

关于银行信贷，渣打银行建立了科学的、独特的、具有可持续性的融资模式。利用自身独特的融资模式对企业贷款项目施加一定的影响，使项目向着绿色环保方向开展。在开展贷款业务过程中，为了支持企业融资需求，履行银行资金融通的服务功能，同时为了管控银行业务的环境与社会风险，渣打银行在赤道原则基础上制定了环境与社会风险管理方法和流程，以便自身碳信贷业务的顺利开展。具体流程如图 4-10 所示。

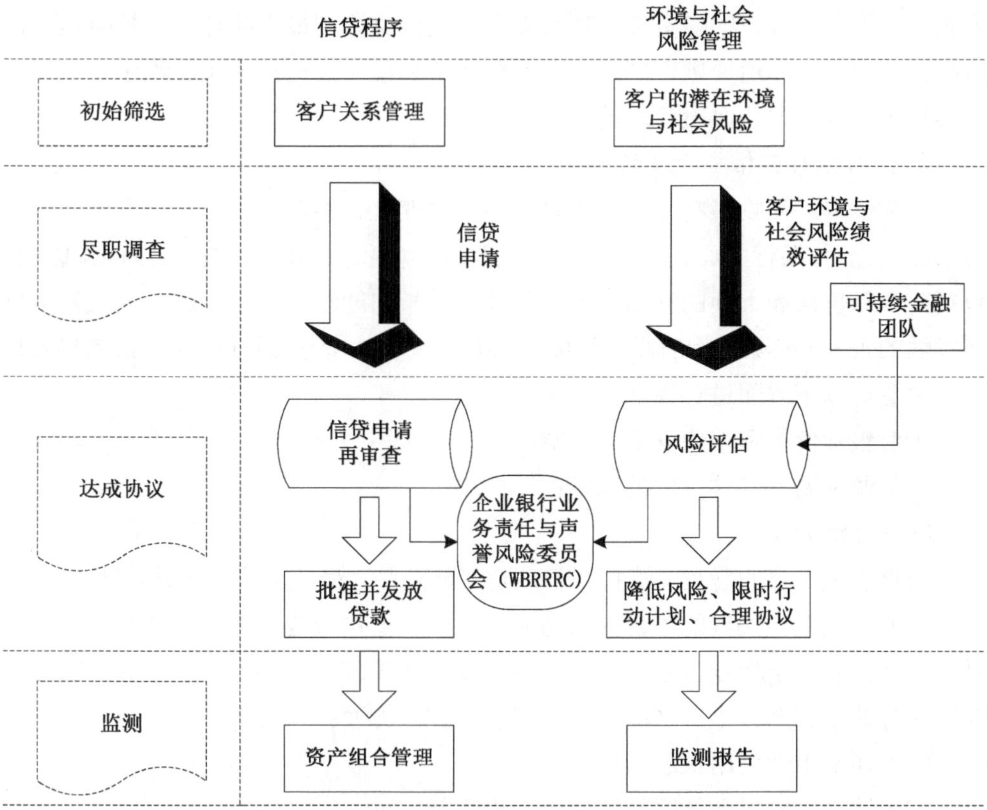

图 4–10　渣打银行环境与社会风险管理流程

英国渣打银行在贷款业务上一直致力于减少环境污染。针对银行自身，渣打银行制定了能源使用、水资源利用和纸张消耗的长期目标，如表 4-5 所示：

表 4–5　英国渣打银行能源、水资源、纸张利用强度目标

属性 / 资源	到期日	目标	适用性
能源使用强度	2008-2019	减少 35%	在热带地区
		减少 20%	在温带地区
水资源利用强度	2008-2019	减少 71%	对水资源控制的所有权利
纸张利用	2012-2020	每名全职雇员减少至 10 公斤	渣打银行控制的所有权利

在银行信贷业务方面，渣打银行有自己的一套融资方式，即可持续发展融资

方式。为了帮助客户的融资贷款项目以及企业自身达到最高的环境和社会标准，渣打银行根据“赤道原则”制定了一系列政策和程序。这些政策和程序是渣打银行实行可持续发展的风险管理的基石。

2. 渣打银行碳信贷开展的 14 个政策程序

生物燃料：生物燃料曾被看作是解决气候变化、能源安全和农村发展备受瞩目的行业。渣打银行关心任何低效生物燃料对环境和社会造成的直接或间接影响，包括：食品价格和土地的利用、温室气体排放量和能源平衡以及森林砍伐和生物多样性的丧失（能源作物的需求可能威胁热带雨林）。渣打银行在为生物燃料项目贷款时会对以下方面进行评估：

①对粮食价格和粮食安全的影响；

②能源和温室气体排放的储蓄；

③毁林潜力。

根据以上三点的考察，渣打银行制定了行业的“最佳实践”指导方针：首先，银行为所有利益相关者的项目提供透明、协商、操作规范的服务。其次，银行鼓励企业开发有助于稳定气候变化，减少温室气体排放的生物燃料。最后，鼓励企业用最好的生物燃料生产产品，同时还要做到五方面：

①不违反土地使用权或水权；

②为地方、农村和社区经济发展做出贡献；

③保障粮食安全；

④避免对生物多样性地区造成直接和间接的负面影响；

⑤不能直接或间接降低或破坏土壤质量，污染或耗尽水资源，导致空气污染。

气候变化：目前，可再生资源的开发、能源需求迅速增长，基础设施和发电容量都在努力跟进。渣打银行在这方面抓住商机，力求在取得收益的同时，减少企业的温室气体的排放。为此，渣打银行制定了规范自身行为的 4 条原则和鼓励客户的 5 项标准，见表 4-6。

水坝：渣打银行按照国际标准进行建坝工作的审查，这些标准包括国际金融公司性能标准（IFC）、国际金融公司通用环境、健康与安全指南（EHS）等。凡是不符合标准的水坝项目，银行不会提供财政援助，具体标准如下：

①不符合世界水坝委员会的决策准则；

②位于或显著影响联合国教科文组织世界遗产；

③湿地拉姆萨尔列表；

④关键自然栖息地。

表 4–6　渣打银行应对气候变化的原则与标准

渣打银行自身原则	1.渣打银行在做投资或理财决定时，考虑气候变化风险和机遇
	2.以低排放，资源节约型技术来转换能源组合
	3.鼓励政府采取行动，如报告和减少温室气体的排放
	4.与客户合作，推动气候变化的认识，支持他们向低排放战略迈进
企业标准	1.考虑气候变化的风险和机遇，将重要客户的业务表现汇总到其业务发展计划中
	2.发布企业的温室气体减排战略以及排放清单
	3.企业要参与有关碳排放的信息披露
	4.努力满足任何监管机构温室气体减排目标和能源效率的协议
	5.制定温室气体减排计划，提高能源利用效率，如考虑清洁能源发电等

林业和棕榈油、天然气、船舶拆卸和赌博方面，渣打银行对不符合标准的企业项目拒绝贷款，对减少环境污染和温室气体排放的企业项目积极安排贷款，其具体标准见表 4-7。

石化燃料发电：英国渣打银行只向为空气污染和气候变化做出贡献的发电厂提供贷款，且发电厂须达到的条件包括，满足欧盟排放交易计划、最佳可行技术和相关的排放量水平的大型燃烧植物要求属于“京都协议书”附属国的企业按照国家和国际关于温室气体排放的法律应对温室气体以及其他非“京都协议书”附属国的企业按照自身国家标准应对温室气体等。渣打银行鼓励客户企业实行可持续发展，对以下三种情况渣打银行将积极进行贷款援助：

①实施环境政策和管理制度，包括温室气体排放管理、计量和披露，检讨、预防或减轻不良环境影响；

②参与有关碳信息披露项目和“温室气体议定书”项目；

③采用低碳技术。

金属：渣打银行按照有关国际法律法规，不对以下五方面内容的开采金属企业提供贷款：

①联合国教科文组织世界遗产；

②湿地拉姆萨尔名单；

③关键自然栖息地；

④钻石：开采或买卖未通过认证的毛坯钻石金伯利证书的钻石；

⑤黄金：黄金采矿业要符合“国际氰化物管理法”。

表 4–7 林业和棕榈油、天然气、船舶拆卸、赌博的贷款标准

	不提供贷款	提供贷款
林业和棕榈油	1. 商业伐木业务记录涉及以下林木： *原发性热带湿润森林 *重点保护森林 *关键自然栖息地 *伐木作业违反采伐国家或当地政府的法律 *记录中包括任何种类的野生动植物在“濒危物种国际贸易公约”列出的项目 2. 公司直接从上述来源的木材贸易购买林木 3. 公司从事非法采伐和不受控制的或非法用火的林业种植业务	1. 经营管理的森林由森林管理委员会（FSC）或同等标准的认证 2. 出具可信的经营管理的森林的证明，并由森林管理委员会（FSC）或同等标准的认证 3. 森林管理委员会（FSC）认证或同等认证的产品或贸易
天然气	1. 采矿和金属业务显著影响联合国教科文组织世界遗产 2. 湿地拉姆萨尔名单 3. 关键自然栖息地	1. 将生物多样性因素纳入石油和天然气运营 2. 通过“全球减少天然气燃烧倡议”减少燃烧，以减少温室气体 3. 开发和实施溢油应急计划 4. 维护安全和保障其业务的运行框架内，尊重人权和基本自由，符合自愿原则 5. 通过采掘业透明度倡议支持实现更大的管治及透明度
船舶	1. 违反“巴塞尔公约”控制危险废物越境转移及其处置 2. 普遍使用石棉的文件 3. 涉及没有认证的船舶，或没有“绿色护照”的船舶 4. 列于“联合国教科文组织世界遗产名录”下的船舶 5. 湿地拉姆萨尔名单 6. 转移或降低关键自然栖息地	1. 拥有环境管理认证的产品，如ISO1400标准认证 2. 符合巴塞尔公约 3. 符合联合国全球契约框架
赌博	1. 反对洗钱程序，根据最高反洗钱立法要求审查企业 2. 利用儿童或其他弱势群体参与赌博活动获取私利	1. 保护未成年人远离赌博，对其进行严格的监控和管理 2. 积极防范赌博犯罪行为

核能：针对核能项目的信贷，渣打银行对不符合国际原子能机构安全标准的项目、位于或显著影响联合国教科文组织的世界遗产名单的项目、位于或显著影响国际重要湿地的项目以及显著影响关键自然栖息地的项目等不予以贷款资助。

烟草：针对烟草行业，渣打银行从 7 方面鼓励烟农节能减排：

①按照国际烟草种植者协会原则处理烤烟；

②参与对健康的危害与吸烟有关的公众教育和宣传活动，并提供有关烟草消费风险的准确和清晰的信息；

③支持立法禁止烟草广告；

④在工作场所、公共交通场所、室内外等公共空间支持减少二手烟影响；

⑤披露有关烟草制品成分；

⑥确保烟草产品包装包括健康警语和信息的标签；

⑦采取行动，打击烟草制品非法贸易，包括走私和向未成年人出售烟草。

危险品运输：对于危险品运输方面，渣打银行要求运输的危险品要有国际海运危险货物代码、严格遵照国际防止船舶污染公约、符合国际航空运输协会危险品规例、国际民航组织技术说明书，对于可能会在运输过程中导致有毒、火灾、爆炸的有害物质要有预防和后果最小化的指导措施。

水：渣打银行按照公认的国际标准对水资源项目进行投融资，其标准包括国际金融公司性能标准、一般环境，健康和安全的指导方针等。

3. 渣打银行环境目标及环境数据

渣打银行的环境目标是在业务活动中减少温室气体排放，具体承诺及措施见表 4-8：

表 4–8　渣打银行环境目标：确保环境的可持续性

目标	把可持续发展原则纳入国家政策和规划，扭转环境资源的损失。	
渣打银行承诺和进步	关注我们的环境战略 1)减少业务活动的影响 2)减轻环境和社会风险贷款客户活动。	设立有完善的立场声明，包括期望客户和本行的标准,还包括赤道原则的应用。
		2014 年,修改本行的环境和社会风险评估程序和底层模板。
		支持可再生能源和清洁技术领域。从 2007 年到 2014 年，提供和支持部门融资超过 112 亿美元，其中包括 2014 年的 7.986 亿美元。
		寻求可以减少对环境影响业务活动。2014 年，减少能源使用强度 4%，水的利用强度 3%和全职员工办公室用纸使用 6%。本行有长期目标且广泛有望达到这些目标。
	吸引内部和外部利益相关者，以减少对环境的影响。	环境员工参与计划，为全国的员工和社区，促进资源效率。2014 年，13110 的员工自愿参与这些活动。
		通过供应商宪章，鼓励供应商采用领先的环境和社会的最佳实践。

来源：渣打银行 2015 年可持续发展报告

表 4–9 英国渣打银行 2011–2015 年环境指标

环境数据	2015		2014		2013		2012		2011	
	测定值	增幅	测定值	增幅	测定值	增幅	测定值	增幅	测定值	增幅
统计报告	190	-	201	-	201	-	199	-	-	-
所占财产的内部净面积（平方米）	846480	1261320	891338	1308959	879815	1354541	888245	1431603	801160	1362123
绿色租赁条款	67	-	-	-	-	-	-	-	-	-
收集数据中占有内部净面积	73	-	75	-	72	-	69	-	65	-
全职员工（FTE）	58528	84076	78216	90940	73851	86640	72942	89058	68161	86865
年度营业收入从 10 月 1 日到 9 月 30 日（百万美元）	-	17566	-	18105	-	19298	-	18764	-	-
温室气体排放——数值（吨当量二氧化碳/年）										
范围 1 排放（燃料消耗）	8865	16904	11307	20144	13687	23878	14620	25557	8399	21632
范围 1 排放（购买电力）	132030	184912	140825	192403	161877	226727	159651	236443	157444	252188
范围 1&2 排放	140895	201816	152132	212547	175564	250605	174271	262000	165843	273820
范围 3 排放不随距离提升（航空）	54519	54519	54216	55296	50220	55127	51812	64472	50956	56537
范围 3 排放随距离提升（航空）	59426	59426	59095	60273	54739	60087	56475	70541	-	-
范围 1，2&3 合计排放	195414	256335	206348	267843	225784	305732	226083	326472	50956	56537
范围 3 排放（全球数据中心）	-	19339	-	-	-	-	-	-	-	-
温室气体排放——强度										
范围 1&2 排放/平方米（千克当量二氧化碳/平方米/年）	166	160	171	162	200	185	196	183	-	-
范围 1&2 排放/全职员工（吨当量二氧化碳/全职员工/年）	2.41	2.40	1.95	2.34	2.38	2.89	2.39	2.94	2.43	3.15

环境数据	2015		2014		2013		2012		2011	
	测定值	增幅	测定值	增幅	测定值	增幅	测定值	增幅	测定值	增幅
范围 3 排放/全职员工不随距离提升（吨当量二氧化碳/全职员工/年）	0.64	0.65	0.54	0.54	0.63	0.63	0.65	0.65	0.57	0.57
范围 3 排放/全职员工随距离提升（吨当量二氧化碳/全职员工/年）	0.69	0.71	0.58	0.58	0.69	0.69	0.71	0.71	-	-
范围 1、2&3 排放/平方米（kg 当量二氧化碳/平方米/年）	231	203	232	205	257	226	255	228	271	243
范围 1、2&3 排放/全职员工（吨当量二氧化碳/全职员工/年）	3.34	3.05	2.64	2.95	3.06	3.53	3.10	3.67	3.18	3.80
范围 1&2 排放/百万美元营业收入（吨当量二氧化碳/百万美元/年）	-	11.49	-	11.74	-	12.99	-	13.96	-	-
范围 1、2&3 排放/百万美元营业收入（吨当量二氧化碳/百万美元/年）	-	14.59	-	14.79	-	15.84	-	17.40	-	-
环境资源效率										
能源										
间接的不可再生能源消耗（千瓦兆时/年）	201	284	215	298	226	328	230	349	226	371
间接的可再生能源消耗（千瓦兆时/年）	14	13	8	8	13	13	6	6	13	13
直接不可再生能源消耗（千瓦兆时/年）	36	68	46	86	51	90	57	98	33	84
直接可再生能源消耗（千瓦兆时/年）	-	-	-	-	-	-	-	-	-	-

环境数据	2015		2014		2013		2012		2011	
	测定值	增幅	测定值	增幅	测定值	增幅	测定值	增幅	测定值	增幅
现场可再生能源消耗（兆瓦时/年）	276	276	115	115	115	115	128	131	103	107
能源消耗（千瓦兆时/年）	252	365	287	405	291	431	294	454	272	468
能源消耗/全职员工（千瓦时/全职员工/年）	4306	4341	3669	4453	3940	4975	4031	5098	3993	5391
能源消耗/平方米（千瓦时/平方米/年）	298	289	322	309	334	320	333	319	340	344
水										
用水量（ML/年）	793	1037	814	1191	838	1902	868	1868	978	1896
用水量/全职员工（立方米/全职员工/年）	14	12	10	13	11	22	12	21	14	22
用水量/平方米（kL/平方米/年）	0.94	0.82	1.03	0.91	1.06	1.40	1.08	1.31	1.22	1.39
纸张										
打印纸张消耗量（千吨/年）	1.04	1.50	1.51	1.75	1.51	1.77	1.71	2.08	1.68	2.14
打印纸张消耗量/全职员工（千克/全职员工/年）	17.70	17.70	19.25	19.25	20.43	20.43	23.39	23.39	24.67	24.67
浪费										
浪费（千吨/年）	5.2	6.6	5.9	7.2	5.5	8.1	5.4	9.3	5.5	8.2
浪费/全职员工（千克/全职员工/年）	89	79	75	79	74	93	74	105	81	94
废物再利用或回收（%）	27	27	28	28	30	30	36	36	25	25
报废 IT 设备再使用或回收	0.19	0.19	0.16	0.28	0.11	0.15	N/A	N/A	N/A	N/A

来源：渣打银行 2015 年可持续发展报告；2014 年可持续发展报告；2013 年可持续发展报告。

4. 中小企业融资政策

渣打银行比较重视业务在新兴经济体的发展，使得渣打银行在各个新兴经济国家的中小企业融资业务方面积累了丰富的经验，并且在中小企业融资领域处于较为领先的地位。

在全球，渣打银行的中小企业银行业务主要分为四部分，包括商业扩张融资、业务维持融资、营运资本管理和投资咨询。商业扩张部分，渣打银行主要为中小企业提供必要的融资支持，并增加额外资本支持；业务维持部分，主要为中小企业提供风险管理方面的专家咨询服务，并为业务风险的解决提供各方面的支持；营运资本管理部分，为中小企业提供日常营运资本支持和 24 小时的移动银行服务，并提供优惠政策；投资咨询部分，主要是提供投资服务以及提供专家为中小企业业务开展培训。

在中国，渣打银行于 2003 年成立了专门团队服务于中小企业的融资业务。在客户方面，渣打银行将中小企业归入个人业务，以便为中小企业融资提供更有弹性的服务，且主要选取年销售收入低于 0.65 亿元人民币的小型企业。在服务方面，渣打银行不仅帮助小企业解决融资困难，还为中小企业提供一站式的金融产品或服务，对中小企业进行大力扶持。在信贷审批方面，主要采用渣打银行独有的业务计分卡系统，对中小企业业务风险进行定性与定量全方位的评价，加强对风险的管控，并且注重与客户的交流。在业务策略上，渣打银行设立专门的中小企业支行，开设定制性的服务。

（二）汇丰银行

2003 年，汇丰银行在碳金融方面采用赤道原则，并对赤道原则的推广发挥巨大作用。汇丰银行基于环境和社会效益的考虑，对环境敏感的行业列明了相关的可持续发展的贷款政策并列示了不进行贷款支持的行业，以协助信贷风险评估。2005 年，汇丰银行成为全球首家实现碳中和的银行；2007 年，基于碳中和的承诺，汇丰银行开展一项为期五年的“汇丰气候伙伴”计划，协助解决全球气候变化。2009 年，汇丰银行不仅对银行本身实施“碳足迹”管理，而且通过信贷投入引导顾客进行“碳足迹”管理，如在中国地区建立信贷风险管理部来负责审查融资企业或项目的环境风险，并重点关注被政府列入高污染和高能耗的行业，确保融资企业或项目符合中国和国际相关的低碳政策。2012 年，汇丰中国积极参加环境低碳管理活动以及有关的环保讲座活动，并且努力开展金融普及等活动，很好地履行了企业所肩负的社会责任。2014 年汇丰能源总消耗下降 8 个百分点，产生的垃圾总量下降 13 个百分点。汇丰银行之所以取得较大的低碳成绩，有赖于汇丰银行自身完善的内部控制体系、碳信贷信用评级和碳信贷业务风险预警。

1. 内部控制现状

汇丰银行内部控制设计比较系统严密，内部控制系统主要有程序与制度、管理层与合规指导、内部审计三个等级。其中，内部审计拥有独立性和权威型且最具有特色。其特色主要反映在两个方面（见图 4-11）。

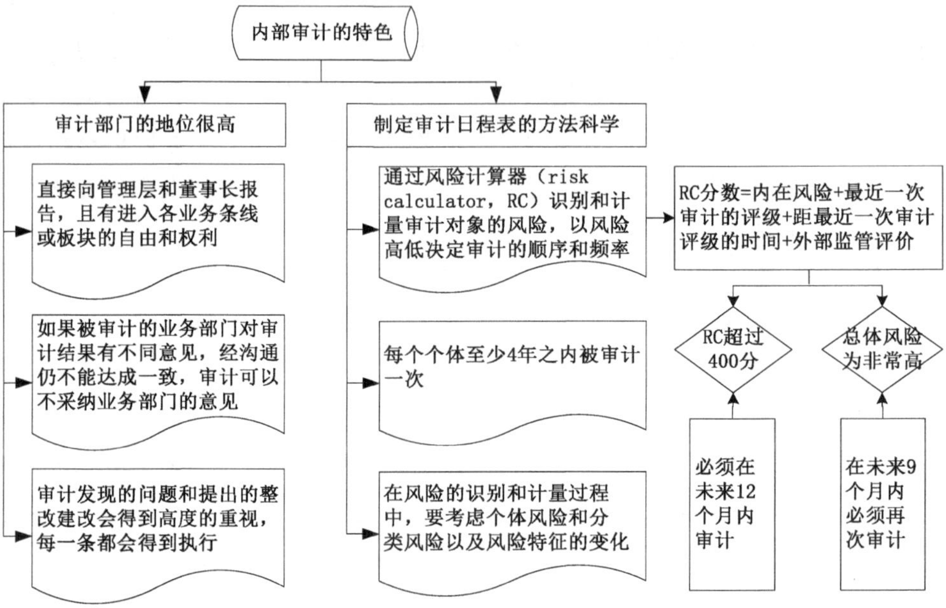

图 4–11　内部审计特色

2. 信用评级制度

汇丰银行把碳信贷分为 9 个层次，不同层次的信贷项目采用不同的手段进行风险管理。其贷款信用评价方法体系见图 4-12。

3. 风险预警现状

汇丰银行的碳信贷风险预警系统采用的是美国学者爱德华·阿尔曼于 1968 年提出的修正的多因素指标模型，如表 4-10 所示。该模型从企业资产流动性、盈利能力、筹资和在投资能力、获取销售收入能力以及公司的前景五个方面来反映企业的财务现状，实际上是对企业财务危机的预警。

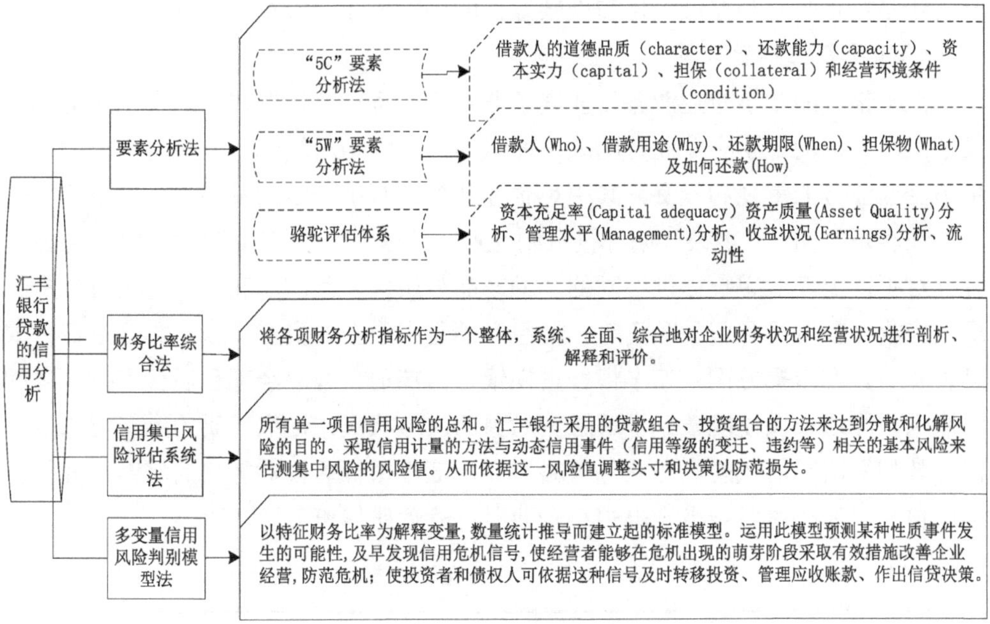

图 4-12　汇丰银行信用评价方法

表 4-10　汇丰银行碳信贷风险预警指标

指标	公式
X_1	营运资金/总资产
X_2	留存收益/总资产
X_3	息税前利润/总资产
X_4	权益市场价值 / 债务市场价值
X_5	销售额/总资产

汇丰银行无论是从低碳减排的宣传推广、银行进行碳信贷的风险管控，还是碳信贷的信用评级制度，都有其特色。例如对于内部控制而言，首先采用定性与定量方法相结合。关于碳信贷，汇丰银行建立专门的团队对项目的运行进行监测，并定期对碳信贷的运用状况做汇报并给出一份详尽的专家报告。对于融资企业近期会产生损失的活动和潜在的环境风险等给予相应的解释和意见，以便在风险发生的初始时期，把风险管控在初始状态，避免风险的扩大。其次，塑造低碳企业文化。管理控制碳信贷风险不仅仅要依靠风险内控部门，而且要发挥全体员工的碳减排潜能。实现“碳中和”和碳信贷风险管控有赖于银行全体员工的努力，汇

丰文化坚持将股东利益最大化和低碳意识的培养放在同等重要的位置。

4. 中小企业融资政策

汇丰银行的中小企业业务目前属于非主要业务点，仅仅在工商金融服务部下设了一个专门的中小企业业务团队，团队的独立性相对较低。但随着汇丰银行对中小企业业务的重视和投资，其中小企业业务也有了一定的发展。

在客户方面，汇丰银行偏好投资制造业、贸易业和外商独资类型的中小企业，并针对不同类型的客户提供不同的金融产品与服务。其产品和服务主要有资产融资、应收账款融资和贸易融资等，特色产品是中小企业资产贷款，具体融资方式见表 4-11。在审批方面，汇丰银行重视银行内部前台客户经理和后台审批人之间的联系与沟通，以便能充分了解融资对象的风险状况，选取优质的融资对象，从而有效规避潜在的风险。在业务策略方面，汇丰银行重视对客户的培养，并借机推广自身，如在主要城市推出中小企业财务管理研修班。

表 4-11　中小企业融资方式

融资类型	融资方式
贸易融资	进口融资（进口开证、进口贷款、提货担保）、出口融资（装运前融资、装运后融资）、应收账款融资、买断融资/福费廷
保函	预付款保函、投标保函、融资保函
流动资金融资	流动资金循环融资、流动资金定期融资

第三节　美洲地区商业银行低碳实践

一、美国花旗银行低碳实践

花旗银行历来支持清洁和可再生能源的发展，2002 年花旗银行和巴克莱银行等共同发起制定赤道原则，并在业务实践中大力推行赤道原则。2005 年，为了控制企业中的社会环境风险，增强银行的风险管控能力，制定了环境社会风险管理（PSR）体系（见图 4-13）。

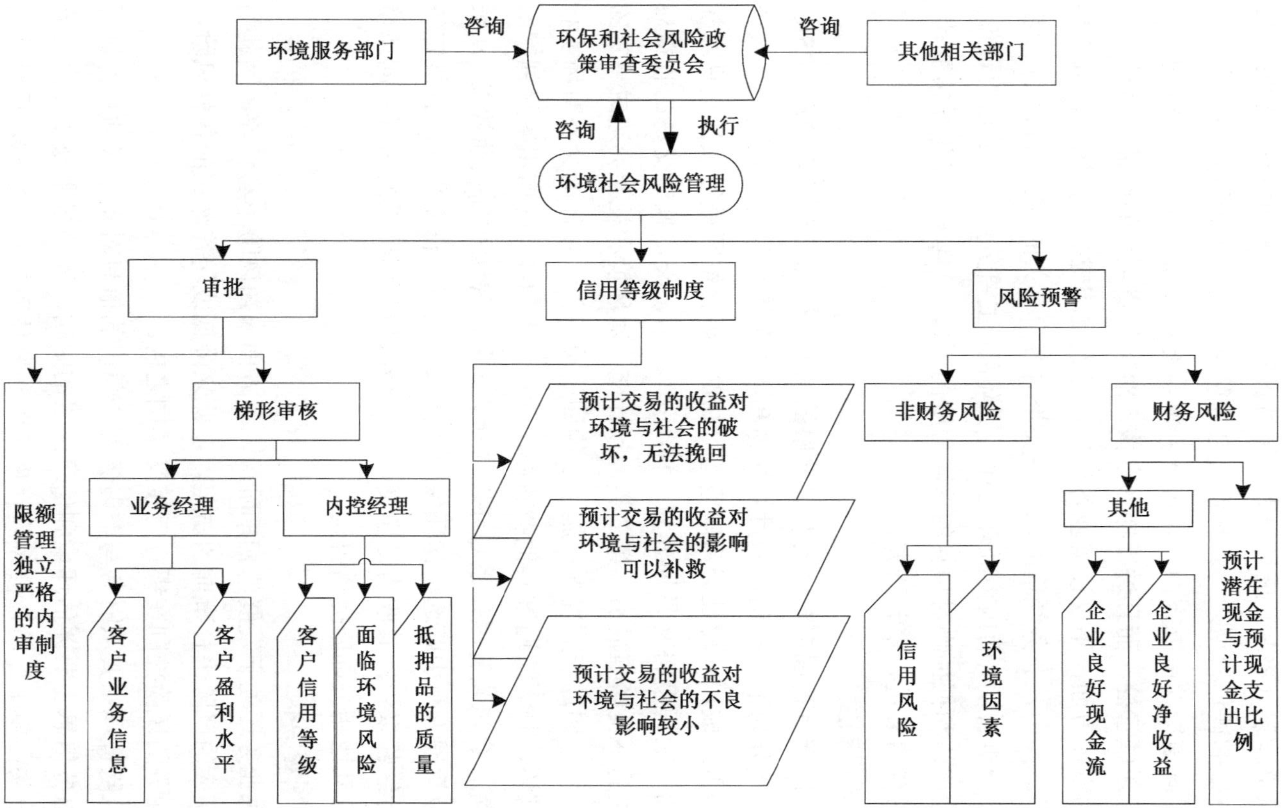

图 4-13　花旗银行环境与社会风险管理（PSR）体系

（一）内部控制现状

环境社会风险管理（PSR）最早由大卫·拉波特和托尼·费兰德（1979）提出，是碳信贷审批的评价模型之一。环境社会风险管理对人类经济发展产生了重大的作用。关于碳信贷的审批方面，环境社会风险管理体系不仅建立严格的内部审计制度，进行限额管控，而且进行梯形审核，对碳信贷项目的审批严格控制。在碳信贷业务的审核方面，不仅设置业务经理，还设置相应的内控经理，以达到两者的制衡效果。其中，业务经理的职责主要是对客户有关的业务信息和企业获利能力信息进行分析说明，而内控经理与业务层隔离，主要负责客户的信用评价、业务潜在的风险评估和抵押物对项目的保障程度的评估，一旦评估发生异常变动，就会对有关的资料信息进行重新研究。

（二）信用评级制度

根据相关碳信贷审查规定对交易开展严格的核查，环境社会风险管理（PSR）体系可以对交易区分为不同类别，通过对交易和咨询的评估结构归集到一个系统中，无论交易是否达成，环境社会风险管理（PSR）都会按照进行预计交易对社会与环境造成的影响程度将交易划分为三种类型①：第一类，预计交易的收益对环境和社会造成的不良影响很小；第二类，预计交易对环境和社会会造成一定的影响，但影响有限，通过一定挽救措施可以挽回；第三类，预计的交易对环境和社会造成较大破坏，且无法通过其他补救办法弥补（图 4-13 的信用等级制度部分）。为保证环境社会风险管理体系对环境与社会风险的控制达到预期效果，从银行各部门的高级管理人员中筛选组建环保与社会风险政策审查委员会，且规定每年需要开会进行经验报告；其职责是负责环境社会风险管理体系的运营并向环境社会风险管理等其他相关部门提供咨询。

（三）风险预警现状

由于碳金融业务还处于发展的初期阶段，各方面未知风险不易管控，因此商业银行主要对相应的风险进行事前的防范，以此来降低或转移潜在的各种风险，从而将碳金融业务的风险控制在银行可接受范围之内。

环境社会风险管理主要从财务与非财务两个角度的信息对企业（项目）进行风险预警。非财务信息主要评估环境和信息因素的影响，评估采用技术专家打分的方式，此部分共占整个环境社会风险管理风险预警体系的 40%权重，而预计潜在现金与预计正常现金支持比占整个风险预警体系的 60%。此外，花旗银行还对

① 陈龙. 我国商业银行碳信贷风险管理研究. 武汉理工大学, 2010

财务方面的企业（项目）的现金流和净收益格外关注，这两个指标可以显示企业发展的持续性和稳定性。

（四）花旗银行环境与社会风险管理政策

为了保持领先的行业地位和高标准的环境与社会风险管理水平，2014 年花旗银行更新了环境与社会风险管理（ESRM）政策，更新的政策主要包括以下三个关键要素：

一是纳入新的赤道原则要求：赤道原则新要求涵盖了与项目有关的公司贷款和过桥贷款，以及强化在气候变化、人权和本地居民方面的环境与社会风险管理。

二是重新修订花旗银行的高度重视和特殊关注领域（AHCSF）：将冲突风险和目标交易方面纳入 AHCSF，冲突风险一般是竞争土地和其他资源可能带来的冲突。同时，禁止投资任何在世界文化遗址的采矿项目。其他的 AHCSF 还涵盖风险环境、文化继承价值、本土居民等。

三是油、沙和页岩的风险评估程序：为解决与非常规油气开采相关风险，制定了相关问卷调查和客户咨询。这些程序有助于评估客户在环境与社会风险方面表现。

由于花旗银行对环境与社会风险的重视，在项目中运用赤道原则对环境与社会风险进行评估，其在环境与社会风险管理方面取得较大成绩，具体见表 4-12。

表 4–12 环境与社会风险项目交易数据 单位：个

项目 \ 期间	2012	2013	2014
A 类	51	44	54
B 类	173	217	179
C 类	66	101	82
其他未分类	63	81	90

来源：花旗银行官网

（五）中小企业融资政策

花旗银行对于中小企业业务实行分开管理，分为小企业业务和中型企业业务。花旗银行的小企业业务按业务需求解决方案分为五方面：一是企业日常资金需求；二是企业现金流管理；三是业务增长融资需要；四是业务全球化；五是企业业务与个人业务结合。花旗银行在中型企业融资业务方面，成立商业银行部（CCB），并配有全流程、专业性的人才团队给予支撑，主要负责提供有关的金融产品或服务。

在客户方面，花旗银行将中小企业按年销售收入分为中型企业、中小企业和优质商务三类；对中小企业所在行业的选择偏向于制造业和贸易行业，且比较看重融资对象的现金流而非可用抵押资产，以便确认融资对象的持续经营能力和还款能力；在信贷过程方面，注重贷款前的企业信息真实性，贷款期间的监管与风险控制以及贷款后的客户经理与客户的长期交流；在业务策略方面，注重培育客户，与客户建立长期发展的关系。

二、加拿大皇家银行低碳实践

加拿大开展低碳信贷之所以成功，政府的积极的政策性指引是关键因素之一。政府联合主要的社会团体对生态状况保持密切关注，同时，政府每半年会发布《加拿大生态环境状况》，建立政府行为和企业环境表现的公开制度，鼓励公众监督政企的环境行为。基于政府的积极动作，加拿大银行在遵循赤道原则的基础上，构建了一套完善的评估和审核信贷要求机制和环境评估决策机制。

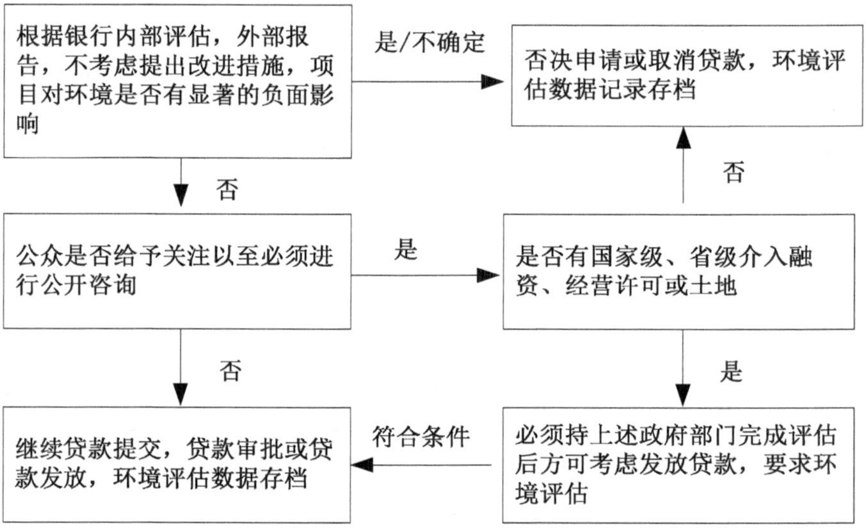

图 4–14　加拿大绿色评估和审核机制（来源：wind 数据库）

（一）银行碳信贷实践

加拿大皇家银行成立于 1869 年，是加拿大市值最高、资产最大的银行，全球拥有约 7 万名员工，在 30 多个国家设立了分支机构。在追求自身低碳的同时，加拿大皇家银行还非常注重管理碳信贷业务中的环境与社会风险。自 1991 年首次提出环境政策以来，根据赤道原则已建立了一整套的环境与社会管理体系，根据管理体系评估来决定是否向客户发放融资。据 2013 年加拿大皇家银行（RBC）环境报告显示，加拿大皇家银行开展环境信用风险评估、参与修订赤道原则以及采用赤道原则评估项目等，其采用赤道原则评估的项目数据具体见表 4-13。

表 4–13 赤道原则评估项目数据 单位：个

赤道原则项目分析		2011	2012	2013
项目数量	赤道原则 A 类项目	0	0	0
	赤道原则 B 类项目	13	9	14
	赤道原则 C 类项目	2	1	0
	项目总量	15	10	14
按地区划分	经合组织（OECD）国家	14	10	14
	其他	1	0	0
按行业划分	能源（非可再生）	6	4	7
	能源（可再生）	5	5	6
	基础设施	4	1	1
加拿大皇家银行的功能	咨询服务	7	0	3
	融资和咨询	8	10	11

来源：加拿大皇家银行官网

皇家银行致力于从自身节能减排做起，表 4-14，表 4-15 分别给出了皇家银行 2011 年的环保目标以及 2010—2012 年业务活动的能源消耗：

表 4–14 2011 年皇家银行的环保目标

减少对环境的影响的强度	■ 租赁近 30 万平方米的绿色认证的办公室
	■ 134 间零售分行通过环保标章（EcoLogo）绿色电力的认证，这相当于加拿大零售分支组合的 10%
	■ 北美和英伦三岛的可持续采购用纸比例达到 85%
	■ 负责转售、回收或销毁放置在本银行的超过 43000 项电子项目
促进对环境负责的业务活动	■ 皇家银行要求银行的所有成员要考虑和管理环境及社会风险
	■ 培训了超过 700 名员工就如何运用环境和社会风险管理政策，以及如何识别绿色企业的融资机会
	■ 对在加拿大和美国的超过 1100 笔交易进行详细的环境信用风险评估，该数值超过 2010 年 16%
提供环保产品和服务	■ 对社会责任的投资大约为 10 亿美元
	■ 通过皇家银行资本市场的碳排放交易成交 9000 万吨碳信用额
	■ 在制造业和物流业合作出版了两份报告确定的风险和环境可持续性的商业机会

表 4–15　2010–2012 年皇家银行业务活动的能源消耗

重要指标统计	2010	2011	2012
办公用纸（千克/全职员工）	56	51	47
能源使用时二氧化碳排放	.104	.097	.090
能源强度	.37	.35	.37
用工产生的二氧化碳排放	.34	.40	.40
根据赤道原则评估交易	6	7	15

加拿大皇家银行在过去几年的低碳实践中活动取得了一定成绩。该行在 2015 加拿大皇家银行环保蓝图报告中公布了最新的环保蓝图（如表 4-16 所示）。此外，该行在 2015 年社会责任报告中测度和报告了过去几年中低碳实践活动的成果。环境领域的关键性能指标如表 4-16 所示：

表 4–16　2015 年皇家银行的环保蓝图

减少污染气体排放和能源使用	截至 2018 年，减少温室气体排放强度 20%
	运营中减少能源使用强度，运用加拿大皇家银行信息技术系统减少能源使用
	提高加拿大企业数据中心的能源消耗，到 2018 年努力达到年均 1.4 的使用效率
	开展再生能源使用试点，并持续购买认证的可再生能源
废物垃圾尽可能最少化	截至 2018 年实现全球业务零电子垃圾的目标
	确保所有主要办公场所拥有废物处理设施
	确保所有主要大型建设和改造项目拥有废物转移计划
管理社会与环境风险	结合相关政策将环境与社会风险评估纳入项目决策
	对银行所有借贷、投资、债务和股票承销等服务制定合理环境与社会风险评估
	投资合适的环保治理实体企业

来源：2015 加拿大皇家银行环保蓝图报告

表 4–17　2013–2015 年加拿大皇家银行环境关键绩效指标

关键绩效指标	2013	2014	2015
温室气体排放总量（吨当量二氧化碳）	149389	144244	136426
能源消耗总量（兆瓦）	642453	624100	617219
办公用纸量（吨）	2676	2623	2536
LEED 认证办公室（平方米）	227500	226791	427937
电子转移速率（%）	99	99	99
用水量强度（立方米/平方米）	0.77	0.74	0.72

注：LEED（Leadership in Energy and Environmental Design）是一个评价绿色建筑的工具。

加拿大皇家银行环境蓝图包括 42 个承诺和目标。下面的表格我们追踪进展 6 个最重要的减排目标。

表 4–18　量化节能减排目标的进步

环境蓝图目标	现状	结果	注释
到 2018 年本行的温室气体排放强度减少 20%	2014 年实现	自 2012 年以来减少 27.9%	节能项目需要继续保持积极的趋势
到 2018 年加拿大物流和交付网络减少 20%的温室气体排放	2014 年实现	自 2012 年以来减少 53%	数据反映了一站式交付项目的作用。正在扩大到其他交付项目。
加拿大的企业数据中心实现电力使用效率(PUE)值为 1.4	在进行中	1.64 和 1.53 PUE 的值	每年下降
到 2018 年每个员工的办公室用纸使用量减少 20%	在进行中	自 2012 年以来减少 15.7%	通过数字化项目每年下降
到 2018 年,实现全球零电子垃圾送到垃圾填埋场	在进行中	>99%的电子废物从垃圾填埋场转移	报告来自 20 个国家代表全职员工数的 90% 需要平衡报道的国家实现这一目标
到 2018 年实现 LEED 认证办公室空间的覆盖数量翻倍	2015 年实现	自 2012 年以来增长 145%	到 2016 年预计将添加另一个 68000 平方米的 LEED 认证的办公空间

加拿大皇家银行业务活动中致力于减少温室气体排放和能源的使用，集中致力于减少能源和温室气体(GHG)排放，因为这代表了皇家银行的环境足迹和降低成本的机会。该行完成了环境蓝图中温室气体排放强度降低 20%的目标，并且提前三年完成此目标。具体数据如下表所示：

表 4-19 加拿大皇家银行 2011-2015 年温室气体排放

关键绩效指标	2011	2012	2013	2014	2015
能源耗用温室气体排放（吨当量二氧化碳）	180768	159491	126531	119386	1099252
能源耗用温室气体排放强度（吨当量二氧化碳/平方米）	0.088	0.083	0.070	0.066	0.06
员工旅行温室气体排放（吨当量二氧化碳）	26330	24373	26668	27970	29336
员工旅游温室气体排放强度（吨当量二氧化碳/全职员工）	0.40	0.38	0.41	0.43	0.45
购买绿色能源温室气体减排（吨当量二氧化碳）	-3612	-3278	-3810	-3113	-2836
累计温室气体排放量（吨当量二氧化碳）	203487	180586	149389	144244	136426
累计温室气体排放密集度（吨当量二氧化碳/全职员工）	3.11	2.86	2.33	2.23	2.10

通过梳理文献及查阅相关网站，可以得出加拿大开展绿色信贷的成功归为三点：首先，开展绿色信贷有相应的法律作为依据，遵循赤道原则的要求，侧重对污染源头的防范；其次，加拿大公众积极参与环保活动，监督政府和企业的环境行为，对政府和企业的环保行为进行了有效的制约；最后，加拿大的银行业以身作则，从自身节能减排做起，树立了环保典范。

（二）中小企业融资政策

加拿大皇家银行面向中小企业单列了小企业业务，针对小企业短期和长期不同需求制定了不同的融资计划。按小企业发展阶段划分，主要的融资计划有三种，分别是创办企业融资计划、快速增长期小企业短期融资计划以及小企业中长期融资计划。

创办企业融资计划的特点是：基于创办人（包括合作伙伴）的个人信用记录

进行贷款资格审核，这对于那些还没有为其企业建立信用记录的人来说是非常理想的选择；贷款企业可以获得一个信用额度，无论何时需要随时可以拿到资金，所获得的信用额度资金可用于支出和现金管理、向供应商支付以及大额采购；信用额度最低为5000美元。

快速增长期小企业短期融资计划的特点是，当企业需要灵活而且有保证的现金来支付不可预见或者不可预测的支付，比如紧急增加库存、帮助应付应收账款和其他现金流影响因素时，此融资计划最为适合。

小企业中长期融资计划主要是为满足小企业购置长期资产（比如设备和机器）筹集资金的需求，且可以根据企业日常业务的需求来灵活设计。其特点有：可以选择一至五年的偿贷计划，定期还款计划可以方便企业腾出资金用于企业的短期采购和日常运营支撑；可变利率的中长期贷款，允许企业随时偿还贷款本金而无罚息；企业可以采用固定利率的长期贷款方案，以规避未来利率上升的风险。

第四节　亚洲地区商业银行低碳实践

一、日本瑞穗实业银行低碳实践

日本瑞穗实业银行成立于2002年，由于秉承良好的绿色发展理念，在亚洲地区银行率先接受赤道原则并加以运用。瑞穗实业银行一直履行应承担的社会责任，在大型融资项目中坚持以赤道原则为标准开展项目融资业务。其在赤道原则的指导下，依靠其贷款融资业务对项目在环境方面的影响施加压力，使融资项目积极符合绿色环保的标准，实现环保责任的双重履行。环境相关资金约6260亿（截至2014年年底财政平衡）。瑞穗实业较早接受金融监管机构的管理与指示，在应用赤道原则方面积累了大量的可借鉴的操作经验。表4-20给出了日本瑞穗实业银行对赤道原则的倡议历程。

（一）银行基于赤道原则的碳信贷实践

为发展银行碳信贷业务，践行赤道原则，日本瑞穗在其全球融资业务中建立可持续发展部门，专门负责银行可持续金融。同时，为该行全球碳信贷业务的实施制定了赤道原则的实施手册，对其全球信贷业务适用赤道原则给予指导；并且对内部员工开展赤道原则实践进行培训，提高在碳信贷业务中对赤道原则应用的准确性。其在具体实施赤道原则方面分为四个步骤：

表 4–20　日本瑞穗银行对赤道原则的倡议历程

年度	为赤道原则倡议历程
2003.06	建立赤道原则
2003.10	日本瑞穗银行采纳赤道原则
2006.07	赤道原则进行了修订，第二次修订的赤道原则生效
2007.06	获 2007 年可持续银行奖主席奖
2009.03	获在中国投资环境的国际论坛绿色银行贡献奖
2013.06	赤道原则进行了修订，第三次修订的赤道原则生效

1. *在辛迪加应用赤道原则*。在开展融资项目过程中，工作人员首先对建立相应的简洁的“赤道原则（EP）筛选表”，其次赤道原则应用相关的部门按照 EP 表将项目划分为 ABC 三个级别的类型，AB 两种类型代表对该项目在发展过程中对环境和社会具有重大的不利作用，这两种环境影响较大的项目会受到相关部门的严厉审核，以便对项目的环境与社会风险进行有效的管控。除了对融资项目开展审核外，银团贷款也会受到相应的审核，并对检查结果给出相应的专家检查报告，可持续发展部会对该报告书的中的有关环境问题进行评估分析。其赤道原则的内部实现流程如图 4-15 所示：

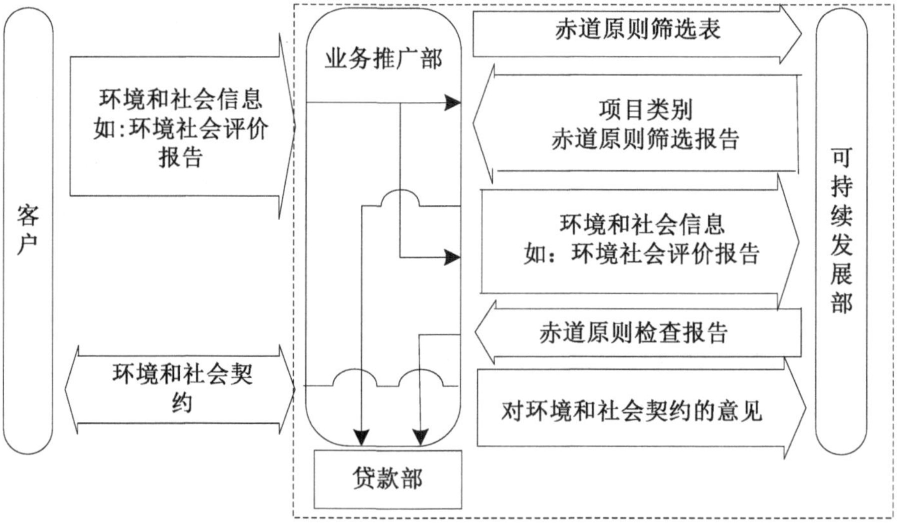

图 4–15　日本瑞穗银行的赤道原则内部实现流程

2. 赤道原则的项目融资咨询服务（FA）。对于由瑞穗实业银行充当财务顾问的项目融资，可持续发展部门会为顾客提供咨询服务，帮助他们在赤道原则下对环境和社会问题进行评价。

3. 分阶段的"赤道原则"应用。首先，进行初步尽职调查，进行筛选和分类；进行环境和社会（E&S）调查的委任顾问对A类和B类项目环境和社会尽职尽责；进行实地考察。其次，结构上，基于赤道原则，E&S顾问对A类和B类项目准备环境社会报告；在进入信息备忘录的赤道原则基础上，纳入环境和社会的影响评估结果；准备行动方案的起草文件；准备环境和社会契约。再次，银团贷款。客户将赤道原则检查报告和生态的可持续规划设计报告分享给潜在贷款人；在赞助商和潜在贷款人之间阐述环境和社会问题；有关行动计划文件和社会契约的谈判。最后，监控：根据东道国和行动计划文件的环境和社会法规，定期对客户的进行报告；终止贷款。

根据以上流程步骤，日本瑞穗实业银行赤道原则筛选项目的汇总如表4-21、4-22、4-23所示：

表4-21　日本瑞穗实业银行依据类别划分的项目筛选数量　　单位：个

类别	定义	2012	2013	2014
A	潜在的重大不良环境和社会风险项目是多种多样的，且空前不可逆转	8	5	7
B	项目存在潜在有限的不利环境和社会风险的数量很少，主要是可逆转的，很容易通过缓解措施解决	41	41	50
C	很少或没有不良环境和社会风险的项目	0	0	4

注：数据来自日本瑞穗实业银行官网

表4-22　日本瑞穗实业银行依据行业划分的项目筛选数量　　单位：个

类型	年度	行业						总计
		石油/液化天然气	矿产	能源	石化	基础设施	其他	
A	2014	1	1	2	2	1	0	7
	2013	0	2	1	2	0	0	5
	2012	2	0	1	3	2	0	8
B	2014	5	0	37	1	6	1	50
	2013	5	0	30	0	5	1	41
	2012	5	0	24	0	12	0	41

续表

类型	年度	行业						总计
		石油/液化天然气	矿产	能源	石化	基础设施	其他	
C	2014	0	0	0	0	3	1	4
	2013	0	0	0	0	0	0	0
	2012	0	0	0	0	0	0	0
总计	2014	6	1	39	3	10	2	61
	2013	5	2	31	2	5	1	46
	2012	7	0	25	3	14	0	49

注：数据来自日本瑞穗实业银行官网

表 4-23　日本瑞穗实业银行依据区域划分的项目筛选数量　　单位：个

类型	年度	地区			总计
		美洲	亚洲/大洋洲	欧洲/中东/非洲	
A	2014	2	2	3	7
	2013	1	3	1	5
	2012	1	3	4	8
B	2014	242	23	3	50
	2013	14	20	7	41
	2012	15	18	8	41
C	2014	0	1	3	4
	2013	0	0	0	0
	2012	0	0	0	0
总计	2014	26	26	9	61
	2013	15	23	8	46
	2012	16	21	12	49

注：数据来自日本瑞穗实业银行官网

瑞穗承认企业社会责任倡议对贡献社会的可持续发展有帮助，并为创建和推进集团的企业价值提供平台。基于这个想法，瑞穗已经确定了为了社会的可持续发展，将企业社会责任倡议作为瑞穗的中长期政策来解决。因此，除了利用我们广泛的金融服务功能，支持实体经济，瑞穗正在推广利于社会的可持续发展的业务，回报作为一个全球金融集团股东利益相关者的新预期。

表 4–24 日本瑞穗实业银行的重大举措

社会议题		对社会可持续发展
环境和能源	保护全球环境，同时提供稳定的能源供应	赤道原则适用于促进金融相关考虑环境和社会的影响 提供金融产品和服务，鼓励社会促进环境考虑 为可再生能源项目提供环保贷款和融资 为城市环境项目实施计划 从事环境相关咨询服务，调查和研究

来源：日本瑞穗实业银行 2015 年综合报告

（二）针对中小企业和中型企业的业务方法

1. 关于融资需求的方法

考虑到为解决中小企业现金流问题而引进的应急保障计划，该行积极促进与信用担保公司合作担保贷款。这有利于强化包括“瑞穗专业生态”和“瑞穗生态辅助”在内的金融产品线，可以满足愿意采取积极措施应对环境问题的客户的精确需求。

瑞穗实业银行还实施多种融资计划解决中小企业的资金需求，如瑞穗动产抵押贷款和以资产为保障的贷款。瑞穗动产抵押贷款是以机器设备等作为抵押物进行贷款，以资产为保障的贷款是以会计账户上可接受的存货和其他经营收入资产作为抵押物进行贷款。

小企业客户方法上，瑞穗实业银行专门设立了商业金融中心从事小企业贷款业务。该中心由具有丰富信贷经验的人员组成，通过信用担保公司的信用状况，致力于对小规模企业的贷款融资业务。

2. 关于管理问题和需求的方法

为进一步丰富业务解决方法，瑞穗部署总部专家与分支机构密切合作，运用一系列商业和金融策略帮助中小企业解决问题。融资策略丰富多样，涵盖了地域性金融交易如结构性融资和银团贷款，以及商业策略融资如商业并购和商业对接与咨询等，具体见表 4-25。

表 4–25　融资类型及实施概要

融资类型	实施概要
商业对接	致力于引进相匹配的采购和销售客户，进行对接；并通过“瑞穗拯救地球”项目引入合适的环境设备制造商和其他环境实体企业，与环保敏感行业的中小企业进行对接。
海外业务扩张	精通海外业务的日本和海外专家，运用亚洲网络集团,为企业扩张提供最好的、准确的、快速的信息和服务。瑞穗主动提供解决方案，以应对客户广泛的海外业务的需求。
农业部门项目	建立农业支持部门专门与银行沟通，加强对采购和销售资金需求的支持，并与非营利组织合作对相关人员培训。
首次公开募股（IPO）支持	通过与其他集团公司如三菱重工的合作为中小企业提供首次公开募股基础支持服务；瑞穗资本作为风投基金为企业提供咨询，瑞穗银行为企业提供咨询和股票转让服务。

二、韩国国民银行低碳实践

韩国国民银行（KB 国民银行）成立于 1963 年 2 月，前身为旧国民银行。亚洲金融危机后，旧国民银行与韩国住宅银行合并，成为韩国最大的商业银行。韩国国民银行一直将环境作为自身的核心价值，始终践行作为法人公民应尽的社会义务，努力实现了经营业务的可持续性并在该领域成为世界领先的银行。

（一）低碳金融实践

韩国国民银行在经营活动过程中积极践行社会责任，自 2006 年开始陆续设立了社会合作救援部（负责社会贡献活动）、绿色金融推进团（为应对气候变化进行环保相关事业规划的开发及节能等活动），同时在银行内部设立绿色金融、经营促进委员会，坚持以绿色信贷理念为引导，积极发展与环境保护有关的信贷项目。如为了缓解全球温室问题，该行开展环保规划的开发以及能源节约等活动，为实现社会的低碳发展做出了重要的贡献。

同时，开设了监事总部和守法监控组织，始终践行道德经营，提高企业的透明性。韩国国民银行开设的绿色金融，其组织是在银行行长与绿色金融事业团团长之间设立绿色金融、经营促进委员会，在绿色金融事业团团长与秘书长之间设立绿色金融、经营促进协会，秘书长下设绿色金融组和绿色经营组。韩国国民银行进行绿色信贷的目的见图 4-16：

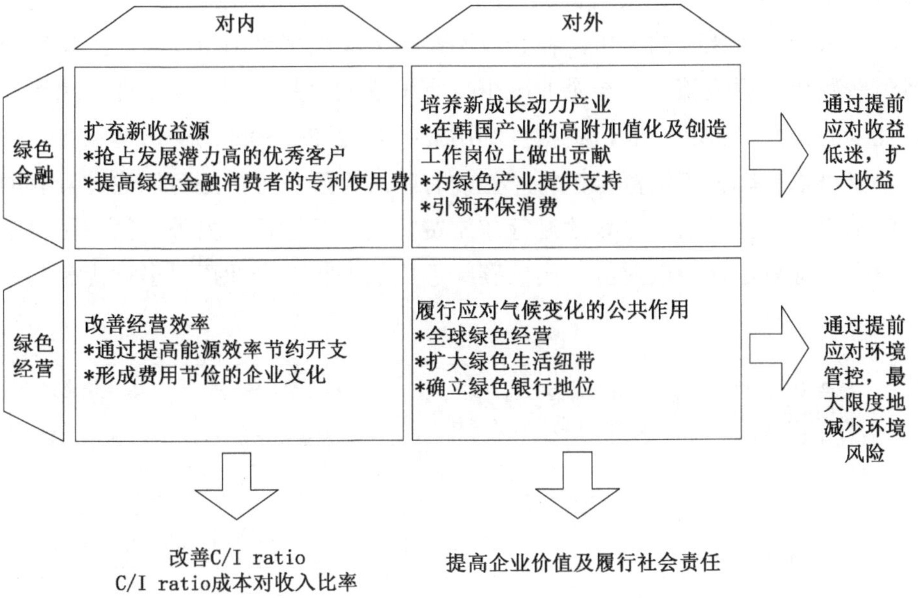

图 4–16　韩国国民银行绿色金融的目的

随着有关低碳绿色成长框架法的实施，韩国国民银行响应政策号召积极投入低碳发展浪潮中，努力开展银行自身的低碳实践活动。2009 年 11 月该行最早研发成功二氧化碳排放量管理系统（KB—CEMS），通过该系统能够实现对本行经营活动中产生的二氧化碳实时监测，不仅实现践行低碳发展观念而且在一定程度上减少了银行的运营成本，实现经济与环境双重效益。二氧化碳排放量管理系统的运营程序如图 4-17 所示。

韩国国民银行不仅通过二氧化碳排放量管理系统实现自身低碳运营，而且创新多项碳信贷业务。绿色成长贷款业务就是专门针对绿色发展的企业设立的融资业务，该业务向践行绿色发展的项目或企业给予资金支持以及其他相关配套的服务支持，不仅提供贷款和减息等优惠，而且还将贷款绿色项目所得的利润以绿色基金项目的形式捐赠出去，以实际优惠来支持经济的低碳发展。KB 绿色成长卡不仅为环保成长做出贡献，而且还可让用户获得信用卡优惠商品。到环保指定加盟店办理业务时，将赠送相当于办理业务金额的 0.1%的碳零钱包（Cashbag）积分，部分积分将用于建立绿色成长基金，尤其是在利用公共交通、铁路等公共交通手段时，将提供最高 10%的折扣优惠，还将提供自行车购买折扣、免费自行车意外事故保险等服务。KB 绿色成长卡起到了一种催化剂的作用，减少了生活中的碳排放量，为环境保护做出贡献。KB 业务出租车专用企业卡是首尔市为了搞活经济、减少二氧化碳的产生，在企业不乘坐公车而乘坐出租车时，提供交通诱致摊付费减免优惠政策，引导企业减少持有车辆的商品。利用 KB 业务出租车专用企业卡的公共机构和企业，将根据利用业绩获得 5～30%的交通诱致摊付费减免，不仅可以节减公车运营维护将产生的有形、无形费用，还可以通过互联网查询业务出租车乘坐详情，可有效进行差旅费的运营及管理。另外，韩国国民银行还推出企业优惠零存整取业务，向低碳绿色成长的相关企业提供多种优惠利率的贷款。

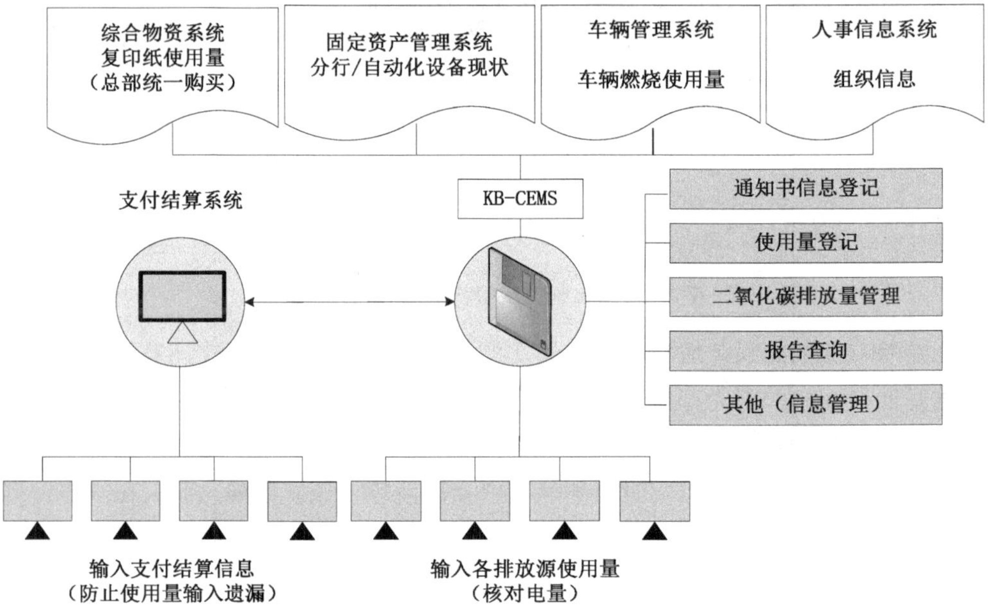

图 4-17　韩国国民银行二氧化碳排放量管理系统（KB-CEMS）运营程序

（二）创造环境价值

鉴于金融服务行业的本质，韩国国民银行的环境影响相对于其他行业直接使用化石燃料的公司是比较轻的。韩国国民银行致力于通过控制能源消耗和二氧化碳排放连续监测成为领先的绿色银行。作为金融服务提供者，韩国国民银行没有在生产过程中排放污染材料或涉及危险物质的产品。在 2010 年，没有违反环保法律的记录。

1. 使用可循环材料

银行业作为服务行业，不像制造企业使用金属和矿产资源等主要原材料。韩国国民银行以文档纸为主要原料，在银行柜台和办公室使用大量的纸账单、发票、办公室文件、合同文件等文件。2010 年，韩国国民银行继续增加使用再生纸，拷贝纸的使用量比 2009 年减少 20%。同年，世界银行使用了 10 吨左右再生纸。这些数字表明再生纸的使用已增加延伸至新的领域——银行业。

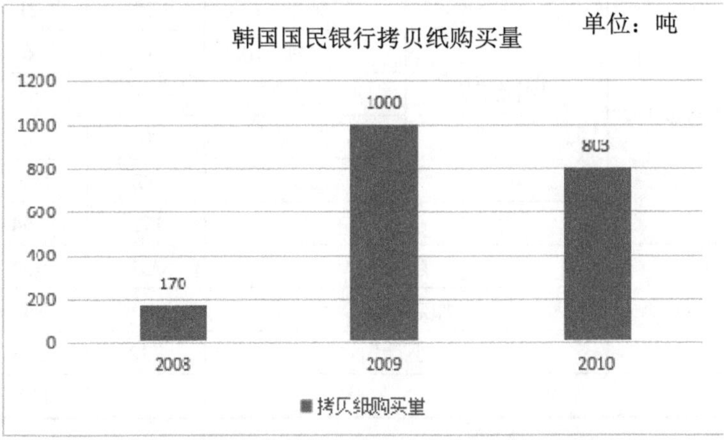

图 4–18 韩国国民银行 2008–2010 年拷贝纸购买量

注：数据收集的范围 2008 年：总公司；2009、2010 年:总部和分支机构。

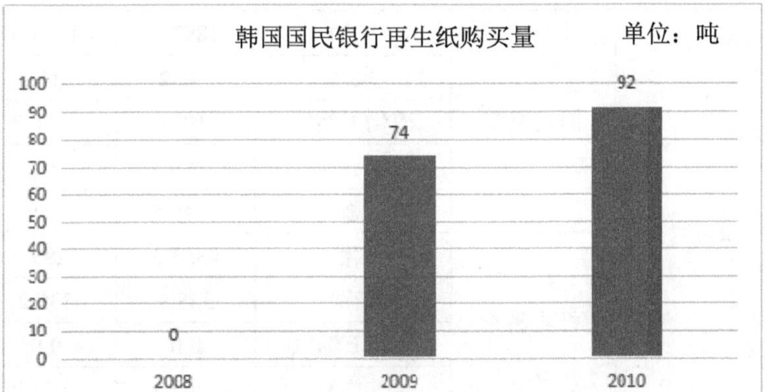

图 4–19 韩国国民银行 2008–2010 年再生纸购买量

注：数据收集的范围 2008 年：总公司；2009、2010 年:总部和分支机构。

2. 能源消耗和温室气体排放

2010 年，韩国国民银行直接和间接消耗 1082 TJ（万亿焦耳）的能源资源，包括电力、燃料加热系统和车辆。因此，总共有 56123 吨当量二氧化碳的温室气体被排放。

表 4–26　能源消耗排放源　　　　单位：万亿焦耳

<table>
<tr><td colspan="3">排放源</td><td>2008</td><td>2009</td><td>2010</td></tr>
<tr><td rowspan="6">范围 1（直接排放）</td><td rowspan="5">固定燃烧</td><td>柴油</td><td>25</td><td>21</td><td>25</td></tr>
<tr><td>煤油</td><td>6</td><td>6</td><td>6</td></tr>
<tr><td>液化天然气</td><td>55</td><td>55</td><td>55</td></tr>
<tr><td>液化石油气</td><td>0</td><td>0</td><td>0</td></tr>
<tr><td>总计</td><td>87</td><td>82</td><td>87</td></tr>
<tr><td colspan="2">小计</td><td>173</td><td>164</td><td>173</td></tr>
<tr><td rowspan="3">范围 2（间接排放）</td><td colspan="2">电力</td><td>731</td><td>954</td><td>905</td></tr>
<tr><td colspan="2">加热系统</td><td>1</td><td>4</td><td>4</td></tr>
<tr><td colspan="2">小计</td><td>732</td><td>958</td><td>909</td></tr>
<tr><td colspan="3">合计</td><td>905</td><td>1122</td><td>1082</td></tr>
</table>

表 4–27　温室气体排放　　　　单位：吨当量二氧化碳

<table>
<tr><td colspan="3">排放源</td><td>2008</td><td>2009</td><td>2010</td></tr>
<tr><td rowspan="10">范围 1（直接排放）</td><td rowspan="5">固定燃烧</td><td>柴油</td><td>1897.1</td><td>1563.0</td><td>1817.1</td></tr>
<tr><td>煤油</td><td>442.2</td><td>216.5</td><td>181.2</td></tr>
<tr><td>液化天然气</td><td>3102.4</td><td>4318.7</td><td>4185.5</td></tr>
<tr><td>液化石油气</td><td>7.8</td><td>3.1</td><td>2.5</td></tr>
<tr><td>总</td><td>5449.5</td><td>6101.3</td><td>6186.3</td></tr>
<tr><td rowspan="4">移动燃烧</td><td>汽油</td><td>4353.3</td><td>3299.0</td><td>2606.2</td></tr>
<tr><td>柴油</td><td>348.9</td><td>335.2</td><td>364.8</td></tr>
<tr><td>液化石油气</td><td>0.0</td><td>0.0</td><td>66.1</td></tr>
<tr><td>总</td><td>4702.2</td><td>3634.2</td><td>3037.1</td></tr>
<tr><td colspan="2">小计</td><td>10151.7</td><td>9735.5</td><td>9223.4</td></tr>
<tr><td rowspan="3">范围 2（间接排放）</td><td colspan="2">电力</td><td>37937.0</td><td>49416.8</td><td>46899.8</td></tr>
<tr><td colspan="2">加热系统</td><td>0.1</td><td>0.2</td><td>0.2</td></tr>
<tr><td colspan="2">小计</td><td>37937.1</td><td>49417.0</td><td>46900.0</td></tr>
<tr><td colspan="3">总计</td><td>48088.8</td><td>59152.5</td><td>56123.4</td></tr>
</table>

注：数据范围为七大建筑和公寓；基于温室气体减排和能源保护环境的指南

3. 节能和减少温室气体排放

韩国国民银行正在改善建筑的条件以减少电力消耗。该银行通过以下手段改善建筑环境：引入高效节能空调；调整办公室空间的冷却温度；未使用的空间关灯，电脑等设备安装待机省电。韩国国民银行也改善了基础设施，通过代替在总部和分支机构的照明系统来提高能效。此外，韩国国民银行在日常操作中开展节约能源活动。因此，2010 年电力消费较上年同期减少了 49 万亿焦耳。

4. 水资源消耗和浪费水资源

七个大型建筑物 2010 年的总用水量是 186302 立方米。自来水供应大部分的用水，银行不使用地下水或回收水。银行依靠自来水厂作为用水供应来源，它不直接影响中断流域。银行不处理污水，但在聚合的基础上依赖于当地的市政污水处理设施。因此，银行的污水产量对当地环境的影响，尤其是对其生物多样性的影响，可以忽略不计。

图 4-20　韩国国民银行 2008-2010 年温室气体排放

（三）中小企业融资政策

由于韩国中小企业信贷体系是建立在政府主导下的，专业银行和信用担保基金是韩国中小企业信贷融资的重要支柱，而商业银行发挥的作用相对较小。但韩国国民银行作为商业银行依然在中小企业业务方面发挥创新作用，实施“CEO 社区计划”。“CEO 社区计划”主要为企业提供电子票据的贴现和结构性贷款等业务，有助于该行维护自身与中小企业的信贷关系。

三、中国香港恒生银行低碳实践

香港恒生银行成立于 1933 年，是香港最大的上市公司之一，2015 年 12 月 31 日的市值为港币 2820 亿元。现在其母公司为英国汇丰控股，经营重心主要在中国大陆和香港地区。恒生银行长期以来一直积极支持环保，其绿色融资计划为珠江三角洲地区的能源效率提升和减少污染做出了较大贡献。该行从自身业务到与客户、供应商的关系方面都十分注重环境问题。

（一）低碳金融实践

恒生银行在信贷业务方面推出了低碳融资计划，具体措施主要包括三方面（见表 4-28）：

表 4–28　香港恒生银行低碳融资计划

项目	具体贷款额
绿色设备融资	最高贷款金额为 1000000 港币
补足融资	除了给予最高贷款金额为 1000000 港币，还提供额外的资金设备、服务费、运营资金及贸易融资需求。
恒生捐出一定额度的款项作为绿色基金，用于环保活动	

恒生银行推出的低碳信贷项目包含以下几方面（见表 4-29）：

表 4–29　恒生银行低碳信贷项目

项目	实施情况
恒生云南沼气工程	自 2007 年以来，恒生资助云南 2200 个沼气厕所的建设。该项目每年节约 1500 英亩森林，减少约 25500 吨二氧化碳排放。
恒生珠三角环保奖	2007 年推出恒生珠三角环保奖，旨在鼓励在珠三角地区的制造业对环保做出的成就。2011~2012 年，该奖吸引了 672 个项目，集体成就包括削减用电量 9100 万千瓦。2012~2013 年该奖扩展到了珠三角周围的地区。
其他活动	通过智能电源节能大赛，恒生环保嘉年华与长春社联合举办地球之友活动，与更广泛的社会环保团体建立合作关系。

2003 年成立了环境政策和环境管理委员会，采取的环保措施包括提升总部大楼管理系统和安装节能照明系统。2009 年，恒生银行减少用电量 190 万千瓦，减少超过 1700 吨二氧化碳排放。2012 年，恒生银行回收近 34000 件旧电脑设备和近 14000 盒碳粉和打印机墨水。2014 年，在低碳营运倡导下，恒生银行鼓励客户

使用电子结单和投资通知书等，年均节约用纸 4500 万张。其低碳环保表现如表 4-30 所示。

表 4-30 低碳减排表现情况

环保表现		2013.10-2014.9	2012.10-2013.9
二氧化碳排放量	二氧化碳排放总量（吨）	24998.78	24634.95
	每名全职雇员平均二氧化碳排放量（吨/人）	3.12	3.11
能源消耗	总能源消耗（千兆焦耳）	128018.71	128498.30
	每名全职雇员平均能源消耗（千兆焦耳/人）	15.97	16.24
	总耗水量（千立方米）	68.48	64.81
	每名全职雇员平均耗水量（立方米/人）	8.54	8.19
回收废料循环再造	回收废料循环再造总量（吨）	779.76	820.76

来源：香港恒生银行官网

社会因素和环境因素是构成恒生银行贷款及融资的重要组成部分，恒生银行将环境风险评估纳入信贷决策中，运用赤道原则来评估和管理项目融资的环境与社会风险。推出针对化工、林业等环境敏感行业贷款的指引并积极参与碳信息披露项目，在世界最大的机构投资者座谈会上共同探讨气候变化对商业的影响。恒生亦连续第三年成为唯一获列入《企业爵士》(《Corporate Knights》)“全球 100 大可持续发展企业”的香港公司。

表 4-31 香港恒生银行可持续发展环境表现

环境表现	2012	2013	2013 相较 2012 (%)	2014	2014 相较 2013 (%)	2015	2015 相较 2014 (%)
温室气体释放量总计（千吨-二氧化碳）	24.34	24.31	-0.14	24.71	1.64	25.91	4.87
耗电量（千兆瓦小时）	36.61	35.27	-3.66	35.19	-0.25	36.43	3.54
耗水量（千立方米）	65.90	64.81	-1.66	68.48	5.67	66.91	-2.30
咨询科技、电子废物回收（吨）	54.94	58.84	7.09	61.50	4.52	41.06	-33.24

来源：香港恒生银行 2013 年社会责任报告、2014 年社会责任报告、2015 年社会责任报告。

香港恒生银行以具体行动在业务中减少耗用能源和天然资源，减少废料，并尽可能使用环保产品和经认证的物料。透过服务和社区参与项目，鼓励客户和供应商也实践类似的环保措施。该行于2015年实施的其他能源管理改善措施，包括于指定分行引入更符合能源效益的冷气系统、于部分恒生投资之物业大厦的公共空间引入动作感应照明装置，令与照明有关之能源消耗减少达70%。于恒生青山道大厦装设无油制冷式冷气系统，令该大厦全年节省25%的用电。该行2012年至2015年间取得的环保成绩见表4-32：

表4–32 香港恒生银行绿化营运环保表现

环保表现	2012	2013	2014	2015
二氧化碳排放量（吨）	24616.59	24634.95	24998.78	26180.33
能源消耗（千兆焦耳）	133009.19	128498.30	128018.71	132507.56
耗水量（千立方米）	65.90	64.81	68.48	66.91
纸张耗用量（吨）	1926.89	2018.85	2053.37	1525.72
弃置于堆填区废物量（吨）	279.11	287.36	313.74	279.83
回收废料循环再造量（吨）	777.23	820.76	779.76	737.76

来源：香港恒生银行2013年社会责任报告、香港恒生银行2014年社会责任报告、香港恒生银行2015年社会责任报告。

（二）中小企业融资政策

香港恒生银行为了解决中小企业对资金周转和业务拓展的需求，专门面向中小企业客户推出“极速贷款”业务。极速贷款业务具有以下特点：对中小企业实行限额贷款，最高不超过两百万港元；不要求企业进行资产的抵押，也不要求企业提供规范的财务报表，充分考虑到中小企业运营不规范的现实状况；该业务分为两种贷款方式，使得业务开展更加灵活性，主要包括分期贷款和备用透支两种方式，分期贷款方式可以再次提取已偿还的本金，适合中小企业的长期预算，备用透支方式的利息仅按实际使用款项计算，且企业授信额在每次偿还贷款后自动回升，适用于中小企业短期的资金周转融资需求。

四、中国大陆商业银行低碳实践

本节列举了中国大陆地区的兴业银行、中国工商银行和平安银行：兴业银行是中国唯一一家赤道银行，中国工商银行是中国的国有商业银行，平安银行是全国股份商业银行，所列举的银行类型较为全面、有代表性。在碳金融发展方面，虽然我国目前存在很多碳减排项目，但缺乏碳交易的意识和相关的金融产品或服务，银行在碳信贷业务上发展不足，很多停留在绿色金融的阶段。其中，兴业银行的碳金融业务发展较好，是低碳领域的良好代表；而其他商业银行碳信贷业务的模式大多是绿色信贷业务，低碳直接融资较少。

（一）兴业银行

兴业银行经批准作为首批股份制商业银行于 1988 年建立。该行长期重视从战略高度认识并履行企业的社会责任、践行绿色信贷，并在管理各层级部署相应的架构和工作机制。2015 年 12 月，联合国气候大会在巴黎举行，兴业银行作为国内绿色金融的积极实践者，应邀参加中国角系列边会“碳市场日”，向与会者介绍兴业银行在服务支持企业低碳转型与节能减排过程中所做的尝试与努力，以及取得的显著成效。这是兴业银行自 2012 年德班气候大会中国角系列边会后第二次应邀参会。

2005 年兴业银行开始进行绿色信贷业务的开展，近年来已在队伍建设、业务模式、产品创新方面建立了先发优势，形成了业内领先的专业技术力量。兴业银行作为中国第一家赤道银行，不仅制定了《环境和社会风险管理政策》，还制定了《信用业务准入标准》及严格的信用审批制度，银行于 2007 年 10 月正式加入《联合国环境署金融行动》。2007 年曾分别任命法规部门、信用审批和金融部门相关主管人员担任公司环境监管职务，协调环境与社会风险管理工作，2008 年兴业银行加入赤道银行队伍，开始采用赤道原则对符合条件的融资项目进行赤道原则管理。自开始采用赤道原则以来，兴业坚持以赤道原则为切入点，构建本行的环境与社会风险管理体系，坚持走可持续金融的发展道路。2008 年和 2009 年连续两年向碳披露项目(CDP)提交信息需求。2009 年，兴业银行在国内成立首家可持续金融专营机构——可持续金融中心，并于 2012 年升格可持续金融中心为总行一级部门，成立可持续金融部。目前，该行可持续金融部已组建了项目融资、碳金融、市场研究、技术服务、赤道原则审查五个专业团队，形成集中产品创设、技术支持、资产管理、营销组织、交易服务、业务合作等六项职能于一体的资产运营平台。2006 年至 2008 年期间，该行绿色金融的融资投入主要集中在低碳经济领域，重点支持能实现碳减排效果的“十大节能工程”以及新能源和可再生能源项目。2009 年，该行在三年能效项目融资运作经验的基础上，引入环境、热能、化工等领域专业人士，将业务覆盖从低碳经济扩展到循环经济和生态经济领域，项目从碳减排扩展到二氧化硫、化学需氧量（COD）、氨氮、氮氧化物减排、节水、固体废弃物循环利用等众多项目类型。

2014年兴业银行将赤道原则的要求转化到内部流程中，依据赤道原则协会发布相关的指导文件，有效推动管理水平和实施能力的提升。为继续加强赤道原则的有效实施，兴业银行不断完善赤道原则组织架构和人员配备，尤其是对从事赤道原则环境与社会风险评审的人员；构建“基础制度—管理办法—操作流程”组成的执行体系，规范相关的政策、业务流程和信息披露等，进行制度化建设；对于赤道原则项目，将环境与社会风险的整个评估流程纳入常规信用业务流程，建立比较完善的总分行两级审核制度，从而优化项目的管理流程；持续加强内部能力建设，提升相关人员的专业技术水平；促进沟通与交流，通过兴业官网和赤道原则微博等与各利益相关者进行有效的交流联系。

目前，兴业银行依据赤道原则开展项目融资的行业已经涉及风力发电、水污染治理、基础化学原料制造和市政设施管理等领域，且项目融资类别主要为B类，项目涉及的环境与社会风险影响适中，可以通过某些举措进行弥补。

1. 兴业银行适用赤道原则项目数据信息

2014年兴业银行适用赤道原则的融资项目的行业分布、风险类别分布情况见图4-21和表4-33。

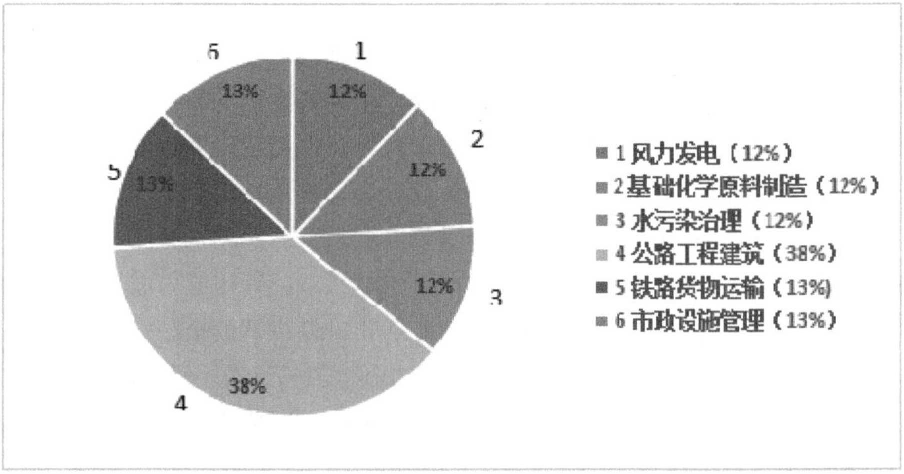

图4–21 兴业银行适用赤道原则项目融资行业分布图

来源：2014年兴业银行可持续发展报告

表 4-33　截至 2014 年底兴业银行已放款的适用赤道原则的项目融资表

项目分类	占项目比例
A	12%
B	88%
C	0%

来源：2014 年兴业银行可持续发展报告

表 4-34　兴业银行适用赤道原则项目统计

项目	至 2014 累计	2015	至 2015 累计
进行赤道原则适用性判别项目（笔）	854	45	899
使用赤道原则的项目（笔）	217	41	258
涉及金额（亿元）	4264.86	1380	5644.86

来源：兴业银行 2015 年度企业社会责任报告

至 2014 年底，兴业银行累计对 854 笔项目进行赤道原则的适用性判别，共涉及项目投资金额约 21234.21 亿元人民币，其中使用赤道原则的项目共 217 笔，涉及总投资金额约 4264.86 亿元人民币，涉及客户 211 个，十个大类国标行业，共涵盖兴业银行下属 37 家分行；完成环境与社会风险尽职调查并通过环境与社会风险审查的项目有 72 个，累计下柜金额 157.43 亿元。

2015 年，兴业银行共对 45 笔项目开展赤道原则适用性判断，并认定 41 笔适用赤道原则项目，所涉项目总投 1380 亿元。其中，12 笔适用赤道原则的项目已达融资正式生效阶段（签署融资合同），包括项目融资 3 笔，用于项目的公司贷款共 9 笔，并有 12 笔项目贷款下柜，包括项目融资 2 笔和与项目关联的公司贷款 7 笔，下柜金额 73.78 亿元。截至 2015 年 12 月 31 日，累计对 899 笔项目开展赤道原则适用性判断，所涉项目总投资 22614.21 亿元。其中，适用赤道原则项目共计 258 笔，所涉项目总投资为 5645 亿元，涉及 223 个客户，累计下柜金额 240.64 亿元。

2. 兴业银行碳信贷内部控制现状

赤道原则在兴业银行的有效实施有赖于内部有效的碳信贷内部控制系统，碳信贷内部控制系统依据传统内部控制五要素而建立。兴业碳信贷内控系统主要由内控环境、风险识别与评估、内控措施、监督评价与纠正和信息交流与反馈五个部分组成（具体见图 4-22）。其中，内部控制环境包括董事会、内控政策、企业文化、内控目标以及人力资源等；风险识别与评估包括碳信贷项目的经营管理、法律法规和内部控制方案；内控措施主要是通过运用计算机系统的信息化管理、对项目运行期间的控制与应急准备等措施进行控制活动；监督评价与纠正主要是进行项目绩效评测、管理评审、违规纠正以及持续改造等；信息交流与反馈包括信息的交流与沟通以及记录的控制。

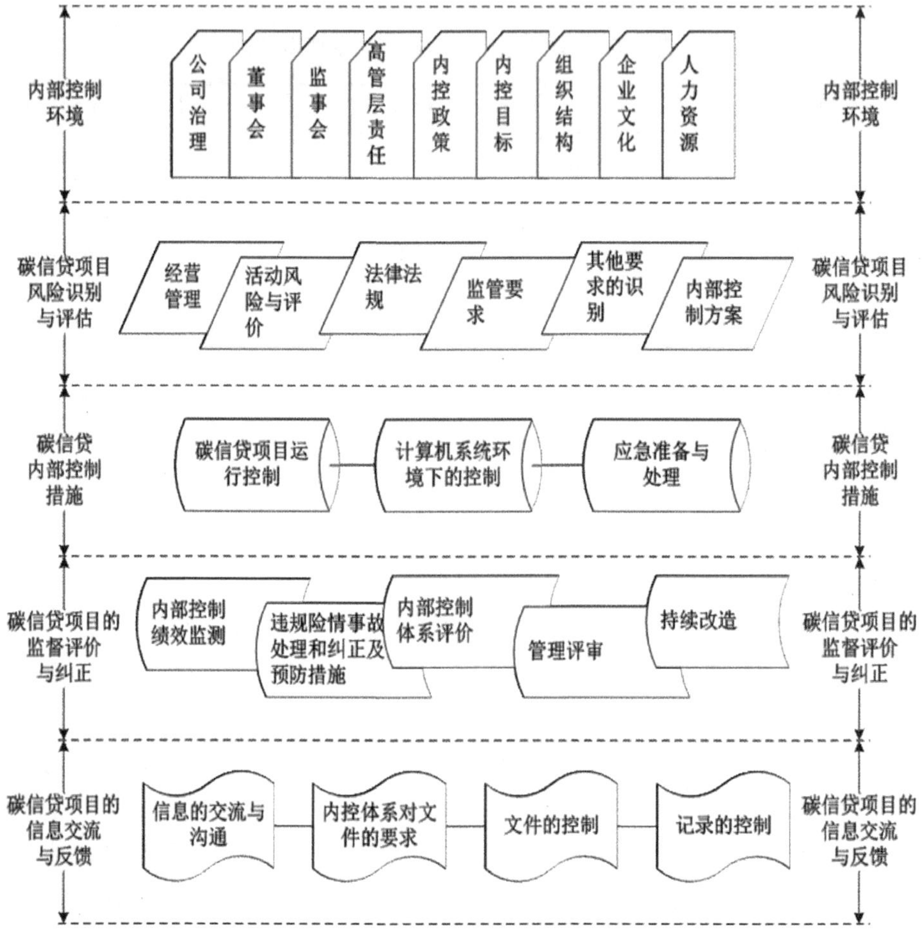

图 4–22　兴业银行碳信贷内部控制的基本内容

3. 兴业银行的信用评级制度

兴业银行建立了系统的信用评级制度，根据一系列财务指标和非财务信息，并结合模型外的数据进行相应的调整，最终将碳信贷企业信用等级评为 AAA+、AAA、AA+、AA、A+、A、B、D、免评级九个等级。如下图 4-23 所示：

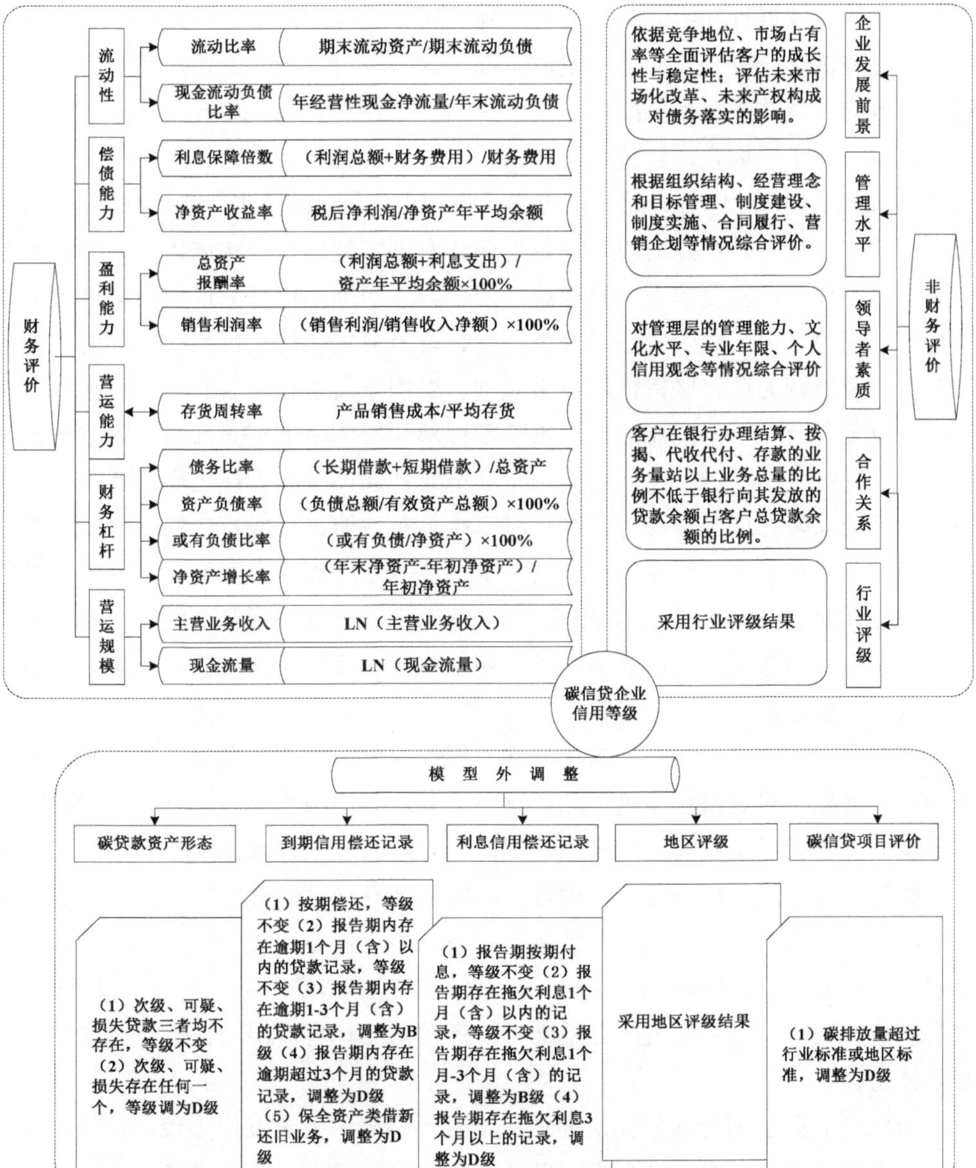

图 4–23　兴业银行信用等级评定表

4. 兴业银行的碳信贷现状

2006 年，由于兴业银行和国际金融公司签署了合作协议，国际金融公司不仅为兴业银行分担本金损失，而且在兴业银行发放环保贷款时为项目提供技术支撑，大大推动了兴业银行的绿色信贷进程。兴业银行已经被认定为节能环保型企业，该行通过与国际金融公司的合作发放了许多该类项目贷款。截至2007年底，兴业银行发放的节能减排项目贷款增加到了38笔，金额达6.63亿元。2008年2月，双方再次签订了二期合作协议，单笔贷款额度从不超过1600万元人民币转变到没有上限。2008年兴业银行开始采用赤道原则，成为中国最早实行赤道原则的银行。

目前，兴业银行已建立较为完善的赤道原则实施体系，实施体系共包含实施原则、组织框架、制度体系、管理流程四部分。实施赤道原则过程中坚持遵循依法合规、风险可控、集中管理、分类操作、规范流程和促进可持续发展的原则，对符合赤道原则的项目坚持使用赤道原则。组织框架主要是成立赤道原则工作小组，并设置办公室、研究规划部、风险管理部、授信审批部等部门，同时在各分行建立可持续金融职能部门，主要负责环境与社会风险的管理工作；其中，负责环境和社会风险管理工作的可持续金融室由具有法律、金融、生物和环境工程等背景的专业人员组成。制度体系方面，制定了《适用赤道原则的项目融资管理办法》《赤道原则的项目融资分类指引》以及适用赤道原则的示范合同文本和相关的指导意见和实施意见。具体的项目融资环境与社会风险管理流程如图4-24所示。

（1）创新绿色金融

随着生态文明建设上升为国家战略，银行绿色金融业务发展遇到了良好的机遇和新的挑战。兴业银行绿色金融的推行主要从两个层面实施，分为总行层面和分行层面。总行层面主要是环境金融部统一管理兴业银行绿色金融业务，对绿色金融授信业务开展专项审批、专项管理，并单独开设风险管理窗口，从而实现绿色金融业务发展与风险管理的有机融合。分行层面主要由所设置的环境金融中心管理本层级的绿色金融业务。2014年，兴业银行继续推广绿色金融，在“8+1”融资服务和排放权金融两大产品基础上，开发形成具有多层次、全面性的产品和服务体系。

2015年，兴业银行在集团层面加快推进环境金融业务发展步伐，充分发挥集团化、多牌照经营优势，加强集团各类产品的综合运用，打造涵盖绿色融资、绿色租赁、绿色信托、绿色基金等门类齐全的集团绿色系列产品与服务，实现从“绿色银行”到“绿色金融集团”的升级。截至2015年12月末，兴业银行已累计为众多节能环保企业或项目提供绿色融资超过8000亿元，融资余额达3942亿元，比年初增加982亿元，增幅达33%。绿色融资客户数快速增长，达6030户，较年初新增2796户，增幅达86%，业务覆盖低碳经济、循环经济、生态经济三大领域。

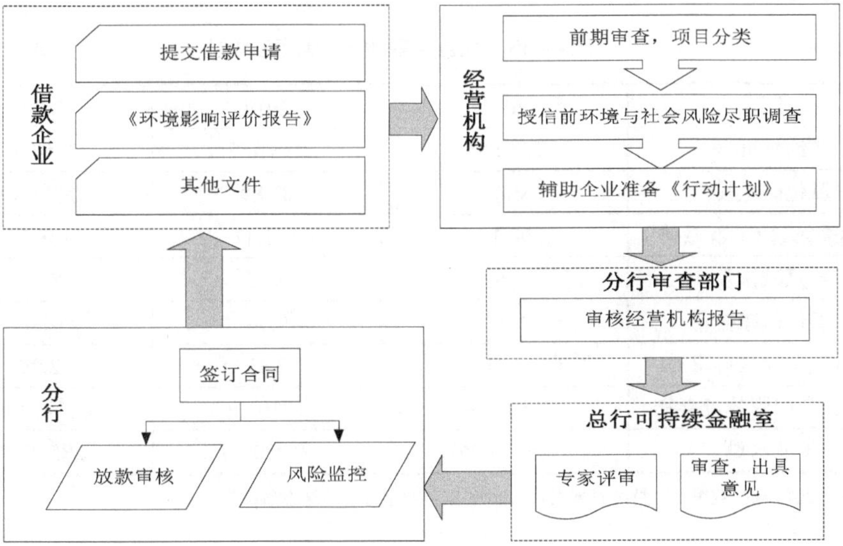

图 4-24 兴业银行适用赤道原则的项目融资业务环境与社会风险管理流程

目前，碳信贷融资模式下兴业银行提供多种融资模式（见表 4-35），并取得了较大的环境效益（见表 4-36）。

表 4-35 碳信贷角度下兴业银行融资模式

融资模式	具体做法
节能减排技改项目融资模式	自身发起节能减排技改，通过对项目技术和企业综合实力的审核，提供融资服务
EMC（节能服务商）融资模式	节能服务商对终端用户进行能源审计并向本行提出融资申请
清洁发展机制（CDM）项下融资模式	CDM 系清洁发展机制允许发达国家通过资助发展中国家开发具有温室气体减排效果的项目
排污权抵押融资模式	排污企业以自身已购买的排污权做抵押进行融资，或排污企业申请融资专项用于购买排污权并以该排污权做抵押

这 4 类模式囊括了绝大部分参与方的需求。经过不断地探索与发现，兴业银行加强了对细分市场产品的开发和利用，初步形成了一种可复制、可持续、具有强大生命力的节能减排融资模式，能够在能源出售、使用、生产和新能源替代开发和利用等环节，向生产商、能效设备供应商、节能服务商等各种参与者提供更

多的融资服务。

表 4–36 绿色金融业务的环境效益 单位：万吨

项目	2013	2014	2015
节约标准煤	2344.34	2351.62	2553.86
二氧化碳减排量	6868.76	6879.93	7161.99
化学需氧量 COD 减排	90.12	123.47	138.74
氨氮减排量	1.67	3.58	5.06
二氧化硫减排量	9.58	9.94	10.04
氮氧化物减排量	2.41	2.41	2.99
年综合利用固体废弃物	1504.39	1710.79	1729.04
年节水量	25579.06	26229.06	28565.06

来源：2014 年兴业银行可持续发展报告、2015 年兴业银行可持续发展报告

（2）低碳租赁

自开展租赁以来，兴业银行坚持绿色低碳信贷经营理念，逐步拓展形成了以节能减排设备融资租赁为核心竞争力的布局。

表 4–37 2014–2015 年兴业银行节能减排项目统计

项目	2014	2015
节能减排存量项目（笔）	87	146
累计投放资金（亿元）	-	543.8
租赁资产余额（亿元）	233.0	346.78
占年末租赁资产余额比重（%）	32.3	33

来源：2014 年兴业银行可持续发展报告、2015 年兴业银行可持续发展报告

由上表可知，截至 2014 年底，兴业金融租赁公司在绿色租赁领域节能减排存量项目总计 87 笔，截至 2015 年底为 146 笔，增长 67.82%。2014 年底融资租赁资产合计 233.0 亿元，2015 年底为 346.78 亿元，增长 48.83%。由此可见，绿色租赁成为兴业银行低碳信贷发展的重要组成部分。

（3）严控“两高一剩”贷款

为推动绿色信贷的发展，兴业银行坚持限制高污染性、高耗能特征以及生产过剩的行业贷款，对此三类行业贷款实行“限增长、盘存量”政策，通过名单管

理、限额管理、分类管理化解产能过剩问题。同时，借鉴赤道原则有关项目评审机制，对“两高一剩”行业的贷款进行环境与社会风险评估，从而有效防范和控制“两高一剩”行业贷款风险，实现投资收益与环境绩效的有机统一。

根据赤道原则要求，金融机构对于适用范围内的融资项目潜在的环境社会风险和影响程度分为高(A)、中(B)、低(C)三类，其划分依据和相应等级风险的实践案例见图 4-25。

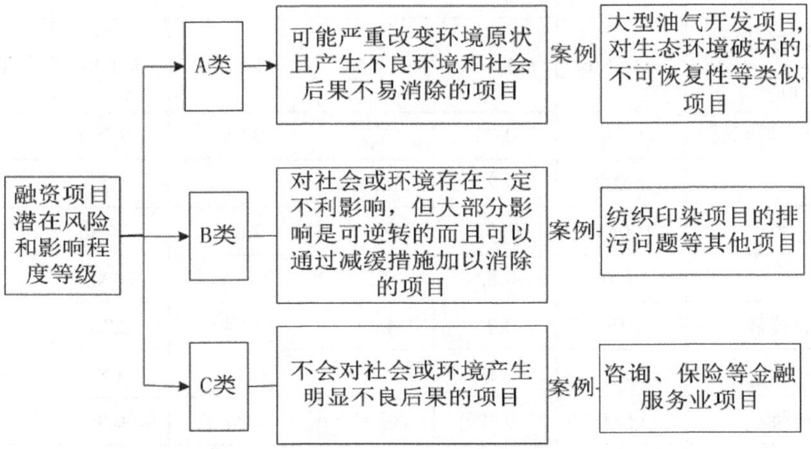

图 4–25　A、B、C 项目的评定标准和类别代表

2015 年，兴业银行加强行业政策及市场研究，结合国家产业政策、行业特点、技术优势、区域资源禀赋、环保合规情况等，按照风险可控、商业可持续原则及国家加强供给侧结构性改革等有关要求，实施“有保、有控、有压”的差异化信贷政策，通过提高业务准入、行业限额管理、名单制管理的措施，加强行业结构调整，有效盘活存量、优化增量，防范和化解产能过剩行业风险。2014 年，“两高一剩”行业整体贷款集中度较 2013 年下降 0.47%；2015 年，“两高一剩”行业整体贷款集中度较 2014 年下降 0.2%，大部分行业贷款集中度出现下降。

（4）排放权金融服务

排放权金融服务旨在促进碳排放权、主要污染物排放权等环境权益类交易，与国外碳买家和国内主流环境权益交易所建立广泛的合作关系，为客户参与排放权交易各个环节提供综合服务，产品包括碳金融服务产品和排污权金融服务产品。

表 4-38 “两高一剩”行业业务数据

“两高一剩”行业	2013		2014		2015	
	余额（亿元）	占对公贷款比重（%）	余额（亿元）	占对公贷款比重（%）	余额（亿元）	占对公贷款比重（%）
纺织业、皮革加工、造纸业	21.63	0.22	22.05	0.19	21.86	0.18
化学原料及化学制品制造业	114.80	1.16	124.53	1.10	111.19	0.90
橡胶与塑料制品	9.09	0.09	5.6	0.05	9.76	0.08
炼 焦	29.09	0.29	18.42	0.16	19.83	0.16
钢 铁	100.05	1.01	101.61	0.89	124.86	1.01
水 泥	81.96	0.83	64.28	0.57%	70.48	0.57
平板玻璃	3.06	0.03	4.38	0.04	2.26	0.02
多晶硅	9.46	0.10	12.17	0.11	11.85	0.10
电解铝	11.67	0.12	35.30	0.31	50.89	0.41
船舶制造	6.57	0.07	3.23	0.03	1.82	0.01
小 计	387.38	3.91	391.58	3.44	424.80	3.42

来源：兴业银行 2015 年度企业社会责任报告

5. 中小企业融资政策

兴业银行近年来将金融服务的重心放在小微企业上，并建立了六项专属机制来推动中小企业信贷业务的发展。在产品方面，产品创新坚持总分行两级创新。总行层面针对小微企业并结合自身技术创新产品和服务，分行层面针对本辖区的差异化需求规划适用本辖区的金融产品，以便更好地服务于中小企业融资。在组织管理方面，兴业银行在总行、分行和城市三个层面都建立了小企业部，专门服务于中小企业融资。在信用评估管理流程方面，由于大企业和中小型企业在经营规模、财务制度和资金需求等多方面存在较大的差异，所以兴业银行对中小企业建立了专门信用评估的流程，其具体信用评估管理流程见图 4-26。

表 4–39　排放权金融服务产品

<table>
<tr><td rowspan="4">碳金融服务产品</td><td>清洁发展机制财务顾问</td><td>产品简介：2005 年，随着《京都议定书》的正式生效，二氧化碳减排量经过联合国认证后也可以成为一种特殊商品在各国间交易。兴业银行于 2009 年率先在市场上推出了“CDM 财务顾问”服务，该业务为客户提供了从初期的项目评估到最终的交易收款的一站式综合服务。</td></tr>
<tr><td>碳资产质押授信</td><td>产品简介：碳资产质押授信业务是该行向客户提供的以客户自身拥有的清洁发展机制项下形成的未来碳资产作为质押的授信业务，适用于我国已获得联合国清洁发展机制理事会注册的项目。根据清洁发展机制规则，碳资产收益与项目业主资金需求之间存在错配，即收益往往滞后于项目 2 至 3 年。为改变这一局面，兴业银行自主开发了基于产量预测和风险折价模型的碳资产评估工具，为企业盘活未来碳资产，有力支持项目的建设和运行，并帮助企业提高清洁发展机制项目运行管理效率，进一步保障减排量的产量。</td></tr>
<tr><td>碳资产交付量履约保函</td><td>在清洁发展机制项目结算当中，由于减排量的交付存在着诸多不确定因素，并将直接影响到碳买家支付预付款的意愿以及碳卖家减排量的售价。在本业务中，兴业银行作为第三方应碳卖家（清洁发展机制项目业主）请求，向碳买家出具书面保证函，保证碳卖家能够履行清洁发展机制交易双方签署的减排量购买协议，交付给碳买家足够与碳买家提供的购买预付款相抵扣的经核证的减排量（CER）。该行为碳卖家提供减排量交付量履约保函，一方面帮助碳卖家获得一定金额的预付款，保障项目顺利实施，增强其议价能力，获得较高的减排量售价，另一方面增强碳买家的交易信心。</td></tr>
<tr><td>自愿减排交易结算业务</td><td>自愿减排交易结算业务是兴业银行为自愿碳减排交易，提供资金存管和交易结算服务，开创了商业银行为自愿减排项目交易提供金融结算服务的先河。</td></tr>
<tr><td colspan="2">排污权金融服务产品</td><td>排污权金融服务产品主要指兴业银行为全国性或区域性环境容量使用权交易市场提供的系列金融服务，包含排污权制度设计咨询、排污权有偿使用资金管理及理财、排污权交易清算系统开发等。</td></tr>
</table>

（二）中国工商银行

中国工商银行成立于 1984 年 1 月 1 日，是中国第一个提出“绿色信贷”的银行。中国工商银行长期致力于绿色信贷发展，积极贯彻绿色信贷理念，大力支持绿色产业。近年来，中国工商银行通过信贷资源分配结构的调整和优化，有效推进绿色金融产业的可持续发展，并取得了很大的成果。2014 年，对生态保护、

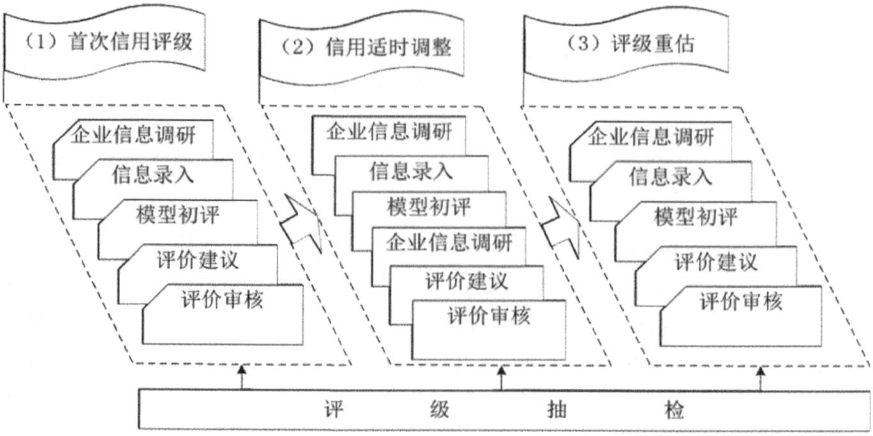

图 4–26 中小企业信用评估管理流程

清洁能源、节能环保、资源循环利用等绿色经济领域的贷款金额高达 6552.81 亿元人民币，较 2013 年增长大约 9.6%；2015 年，对绿色经济领域的贷款余额为 7028.43 亿元，较 2014 年增长 7.3%。

1. 银行绿色信贷实践

中国工商银行每年修订行业绿色信贷政策，通过信贷政策引导客户开展绿色经营，并逐渐减少甚至退出了“两高一剩”产业。为提升防范和控制环境风险的能力，中国工商银行建立借据绿色信贷分类标识的系统自动映射功能，并在信贷实施过程中实行“绿色信贷一票否决制”，对存在环境问题的融资项目做到零容忍。

至 2015 年，中国工商银行坚持信贷全流程的“绿色信贷一票否决制”，及时查询客户绿色信贷分类标识并作为对客户总体评估和信贷决策的关键依据。2015 年报告期内，中国工商银行积极实施差异化信贷政策，对产能严重过剩行业实行限额管理，同时积极支持在生产规模、工艺装备、成本控制、节能环保等方面具备较强实力的优势企业在兼并重组、技术改造、节能减排、“走出去”等方面的资金需求，做好高风险劣势客户融资退出和风险化解工作，促进行业结构调整和转型升级。截至报告期末，2015 年中国工商银行在对钢铁等 5 个产能严重过剩行业劣势客户压降 155.8 亿元融资的基础上，为推动行业转型升级、兼并重组等方面增加融资 109.6 亿元，积极促进了行业结构调整和转型升级。

为更好地开展银行绿色信贷业务，中国工商银行设置了授信及信贷管理部门，对相关的授信等业务进行专门负责（见表 4-40）。

表 4–40　中国工商银行绿色信贷部门分类

层级	部门	执行事务
总行	信贷审查部门	负责信贷的评审任务，保证符合绿色环保分类标准
	风管管理部门	负责社会与环境风险的评估与报告
一级分行	各一级分行	定期对符合规定的环保项目的录入和贷款期间相关的环境与社会风险管理工作进行严格的审查，并由总部对分行进行监控，防控一级分行的绿色信贷风险。

中国工商银行为推广“绿色信贷”，于 2008 年加入碳披露项目，已经在 CM2002①系统（IT 系统）中启用了“绿色信贷项目标识”，并后续出台了《法人客户绿色信贷授信工作指导意见》等相关指导文件，推动了银行内部绿色信贷业务流程、政策规定和工作原则的完善，明确了绿色信贷工作人员之间的责任，为未来全行整体绿色信贷体系的建立与完善提供了基础，促进了绿色信贷业务的发展。

从中国工商银行的实践可以看出，中国工商银行的绿色信贷主要从两方面制定，如图 4-27 所示：

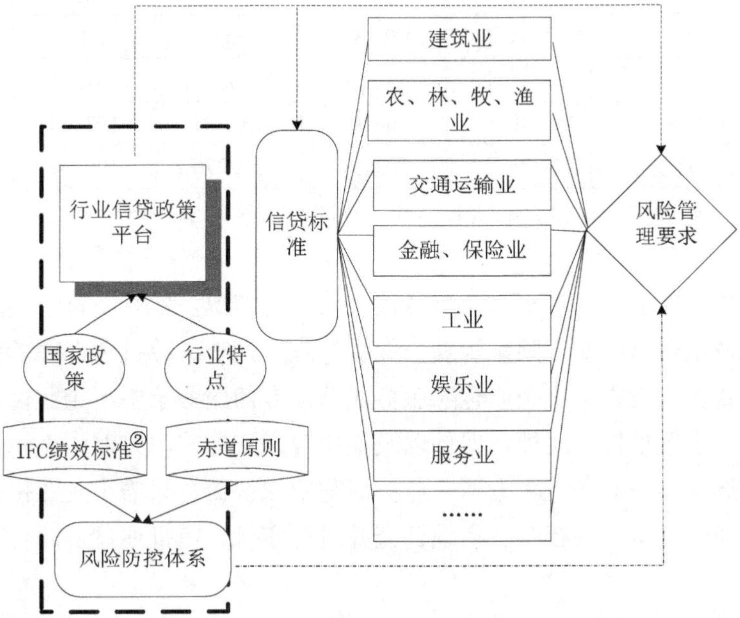

图 4–27　中国工商银行的绿色信贷体系

① CM2002 系统是中国工商银行自主研发的企业法人客户信贷管理系统

② IFC 为国际金融公司

由图 4-27 可知，中国工商银行一方面借助行业信贷政策平台制定不同行业的绿色信贷标准①，在国家政策引导基础上，根据行业特色制定适用不同行业的绿色信贷标准以及有关的风险管理措施，严格控制高能耗、高污染的行业信贷投放；另一方面，综合借鉴国际金融公司（IFC）的绩效标准和赤道原则，对所有公司制的客户的环境风险进行了系统的分类与管理，在银行内部构建科学合理的风险防控系统，从而有效规避绿色信贷过程中的社会与环境风险，为全行信贷业务的稳健运营提供有力的保障，并取得了较大的成绩。

2. 中小企业融资政策

中国工商银行长期重视中小企业的发展，其中小企业融资业务长期处于领先的市场地位。银行针对中小企业信贷业务制定一系列政策并进行金融产品与服务的创新。

表 4–41　2012–2015 年中国工商银行关键环境绩效表

环境领域指标	单位	2012	2013	2014	2015
绿色经济领域贷款	亿元	5934	5980	6553	7028
电子银行业务比重	%	75.1	80.2	86	90.2
办公用纸量	百万张	9.73	9.65	8.81	8.44
办公耗电量	千瓦时	21021205	20685557	18673936	19825712
办公耗水量	吨	208797	187561	157360	150450
公务车耗油量	升	103194	102370	100169	94186

来源：2014 年中国工商银行社会责任报告、2015 年中国工商银行社会责任报告

在信贷制度上，针对小企业财务核算明晰等情况，实行整贷零偿还款方式，对中小企业融资总量实行限额管理，并实行双人调查、签批和办理的操作流程。在营销模式上，建立中小企业金融服务团队，专门服务于中小企业信贷业务；在融资方面，设置抵押、质押、保证以及信用等融资方式，方便中小企业灵活进行融资方式选择；在业务流程方面，业务流程审核快捷，只需小企业提出融资需求并提供相关的资料，银行开展实地调查并进行审批，审批通过后即可获得融资发放。

（三）平安银行

2010 年 6 月，中国平安保险股份有限公司及其关联公司持有深发展股份和认

① 殷红. 总结经验 实践《指引》——中国工商银行绿色信贷实践探索. 银行家，2012，04:11~12

购非公开发行股份成为深发展第一大股东。2012 年 2 月，经过深发展和平安银行双方股东会议的同意，最终深发展吸收并购平安银行且将公司名称改为“平安银行股份有限公司”。平安银行是一家跨区域经营的股份制商业银行，拥有包括深圳、上海、厦门、杭州等 10 个城市的 78 家网点。截至 2011 年 12 月底，深发展和平安银行两行合并后的总资产达 125817.7 亿元。

1. 银行绿色信贷实践

平安银行除开展自身低碳实践外，还进行有关的绿色信贷业务。平安银行根据国家环保相关政策和法规以及监管部门的要求，对开展授信业务的企业或项目进行严格审查，尤其是企业的生产设备、产品环保以及环境风险控制方案等方面。对存在环保问题而又拒绝按规定解决的企业坚持零容忍态度。

（1）风险管理体系

目前，该行已建立了系统的全面风险管理体系，主要由风险管理委员会统一管理全行各层级风险工作，并制定了一系列规范的信贷管理业务流程和内控体系，实现对信贷业务的全流程监督与控制。归纳如下：

①建立授信尽责调查制度，主要是控制贷款前对融资对象的调查环节的风险，防止客户信息不真实，达到对客户准入的严格审查，从而在贷前起到有效风险防范的作用。

②建立相应的授权、审查等相关审批制度，在业务审批过程中，按规定业务流程进行贷款审查、批准，防止越权审批和不相容职责兼任的发生，实现对银行内部操作风险的控制。

③建立合同管理和放款制度，要求当面签署合同，防止在未符合贷款条件的情况下发放贷款。

④建立相关的授信风险预警机制和责任追究机制等，要求在贷后期间保持对客户的持续性监测，实时获取客户相关的经营信息，做到及时发现贷后风险、及时控制风险。

（2）绿色金融

平安银行在不断提升业务和管理实力的同时，也在积极履行社会责任。银行深知金融企业通过众多客户对环境带来的间接影响不容忽视，因此从战略高度看待环境问题，不仅注重自身的节能减排（如表 4-42），还将环境因素融入产品和服务，极大地促进了绿色金融的发展。

表 4–42　平安银行开展“绿色银行”的措施

<table>
<tr><th>途径</th><th colspan="3">节能方向和成效</th></tr>
<tr><td rowspan="3">用电</td><td rowspan="3">对总行大厦进行节能技术改造</td><td>地下停车场改为部分感应模式按秒钟亮</td><td>减少 85%~90%的照明</td></tr>
<tr><td>改造客梯轿厢的空调风口</td><td>用电损耗下降 60%，年节约电量 12000 度</td></tr>
<tr><td>对总控室机房空调进行 26℃温度锁定及夜间时控改造</td><td>年节约电量 2000 度</td></tr>
<tr><td rowspan="2">用水</td><td colspan="3">各部门交叉管理，每天、每班按时对大厦公共用水数据抄录、统计、对比分析，根据大厦正常数据范围值及历史数据，对异常水消耗找出原因</td></tr>
<tr><td colspan="2">在清洗冷却塔采用新方法，分段清洗，减少空调水处理的清洗用水</td><td>每月清洗一次，节约用水 10 立方，每年节约 100 立方</td></tr>
<tr><td rowspan="2">办公费用</td><td colspan="3">尽量利用视频、电话系统召开会议，较少不必要的差旅碳排放</td></tr>
<tr><td colspan="3">倡导绿色办公，坚持办公用品重复再利用，力推信息化办公</td></tr>
<tr><td rowspan="2">自用车减排</td><td colspan="3">倡导员工绿色出行，并严格控制银行内部车辆配备；控制执行公务车辆使用时间，防止车辆肆意大量使用；</td></tr>
<tr><td colspan="3">采购绿色环保的公务用车</td></tr>
</table>

平安银行遵循“依法合规、区别对待、寻求平衡、持续发展” 原则，制定年度信贷政策指引，平衡风险与收益，合理有效配置信贷资源，优化信贷业务结构，实现信贷业务的可持续发展。建立了绿色信贷的快速审批通道，支持企业节能减排和发展低碳项目，支持新能源的发展。加大对符合产业升级方向的先进制造业和新兴产业的支持力度，促进技术改造和创新，积极支持符合《“十二五”国家战略性新兴产业发展规划》和《“十二五”节能环保产业发展规划》的节能减排和资源循环利用重点行业和项目，支持节能减排技术创新、技术改造、技术服务和产品推广，促进绿色信贷投放稳步提升。

表 4–43　2014–2015 年平安银行绿色信贷指标统计

指标	2014	2015
绿色信贷授信总额（亿元）	267.62	401.49
授信余额（亿元）	153.89	173.01
贷款余额（亿元）	124.94	164.02
较年初变动幅度（%）	7.7	31.27

来源：2014 年平安银行社会责任报告、2015 年平安银行社会责任报告

平安银行贯彻《平安银行绿色信贷指引》的原则，推进执行绿色信贷分类管理，对高污染、高耗能行业采取严格的名单制管理，逐步压缩调整“两高一剩”及过剩产能授信余额；严守国家行业政策合规底线，实行严格的授信目录管理，对属于《产业结构调整指导目录》淘汰类的项目、环保违法项目及其他国家明确要求淘汰的落后产能项目，不提供任何形式的新增授信，已有授信采取妥善措施确保债权安全收回。

表 4-44　2014-2015 年平安银行“两高一剩”行业贷款指标统计

指标	2014	2015
“两高一剩”贷款余额（亿元）	137.6	131.8
占全行各项贷款的比重（%）	1.34	1.08
较上年变动幅度（%）	-4.74	-4.20
“两高一剩”行业不良贷款率（%）	0.59	1.13

来源：2014 年平安银行社会责任报告、2015 年平安银行社会责任报告

此外，平安银行还定期组织全行开展绿色信贷自我评估，落实激励约束措施，并结合非现场监管和现场检查情况，全面评估绿色信贷成效，按照相关法律法规将评估结果作为授信评级、业务准入、人员履职评价的重要依据，确保绿色信贷持续有效开展，并建立绿色信贷考核评问责体系和奖惩机制。

平安银行针对绿色信贷有以下几项业务，如图所示：

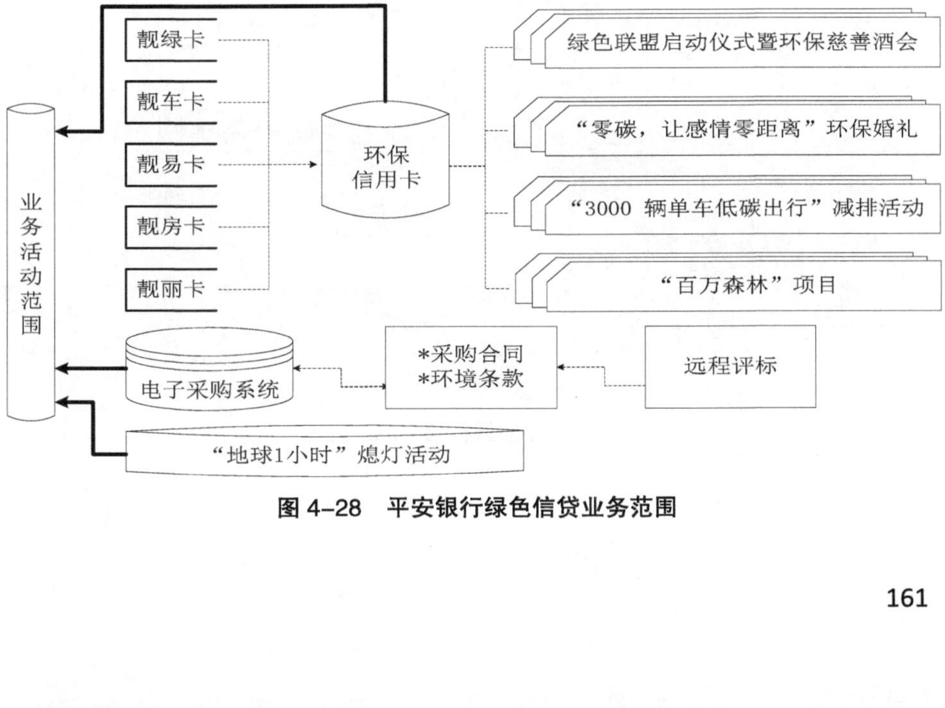

图 4-28　平安银行绿色信贷业务范围

目前，绿色信贷融资模式下平安银行提供多种融资模式，并取得了较大的环境效益（见表 4-45）。

表 4-45　2013-2015 年平安银行环境绩效统计

指标	2013	2014	2015
“两高一剩”贷款余额（亿元）	144.4	137.6	131.8
“两高一剩”贷款余额较年初变动幅度（%）	-	-4.74	-4.20
绿色信贷授信总额（亿元）	224.74	267.62	401.49
零售业务电子渠道交易替代率（%）	90.7	93.2	95.6
视频会议次数（次）	11404	14907	17541

2. 中小企业融资政策

平安银行在中小企业信贷业务方面着重发展小微信贷，以优质的金融产品和服务深耕小微金融业务。在国内较早采用审贷分离、贷款多级风险控制模式，建立了良好的信用风险管理体系（见图 4-29）。2012 年，平安银行的“小微经营贷”便高达 1000 亿元人民币。

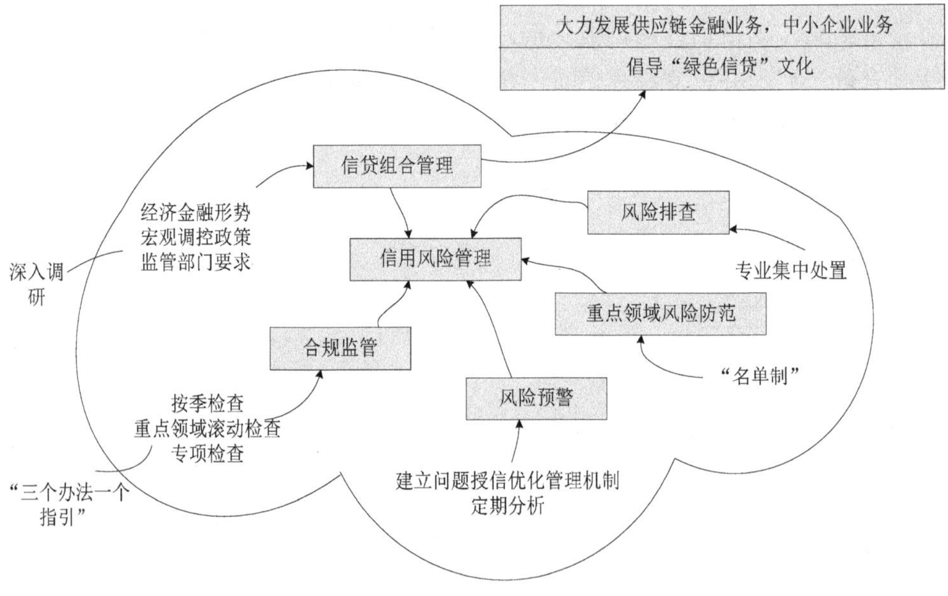

图 4-29　平安银行信用风险管理

平安银行根据小微企业客户的不同情况，进行较为具体的产品和服务设计。平安银行并不只做抵押类的贷款融资项目，一般会根据客户的实际情况，增加互保联保等担保组合方式，推出多种授信模式。主要的授信模式有："小微经营贷"，主要是企业将房产类资产进行抵押来获取银行融资额，这种模式相对来说贷款速度比较快、便捷；"流水贷"，即通过对小微企业的资金流的评估来向企业发放贷款；"易速贷"，主要是向某个商业群体内的企业集中发放授信金额，然后将授信金额分给所有互保的企业，这种模式使用比较灵活且贷款发放金额比较大。

第五节　本章总结

一、国外银行碳信贷实践应用经验

整体来看，国外银行的碳信贷依据赤道原则和可持续发展原则制定了较为系统的碳信贷实施体系，其实践应用原则和应用流程等诸多方面存在可供借鉴之处，具体归纳如下：

第一，积极主动贯彻"赤道原则"。目前赤道原则是主要大型金融机构碳信贷实施的新国际标准，在推动碳信贷的发展方面发挥重大作用。赤道原则在社会与环境风险的分类、评估、审批、风险控制方案以及实施经验公告等方面做出明确规定，有效控制了银行融资项目风险；国外各金融机构专门建立可持续金融等机构，依据赤道原则开展绿色信贷或碳信贷业务的运营，有效提高了金融机构开展绿色信贷或碳信贷的积极性，有助于非金融企业特别是科技型等较为环保的企业碳信贷融资。

第二，建立健全的内部风险控制体系。无论是碳信贷还是绿色信贷都存在重大的信用风险。国外各银行都结合自身实际情况，依据赤道原则等建立了包括信用评级制度和风险预警机制等内容的风险管理体系，如德意志银行的社会与环境划分框架、花旗银行的环境社会风险管理（PSR）体系，较为完善的风险管理体系为信贷开展提供一定的保障。不仅有助于银行管控风险、提高投资收益率，而且有助于优质的企业甚至中小企业获得应得的融资机会。

第三，推出更多的金融产品和服务的创新。根据赤道原则对社会与环境风险的划分，碳信贷融资项目分为高中低三类，汇丰银行甚至将碳信贷等级细分为九个，针对不同风险等级的项目适用不同的风险管理方式和金融产品或服务。韩国国民银行不仅推出二氧化碳排放量管理系统（KB-CEMS）碳信贷运营体系，而且推出更多的碳信贷金融产品，如绿色贷款、绿色优惠政策、绿色基金、绿色成长卡等。丰富的金融产品和服务不仅推动银行信贷业务的提升，而且增加了企业融资方式的弹性和灵活性，这也有利于科技型中小企业开展融资。

二、国外中小企业融资实践经验

国外大型商业银行不仅在绿色信贷或碳信贷方面有大量的成功经验，而且在中小企业融资方面对我国商业银行开展中小企业业务有很大的启示：

第一，面向中小企业创新金融产品和服务。中小企业融资需求量虽然零散，但融资需求总量巨大，开发面向中小企业的金融产品也会提高银行的投资收益。德国复兴信贷银行主要面向中小企业开展融资业务，并推出中小企业能源效率融资计划，既推动银行信贷业务的发展，还使高科技、环保的中小企业获得融资好处。

第二，面向中小企业制定专门制度和业务流程。中小企业与大型企业存在较大的差异，制定适合中小企业融资的专门业务审批流程、配备专门人员、组建专门中小企业业务管理团队，有助于提高中小企业信贷业务工作效率，适应中小企业融资需求，从而提升银行回报率和市场份额。汇丰银行和渣打银行都组建了相应的部门或团队专门负责，并且开发多项面向中小企业的金融产品或服务，推动了自身中小企业业务板块的发展。同时，使中小企业快速融资，解决短期资金周转困难。

三、国内银行碳信贷和中小企业融资业务的不足

国内银行虽然在碳信贷和中小企业业务发展方面积累了很多宝贵的经验，建立健全了相关制度体系，丰富了产品和服务体系，但在绿色信贷业务（或碳信贷业务）和中小企业业务方面还存在一些不足：

第一，公司信贷结构不合理。目前部分商业银行虽然开展了以低碳为目标的贷款产品，但由于公司信贷结构的不合理造成信贷潜在的社会与环境风险较大，不易实施有效风险控制。尽管银行内部都实行信贷审批与监督相互分离的制度，但是碳信贷产品和碳信贷人才都比较缺乏，没有真正意义上形成以低碳减排为目标的信贷体系，大多处于绿色信贷阶段，银行的低碳信贷监管部门仍然主要受贷款企业财务绩效的影响。

第二，银企碳排放信息不对称。银企之间没有专门的碳排放核算体系和信息

披露机制，银行缺乏动力去核实企业的碳排放和环境影响，直接导致企业在银行获得的贷款仅仅以财务绩效去核算，银行和企业都没有严格履行社会责任。同时，各银行对以恶意污染环境追求经济效益的企业没有一个系统的、严格的制裁措施。

第三，碳信贷风险评估体制存在漏洞。目前，企业基于碳排放信息向银行获得贷款时，需要提供其环境评估报告书，而环境评估报告书对企业的或有重大环境损害和经济损失并不能详尽反映。

第四，中小企业信贷产品基本延续传统金融产品形式。中国工商银行建立中小企业金融服务团队，专门服务于中小企业信贷业务，但其地位较低；在融资方面，设置抵押、质押、保证以及信用等融资方式，这些融资方式虽然看似较多，但不适合科技型等轻资产的中小企业融资。平安银行虽然不只做抵押类的贷款融资项目，增加了互保联保等担保组合方式，但依然没有较大创新。相比外国银行中小企业融资模式，国内银行针对中小企业经营规范等特点，在融资时不要求递交规范的财务报表，甚至不要求抵押资产，而是重点评估中小企业的现金流，更看重中小企业的持续经营能力和还款能力。

第五章　科技型中小企业开展碳信贷融资可行性研究

第一节　企业碳排放现状分析

一、企业碳排放情况分析

（一）企业履行环保责任的时代背景

企业是国家能源消费、环境污染最重要的主体。2015 年 7 月 4 日，国务院发布了《国务院关于积极推进“互联网+”行动的指导意见》，强调未来将在一个领域应用“互联网+”技术，其中提到了将“互联网+”技术应用于能源生产消费与环境保护，使能源生产、消费智能化，建立能源网络，进一步完善能源互联网通信系统，完善污染物排放检测系统、搭建废物回收与交易平台。这无疑为高技术产业的发展带来了新的契机，高技术产业拥有独特的研发技术与人才，核心竞争力是创新文化与专利技术。在互联网时代背景下，开展低碳环保研发项目与产品无疑是顺应国家政策方向、适应时代发展潮流的。

2015 年，李克强总理在政府工作报告中指出，目前我国部分地区环境污染严重，环境问题已是民生之患、民生之痛。李克强总理在工作报告中指出当年节能减排治理工作的目标是二氧化碳排放强度降低 3.1%以上，化学需氧量、氨氮排放减少 2%左右，二氧化硫、氮氧化物排放要分别减少 3%左右和 5%左右。同时报告指出，要做好大气污染与水污染的监管控制工作。要实现这些伟大的目标就需要政府、企业、公民的积极参与。

科技型中小企业作为高技术产业中的重要群体，在未来节能减排的过程中的作用不容忽视。早在 2007 年，国务院就提出了要加强中小企业技术水平的提高，淘汰落后的设备和工艺，充分运用科技型中小企业的研发能力，在科技型中小企业中大力发展节能减排技术、促进中小企业进行节能减排技术创新并转化创新成果，并强调要重点推进科技型中小企业的发展，引导科技型中小企业发展低碳农业、开发新能源与环保技术。本书将近三年国家针对企业的节能减排法律法规规章政策做了如下分类，并在主要内容中强调了文件中有关高技术企业方面的规定，如表 5-1 所示：

表 5-1　2013—2015 年环保政策法规

类型	部门	文件名称	施行时间	主要内容
法律	全国人民代表大会常务委员会	《中华人民共和国环境保护法》	2015-01-01	明确环境监管部门、政府责任细化、企业环保违法成本提高、建立政府与企业环境违法责任惩罚机制。
行政法规		《中华人民共和国大气污染防治法》	2016-01-01	规定企业应当依法承担大气污染防治的责任，规范企业具体大气污染防治措施。
国务院发布的规范性文件	国务院办公厅	《生态环境监测网络建设方案》	2015-07-16	要求严密监控企业的污染物排放水平，鼓励并引导企业进行自主研发环境监测设备。
	国务院	水污染防治行动计划	2015-04-02	提出在城市建成区中现存污染较为严重的原料型制造业改造、搬迁或关停；推行绿色信贷，对环境违法企业贷款额加以限制进而限制其扩张生产力。
	国务院办公厅	国务院办公厅关于加强环境监管执法的通知	2014-12-01	提出相关部门应加强企业环境监管，建立环境信用评价制度。
	国务院办公厅	国务院办公厅关于印发大气污染防治行动计划实施情况考核办法（试行）的通知	2014-04-30	具体列示关于大气污染防治任务完成情况的具体指标与分值。
	国务院办公厅	国务院办公厅关于印发 2014—2015 年节能减排低碳发展行动方案的通知	2014-05-15	具体列示 2014 至 2015 年度污染物与能耗强度指标目标值。
环境经济政策	银监会	能效信贷指引	2015-01-03	其中规定了能效信贷的重点服务领域并与高技术产业相关的航空运输节能，而这种能效项目需要较高的技术水平且与企业技术改造、促进节能减排息息相关。
	财政部；国家税务总局	关于享受资源综合利用增值税优惠政策的纳税人执行污染物排放标准有关问题的通知	2013-04-01	规定企业可以通过排污达标享受增值税退免税。

上述环境法律、行政法规、政策体现了近两年我国对企业节能减排的政策指

引，在法律法规上采取负向激励方式，以惩罚性、限制性为主，以强制、禁止类规范为主。在经济政策上采取正向激励方式，以引导性为主，促使企业自愿进行节能减排。

纵观我国关于企业的节能减排政策，近年来，企业环境责任履行情况的相关政策主要从以下三方面制定：

一是减排设备的投入状况，考察企业设备使用效率和已使用年限，是否淘汰已严重不符合当前科技水平的设备，是否购买新设备，实现节电节水等，提高能源利用效率，是否对设备有必要的改造更新，维持必要的再生产运行，是否具有针对企业的生产过程进行检测的设备等等，总之，减排设备的考核应涵盖企业各个方面的投入和运行情况，可以视行业特点进行甄别。二是环境信息共享情况，这更突显了企业的价值取向和领导者的价值观，考核企业是否进行环境报告书的编制和对外发布，具体包括各类产品的环境影响及治理状况，是否对其投资者进行了披露，绿色经济效益和财务收益是否相差很大，企业是否将环境影响和治理效果透明化至公众，是否定期举办节能减排活动。三是政府及相关部门的环保监管工作是否有效落实的情况，尤其是在《中华人民共和国环保法》重新修订后，突出了政府的环境监管职责，建立政府人员环境责任追究机制，加大政府部门未有效履行监管职责的惩罚力度，为有效开展各项环保工作提供保证。

（二）高技术产业能耗状况

1. 能源消费总量

根据《中国高技术产业统计年鉴》的划分，高技术产业包括医药制造业、航空、航天器及设备制造业、电子及通信设备制造业、电子计算机及办公设备制造业、医疗仪器设备及仪器仪表制造业。由于《中国统计年鉴》中的行业能源消费总量数据是按照国民经济行业分类中的大类统计而成的。考虑到数据的可获得性，本书以上述高技术产业所在的办公设备制造业、医疗设备制造业、航空航天器制造业等行业大类为基础，计算高技术产业能源消费情况。如表 5-2 所示。

根据图 5-1 显示 2006—2013 年高技术产业能源消费量呈现逐年上升的趋势，能源消费占比变化幅度较大，尤其是在 2009—2010 年高技术产业能源消费量占总消费量之比呈现大幅度提升，这与高技术产业的高速发展息息相关。但在 2011—2013 年占比大幅度回落，这与国家限制制造业能源消耗的一系列政策密不可分。尽管能源消费量呈现上升态势，但如图 5-2 所示，高技术产业能源消费强度逐年下降，这与国家“十一五”、“十二五”规划中强调的单位地区生产总值（GDP）能源消费强度下降的目标有着密切的关系，说明近年来，高技术产业正在积极改进能源消费技术，逐步提升生产运营的能源利用率。

表 5-2　2005—2012 年高技术产业能源消耗强度

年份＼指标	能源消费（万吨标准煤）	能源消费占比（%）	高技术产业制造业总产值（亿元）	能源消费强度（吨标准煤/万元）
2006	9221.52	0.0374	83706.78	0.1102
2007	10122.92	0.0381	106048.6	0.0955
2008	10963.88	0.0376	129366.4	0.0848
2009	11551.44	0.0377	144965.48	0.0797
2010	13170.16	0.0405	188258.3	0.07
2011	14170.75	0.0407	216763.63	0.0654
2012	13744.58	0.038	243208.79	0.0565
2013	13858.76	0.0402	234589.5	0.0521

数据来源：《中国统计年鉴》《2014 中国能源统计年鉴》《2014 中国高技术统计年鉴》《中国工业经济统计年鉴》《国民经济和社会发展统计公报》

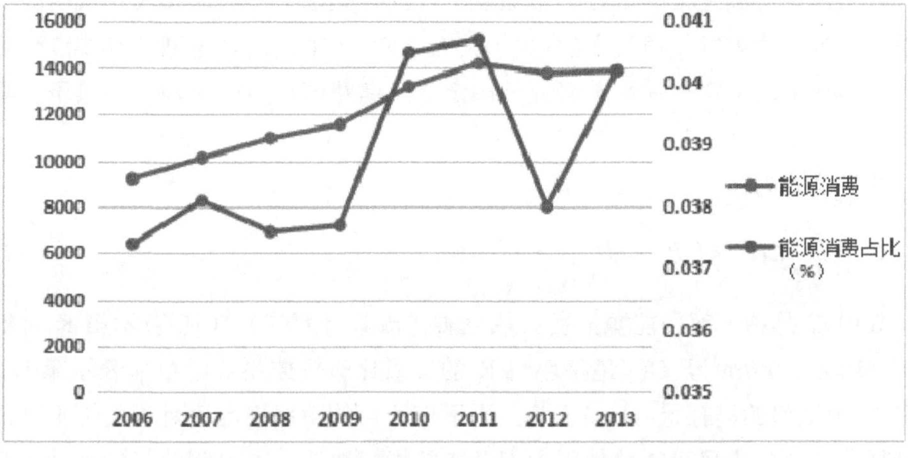

图 5-1　高技术产业能源消费总量与占总能源消费量之比

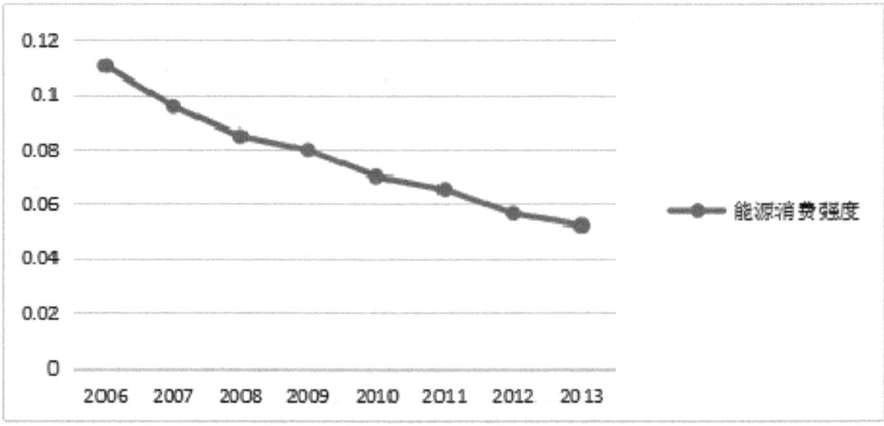

图 5–2　高技术产业能源消费强度

2. 高技术产业能源消费结构

从表 5-3 可以看出，高技术产业能源消费品种中煤炭和电力占据主要位置。这说明高技术产业在未来发展中应逐渐转变能源消费模式，由化石能源逐渐向非化石能源的利用转变，进一步优化能源技术，提升能源利用效率，转变高技术行业发展方式。

3. 高技术产业碳排放现状

二氧化碳排放是根据试点省市原煤、汽油、柴油、燃料油及天然气等能源消耗量及中国发改委气候司发布的《关于公布 2009 年中国区域电网基准排放因子的公告》与《中国温室气体清单研究》确定能源消费碳排放因子与含碳量予以测算的。

计算公式为：

$$C_i = \sum_{k=1}^{i} LH_k \times CE_k \times AC_{ik} \qquad (5\text{-}1)$$

其中 C_i 是指 i 部门能源消费二氧化碳排放量（万吨），LH_k 表示第 K 种低位热值（kJ/kg，kJ/m^3），CE_k 是指燃料 K 的二氧化碳排放系数，AC_{ik} 表示第 i 个部门第 K 种燃料的消耗量（kg，m^3）。为了使计算的数据更准确且相关性更强，每一种耗费的燃料应尽可能地使用中国公布的指标数据，本书所计算的高技术产业二氧化碳排放量，不包括二次能源消耗产生的二氧化碳排放，也不包含甲烷等其他温室气体。

表 5-3 高技术产业 2005—2012 年能源消费结构

品种 年份	煤炭(万吨)	焦炭(万吨)	原油(万吨)	汽油(万吨)	煤油(万吨)	柴油(万吨)	燃料油(万吨)	天然气(亿立方米)	电力消费(亿千瓦小时)
2005	2252.99	484.95	0.86	102.77	21.04	231.36	62.58	16.67	1348.79
2006	2293.56	699.86	0.86	104.19	16.67	221.76	66.48	19.09	1553.73
2007	2280.28	769.88	0.97	136.06	15.88	199.33	65.63	22.38	1833.89
2008	2749.28	710.97	1.15	141.18	19.04	335.88	67.46	30.52	1994.39
2009	2755.26	939.35	0.5	159.69	12.55	316.18	62.92	30.5	2140.87
2010	2841.55	960.75	0.61	172.48	16.6	335.42	44.76	35.31	2708.32
2011	2719.66	1243.51	0.26	152.74	16.32	251.59	33.74	44.77	2999.84
2012	2603.6	1109.86	0.17	141.25	13.14	199.72	20.31	50.98	3011.36
2013	2718.13	1258.45	0.15	152.63	14.38	223.54	25.68	49.84	3105.23

数据来源：《2014 中国能源统计年鉴》、《中国统计年鉴》

表 5-4 燃料的各类参数表

燃料种类	含碳量（吨碳/万亿焦瓦）H	碳氧化率（%）	政府间气候变化专门委员会（IPCC）燃料二氧化碳排放因子 95%置信区间下限（千克二氧化碳/万亿焦耳）	平均低位发热量（兆焦耳/吨，立方千米）
原煤	25.8	100	87,300	20908
洗精煤	25.8	100	87,300	26344
其它洗煤	25.8	100	87,300	8363
型煤	26.6	100	87,300	20908
焦炭	29.2	100	95,700	28435
焦炉煤气	12.1	100	37,300	16726
其它煤气	12.1	100	37,300	5227
原油	20	100	71,100	41816
汽油	18.9	100	67,500	43070
柴油	20.2	100	72,600	42652
燃料油	21.1	100	75,500	41816
液化石油气	17.2	100	61,600	50179
炼厂干气	15.7	100	48,200	46055
天然气	15.3	100	54,300	38931
其他石油制品	20	100	75,500	41816
其他焦化产品	25.8	100	95,700	28435
其他能源	0	0	0	0

数据来源：2006 IPCC Guidelines for National Greenhouse Gas Inventories，Volume 2 Energy

计算结果如表 5-5 所示：

表 5-5　2005—2012 高技术产业碳排放量与碳排放强度

年份	碳排放量（万吨）	碳排放强度（吨/万元）
2005	96193.06432	1.44789395
2006	103249.4882	1.233466252
2007	108752.0642	1.025492691
2008	114278.4889	0.883370712
2009	122690.1708	0.846340596
2010	137077.9586	0.728137663
2011	140536.8599	0.648341513
2012	9013.379757	0.037060255

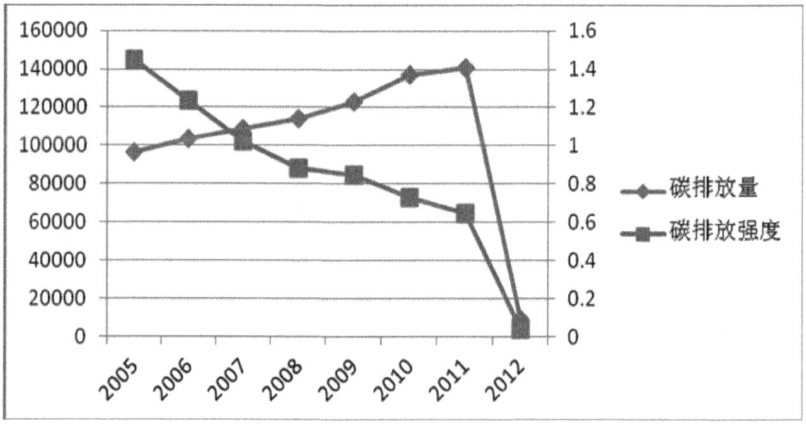

图 5-3　2005—2012 高技术产业碳排放量与碳排放强度趋势图

从图 5-3 可以看出 2005—2011 年高技术产业碳排放量逐年上升，2011—2012 年却呈现大幅度下降。碳排放强度八年内逐年下降，2011—2012 年度呈现大幅降低。2012 相比 2005 年碳排放强度平均每年下降 40.76%，在环境政策日益完善、惩罚力度逐步加强、节能减排技术大力推广的背景下，高技术产业降低碳排放强度的工作有了很大提高。

（三）不同行业能源消耗比重

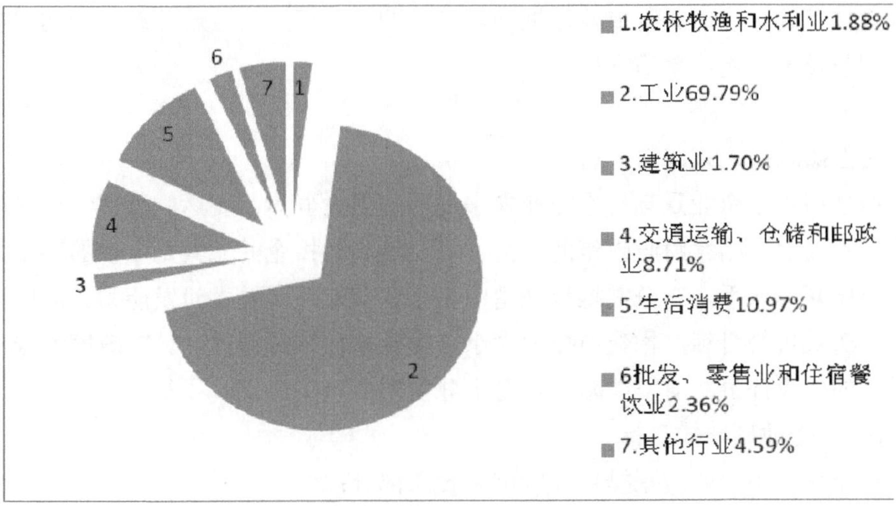

图 5-4　2012 年不同行业的能源消耗量分布

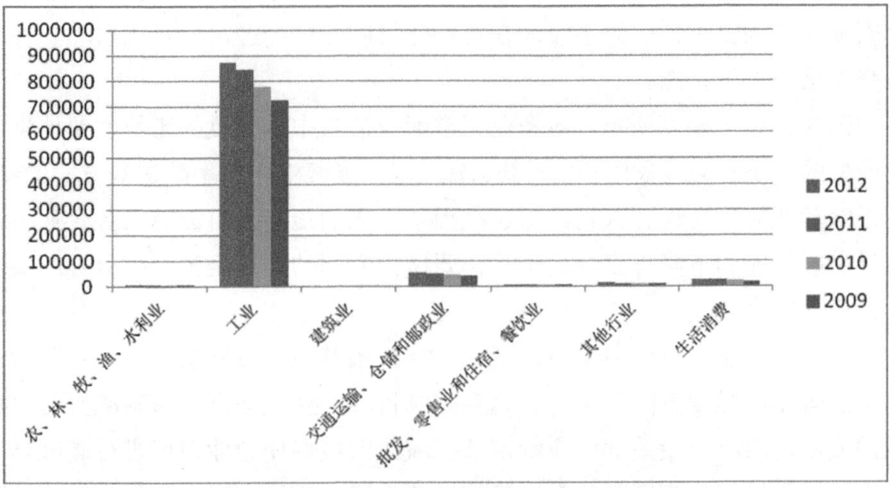

图 5-5　2009—2012 各行业碳排放量

由于不同行业能源消耗不同，图 5-4、5-5 给出了我国不同行业 2012 年能源消耗分布与 2009—2012 年各行业的碳排放量，其中工业是能源消耗与碳排放最多的行业[①]，每年排放的二氧化碳远远高于其他行业。

高技术产业主要集中在工业中的制造业领域，且高技术产业是拥有最尖端的

① 邓大跃，张然，李楠，戴涟漪，王汉玉. 企业碳减排及减排绩效评估研究. 河南师范大学学报(自然科学版)，2011，02：91~94

技术生产制造产品的产业，从高技术产业入手提高节能减排不仅迅速有效，而且会使该技术逐步渗透到制造业领域乃至工业的其他行业，改造传统行业的生产工艺流程与设备，淘汰落后产能。

二、企业碳减排未来趋势分析

科技型中小企业是高技术产业未来发展的强大群体，要达到温室气体的减排目标，不仅要有国家财政政策的支持，更要从高科技企业尤其是众多的科技型中小企业碳减排入手，充分发掘科技型中小企业节能减排技术研发能力。因此，了解企业碳减排的目标，构建科技型中小企业碳排放核算模式，针对政府实施碳减排措施的效果评价，对节能减排具有十分重要的现实意义。

（一）企业碳减排目标

科技型中小企业的减排目标应该包含两部分：

一部分存在于正常营业（Business As Usual，简称 BAU）情景中，指政府不需要采用任何如制定节能减排管理办法与激励政策、推行节能减排法律法规等对社会碳减排起到促进作用的手段，在市场化机制与社会经济运行的自然状态下碳排放强度呈现下降状态。

如图 5-6 中 A 幅度所示。各企业正常营业情景中碳强度的走势主要体现了各企业所处的经济社会发展阶段、资源禀赋变化、能源生产效率改进等方面的特点。根据正常营业情景的设计原则给出这些因素未来的走势，可测算出各企业正常营业情景中碳强度的下降程度。由于不需要做出专门的减排努力，该目标的实现无须承担任何成本。

另一部分存在于目标情景中，图 5-6 中 B 幅度表示目标情景，在正常营业情景下企业碳排放强度下降了 A，为达到减排目标，企业必须针对碳减排付出额外的减排成本，政府等相关部门应制定节能减排政策促使企业自愿进行碳减排。这些措施包括引导和强制履行社会责任等行政手段，以及碳税、可再生能源补贴基金等经济手段。

为将这部分需要通过额外努力实现的全国减排目标分解到各企业，采用的方法是以各企业的投入产出表和能源平衡表为数据基础，比较各企业的技术减排潜力差异，开展分解。通过将行业、企业的碳排放强度与全国先进水平相对比可以发现，若某行业、企业与全国先进水平的碳排放强度存在较大的差距，排放强度远远高于全国水平，那么可以认为其环保技术水平远远落后，加总后得到的该企业总技术减排潜力也越大，则该企业分得的减排目标也会越多。企业为达到 A+B

的碳排放目标除了需要自然状态下碳排放强度的下降之外，还需采取环境管理。

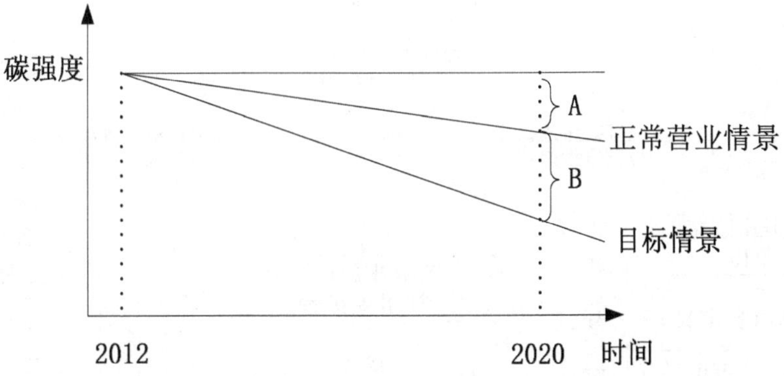

图 5–6　国家（企业）碳强度下降目标的构成示意图

（二）构建科技型中小企业企业碳减排项目的核算与披露模式

图 5-7 构建了科技型中小企业碳排放核算与披露模式，主要由政府牵头指定全国碳排放标准技术委员会，委员会内部可以成立科技型中小企业碳排放核算技术小组，小组的主要工作是对科技型中小企业进行调研，搜集碳信息数据、不同区域的企业提交给区域与行业审计部门不同的碳排放核算模式，科技型中小企业也要定期向所在地区、所处行业的审计机构提交碳排放数据检测与报告指南。

为提高企业节能减排的积极性，促使企业实施的项目内部自发进行碳减排，根据上述流程确定项目碳排放量，并按照如下公式确定碳减排量，最终为碳排放配额的分配与碳交易提供数据参考。

根据国家现行有关标准、规范的规定，科技型中小企业项目运行中系统的碳排放量应按下式计算：

$$PE_y = \sum_i \left(EC_{PJ,i,y} \times EF_{e,co_2} + M_{i,y} \times Q_i \times EF_{FF,CO_2} \right) \qquad \text{公式（5-2）}$$

式中：

PE_y——第 y 年中，系统的二氧化碳排放量，单位为吨二氧化碳当量/年；

$EC_{PJ,i,y}$——项目完成系统子系统 i 消耗电的数量，单位为兆瓦时；

EF_{e,CO_2}——电网排放系数，依据国家发改委公布的我国区域电网基准线排放因子选择，单位为吨二氧化碳/兆瓦时；

$M_{i,y}$——每年化石能源消费量，单位为吨；

Q_i——化石能源的低位发热量，单位为万亿焦耳/吨；

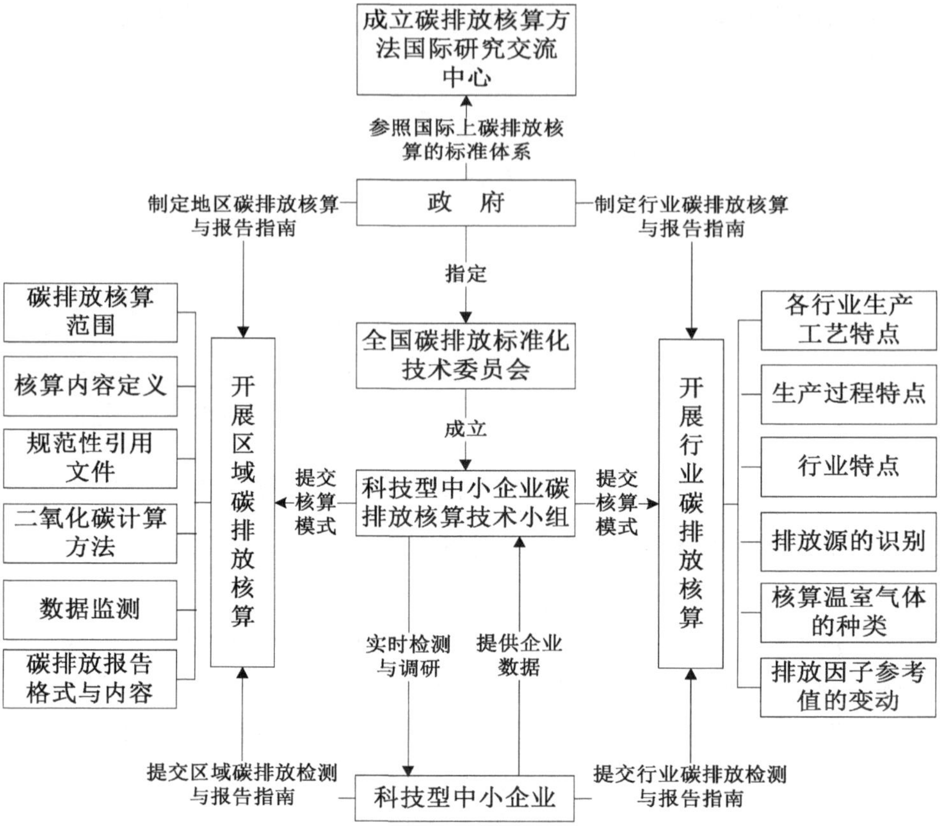

图 5–7 科技型中小企业碳排放量核算与披露模式的构建[①]

EF_{FF,CO_2}——单位能量的二氧化碳排放因子，吨二氧化碳/万亿焦耳；

i——子系统的数量。

这里所说的碳排放量主要是指系统内部的碳排放量，也称为碳泄漏量。其中泄露主要指直接泄露（一次泄露）和间接泄露（二次泄露）。直接泄露是指项目在转移和采购过程中发生的碳排放量，间接泄露是指项目运行过程中对企业地区温室气体排放起到一定的推动作用。就可再生能源项目而言，其所产生的碳排放量的泄露量可约等于零。

项目的减排量应按下式计算：

$$ER_y = BE_y - PE_y - LE_y \qquad \text{公式（5-3）}$$

① 刘承智，潘爱玲，谢涤宇，我国完善企业碳排放核算体系的政策建议，经济纵横，2014，11:42~45

式中：

ER_y ——项目的二氧化碳减排量，吨二氧化碳当量/年；

BE_y ——第 y 年中，项目活动替代冷热量供应的基准线排放，吨二氧化碳当量/年；

PE_y ——第 y 年中，项目活动的二氧化碳排放量，吨二氧化碳当量/年；

LE_y ——第 y 年中，项目的泄漏量，吨二氧化碳当量/年；

（三）国家节能减排政策措施的落实情况

在目标的指引下，国务院于 2011 年制定了《“十二五”控制温室气体排放工作方案》，具体规定了未来为落实碳减排目标的一些具体途径，以及逐步建立碳排放权交易试点，建设规范我国碳排放交易市场体系。

2013 年 6 月 18 日，深圳作为国内首个城市正式启动碳排放权上市交易。2013 年 11 月 26 日、11 月 28 日，上海、北京也相继启动碳排放权上市，并且首日成交价格呈现上升趋势。为了促进碳减排的实施，政府财政政策成为其主要的手段，如图 5-8 所示：

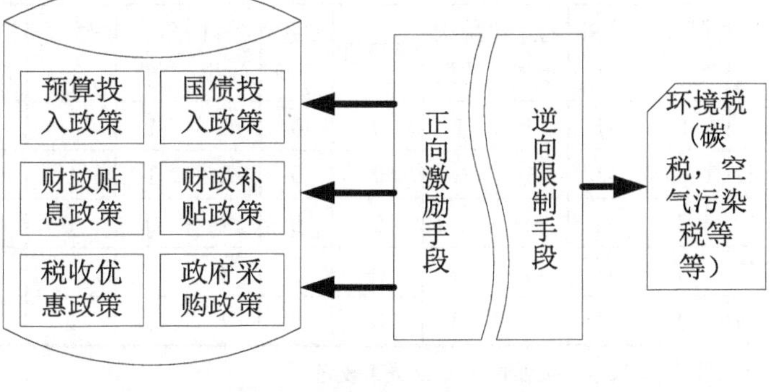

图 5–8　碳减排的财政手段

正向激励手段涵盖六方面：一是预算投入政策手段，一些能够减少碳排放的公共产品或准公共性的产品，依靠市场机制无法建立，因此需要国家的资金投入[①]。二是国债资金用来进行项目融资。由于国债资金是政府通过举债筹得的资金，在使用过程具有一定的资本成本。三是财政贴息，是指政府为企业支付贷款利息，为引导更多的企业积极开展碳减排工作，向银行申请碳信贷业务，政府可以通过为企业补贴碳信贷的利息吸引其自愿进行碳减排。四是财政补贴，是一种

① 盛丽颖. 中国碳减排财政政策研究. 博士学位论文，辽宁大学，2011

较为直接的补贴形式，能够为企业带来更直观的补贴效果。这种方式不局限于对企业生产碳减排产品的补贴，还针对购买环保产品的消费者进行补贴。补贴生产者与补贴消费者在减排效果上会有一定的不同，实施的效率和困难程度也会显著不同。五是从税收政策来看，就所得税而言，政府可以对购买减排设备的企业以双倍余额递减法或年限总和法等加速折旧的方法给予所得税的优惠；就增值税而言，政府可以对企业购买低碳原材料给予超过税法规定的税率抵扣税额，对销售低碳产品可以按照低于税法规定的税率的税额上交；就营业税而言，对于一些提供低碳服务的行业降低其营业税税率。六是政府的采购政策，是指政府自身购买环保与低碳的产品，采用该种政策必须使得政府所购买的产品技术较为成熟，并经过多次检验确保其安全性。

通过对碳排放污染较大的产品制定高额税率，在一定程度上限制企业购买高碳、高污染的产品与设备，并对高排放的作业流程采取罚款的形式加以逆向调节。

由盛丽颖的启发，绘制了我国财政政策的效果矩阵，如表 5-6 所示：

表 5–6　财政政策支持碳减排效果矩阵

名称	研究开发过程			技术应用过程			成本节约过程			市场化过程		
	减排效果	经济性	社会反响	减排效果	经济性	社会反响	减排效果	经济性	社会反响	减排效果	经济性	社会反响
预算投入	1	-1	-1	1	0	0	1	1	1	1	1	1
财政收入补贴	-1	-1	-1	0	0	0	1	1	1	1	1	1
税收正向调节	-1	-1	-1	0	0	0	1	0	1	1	0	1
税收逆向调节	-1	-1	-1	0	0	0	1	0	1	1	0	1
采购低碳产品	-1	-1	-1	-1	0	0	1	1	1	1	1	1

注：-1 表示效果较差；0 表示效果适中；1 表示效果较好

根据盛丽颖的思路将低碳产品分为产品研究开发过程、技术应用过程、成本节约过程与市场化应用过程。不同的财政政策对产品各阶段所带来的减排效果、经济性和社会反响不同。如表 5-6 所示，政府预算投入对四个产品过程的减排效果均较好，只在经济性和社会反响上所带来的效应有所不同。税收正向调节手段能够使得企业在产品节约成本阶段与销售阶段产生减排效果。

另外，财政手段也会对经济和社会的其他方面产生影响。其经济效应在不同阶段表现出的强烈程度不同。并且对于社会效应而言，以税收政策为例，征收环境税对改善环境、促进就业、引导社会消费等都有一定的功效。

第二节　碳信贷对科技型中小企业融资的必要性分析

科技型中小企业拥有高技术产业所独具的特点——研发能力，具备大量专业性的、拥有高科技技术的人才，其生产的产品可通过研发创新、技术优化更容易达到碳减排的目的，并能通过其快速的发展将减排技术迅速渗透到其他高科技产业，最终扩大到整个企业群体。以科技型中小企业为核心，发展节能减排技术不仅能够提升企业自身的发展能力，同时又能促进社会的可持续发展。但基于科技型中小企业自身的原因，其在经营过程中的融资较为困难，这在一定程度上制约着科技型中小企业的技术发展。碳信贷作为一项新型融资项目，既能解决科技型中小企业的融资问题，又能促使节能减排技术得到迅速发展，改善生态环境。碳信贷的推行会引导科技型中小企业为了解决融资问题自愿生产节能减排产品、优化生产技术，履行环境责任，也会为国家的环保事业贡献一分力量。

为了促使科技型中小企业积极创新、设计并研发节能减排的低碳产品，在科技型中小企业开展碳信贷业务刻不容缓。

一、碳信贷融资与节能减排的关系

21 世纪，低碳经济成为世界发展的潮流。在此趋势下，有效发挥金融服务在经济转型升级发展方式中的作用，从而促进产业低碳发展，成为当前急需研究的问题。金融服务是产业低碳发展的动力，产业低碳发展的金融服务重点在于：一是针对产业低碳发展的资金融通需求，通过传统的金融服务模式予以支持，包括银行中介的信贷支持、证券市场的间接融资和政府的资金扶持等手段；二是为新兴的碳排放权交易市场提供金融工具和金融制度上的安排，对产业低碳发展予以支持。

国内外金融机构创设出许多具有特色的碳金融产品如碳信用、能效融资、碳排放权配额期货等，以支持低碳经济发展。

国际金融机构开展的绿色金融和碳金融主要活动如表 5-7 所示。

表 5-7 绿色金融与碳金融活动

金融机构	绿色金融或碳金融业务
国际金融公司	能效融资合作机制：通过提供技术援助或借助商业银行信贷杠杆的作用，鼓励银行开展节能设备融资。
荷兰银行	为碳交易提供代理服务，获得中间收入；追踪欧盟排碳配额期货的零售产品。
美国花旗银行	个人信贷领域的节能抵押产品。
英国联合金融服务社	生态之家贷款项目：将家庭节能指标（省电等）纳入借款人的信用评分体系；为房屋交易提供免费家用能源评估；用房屋二氧化碳的减排来抵消服务。
加拿大温哥华城市银行	清洁空气汽车贷款项目。
澳大利亚麦格理银行	汽车绿色贷款项目：向低排放的车型提供优惠利率贷款；商业建筑绿色贷款项目：向绿色项目中商业或多用途居住单元提供贷款利率优惠等。
美洲银行	小企业管理快速贷款项目：向货车公司提供无抵押兼优惠条款，支持其投资节油技术，帮助其购买节油套装。
荷兰农业合作银行	气候信用卡：每年按信用卡购买能源密集型产品或服务的金额捐献一定的比例给世界野生动物基金会。
英国巴克莱银行	绿色信用卡：向该信用卡用户购买绿色产品和服务提供折扣，并提供较低的借款利率，而信用卡利润的 50%用于世界范围的碳减排项目。

从产业低碳发展的金融服务需求视角来看，金融支持产业低碳发展的过程是在金融需求的诱致下产生的，金融服务者提供金融服务以满足金融需求，从而形成一系列的金融功能。金融功能视角下产业低碳发展的金融服务机理见图 5-9。

目前，绿色信贷、碳信贷在我国虽刚刚起步，但未来的信贷需求不容忽视。首先，它符合我国乃至全球社会经济的发展；此外，该业务可以促使我国经济发展不再以高能耗、高污染为代价，为人类生活带来巨大益处；最后，开展碳信贷业务为企业与银行的可持续发展带来潜在的社会利益。

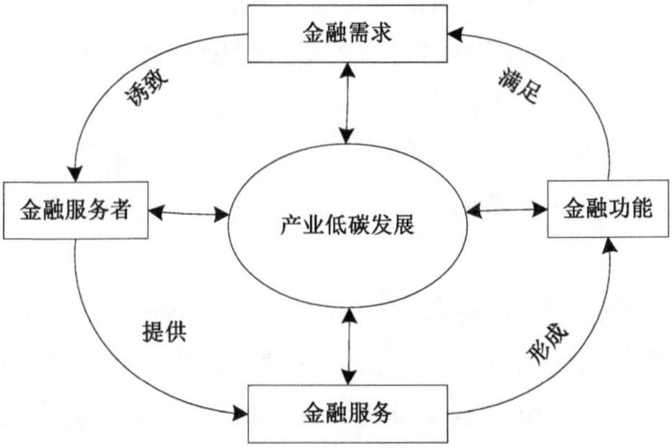

图 5–9　金融服务机理

一方面，碳信贷在积极推动科技型中小企业在经营活动中实现自身低碳发展的同时，引导这些中小企业转化科技研发成果，形成具有环保特征的高科技产品，从而助力节能减排。另一方面碳信贷的开展可以加强企业践行环保责任的意识和意愿。本书就国有四大银行及部分商业银行 2014 年《企业社会责任报告》中的绿色信贷相关业务进行整理，梳理各银行绿色信贷业务的开展对节能减排产生的效果，如表 5-8 所示：

表 5–8　各银行绿色信贷业务实施效果表

机构	业务	减排成果
中国银行	苏州分行为阿特斯集团开立融资性保函	化解光伏产业过剩产能
	云南分行 2500 万元贷款	建设昆明危险废物处理中心
	浙江分行提供六亿元授信	环保电缆技术改造
中国工商银行	青海分行贷款 14 亿元	建设全球最大水光互补项目，提高能源利用率
	发放 2 亿元贷款	建设城市生活垃圾处理站
	发放 4.6 亿元贷款	助力电子废弃物回收开展循环再造技术
	发放 1.3 亿元贷款	支持洱海湖滨带生态修复
	发放 2.53 亿元贷款	支持山东某风力发电项目，节能 3.3 万吨标准煤，二氧化碳减少 7.6 万吨
中国建设银行	绿色信贷余额为 4870.77 亿元	节约标准煤 1969.59 万吨，二氧化碳当量减排 4653.39 万吨，水资源节约 89.91 万吨
中国农业银行	清洁发展机制顾问业务	减排量 120 万吨/年
	信息咨询	减排量 17 万吨/年
	截至 2013 年底，浙江分行共向 57 个绿色环保项目发放绿色产业贷款 105.28 亿元	支持重点环保产业园区
北京银行	能源技术产品贷款（CHUEE SME）	预计可实现节能 965.4 吨标准煤、二氧化碳 1714 吨/年、二氧化硫 15.4 吨/年

由表 5-8 可以看出，银行绿色信贷业务促进节能减排技术的研发与推广，使整个国家、社会的环保事业带来巨大的飞跃。它不仅促使银行实现可持续发展，也为社会的环保发展起到了至关重要的作用。碳信贷产品是在绿色信贷基础上演化而成的，主要是针对碳减排提出的，以二氧化碳减排量为主要目的而发放的贷款。

绿色信贷、碳信贷作为与以往任何信贷产品完全不同的信贷业务，其开展使银行等金融机构必须在以往的基础上积极转变管理方式。首先在碳信贷产品的设计上要响应客户需求，符合市场运作模式，建立健全碳信贷信用评级机制，从而尽可能使碳信贷业务的风险最小化。另外，国际上有着较为成熟的绿色信贷与碳信贷业务，我国银行在发展碳信贷业务的同时应积极学习国际先进的经验与管理模式，开展国际交流与合作。政府作为整个金融市场的宏观调控方，在开展碳信贷业务上有着至关重要的作用，应制定环境法律法规、设计并发布碳排放计算方法、报告标准与指南。这些将为未来开展碳信贷业务提供较为健全的环境。我国日益完善的《环境保护法》、《大气污染防治法》等相关规章制度、碳交易试点的顺利运行、兴业银行等金融机构成功开展的碳信贷业务均为我国碳信贷发展开辟了一条前景宽广的道路，也从某种程度上对科技型中小企业融资信用体系与科技型中小企业内部控制系统设计优化提供了指引。

二、碳信贷融资与科技型中小企业内部发展的关系

目前对科技型中小企业发展碳信贷的研究鲜有，并且对该类企业发展上政策支持的影响因素多停留在定性分析，定量分析极少。本书认为，产生该情况的原因有二：一方面，我国对科技型中小企业重视不够，国家缺乏对科技型中小企业的相关数据的统计；另一方面，碳信贷作为一种新型信贷，在我国的发展还处于起步阶段，来自碳信贷的支持较少，数据统计同样存在困难。因此要探究碳信贷支持对科技型中小企业发展的影响需要进行大量的文献检索，实地调研和数据整理汇总，这就为研究带来较大的困难。然而，随着科技型中小企业的发展越来越受到重视，碳信贷在我国不断推广，探究碳信贷支持科技型中小企业的发展对于政府进一步采取措施具有指向性作用。本书在对科技型中小企业进行界定之后，基于单位根检验、协整检验和格兰杰因果关系检验，从科技型中小企业的人力资本、企业规模和技术资本三个维度分析碳信贷与科技型中小企业发展是否存在因果关系，对研究结果进行分析并提出相应的对策建议。

（一）变量选取与数据来源

选取科技型中小企业人力资本、企业规模、技术资本三个维度来代表科技型中小企业的发展。

1. 被解释变量

（1）企业规模（简写为 GM）。企业规模一直就被认为是企业发展状况的代表，对于企业类型的界定多以企业规模的大小来衡量。本书以科技型中小企业作为研究对象，“中小型”的企业规模是其重要特征，因此本文选择企业规模作为科技型中小企业的特征变量，将其与大型企业相区别。本书借鉴其他学者的研究，拟选取企业年末营业收入的对数表示企业规模。企业规模的数据选取自《中国高技术统计年鉴》。

（2）人力资本。本书延续以往对人力资本的研究，拟选取员工人均利润率（简写为 JL）作为人力资本的代理变量。

员工人均利润=企业年利润总额/员工总人数　　　　　　　　　　（1）

本书员工人均利润的数据选取自我国 1990—2013 年《中国高科技统计年鉴》，由于年鉴中未直接统计科技型中小企业的相关数据，本书在这里做了一定处理，科技型中小企业员工总人数由总的人员数减去大型高科技企业人员数所得。

（3）技术资本。基于科技型中小企业创新能力强、研发投入大等特点，技术资本的投入产出能够代表企业技术创新水平，是科技型中小企业特征的重要反映。考虑到数据的可获得性，本书拟选取研发投入强度（R&D 投入强度）作为技术资本的代理变量。

研发投入强度（简写为 RD）是研发投入量与营业收入的比值。其数据来源于《中国高科技统计年鉴》，数据与（1）做了相同的处理。部分数据是作者在已有的数据基础上推算而得。

2. 解释变量

（1）碳信贷额度（简写为 CR）。本书梳理了我国 1990—2012 年科技型中小企业的碳信贷情况，数据来源于《中国金融年鉴》《中国高科技统计年鉴》、专家访问等。

（2）碳信贷效率（简写为 CB）。科技型中小企业贷款困难的一个原因是银行信贷效率较低且信用评级过程复杂。本书碳信贷效率的数据借鉴了李栋（2008）的研究成果并对结果进行了取均值处理。

以下统计结果为手工摘抄整理而得，见表 5-9。

表 5-9　1990—2012 年各变量的统计性描述

年份	碳信贷效率	碳信贷额度（亿元）	企业规模	员工人均利润（万元/人）	研发投入强度
1990	28.74	54	2.490	1.011	48.10
1991	30.05	62	2.530	1.087	47.03
1992	33.04	113	2.521	1.109	50.80
1993	33.25	118	2.746	1.547	52.92
1994	33.55	121	2.988	1.118	56.31
1995	32.55	144	3.090	1.320	58.00
1996	35.01	150	3.120	1.332	58.74
1997	33.05	177	3.187	1.341	55.43
1998	34.72	176	3.320	1.343	60.20
1999	36.02	188	3.335	1.354	60.31
2000	36.88	190	3.359	1.359	62.37
2001	37.00	188	3.615	1.361	66.50
2002	37.91	201	3.936	1.405	70.11
2003	50.31	221	4.121	1.422	79.15
2004	53.65	240	4.310	1.605	80.12
2005	54.53	254	4.344	1.701	90.45
2006	54.99	288	4.346	1.808	99.30
2007	59.09	363	4.389	2.433	100.80
2008	60.30	384	4.427	2.622	120.13
2009	70.39	378	4.459	3.229	153.56
2010	82.13	840	4.541	4.285	121.01
2011	90.30	951	4.497	4.157	172.50
2012	100.6	1105	9.855	5.672	192.70

（二）单位根平稳性检验及协整检验

1. 单位根检验（ADF 检验）

时间序列数据常常会表现出非稳定的现象，而且若对该类不稳定的数据进行分析容易发生“伪回归”的现象。所以，需要对时间序列进行检验。本研究运用 Eviews 5.0 进行单位根检验（ADF 检验）。其步骤如下：

$$\Delta y_t = \gamma y_{t-1} + \sum_{i=1}^{p} \beta_i \Delta y_{t-i} + u_t$$ 公式（5-4）

$$\Delta y_t = \gamma y_{t-1} + a + \sum_{i=1}^{p} \beta_i \Delta y_{t-i} + u_t$$ 公式（5-5）

$$\Delta y_t = \gamma y_{t-1} + a + \delta t + \sum_{i=1}^{p} \beta_i \Delta y_{t-i} + u_t$$ 公式（5-6）

y_t 表示时间序列，t 表示时间，δ 为趋势项，α 为截距，u_t 为随机误差项。检验的原假设为：H0：γ=0。对上述三个模型逐一检验，若三个模型中任意一个模型最终的检验结果拒绝原假设，此序列是平稳的，若三个模型中没有一个拒绝原假设，则为非平稳的。检验结果如下表 5-10 所示：

表 5-10　各变量的单位根检验

原假设：D（CB/CR/GM/JL/RD，2）存在单位根					
变量 Variables	ADF 统计值 t-Statistic	1%临界值 1% level	5%临界值 5%level	10%临界值 10%level	结论 results
CB	4.413568	-2.679735	-1.958088	-1.60783	不平稳
D（CB）	-2.623704	-3.808546	-3.020686	-2.650413	不平稳
D（CB，2）	-6.043313	-4.532598	-3.673616	-3.277364	1%平稳
CR	0.572742	-2.699769	-1.961409	-1.60661	不平稳
D（CR）	1.846818	-3.857386	-3.040391	-2.660551	不平稳
D（CR，2）	-10.80505	-5.835186	-4.246503	-3.590496	1%平稳
GM	1.209176	-2.685718	-1.959071	-1.607456	不平稳
D（GM）	-2.490782	-3.808546	-3.020686	-2.650413	不平稳
D（GM，2）	-4.128235	-4.532598	-3.673616	-3.277364	5%平稳
JL	2.714831	-2.679735	-1.958088	-1.60783	不平稳
D（JL）	0.838588	-3.857386	-3.040391	-2.660551	不平稳
D（JL，2）	-12.50518	-5.835186	-4.246503	-3.590496	1%平稳
RD	0.262479	-2.708094	-1.962813	-1.606129	不平稳
D（RD）	1.837817	-3.886751	-3.052169	-2.666593	不平稳
D（RD，2）	-6.995148	-4.616209	-3.710482	-3.297799	1%平稳

注：X 为原时间序列，D（X）表示一阶差分，D（X，2）表示二阶差分

资料来源：作者根据 Eviews 分析结果整理

原变量时间数列检验结果表明，所有原变量时间序列均拒绝原假设，因此原变量时间数列是不稳定的，应继续进行差分。最后得到变量的二阶差分稳定，即各变量二阶差分后序列平稳为二阶单整，可进行协整检验分析。

2. 协整检验

单位根检验旨在说明时间序列的平稳性，然而多数原始序列是不平稳的，对其进行回归分析结果将可能出现“伪回归”。1987 年，格兰杰和恩格尔提出了一种新的理论——协整，协整理论认为即使变量之间或者变量本身不平稳，但由于某种线性组合的存在使得变量之间存在长期稳定的协整关系。协整检验正是可以检测变量之间是否具有长期稳定的协整关系的检验方法。

分别采用该种方法检验碳信贷变量 CB、CR 分别与科技型中小企业发展变量 GM、JL、RD 之间的协整关系。鉴于已经验证出各时间序列均是二阶单整的，因此可直接分析变量之间的协整关系。如表 5-11 所示：

表 5–11　三变量向量自回归系统协整关系的约翰森检验

向量自回归（VAR）系统	滞后期	特征根	极大似然率	5%的临界值	检验结果
(GM,CB CR)	1	0.560726	15.91767	15.49471	存在 2 个协整关系
(JL,CB,CR)	1	0.381068	14.88764	15.49471	存在 1 个协整关系
(RD,CB,CR)	1	0.523085	14.62275	15.49471	存在 1 个协整关系

注：这里对滞后期的选择，利用了对最大滞后期 Y 变量的联合显著性检验来判断

表 5-11 给出了碳信贷与企业规模、人力资本、技术资本分别组成的三变量系统基于模型回归系数协整检验（即 Johansen 协整检验结果）。结果显示，碳信贷额度、碳信贷效率与科技型中小企业的企业规模、人均利润率、研发投入强度都存在长期均衡关系。

3. 格兰杰因果关系检验

通过上述单位根检验和协整检验可知，各时间序列二阶单整并且碳信贷对科技型中小企业发展的三个变量之间有长期均衡关系，但无法验证出是否存在因果关系。

格兰杰因果关系检验 Y 的滞后一阶变量引入模型中是否对 Y 序列造成影响。

格兰杰因果关系检验要求估计一下回归模型：

$$Y_t = \sum_{i=1}^{m} \alpha_i X_{t-i} + \sum_{i=1}^{m} \beta_i Y_{t-i} + u_{1t} \qquad \text{公式（5-7）}$$

$$X_t = \sum_{i=1}^{m} \lambda_i Y_{t-i} + \sum_{i=1}^{m} \delta_i X_{t-i} + u_{2t} \qquad \text{公式（5-8）}$$

式（5-7）、式（5-8）中：X_t、Y_t为X、Y原始序列的当期值；X_{t-i}与Y_{t-i}为原始序列滞后i期的值；αi、βi、λi、δi为回归系数；u1t、u2t为误差项。

F检验结果可以验证格兰杰因果关系。假设：X不是Y的格兰杰原因，即式（5）中X滞后项前的参数整体为零。做各回归的残差平方和，记为RSS，并计算F统计值：

$$F = (RSS_R - RSS_U) * (N - 2_n - 1) / RSS_{U*n} \qquad (7)$$

RSS_R、RSS_U分别为式（5）、式（6）的残差平方和，n表示X的滞后项数量，N表示样本容量。如果检验结果显著为0，则“X不是引起Y变化的原因”的原假设成立，反之则不成立。

由于滞后项影响格兰杰因果关系检验的结果，因此根据随机干扰项中不存在序列相关的滞后期长度选择滞后期变量。结果见表5-12。

表5-12　格兰杰因果关系检验结果

原假设 Null Hypothesis	滞后阶数 Lags	F统计量 F-Statistic	Prob.	5%结论
CB不是引起GM的原因	2	0.49173	0.62109	接受
GM不是引起CB的原因	2	0.62531	0.54848	接受
CR不是引起GM的原因	4	1.60556	0.25463	接受
GM不是引起CR的原因	4	1.49688	0.28191	接受
CB不是引起JL的原因	4	3.74765	0.04624	拒绝
JL不是引起CB的原因	4	0.59324	0.67643	接受
CR不是引起JL的原因	2	5.31089	0.01803	拒绝
JL不是引起CR的原因	2	8.21108	0.0039	拒绝
CB不是引起RD的原因	4	1.45117	0.29437	接受
RD不是引起CB的原因	4	1.51430	0.27732	接受
CR不是引起RD的原因	4	0.8131	0.54757	接受
RD不是引起CR的原因	4	4.51636	0.02823	拒绝

注：如果$Prob > 0.05$，接受假设；$Prob < 0.05$，拒绝假设

从表 5-12 的检验结果可知，银行碳信贷效率与科技型中小企业的企业规模虽然存在长期均衡关系，但两者并不存在因果关系。产生这一结论的主要原因在于科技型中小企业的企业规模的扩大需要资金来支持，而科技型中小企业融资难是当前科技型中小企业发展的一大障碍。银行向科技型中小企业贷款少，即使效率很高，对科技型中小企业的规模扩张也没有作用。企业规模大小亦不是银行碳信贷效率高低的原因，银行效率的影响因素包括宏观层面的通货膨胀、利率变动等；行业层面的政府管制制度、市场竞争等；银行自身的资产规模、人力资本等①。与科技型中小企业的规模大小不存在直接的因果关系。

银行碳信贷额度不是科技型中小企业规模大小的格兰杰原因，这也反映了目前我国银行对科技型中小企业推出的低碳信贷项目和产品并没有有力推进和加快企业的融资。科技型中小企业的抗风险能力差、信誉度不高、信用担保困难使银行为科技型中小企业贷款存在高风险②。“银行惜贷”加之推出的低碳信贷产品与科技型中小企业发展的不匹配，导致银行碳信贷没能为中小规模的科技类企业发展提供有力支持。相反，科技型中小企业自身规模的扩大也不是银行碳信贷额度的格兰杰原因。企业的销售收入、总资产或员工人数是衡量企业规模的指标③。银行为科技型中小企业进行碳信贷关注的是企业是否能及时还款付息，而不是关注企业能获得多大的利润。银行对科技型中小企业进行信用评级时，也鲜有对其规模进行测评。

银行碳信贷效率与科技型中小企业的员工人均利润率存在单向因果关系，即碳信贷效率是员工人均利润率的格兰杰原因，反之不成立。本书认为银行碳信贷效率的提高将直接节约企业的人力资本。银行碳信贷额度与科技型中小企业的员工人均利润率，即与企业的人力资本存在双向因果关系。说明虽然银行的碳信贷对科技型中小企业的发展的支持有待于加强，但我国政府和银监会越来越重视对科技型中小企业的融资扶持。我国对低碳信贷的推广和对科技型中小企业的融资扶持将不断加强。企业人力资本的提高又为银行提供碳信贷提供了支撑。较高的人力资本暗示企业的还款能力较好，风险相对小。

银行碳信贷效率与科技型中小企业的研发投入强度不存在因果关系。即银行碳信贷效率不是企业研发投入强度的原因，企业研发投入强度亦不是银行碳信贷效率的原因。本书认为，造成这一现象的原因是由于银行碳信贷效率是银行的内

① 李栋. 中国商业银行效率实证研究. 博士学位论文，天津大学，2008

② 李增福，李颂. 商业银行对科技型中小企业的贷款方式的研究. 华东经济管理，2010，3：11~15

③ 朱恒鹏. 企业规模、市场力量与民营企业创新行为. 世界经济，2006，12：41~52

部管理运营的结果，而企业的研发投入强度是企业的内部行为，两者并无直接关系。

银行碳信贷额度与科技型中小企业研发投入强度存在单向因果关系。科技型中小企业研发投入强度是银行碳信贷额度的格兰杰原因，反之不成立。说明企业研发投入强度越大，企业的科技型产品或项目越多，为银行推出碳信贷产品提供借鉴。科技型中小企业的研发投入强度不会以银行推出的低碳信贷产品或项目来约束企业的生产，这也反映出当前银行为科技型中小企业准备的碳信贷产品和项目与企业的需求存在诸多不匹配现象。

三、小结

本小节运用单位根检验、协整检验和格兰杰因果关系检验分别对我国碳信贷和科技型中小企业发展的各变量进行了检验。

第一，单位根检验结果表示变量序列非平稳，二阶差分后的单位根检验平稳，说明各时间序列二阶单整。

第二，协整检验结果表明，各变量指标原序列虽然不平稳，但存在长期均衡关系。我国银行碳信贷与科技型中小企业发展有密切的关系。

第三，格兰杰因果关系检验结果显示，银行碳信贷效率、银行碳信贷额度与科技型中小企业的企业规模均不存在因果关系；银行碳信贷效率与科技型中小企业的员工人均利润率存在单向因果关系；银行碳信贷额度与科技型中小企业的员工人均利润率存在双向因果关系；银行碳信贷效率与科技型中小企业研发投入强度不存在因果关系；银行碳信贷额度与科技型中小企业研发投入强度存在单向因果关系。

第三节 碳信贷方式下科技型中小企业融资可行性分析

在我国，并没有严格区分碳信贷与绿色信贷业务，有关环境方面的信贷产品均以绿色信贷项目列示。如表 5-13 所示：

表 5-13　2012—2014 年份各银行机构绿色贷款余额　　单位：亿元

机构＼年份	2012	2013	2014
中国银行	2274.8	2587.59	3010.43
中国工商银行	5934	5980	6553
中国建设银行	2396.37	4883.9	4870.77
中国农业银行	1522	733.98	4724.47
平安银行	110.54	128.97	153.89
北京银行	78.85	109.85	180

数据来源：2012—2014 年部分银行《企业社会责任报告》

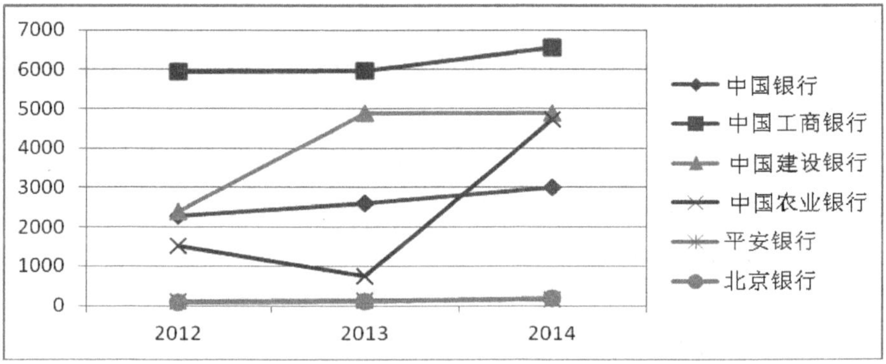

图 5-10　2012—2014 年份各银行机构绿色贷款余额趋势

通过图 5-10 可以看出，2012—2014 年属于国有银行的中国银行与中国工商银行、属于商业银行的平安银行与北京银行绿色信贷余额变化趋势较为平稳，中国农业银行与中国建设银行变化趋势呈现相反状态。从数额可以看出国有银行绿色信贷业务余额数目较大，就 2014 年而言，平安银行绿色信贷余额仅为中国银行的 4.86%，北京银行为中国银行的 3.47%。在中国人民银行、银监会的领导下，绿色信贷开展形成了以国有银行为核心、主导，各大商业银行积极拓展的新型融资方式。2014 年 6 月 27 日，银监会办公厅发布的《绿色信贷实施情况评价指标》，进一步对各大银行绿色信贷实施情况的评价工作提出了具体的要求并构建了评价体系。这说明银行业也在国家的倡导下不断拓展绿色信贷业务，基于可持续发展与银行业的社会责任，逐步认识到该项业务对整个社会发展所带来的重大意义，绿色信贷业务开展是银行业顺应时代背景的战略选择。

当科技型中小企业陷入财务困境，由于其经营特点而缺乏容易清算的有形资产，并伴随客户与员工的流失，使得财务困境成本相对而言会较高。将碳信贷融资纳入科技型中小企业的融资方式中首先要解决的是银行对科技型中小企业融资的顾虑——风险高。通过上节分析可知，当前银行碳信贷与科技型中小企业发展之间是否存在长期双向因果关系，关键不在于银行贷款效率的提高，而在于银行为科技型中小企业提供了多少碳信贷额度。为了促进科技型中小企业融资，银行应进一步加大对碳信贷的支持，扩大对科技型中小企业的碳信贷规模。

第二是要解决在碳信贷业务推行的过程中，政府、银行、科技型中小企业自身应如何面对机遇和挑战，制定有效的措施与路径积极推行碳信贷业务的发展。

一、碳信贷应用于科技型中小企业融资的动力分析

本书通过查阅大量文献、进行实地调研发现，目前我国商业银行针对科技型中小企业的融资支持多源于产业集群优势。所谓产业集群，迈克尔·波特的观点强调 1+1>2 的效果，在某一行业、产业或者是某一类型的企业、某一地区等特定的领域，各个企业与其竞争者、上下游企业等有着紧密合作或者在某一领域有着类似特性的企业之间与为其贷款的金融机构、支持发展的政府机关等部门，通过 1+1>2 的相互作用，合成强大的核心竞争优势[①]。科技型中小企业所在的产业集群在信贷融资上具有内生优势，即有助于克服信息不对称、交易成本和信贷风险而引发的配给问题[②]。

本书在有限理性前提下建立银行在产业集群下的两类科技型中小企业信贷的三方动态演化博弈模型，通过对集群企业内部制定还款规则和博弈主体失信惩罚措施来寻求银行与企业间的演化稳定均衡状态。

（一）模型的理论基础

1973 年梅纳德·史密斯（Maynard Smith）和普莱斯（Price）将生物理论引入博弈论，提出了演化博弈思想和演化稳定策略[③]。与经典博弈理论不同，演化博弈不要求企业是完全理性的，演化博弈从有限理性的个体出发，以群体为研究对象，博弈者通过不断模仿、学习和突变等过程最终会趋于某个稳定的策略，即“演化稳定策略”（ESS）[④]。1990 年福斯特（Foster）和杨（Young）首次将随机

① 迈克尔·波特. 国家竞争优势. 华夏出版社，2002, 22~65

② 罗正英. 中小企业集群信贷融资：优势、条件与决策. 财贸经济，2010，02:31~36

③ Maynard Smith J，　Price G R. The logic of animal conflict. Nature，1973，246:15~18

④ 王长峰. 基于演化博弈理论的产业集群中竞争与合作关系分析. 科技管理研究，2011，01：176~179

性引入复制动态模型中，提出了用微分方程描述演化过程[①]。随着研究的拓展，演化博弈论逐步应用到社会的发展与资本市场中。经济学家致力于开展此方面的研究并进一步促进演化博弈论在经济领域以外的发展[②③]。

本书研究的银行与产业集群中的企业关系是一种复杂的动态合作的均衡，其结构模型如图 5-11 所示。

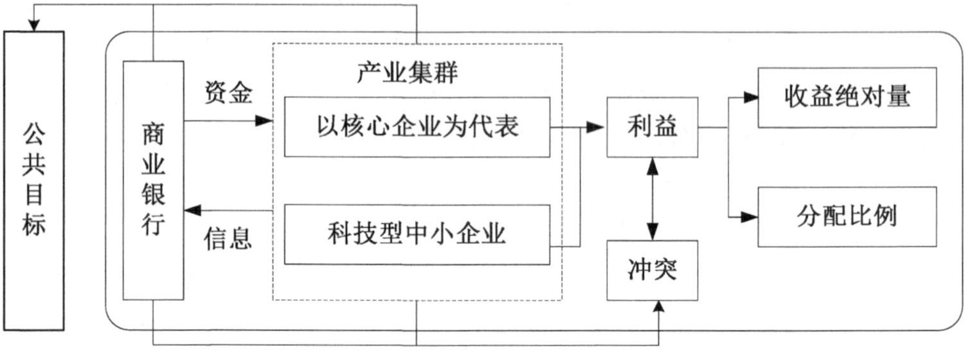

图 5-11　银行与产业集群下企业的三方关系图

（二）模型构建

基于以上分析，本书有以下四点假设：

1. 博弈三方主体均为有限理性和有限信息。

2. 银行（YH）的策略集合为（核查，不核查）、产业集群中以核心企业为代表的群体（HX）以及一般规模的科技型中小企业群体（YB），其策略集合均为（还贷，不还贷）。

3. 在公共信息下，核心企业为代表的企业投资收益较高，设为 RH，投资收益率为 RH，一般科技型中小企业投资收益较低，设为 RL，投资收益率为 RL。不同盈利企业贷款成本 C(d)不同且 d 是企业表现出的盈利能力与实际盈利能力的差距，设核心企业为代表的企业贷款成本为 C(d1) =C(RH-RH)，一般科技型中小企业贷款成本为 C(d2)=C(RL-RL)。

4. 银行为产业集群提供信贷风险很低，因为产业集群将风险内部化了，即只要高盈利企业和低盈利企业不同时违约，银行就将得到全部还款，而产业集群内

① Foster D，Young P. Stochastic evolutionary game dynamics. Theoretical population Biology，1990，38(2):219~232

② 易余胤，刘汉民. 经济研究中的演化博弈理论. 商业经济与管理，2005，08:8~13

③ 黄少安，黄凯南. 论演化与博弈的不可通约性——对演化经济学发展方向的思考. 求索，2006，07:1~4

的企业违约，其贷款由集群内的其他企业偿付并向该企业予以处罚。群体失信的惩罚成本为$\lambda(\pi_1+\pi_2)$，其中π_1=I_1(1+r)，π_2=I_2(1+r)，I 表示贷款额，r 表示利率，λ表示惩罚成本与贷款的倍数，一般$\lambda\in(0,1)$。银行为产业集群信贷履约情况进行核查，且核查结果能正确给出企业的履约情况，其核查成本为 M。银行核查的动力是：如果银行选择不核查，产业集群中有企业失约，那么银行也将接受相同惩罚，其成本为$\lambda(\pi_1+\pi_2)$。

根据上述模型假设，受李春发①等人启发，笔者建立如下银企博弈模型，如图 5-12 所示。

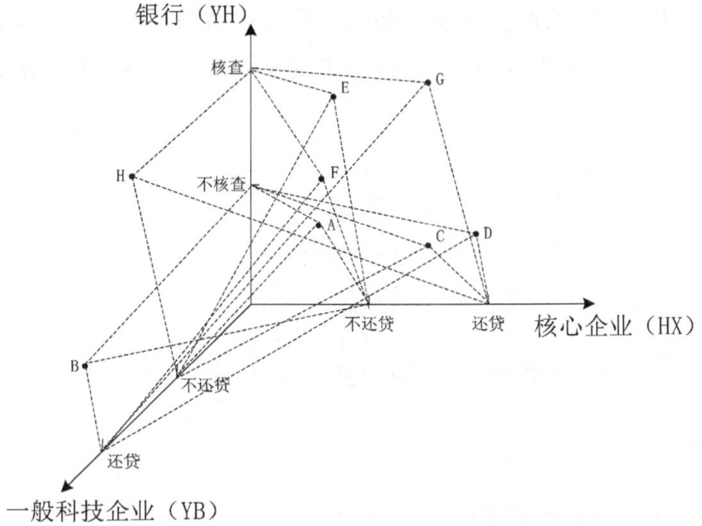

图 5–12 产业集群下银企信贷博弈关系

图 5-12 中产业集群的信贷关系按银行（YH）、核心企业（HX）以及一般科技型中小企业（YB）的顺序可知，各点坐标分别为：A（不核查，不还款，不还款），B（不核查，不还款，还款），C（不核查，还款，不还款），D（不核查，还款，还款），E（核查，不还款，不还款），F（核查，不还款，还款），G（核查，还款，还款），H（核查，还款，不还款）。

在图 5-7 中，各点按银行、核心企业和一般科技型中小企业顺序所代表的支付分别为：A($-(\pi_1+\pi_2)$，$\pi_1-C_{(d1)}$，$\pi_2-C_{(d2)}$)，B($(1-\lambda)(\pi_1+\pi_2)$，$\pi_1-C_{(d1)}$，$(\lambda-1)(\pi_1+\pi_2)-C_{(d2)}$)，C($(1-\lambda)(\pi_1+\pi_2)$，

① 李春发，王治莹. 生态工业链中企业间合作关系的演化博弈分析. 大连理工大学学报(社会科学版)，2012，03:12~17

$(\lambda-1)(\pi_1+\pi_2)-C_{(d1)}$，$\pi_2-C_{(d2)}$)，D($\pi_1+\pi_2$，$-\pi_1-C_{(d1)}$，$-\pi_2-C_{(d2)}$)，E($(\lambda-1)(\pi_1+\pi_2)-M$，$\pi_1-C_{(d1)}-\lambda(\pi_1+\pi_2)$，$\pi_2-C(d_2)-\lambda(\pi_1+\pi_2)$)，F($(\pi_1+\pi_2)-M$，$\pi_1-C(d_1)-\lambda(\pi_1+\pi_2)$，$(\lambda-1)(\pi_1+\pi_2)-C_{(d2)}$)，G($(\pi_1+\pi_2)-M$，$-\pi_1-C_{(d1)}$，$-\pi_2-C_{(d2)}$)，H($(\pi_1+\pi_2)-M$，$(\lambda-1)(\pi_1+\pi_2)-C_{(d1)}$，$\pi_2-C_{(d2)}-\lambda(\pi_1+\pi_2)$)。

假设银行、核心企业和一般科技型中小企业群体选择核查，还款，还款的比例分别为x、y和z（x、y、$z\in[0,1]$）；选择不核查，不还款，不还款的比例为1-x、1-y和1-z。那么YH的选择核查策略时的期望得益为：

$$U_{YH}=(1-y)(1-z)[(\lambda-1)(\pi_1+\pi_2)-M]+[(1-y)z+yz+y(1-z)](\pi_1+\pi_2-M)$$

公式（5-9）

$$F(x)=\frac{dx}{dt}=x(U_{YH}-\bar{U}_{YH})$$

$$U'_{YH}=(1-y)(1-z)(-\pi_1-\pi_2)+(1-y)z[(1-\lambda)(\pi_1+\pi_2)+y(1-z)(1-\lambda)(\pi_1+\pi_2)+yz(\pi_1+\pi_2)$$

公式（5-10）

$$F(x)=\frac{dx}{dt}=x(1-x)[-\lambda(yz-1)(\pi_1+\pi_2)-M]$$

平均期望得益为：

$$\bar{U}_{YH}=xU_{YH}+(1-x)U'_{YH}$$

公式（5-11）

复制动态是一种动态的微分方程，主要是指群体中一种策略的在单位时间采用的次数或使用的频繁性。

其方程式可表示为：

$$F(x)=\frac{dx}{dt}=x(1-x)[-\lambda(yz-1)(\pi_1+\pi_2)-M]$$

公式（5-12）

由上述（5-9）（5-10）（5-11）（5-12）式可知：

令$F(x)=0$，可得该复制动态有两个稳定点，即$x=0$，$x=1$。根据演化博弈理论，博弈主体策略最终收敛于演化稳定策略（ESS）。演化稳定策略要求$F(x)$的导数$F'(x)$<0，解得当$yz>1-\frac{M}{\lambda(\pi_1+\pi_2)}$时，$\left.\frac{dF(x)}{dx}\right|_{x=0}<0$，

$\left.\frac{dF(x)}{dx}\right|_{x=1} > 0$，所以 $x=0$ 是银行的一个演化稳定策略。当 $yz < 1-\frac{M}{\lambda(\pi_1+\pi_2)}$ 时，$\left.\frac{dF(x)}{dx}\right|_{x=0} > 0$，$\left.\frac{dF(x)}{dx}\right|_{x=1} < 0$，所以 $x=1$ 是银行的另一个演化稳定策略。

同理可得，核心企业群体选择还款策略的复制动态方程为：

$$F(y)=y(1-y)\{z[-\pi_1-(\lambda-1)(\pi_1+\pi_2)]+x\lambda(\pi_1+\pi_2)+(\lambda-1)(\pi_1+\pi_2)-\pi_1\}$$

令 $F(y)=0$，可得该复制动态有两个稳定点，即 $y=0$，$y=1$。$F'(y)<0$，解得当 $z<\frac{-(1-x)\lambda(\pi_1+\pi_2)+2\pi_1+\pi_2}{\pi_2-\lambda(\pi_1+\pi_2)}$ 时，$\left.\frac{dF(y)}{dy}\right|_{y=0} < 0$，$y=0$ 是核心群体的一个演化稳定策略。$z>\frac{-(1-x)\lambda(\pi_1+\pi_2)+2\pi_1+\pi_2}{\pi_2-\lambda(\pi_1+\pi_2)}$ 时，$\left.\frac{dF(y)}{dy}\right|_{y=0} > 0$，$\left.\frac{dF(y)}{dy}\right|_{y=1} < 0$，此时 $y=1$ 是核心企业的一个演化稳定策略。

一般科技型中小企业群体选择还款策略的复制动态方程为：

$$F(z)=z(1-z)\{(1+x)\lambda(\pi_1+\pi_2)+y[-\lambda(\pi_1+\pi_2)+\pi_1]-\pi_1-2\pi_2\}$$

令 $F(z)=0$，可得该复制动态有两个稳定点，即 $z=0$，$z=1$。$F'(z)<0$ 解得，当 $y<\frac{-(1-x)\lambda(\pi_1+\pi_2)+2\pi_2+\pi_1}{\pi_1-\lambda(\pi_1+\pi_2)}$ 时，$\left.\frac{dF(z)}{dz}\right|_{z=0} < 0$，$\left.\frac{dF(z)}{dz}\right|_{z=1} > 0$，$z=0$ 是一般科技型中小企业群体的一个演化稳定策略。

$y>\frac{-(1-x)\lambda(\pi_1+\pi_2)+2\pi_2+\pi_1}{\pi_1-\lambda(\pi_1+\pi_2)}$ 时，$\left.\frac{dF(z)}{dz}\right|_{z=0} > 0$，$\left.\frac{dF(z)}{dz}\right|_{z=1} < 0$，此时 $z=1$ 是一般科技型中小企业的一个演化稳定策略。

根据以上分析得到产业集群下银企信贷存在 8 个演化稳定策略，即（0,0,0）、（0,0,1），（0,1,0）、（0,1,1）、（1,0,0）、（1,0,1）、（1,1,1）、（1,1,0），但动态过程最终会趋向于哪个均衡点，取决于博弈主体采取策略的比例（x、y、z 的初始值）以及动态微分方程在对应区间的正负情况。若某一比例稳定，则该比例就对应于ESS。若从使得动态系统的某平衡点的任一小邻域出发的轨迹最终都演化趋向该平衡点，则称该平衡点是局部渐进稳定的，该动态平衡点就是演化均衡点[①]。

本书运用雅克比矩阵对其稳定性进行判定，设雅克比矩阵为 $J=\begin{bmatrix}\frac{\partial\mu_1}{\partial x} & \frac{\partial\mu_1}{\partial y} & \frac{\partial\mu_1}{\partial z}\\ \frac{\partial\mu_2}{\partial x} & \frac{\partial\mu_2}{\partial y} & \frac{\partial\mu_2}{\partial z}\\ \frac{\partial\mu_3}{\partial x} & \frac{\partial\mu_3}{\partial y} & \frac{\partial\mu_3}{\partial z}\end{bmatrix}$，演化博弈均衡点稳定性要求：$\begin{cases}\det J>0\\ trJ<0\end{cases}$，通过计算得出以下结论，见表5-14：

表5–14 演化博弈模型均衡点的稳定性判定

条件	均衡点	J行列式符号	J迹符号	结论
1. $0<\lambda<1$ 2. $\lambda(2+M)>2$ 3. $\lambda(\pi_1+\pi_2)>\pi_i,\ (i=1,2)$	A(0，0，0)	+	-	ESS
	B(0，0，1)	-	不确定	鞍点
	C(0，1，0)	-	不确定	鞍点
	D(0，1，1)	-	不确定	鞍点
	E(1，0，0)	-	不确定	鞍点
	F(1，0，1)	-	-	不稳定
	G(1，1，1)	+	-	ESS
	H(1，1，0)	+	+	不稳定

结合以上分析原理可知，该群体的演化稳定策略为（0,0,0）和（1,1,1）点，分别对应产业集群的银企信贷中三类群体的（不核查，不还款，不还款）和（核查，还款，还款）策略。

① 仓平，吴军民，王宏. 三方模型下政府采购寻租监管的演化博弈分析. 贵州财经学院学报，2010，06:64~68

三曲面表达式：

$$\begin{cases} yz=1-\dfrac{M}{\lambda(\pi_1+\pi_2)} \\ z=\dfrac{-(1-x)\lambda(\pi_1+\pi_2)+2\pi_1+\pi_2}{\pi_2-\lambda(\pi_1+\pi_2)} \\ y=\dfrac{-(1-x)\lambda(\pi_1+\pi_2)+2\pi_2+\pi_1}{\pi_1-\lambda(\pi_1+\pi_2)} \end{cases}$$

公式（5-13）

三条曲面在三维空间构成了群体收敛于不同状态的临界面，在临界面内侧收敛于（不核查，不还款，不还款）状态，在临界面外侧收敛于（核查，还款，还款）状态。在产业集群的银企信贷漫长过程中，群体将保持这样两种态势。

（三）模型分析

由银行与产业集群下科技型中小企业的演化博弈模型构建可知，影响银企演化稳定策略的因素包括博弈发生的初始状态以及博弈主体的支付。因此需要对支付函数的参数及其变化进行分析。由式（5）可以看到，影响银行与科技型中小企业集群信贷的演化参数为：银行的核查成本以及失信的惩罚成本。而最初设立的贷款成本并没对演化稳定策略造成影响。下面针对这些参数进行分析。

银行的核查成本 M 越大，银行越趋向于采取不核查策略。在现实中，这种做法显然是不明智的。一方面，本书的模型给出的博弈游戏规则之一，即银行核查成本 M 远小于集群企业的贷款额以及群体失信的惩罚成本，银行若冒险不核查，且有群体企业失信而不还款，银行也将接受$\lambda(\pi_1+\pi_2)$的惩罚。鉴于该行为产生的“因小失大”的结果，银行将在长期信贷过程中积极配合核查。当惩罚成本不变时，核查成本越小，临界面外侧部分的体积越大，银行与集群信贷收敛于（1,1,1）点的概率越大，即银行与集群企业均采取合作的策略。

群体承担的惩罚成本$\lambda(\pi_1+\pi_2)$越大，群体失信的动力越小。从实际中我们可以看到，群体的惩罚成本越大，意味着群体为失信付出的代价越大，那么失信的动力自然减小。为了稳固三方良好信贷关系，本书提出的模型规定了群体失信的惩罚成本大于任意一个群体的贷款额，即$\lambda(\pi_1+\pi_2)>\pi_i,(i=1,2)$，群体失信的风险之大促使群体在长期信贷过程中将保持守信的策略。当银行核查成本不变时，失信的惩罚成本越高，临界面外侧部分的体积越大，银行与集群企业信贷收敛于合作的概率越大。

集群企业的贷款成本 C 并不影响群体演化博弈稳定策略，该结论有一定现实性。由于本书提出在产业集群视角下为科技型中小企业提供信贷支持。集群内的企业为了获得贷款而增加成本（如：粉饰成本）的行为便失去了意义，即群体企业无论成本如何，银行都会因以核心企业为主的集群企业的巨大利益和低风险而贷款。即使集群内企业失信，其贷款额也由集群内的其他企业偿付并基于该企业惩罚，基于这种将财务造假风险内部化的方法，可以降低一直以来银行为科技型中小企业贷款的顾虑。从银行角度看，只要银行积极核查，不管集群企业财务是否造假，风险都由集群的所有企业承担。这也促使银行积极核查企业是否守信，为集群内部良好运作起到监督作用。

银行向科技型中小企业提供碳信贷、甚至一般传统信贷很少的原因是科技型中小企业的高风险性、高成本以及申请单项贷款数额较大企业来说很少，这使得银行不愿冒风险和花费精力为其贷款。笔者认为针对这一情况应从政府、企业自身和商业银行三个角度共同努力，改善科技型中小企业融资难的窘境。具体做法为：

第一，为了促使银行更愿意与集群企业合作，进而为科技型中小企业加大贷款力度，提供融资支持，需要尽可能减少银行的核查成本，尽可能增加集群企业的群体失信成本。这需要政府给予一定的支持性政策、引导性政策与约束性政策。首先，政府应为银行就科技型中小企业的贷款核查提供帮助，建立科技型中小企业信息共享机制与平台，并聘请第三方机构对内部财务信息、管理情况进行核实，大力减轻银行对科技型中小企业提供内部信息真实性的疑虑，降低核查成本。此外，政府需加强对科技型中小企业违法违规的惩罚成本，加大惩治力度，严格监管科技型中小企业合法合规经营，尤其对以产业集群为主体进行贷款的群体，制定相关法规严治不合规运营的集群产业。

第二，形成以核心企业为主的科技型中小企业的产业集群。该产业集群有两大特点：一方面选取核心企业的原则应以大企业为主，大企业申请贷款时由于其贷款额度较大，更容易吸引银行，并且大企业的经营状况较稳定，尤其国有企业有国家做支持，风险低，其违约可能性极小。这样的企业为科技型中小企业贷款提供了前提。另一方面，产业集群内的科技型中小企业应为核心企业所“约束”，即科技型中小企业的业务来源于核心企业，这样有利于防范某些科技型中小企业道德缺失引起的不还款情况。

第三，银行间形成竞争—合作关系。银行间应不断竞争，争取为更多产业集群下的科技型中小企业贷款。这需要政府的激励和政策引导，还需要产业集群下的科技型中小企业自身提升信用。银行之间还应形成合作关系，银行建立产业集群的信用记录档案：一个产业集群违约时，银行将其信用记录告知其他银行，其他银行以后将提高该产业集群的贷款门槛。这样既有利于督促企业按时还款，又有利于优化产业集群内部组织的结构（将违约企业剔除该产业集群），最终实现科技型中小企业和银行间的双赢。

（四）碳信贷融资在产业集群中发挥的优势

产业集群内部之间的关系往来与知识、设备等资产的互补性可以使来自不同领域的研发技术、智力资源相互结合，参与者之间拥有不同的知识背景。碳信贷项目应用于产业集群能够更好地配置银行业提供的绿色信贷金融资源，使科技型中小企业能够使用有限的金融资源为社会提供最有效的环保产出。集群内的参与者可以是研发设备供应商、研发项目的高校团体、研发项目国外合作中心、环保评估机构等由一系列产业链组成的群体，群体之间相互配给资源可以为科技型中小企业的碳信贷研发项目提供中坚力量。如图 5-13 所示，构建了碳信贷融资如何应用于以科技型中小企业为核心的产业集群内部，主要在政府的指引下，各个机构相继开展建立科技型中小企业发展平台的工作，为集群内部的信息资源共享提供便捷渠道。

二、碳信贷融资的推行路径分析

解决银行给科技型中小企业开展碳信贷的业务的问题后，本节拟选取影响科技型中小企业碳排放的关键影响因素，并构建指标体系，以期为科技型中小企业实际融资过程提供可操作性强的路径。

本部分通过梳理文献筛选出影响碳信贷业务的指标，然后采用影响矩阵法将所选指标进行分类，最后确定各指标权重，指出了基于银行、政府和企业三方下影响碳信贷融资的关键因素，为提出科技型中小企业碳信贷融资机制的对策提供依据。

（一）碳信贷发展影响因素指标体系的构建

碳信贷是对绿色信贷功能的进一步细化，碳信贷也可以表示为碳信用额度。碳信贷与传统信贷的不同就是把环境和社会责任纳入风险管理的范畴中，在企业中推行碳信贷产品可以促使其自觉进行环境风险管理、碳风险管理，将环境因素、碳因素纳入绩效考核指标，纳入经营指标，激发企业内部进行环保技术的研究与开发，积极履行环境责任与义务。在规范企业自觉进行环境管理的同时，碳信贷产品的多样性也为我国注入了先进的节能减排技术，为整个金融业开辟了一条与时俱进的信贷道路。

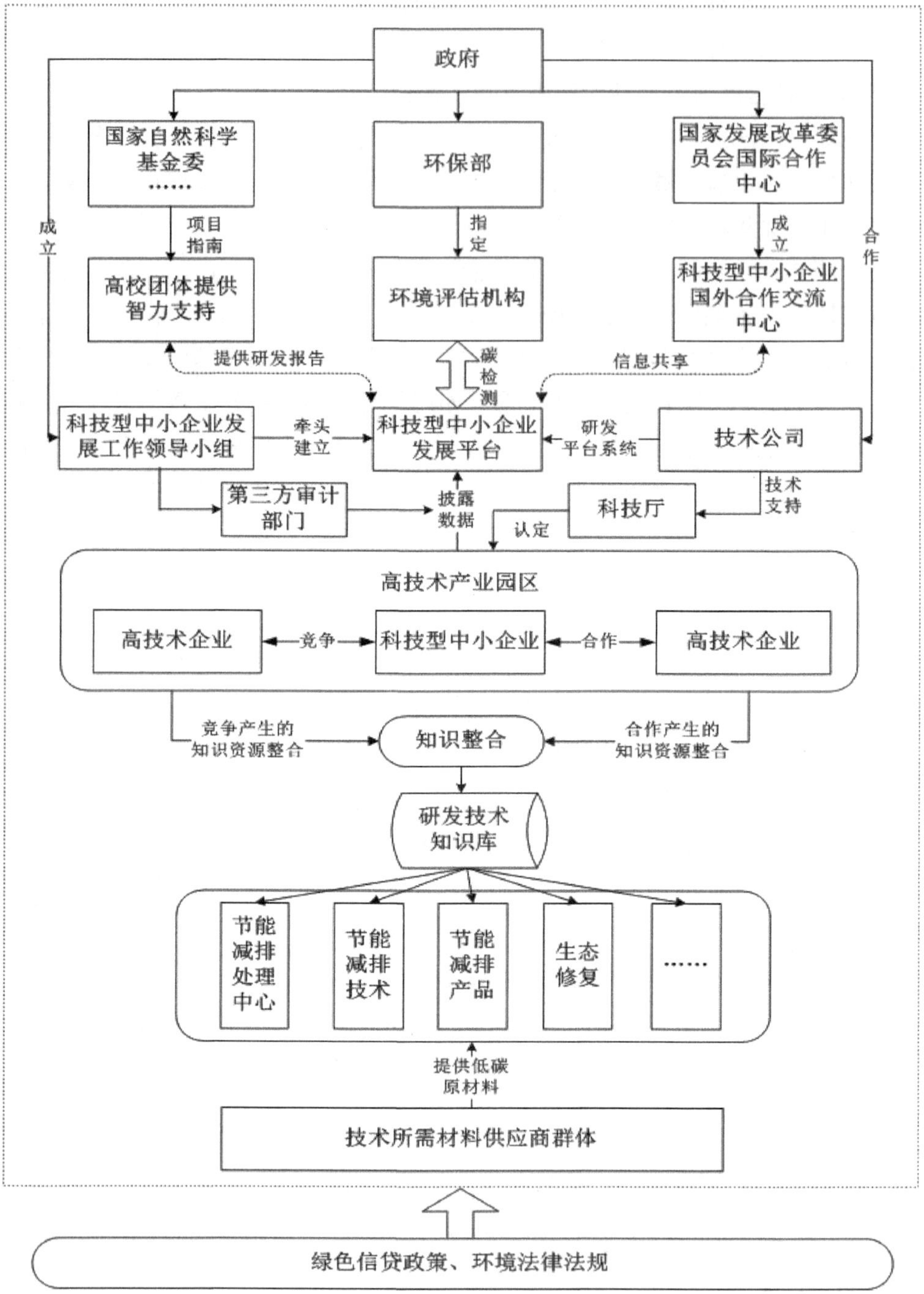

图 5-13　产业集群内部碳信贷项目实施关系图

碳信贷是一种新兴的信贷产品，该类业务不仅能够促进企业研发环保技术、开展低碳经营，同时也为银行业等金融机构开展新型信贷业务带来了挑战。环保项目往往具有非营利性特征，再加上缺少国家政策、资金上的支持，未来现金流的不稳定使得银行业是否愿意开展碳信贷业务具有较大的不确定性。这也说明开展该业务需要银行、政府和企业自身三方的共同努力。

1. 影响银行开展碳信贷业务的因素

银行在开展绿色低碳信贷时，应树立绿色文化观念，在整个银行内部倡导积极的低碳文化，向社会展现出其勇于承担社会责任的态度。科特和赫斯克特（Kotter & Heskett，1997）就提出了企业文化与企业的经营效益存在一定的关系，企业可以通过改变文化从而达到效益的改善[①]。孙少博、张体勤（2012）也提出组织文化能够实现整个组织持续经营能力和效果的提升，并以某银行为例，最终得出银行内部应积极建设自身的金融产品创新文化与团队合作文化，提升组织效能[②]。因此，低碳文化是推行碳信贷业务必不可少的因素之一。推行碳信贷业务的直接主体是银行，建立银行低碳文化是低碳信贷业务得以顺利展开的前提条件。

设计并创造出适合融资者需求的信贷产品是信贷业务得以顺利开展并取得良好效益的因素之一。就绿色信贷而言，中国银行上海分行推出了“绿色账户借记卡”，通过用户的环保行为换取积分，累计积分换取优惠产品。至2014年底，已有6000名用户参加了该项活动。

信贷风险会使银行的实际收益低于预期收益，带来经营损失。目前碳信贷产品在我国的应用尚处于起步阶段，若银行认为碳信贷风险较大，便不会积极开展碳信贷业务或配合政府提供碳信贷。金融产品的创新需要面临侵权等法律风险、产品设计漏洞风险、人员操作失误风险、市场需求不确定风险、客户信用风险等[③]，这些风险都制约着碳信贷业务的推行与应用。赤道原则产生的直接原因是银行业等金融机构为了降低声誉风险而开始履行环境和社会责任，金融危机的发生使银行的安全性遭到了很大的质疑。萧松华、邵毅（2014）实证结果表明银行的社会责任中环境责任与长期的财务绩效呈现显著的正相关关系[④]。克里斯汀·马林（Christine Mallin，2014）对分布在13个国家90个伊斯兰银行进行实证研究，发

① 科特，赫斯克特. 企业文化与经营业绩. 北京：中国人民大学出版社，2004，76~98

② 孙少博，张体勤. 组织文化对组织效能影响的实证研究——以G银行济南支行为例. 山东社会科学，2012，01:158~163

③ 石中心. 我国商业银行金融产品创新的风险分析与管理. 投资研究，2011，06:32~36

④ 萧松华，邵毅. 商业银行履行社会责任能创造价值吗?——来自美国银行业利益相关者的证据，暨南学报（哲学社会科学版）. 2014，12:30~39

现银行的董事会与高级管理层不仅注重服务维度，更重视环境维度，并验证环境责任与银行财务绩效的正相关性[①]。碳信贷业务顺利推广最明显的指标是银行财务绩效的提高，而环境和社会责任是影响碳信贷业务的因素之一。

碳信贷业务能否推行关系到银行的业绩，若银行业绩不理想，利益的驱使会使一些银行违背绿色发展的观念将款项贷给能获得高利息的高污染高排放企业。

对于碳信贷必不可少的是专业人才与团队。引进专业的环境工程相关的人才、设置专门的碳信贷管理部门、建立严密的碳风险管理体系，一方面能够让政府看到其有实力进行碳信贷业务的实施，另一方面通过建立健全碳信贷业务流程体系以期政府能够为未来碳信贷业务的开展开辟绿色通道，支持银行部门开展碳信贷产品创新。

因此，银行自身的影响因素应包括低碳文化、碳信贷产品、金融产品创新、环境和社会责任、银行业绩评估、风险管理能力等因素。

2. 影响政府推行碳信贷业务的因素

碳信贷业务往往应用于非营利性项目，具有非竞争性与非排他性。这就意味着推行该项业务需要政府的大力支持与推广。政府对法律法规政策的修订、完善、补充都是银行、企业开展碳信贷业务的有效依据。

法律与制度是各项工作得以运行的必要前提，健全环境保护的法律法规与监督管理制度是碳信贷业务开展的必要条件。随着中小企业融资困境的日益凸显，低碳信贷迅猛发展。面对国际上“低碳信贷”日益成熟和基于环境标准竞争而形成的绿色信贷壁垒，为企业之间的竞争提供了新的方向。我国应加快在各行业、各企业、各产品类别上制定碳排放标准和信息披露机制，实现与国际标准接轨，以标准化增大碳信贷推行的效率。因此，碳交易制度、碳交易法规均对碳信贷效率的提升起着重要作用。

陈晓春、施卓宏（2011）认为碳金融市场中的失灵现象需要政府积极引导、进行有效监督和管理，以保护投资者利益为核心，构建健康、有序的碳金融市场[②]。杜莉、张云（2015）建议基于碳金融市场生命周期政府市场引导方式的有效转变，推动碳金融市场持续发展[③]。

---

① Christine Mallin，Hisham Farag，Kean Ow-Yong. Corporate social responsibility and financial performance in Islamic banks. Journal of Economic Behavior & Organization，2014，103:21~38

② 陈晓春，施卓红. 论碳金融市场中的政府监管. 湖南大学学报（社会科学版），2011，03：39-42

③ 杜莉，张云. 如何在碳金融交易中合理界定政府与市场的关系？——理论与实证. 吉林大学社会科学学报，2015，01：66-73

目前我国针对碳金融碳信贷的政府激励政策措施与国外相比相对滞后。高志新（2011）强调政府激励机制的重要性，由于碳金融风险较大，市场机制不完善，需要政府通过激励机制引导金融机构、企业共同参与碳交易活动中来①。杨小红（2013）提出政府应积极建立激励机制促进银行业开展碳信贷业务。这种激励措施可以是财政补贴、提供担保②。由于碳交易项目具有非排他性与非竞争的特性，碳信贷业务的开展需要政府投资予以引导，吸引社会主体参与碳金融项目，引领各企业自主减排。

总结上述内容，本书选择碳交易制度、碳交易法规、市场引导、激励机制以及政府投资作为影响政府积极推行碳信贷业务的因素。

3. 影响企业碳信贷融资的因素

企业是碳信贷的需求方，银行对企业进行碳融资的首要条件是考核企业的各项指标，对其进行信用评级。碳信贷业务提倡企业在碳信贷过程中秉持环境保护的思想，履行自身环境责任，提升能源利用率并降低碳排放量，使得企业通过执行信贷要求而更有效地履行社会责任。国内外大部分学者均验证了企业财务绩效的提升有助于其更好地履行社会责任③④。由于声誉机制的存在，当企业业绩提升时会促使其积极履行社会责任，主要体现在环保投资的上升、积极参与公益活动等，同时也有利于碳信贷业务的开展。

王然、邓伟根（2011）研究表明高科技企业的研发投入主要通过政府与企业投资者，金融贷款较少⑤。薛庆根以我国高新技术产业为样本，实证检验出银行贷款对高科技产业的研发投入贡献弹性系数较低，不仅制约企业的发展，同时降低了银行绩效⑥。

高科技产业研发投入来源于金融贷款的比例较低说明银行业风险防范意识较强，陈昆玉（2015）研究发现企业的技术创新能力对融资方式产生一定的影响，

---

① 高志新. 碳金融发展与中国银行业经营转型. 上海金融，2011，01:36~41

② 杨小红. 我国商业银行发展碳金融业务的影响因素及对策. 福建论坛(人文社会科学版)，2013，03:63~66

③ 张川，娄祝坤，詹丹碧. 政治关联、财务绩效与企业社会责任——来自中国化工行业上市公司的证据. 管理评论，2014，01:130~139

④ 杨忠智. 公司治理、财务绩效与社会责任——基于上市公司的实证分析. 社会科学战线，2012，09:64~67

⑤ 王然，邓伟根. 研发投入来源、技术溢出渠道与自主创新绩效——基于高技术行业面板数据的实证研究. 科技进步与对策，2011，10:6~9

⑥ 薛庆根. 高技术产业创新、空间依赖与研发投入渠道——基于空间面板数据的估计. 管理世界，2014，12:182~83

能力越强越容易进行内部融资，减少外部融资[①]。但随着政府的积极引导，银行为那些技术能力强的科技型中小企业融资时更会强力推广碳信贷业务。

碳信贷业务受到企业所在的宏观经济环境的影响，经济环境包括企业所面临的能源状况、社会发展状况、产业结构状况、环境状况等内容，碳信贷业务的开展受到经济环境的制约。就绿色信贷的发展而言，美国 1980 年就突出了银行的环境责任，也是最早签署并履行赤道原则的国家；日本的瑞穗银行 2003 年开始施行绿色信贷；英国从 20 世纪 70 年代开始出现[②]。这些发达国家较早开始进行绿色信贷业务与其国家的发展水平、环境状况、能源消耗密不可分。尤其是碳排放，大部分研究均证明了经济增长与碳排放有着密不可分的关系。因此，经济环境影响一个国家碳信贷业务的开展。

企业社会责任履行的动机源于对社会信用的重视，企业为了良好的声誉效应、建立较高的社会信用会愿意参与碳信贷业务，履行并期望政府、银行、环保部等相关部门对其产品及业务流程展开环保监督，增强自己的社会好评。

企业战略具有目标性、长远性、计划性，是企业生存发展的长期策略布局，与企业文化、价值观、发展目标息息相关，若企业将环境责任履行作为重要任务，那么企业战略布局对碳信贷业务的开展具有一定的影响。若企业战略中没有将环保纳入绩效考核目标之一，这也在一定程度上制约企业积极开展碳信贷。

因此，企业层面的影响指标主要包括财务绩效、技术创新能力、经济环境、企业社会信用、企业战略。

由此可见，碳信贷不是企业通过实施减排措施和提高信用级别就能够完成的单一问题，它的推行受到企业因融资难的客观事实而带来的动力的积极影响，它的有效性是政府、企业、银行、公众合力的结果，因此，碳信贷的发展离不开政府、企业、银行三方主体的相互作用所带来的影响。本书采用文献分析法总结了影响碳信贷的因素，并在此基础上咨询了相关专家，最终划分 30 类影响碳信贷的因素。

基于以上分析，本书对影响科技型中小企业碳信贷融资的指标进行了三个层面的划归，其中银行层面选取低碳文化、碳信贷产品、碳信贷风险等六个指标；政府层面选取碳交易制度、法规、市场引导等四个指标；企业层面选取财务绩效、技术创新能力、经济环境等五个指标（如表 5-15 所示）。运用影响矩阵刻画了指

---

① 陈昆玉. 企业自主创新的融资行为及其对成长的影响:来自中国 A 股市场的经验证据. 管理工程学报，2015，02:10~18

② 韩立岩，王臻. 绿色信贷发展的国际比较与启示. 国际经济合作，2014，02:90~94

标间的相互关系并将各指标分为原因群和结果群，以此绘制了因果关系图。

表 5–15 影响碳信贷业务开展的因素

影响因素来源	因素构成			
银行 U_1	低碳文化 U_{11}	碳信贷产品 U_{12}	碳信贷风险 U_{13}	
	金融产品创新 U_{14}	环境和社会责任 U_{15}	银行业绩评估 U_{16}	
政府 U_2	碳交易制度、法规 U_{21}	市场引导 U_{22}	激励机制 U_{23}	政府投资 U_{24}
企业 U_3	财务绩效 U_{31}	技术创新能力 U_{32}	经济环境 U_{33}	
	企业社会信用 U_{34}	企业战略 U_{35}	—	

（二）影响矩阵

引用影响矩阵刻画指标间的相对影响程度，该方法将指标分成了原因群和结果群，并在此基础上绘制因果关系图，具体处理流程如下：

第一步，建立 $n\times n$ 阶有向矩阵 A。用 a_{ij} 表示矩阵 A 中的各指标，a_{ij} 的数值表示第 i 指标对第 j 指标的影响程度（a_{ij}=0,1,2,3），a_{ij} 越大，表明指标间的影响程度越大，反之亦然。若 a_{ij}=0，表示指标间相互独立。具体评判方法如表所示。

表 5–16 有向矩阵评判标准

意义	标度值
i 对 j 没有影响	0
i 对 j 有较小影响	1
i 对 j 有较大影响	2
i 对 j 有很大影响	3

第二步，将矩阵 A 归一化，

对有向矩阵 A 中每一个元素进行归一化处理，归一化的矩阵 B 的计算公式为：

$$B=\frac{A}{\max\limits_{1<=i<=n}\sum_{j=1}^{n}a_{ij}},i,j=1,2...,n \qquad \text{公式（5-14）}$$

第三步，求出矩阵 B 中各指标值得极限值，以此来考察指标之间的关系，极限运算后的关系矩阵 M 计算公式为：

$$M = \lim_{k \to \infty} \sum_{k=1}^{\infty} B^k \qquad 公式（5-15）$$

第四步，绘图。其中横坐标 $X = R + C$（R 为总关系矩阵 M 的行和向量，C 表示总关系矩阵的列和向量），纵坐标 Y=R-C。指标 i 为（X_i，Y_i），X_i 与 Y_i 分别表示因素 i 对其他指标的影响程度与受其他指标的影响程度之和与之差。因果关系图将指标分成了原因群和结果群，当 $Y_i>0$ 时，说明指标 i 为原因群，反之为结果群。

第五步，归一化处理。将总关系矩阵 M 的每一个元素均除以其所在列的列和，构造出超矩阵。进一步求得加权超矩阵，最后得出各指标的权重。

表 5-17 建立了有向矩阵：

表 5–17　银行层面指标有向矩阵 U1

U1	U11	U12	U13	U14	U15	U16
U11	0	1	3	2	2	1
U12	1	0	0	3	2	2
U13	2	0	0	1	1	2
U14	1	3	2	0	1	2
U15	2	2	1	1	0	2
U16	3	1	2	1	2	0

根据公式（5-14），运用 matlab 编程计算出银行层面各指标的矩阵 H1，如表 5-18 所示：

表 5–18　银行层面各指标矩阵 H1

U1	U11	U12	U13	U14	U15	U16
U11	0.000	0.111	0.333	0.222	0.222	0.111
U12	0.111	0.000	0.000	0.333	0.222	0.222
U13	0.222	0.000	0.000	0.111	0.111	0.222
U14	0.111	0.333	0.222	0.000	0.111	0.222
U15	0.222	0.222	0.111	0.111	0.000	0.222
U16	0.333	0.111	0.222	0.111	0.222	0.000

根据公式（5-15），运用 matlab 编程计算出矩阵 H1 各指标的极限值，得到银行层面各指标总关系矩阵 M1，如表 5-19 所示：

表 5-19 银行层面各指标总关系矩阵 M1

M1	U11	U12	U13	U14	U15	U16
U11	1.7674	1.4656	1.8988	1.7089	1.7444	1.8207
U12	1.8182	1.3802	1.6029	1.7716	1.7198	1.8612
U13	1.4946	1.0066	1.2235	1.2118	1.2542	1.4304
U14	1.9124	1.6742	1.8363	1.5933	1.7207	1.9493
U15	1.8580	1.4823	1.6437	1.5658	1.4979	1.8023
U16	2.0799	1.4906	1.8726	1.6702	1.7957	1.7469

由以上分析我们绘制出银行层面各指标的因果关系图如图 5-14 所示：

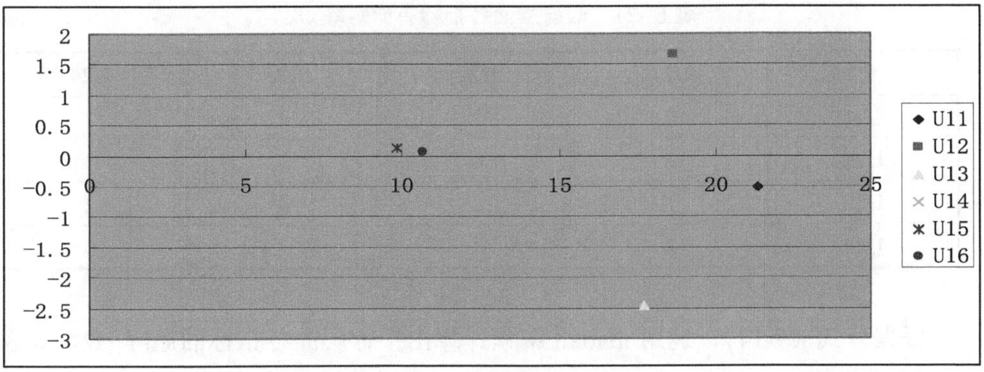

图 5-14 银行层面各指标因果关系图

从图 5-14 可以看出，碳信贷产品 U12、金融产品创新 U14、环境和社会责任 U15、银行业绩评估 U16 均位于 X 轴上方，说明这些是银行层面指标中的原因指标，是导致其他结果指标的原因所在。低碳文化 U11、碳信贷风险 U13 位于 X 轴下方，表明这两个指标是结果群。另外，低碳文化 U11 位于 X 轴的最右侧，说明该指标与其他指标的相互关系最大。

对总关系矩阵 M1 进行列归一化，通过 matlab 编程计算得出银行层面各指标的列归一化矩阵 T1，如表 5-20 所示：

表 5-20 银行层面各指标列归一化矩阵 T1

T1	U11	U12	U13	U14	U15	U16
U11	0.162	0.172	0.188	0.179	0.179	0.172
U12	0.166	0.162	0.159	0.186	0.177	0.175
U13	0.137	0.118	0.121	0.127	0.129	0.135
U14	0.175	0.197	0.182	0.167	0.177	0.184
U15	0.170	0.174	0.163	0.164	0.154	0.170
U16	0.190	0.175	0.186	0.175	0.185	0.165

下面对政府层面的各指标建立有向矩阵 U2，如表 5-21 所示：

表 5-21 政府层面各指标有向矩阵 U2

U2	U21	U22	U23	U24
U21	0	1	3	2
U22	2	0	3	2
U23	1	2	0	2
U24	2	3	3	0

根据公式（5-14），运用 matlab 编程计算出银行层面各指标的矩阵 H2，如表 5-22 所示：

表 5-22 政府层面各指标矩阵 H2

H2	U21	U22	U23	U24
U21	0.000	0.125	0.375	0.250
U22	0.250	0.000	0.375	0.250
U23	0.125	0.250	0.000	0.250
U24	0.250	0.375	0.375	0.000

根据公式（5-15），运用 matlab 编程对矩阵 H2 进行极限运算，得到政府层面各指标总关系矩阵 M2，如表 5-23 所示：

表 5-23　政府层面各指标总关系矩阵 M2

M2	U21	U22	U23	U24
U21	0.6192	0.8814	1.2934	0.9485
U22	0.9102	0.8683	1.4371	1.0539
U23	0.6802	0.8910	0.9162	0.8719
U24	1.0012	1.2551	1.5808	0.9593

由以上分析我们绘制出政府层面各指标的因果关系图如图 5-15 所示：

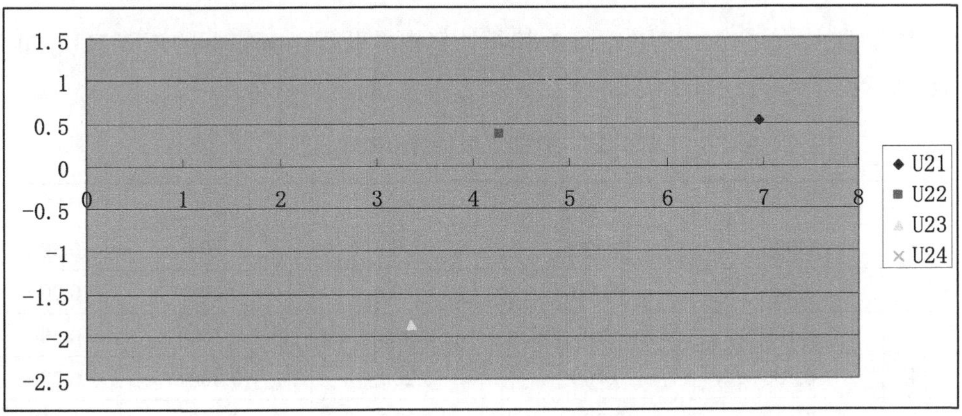

图 5-15　政府层面各指标的因果关系图

从图 5-15 可知，碳交易制度、法规 U21、市场引导 U22、政府投资 U24 等三个指标都在 X 轴以上，表明这些指标为原因群，决策者应重点考虑这些指标。激励机制 U23 位于 X 轴下方，表明这个指标是结果群。另外，碳交易制度、法规 U21 位于 X 轴的最右侧，说明该指标与其他指标的相互关系最大。

对总关系矩阵 M2 进行列归一化，通过 matlab 编程计算得出政府层面各指标的列归一化矩阵 T2，如表 5-24 所示：

表 5-24　政府层面各指标列归一化矩阵 T2

T2	U21	U22	U23	U24
U21	0.193	0.226	0.247	0.247
U22	0.283	0.223	0.275	0.275
U23	0.212	0.229	0.175	0.227
U24	0.312	0.322	0.302	0.250

下面对企业层面的各指标建立有向矩阵 U3，如表 5-25 所示：

表 5–25　企业层面各指标有向矩阵 U3

U3	U31	U32	U33	U34	U35
U31	0	2	2	3	3
U32	3	0	1	1	2
U33	1	1	0	1	3
U34	2	1	2	0	2
U35	1	3	3	1	0

根据公式（5-14），运用 matlab 编程计算出企业层面各指标的矩阵 H3，如表 5-26 所示：

表 5–26　企业层面各指标矩阵 H3

H3	U31	U32	U33	U34	U35
U31	0.000	0.200	0.100	0.300	0.300
U32	0.300	0.000	0.100	0.100	0.200
U33	0.100	0.100	0.000	0.100	0.300
U34	0.200	0.100	0.200	0.000	0.200
U35	0.100	0.300	0.300	0.100	0.000

根据公式（5-15），运用 matlab 编程对矩阵 H3 进行极限运算，得到企业层面各指标总关系矩阵 M3，如表 5-27 所示：

表 5–27　企业层面各指标总关系矩阵 M3

M3	U31	U32	U33	U34	U35
U31	0.5015	0.7057	0.6306	0.6757	0.9159
U32	0.6559	0.4523	0.5261	0.4685	0.7387
U33	0.4312	0.4787	0.3838	0.3874	0.7177
U34	0.5586	0.5225	0.5946	0.3514	0.7207
U35	0.5321	0.7021	0.6955	0.4595	0.6006

由以上分析我们绘制出企业层面各指标的因果关系图如图 5-16 所示：

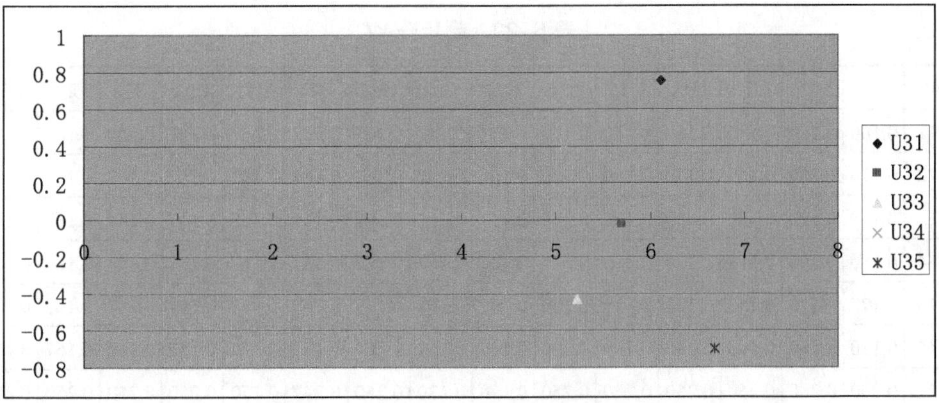

图 5–16　企业层面各指标的因果关系图

从图 5-16 可知，财务绩效 U31、技术创新能力 U32、企业社会信用 U34 这三个指标都在 X 轴以上，表明这些指标为原因群，决策者应重点考虑这些指标。经济环境 U33 和企业战略 U35 位于 X 轴下方，表明这两个指标是结果群。另外，企业战略 U35 位于 X 轴的最右侧，说明该指标与其他指标的相互关系最大。

对总关系矩阵 M3 进行列归一化，通过 matlab 编程计算得出企业层面各指标的列归一化矩阵 T3，如表 5-28 所示：

表 5–28　企业层面各指标列归一化矩阵 T3

T3	U31	U32	U33	U34	U35
U31	0.187	0.247	0.223	0.228	0.248
U32	0.245	0.158	0.186	0.200	0.200
U33	0.161	0.167	0.136	0.165	0.194
U34	0.208	0.183	0.210	0.150	0.195
U35	0.199	0.245	0.246	0.196	0.163

（三）超矩阵分析

以上运用影响矩阵法对银行、政府和企业三个层面影响科技型中小企业碳信贷的指标进行了分析，并得到三个列归一化的矩阵 T1、T2、T3。将这三个列归一化矩阵整理便得到了超矩阵 W（如表 5-29 所示）。超矩阵 W 考虑了各元素组中指标的相互关系，但超矩阵 W 并不是列归一化的，本书下一步求解出该模型的加权超矩阵来分析不同元素组中指标的相对重要程度。

表 5-29 超矩阵 W

W	U11	U12	U13	U14	U15	U16	U21	U22	U23	U24	U31	U32	U33	U34	U35
U11	0.160	0.170	0.190	0.180	0.180	0.170	0.167	0.167	0.167	0.167	0.167	0.167	0.167	0.167	0.167
U12	0.170	0.160	0.160	0.190	0.180	0.180	0.167	0.167	0.167	0.167	0.167	0.167	0.167	0.167	0.167
U13	0.140	0.120	0.120	0.130	0.130	0.140	0.167	0.167	0.167	0.167	0.167	0.167	0.167	0.167	0.167
U14	0.180	0.200	0.180	0.170	0.180	0.180	0.167	0.167	0.167	0.167	0.167	0.167	0.167	0.167	0.167
U15	0.170	0.170	0.160	0.160	0.150	0.170	0.167	0.167	0.167	0.167	0.167	0.167	0.167	0.167	0.167
U16	0.190	0.180	0.190	0.180	0.190	0.170	0.167	0.167	0.167	0.167	0.167	0.167	0.167	0.167	0.167
U21	0.250	0.250	0.250	0.250	0.250	0.250	0.190	0.230	0.250	0.247	0.250	0.250	0.250	0.250	0.250
U22	0.250	0.250	0.250	0.250	0.250	0.250	0.280	0.230	0.280	0.275	0.250	0.250	0.250	0.250	0.250
U23	0.250	0.250	0.250	0.250	0.250	0.250	0.210	0.230	0.180	0.227	0.250	0.250	0.250	0.250	0.250
U24	0.250	0.250	0.250	0.250	0.250	0.250	0.310	0.320	0.300	0.250	0.250	0.250	0.250	0.250	0.250
U31	0.200	0.200	0.200	0.200	0.200	0.200	0.200	0.200	0.200	0.200	0.190	0.250	0.220	0.230	0.250
U32	0.200	0.200	0.200	0.200	0.200	0.200	0.200	0.200	0.200	0.200	0.250	0.160	0.190	0.200	0.200
U33	0.200	0.200	0.200	0.200	0.200	0.200	0.200	0.200	0.200	0.200	0.160	0.170	0.140	0.170	0.190
U34	0.200	0.200	0.200	0.200	0.200	0.200	0.200	0.200	0.200	0.200	0.210	0.180	0.210	0.150	0.200
U35	0.200	0.200	0.200	0.200	0.200	0.200	0.200	0.200	0.200	0.200	0.200	0.250	0.250	0.200	0.160

（四）加权超矩阵分析

通过以上分析我们得出了模型的超矩阵，为进一步求解加权超矩阵，应首先求出模型的加权矩阵 D，其表达式为 $D=\begin{bmatrix} d_{11} & \ldots & d_{1n} \\ \ldots & \ldots & \ldots \\ d_{n1} & \ldots & d_{nn} \end{bmatrix}$，将加权矩阵与超矩阵 W 相乘得到加权超矩阵 W'=DW。

我们依然使用影响矩阵法分析，将银行层面 U1、政府层面 U2 和企业层面 U3 三个元素建立有向矩阵 U，其矩阵如表 5-30 所示：

表 5-30 元素组有向矩阵 U

U	U1	U2	U3
U1	0	1	3
U2	2	0	1
U3	3	2	0

根据公式（5-15），运用 matlab 编程计算出元素组各指标的矩阵 H，如表 5-31 所示：

表 5-31　元素组各指标矩阵 H

H	U1	U2	U3
U1	0.000	0.200	0.600
U2	0.400	0.000	0.200
U3	0.600	0.400	0.000

根据公式（5-15），运用 matlab 编程对矩阵 H 进行极限运算，得到元素组各指标总关系矩阵 M，如表 5-32 所示：

表 5-32　元素组各指标总关系矩阵 M

M	U1	U2	U3
U1	1.556	1.222	1.778
U2	1.444	0.778	1.223
U3	2.111	1.444	1.556

由以上分析我们绘制出元素组各指标的因果关系图如图 5-17 所示：

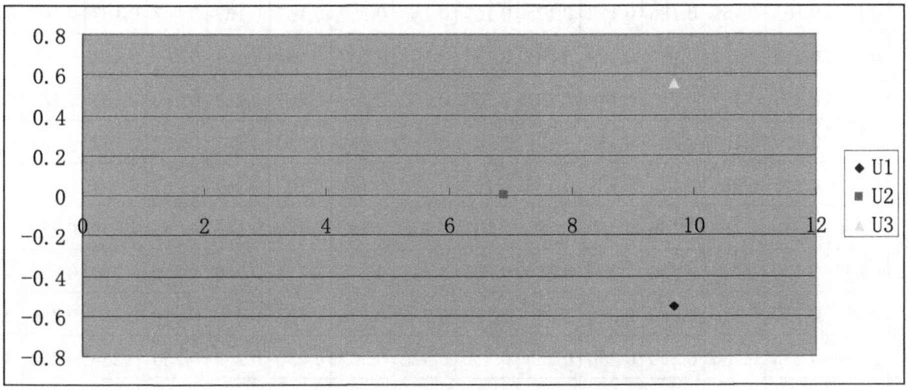

图 5-17　元素组各指标的因果关系图

从图 5-17 可知，政府层面的指标 U3 和企业层面的指标 U2 在 X 轴以上，表明该指标为原因群，决策者应重点考虑这些指标。银行层面的指标 U1 位于 X 轴下方，表明这个指标是结果群。

对总关系矩阵 M 进行列归一化，通过 matlab 编程计算得出元素组各指标的列归一化矩阵 T，如表 5-33 所示：

表 5-33　元素组各指标列归一化矩阵 T

T	U1	U2	U3
U1	0.304	0.355	0.390
U2	0.283	0.226	0.268
U3	0.413	0.419	0.341

（五）极限超矩阵分析

通过以上求得的加权超矩阵 W'（如表 5-33），运用公式（5-15）对加权超矩阵进行处理，得到极限超矩阵，如表 5-34。

$$W^{\infty}=\lim_{k\to\infty}(1/N)\sum_{K=1}^{N}W'^{K} \qquad \text{公式（5-16）}$$

进而求出各指标权重，如表 5-35 所示。

表 5-34　加权超矩阵 W'

W'	U11	U12	U13	U14	U15	U16	U21	U22	U23	U24	U31	U32	U33	U34	U35
U11	0.162	0.172	0.188	0.179	0.179	0.172	0.167	0.167	0.167	0.167	0.167	0.167	0.167	0.167	0.167
U12	0.166	0.162	0.159	0.186	0.177	0.175	0.167	0.167	0.167	0.167	0.167	0.167	0.167	0.167	0.167
U13	0.137	0.118	0.121	0.127	0.129	0.135	0.167	0.167	0.167	0.167	0.167	0.167	0.167	0.167	0.167
U14	0.175	0.197	0.182	0.167	0.177	0.184	0.167	0.167	0.167	0.167	0.167	0.167	0.167	0.167	0.167
U15	0.170	0.174	0.163	0.164	0.154	0.170	0.167	0.167	0.167	0.167	0.167	0.167	0.167	0.167	0.167
U16	0.190	0.175	0.186	0.175	0.185	0.165	0.167	0.167	0.167	0.167	0.167	0.167	0.167	0.167	0.167
U21	0.250	0.250	0.250	0.250	0.250	0.250	0.193	0.226	0.247	0.247	0.250	0.250	0.250	0.250	0.250
U22	0.250	0.250	0.250	0.250	0.250	0.250	0.283	0.223	0.275	0.275	0.250	0.250	0.250	0.250	0.250
U23	0.250	0.250	0.250	0.250	0.250	0.250	0.212	0.229	0.175	0.227	0.250	0.250	0.250	0.250	0.250
U24	0.250	0.250	0.250	0.250	0.250	0.250	0.312	0.322	0.302	0.250	0.250	0.250	0.250	0.250	0.250
U31	0.200	0.200	0.200	0.200	0.200	0.200	0.200	0.200	0.200	0.200	0.187	0.247	0.223	0.228	0.248
U32	0.200	0.200	0.200	0.200	0.200	0.200	0.200	0.200	0.200	0.200	0.245	0.158	0.186	0.200	0.200
U33	0.200	0.200	0.200	0.200	0.200	0.200	0.200	0.200	0.200	0.200	0.161	0.167	0.136	0.165	0.194
U34	0.200	0.200	0.200	0.200	0.200	0.200	0.200	0.200	0.200	0.200	0.208	0.183	0.210	0.150	0.195
U35	0.200	0.200	0.200	0.200	0.200	0.200	0.200	0.200	0.200	0.200	0.199	0.245	0.246	0.196	0.163

表 5–35　各指标权重

银行层面 U_1（0.288）	低碳文化 U_{11}（0.019）
	碳信贷产品 U_{12}（0.101）
	碳信贷风险 U_{13}（0.044）
	金融产品创新 U_{14}（0.031）
	环境和社会责任 U_{15}（0.011）
	银行业绩评估 U_{16}（0.093）
政府层面 U_2（0.430）	碳交易制度、法规 U_{21}（0.115）
	市场引导 U_{22}（0.108）
	激励机制 U_{23}（0.144）
	政府投资 U_{24}（0.063）
企业层面 U_3（0.282）	财务绩效 U_{31}（0.079）
	技术创新能力 U_{32}（0.147）
	经济环境 U_{33}（0.034）
	企业社会信用 U_{34}（0.010）
	企业战略 U_{35}（0.012）

由表 5-35 可见，对碳信贷影响程度最大的因素是政府，其在碳信贷业务开展与推广中起着重要的作用。第二是银行和企业：一方面，银行在政府的支持与帮助下顺应国际与国内的潮流，关注全球社会发展的关键主题——低碳，创新并研发低碳信贷的产品；另一方面，政府是企业贷款的来源所在，是企业进行低碳贷款的重要来源所在。企业的职能不仅仅是追求利益最大化，也在逐渐寻求利益与环境效益之间的平衡。因此，政府在碳信贷发展前期起着约束与倡导的核心作用，政府首先需要完善低碳金融、绿色信贷的政策，金融行业中有关碳信贷的法律法规；在制度与法律的严格监管下，积极推动碳信贷业务发展，不断完善已有的碳排放权交易试点的碳金融业务，并积极开发新的碳交易试点，逐步扩张到全国每一个城市；除此之外，为促使碳信贷业务能够有效地开展，政府要通过政策性文件如货币性政策或财政性政策公开支持银行主动开展该业务、激励企业能够自愿进行碳信贷，不断完善碳信贷业务的市场交易平台；另外，政府制定碳信贷业务开展的总体目标，将目标逐层分解，落实到各省、各市，调动全国人民的积极性；最后，相关部门要不断制定、完善、修订碳信贷业务的监管体制，保证碳金融市场的有序进行。

就银行而言，引进专业的环保型、金融型、经济型的复合人才。通过问卷调查、访谈等方式了解客户的需求，通过搜集资料了解国家的政策导向，为不同需求的用户创新创设多种多样的碳信贷产品，也可将碳信贷产品的资产证券化，在资本市场上出售。

同时在开发碳信贷产品时，银行也不能一味地追求利益最大化，还要结合自身的条件、目前的发展现状，设计适合自身发展需要的碳信贷产品。采取差别化信贷服务，积极调整信贷结构，根据不同的污染行业设计有针对性的碳信贷产品，为企业的融资提供更加优质的服务，支持低碳经济发展。

企业方面要关注技术创新，企业有无投资潜力，关键在于技术是否领先，只有不断开发新技术，才能在经济全球化的大浪潮中走下去。同时，企业也应履行社会责任，在追求利益最大化的同时保持与环境的和谐，实现可持续发展。企业的社会责任应上升到企业战略层面，这是企业低碳发展的必然选择。

（六）小结

基于科技型中小企业的融资困境与碳减排压力，本章提出在科技型中小企业中实施碳信贷的思路，并针对科技型中小企业碳信贷融资的必要性与可行性做了进一步的分析。

首先，未来碳减排的压力给科技型中小企业的内部环境管理提出了更高的要求，而银行的碳信贷金融产品在一定程度上对科技型中小企业的碳减排具有促进作用，同时银行碳信贷效率的提高能够降低科技型中小企业的人力资本，科技型中小企业研发投入强度的加大也会促使银行积极设计并推出更多更便捷更优质的信贷服务与产品。

其次，本章对科技型中小企业碳信贷融资方式的可行性进行研究，一是基于银行的角度，建立银行与以大中型企业为核心的产业集群企业的三方动态博弈模型，得出产业集群与银行达到博弈均衡点为（借款，还贷，还贷）的双赢局面。结论发现通过产业集群的方式为科技型中小企业进行贷款可以使贷款风险内部化，减少银行为科技型中小企业融资的顾虑。政府环保法律法规日益严格、执行力度与惩罚力度不断加大，使得银行信贷客户由于环境损失造成的违约风险逐渐提高，银行的声誉由此将会遭受严重的损失。这对银行尤其是商业银行的经营冲击是巨大的。因此，开展碳信贷业务是银行解决信用风险、声誉风险一个最有利的举措。银行的碳信贷业务与科技型中小企业的可持续发展是一个互惠互利的过程，可以看出在科技型中小企业中实施碳信贷不仅解决了政府的环保难题，也为银行降低了经营风险、为科技型中小企业的发展带来了新的契机。二是建立碳信贷融资的推行路径。通过评述国内外研究成果，依据科技型中小企业的特点，根据碳信贷的特点，将其影响因素分为政府、银行、企业三大类，并确定了碳排放影响因素，细分为 15 个影响因素。再次，使用影响矩阵方法，借助 matlab 软件对银行碳信贷发展影响因素之间的关系进行了分析，对影响因素进行了筛选，找出了影响碳信贷有效发展的关键因素。最终确定了各影响因素的权重，更明确指出了企业、银行、政府如何更科学地实现低碳金融和融资需求的融合路径，即最先由政府做积极引导，通过不同的税收政策、财政政策等有效手段在金融业、科技型中小企业分别制定激励政策，达到推行碳信贷业务的目的；第二是银行，其最有效的手段是设计并推行碳信贷产品；第三是企业，其最有效的途径是提升技术与创新能力。

第六章　科技型中小企业碳信贷信用评级指标体系的构建

银行与客户之间的信息不对称是信用风险的主要根源之一，道德风险和逆向选择的问题为企业尤其是科技型中小企业的融资带来了极大的困难。制定一套科学的科技型中小企业信用风险评估体系是有效解决其融资难的关键问题，而碳信贷作为一项新兴的融资方式其所引发的风险也与传统信贷业务的风险有所差异，银行传统的风险也表现出新的特征。识别风险、界定风险、评估风险是制定科技型中小企业碳信贷信用风险评估机制最关键的三步。首先，应识别碳信贷融资的风险与科技型中小企业独有的风险；其次是在传统融资风险基础上加入科技型中小企业的风险特点，量化科技型中小企业融资的各个风险指标；再次，在传统风险指标基础上建立科技型中小企业信用评级体系；最后，构造银行碳信贷融资指标考核模式，在传统评级体系中纳入碳与环境因素，建立科技型中小企业碳信贷的信用评估机制。促进我国金融机构积极有效融入碳金融市场，并为科技型中小企业碳信贷融资构造良好的信贷交易环境。

我国从 2006 年起人民银行就规定将企业环保信息纳入征信系统，提出银行在开展信贷业务过程中考虑环境因素。并在此后相继发布了若干政策文件明确了环保部门、中国人民银行、银监会、其他金融机构在信贷业务中防范环境因素造成的风险的职责。2007 年银监会也提出要求对高污染产业限制贷款[①]。目前，银行主要是通过企业违法信息数据库以征得企业的信用信息开展绿色信贷评级。该数据库是由环保机构将信息发布者提供的有关企业违法信息通过数据加工、处理而建立起来的[②]。

① 王安明，陈万和，杨茂全，卢凯国，王世双，何祥勇. 环保信息纳入征信系统对企业融资的影响——湖北省襄樊市“绿色信贷”执行情况调查. 环境保护，2008，09:33~36

② 董建华. 征信制度安排实现“绿色信贷”效应传导的泉州案例分析. 上海金融，2012，09：102~106

基于此，本书尝试在原有“绿色信贷”征信体系基础上，加入碳因素，纳入科技型中小企业的发展特征，为银行等评级机构构建一套合理有效的科技型中小企业碳信贷信用评级指标体系。

第一节 科技型中小企业碳信贷融资的风险特征

一、碳信贷融资风险特点

（一）宏观政策风险

碳信贷业务的开展不仅受到本国政策的影响，也受到国际政策变动的影响。碳交易项目具有跨国交易的性质，《京东议定书》就排放协定尚未取得一致的意见，且认证程序及标准仍处于不断摸索阶段，还存在变化的可能性。另外，节能减排量（CERS）的买家主要在国外，这使得国外的政策也对碳信贷业务的开展带来了信贷风险①。

（二）市场风险

碳信贷业务的市场风险主要体现在利率和汇率上：首先，碳排放权的跨国交易使得汇率成为影响碳信贷业务的重要因素之一。主要以美元或欧元计价的碳排放权极易受到外汇汇率的影响；此外，清洁发展机制（CDM）项目的长期性使得该项目在运作流程中的利率波动成为制约项目成功的因素之一。

（三）碳交易价格波动风险

供需影响价格，碳交易价格很大程度上受到碳交易市场供需关系的影响。2008 年爆发的金融危机使得国际市场上碳交易价格呈现巨大的波动。价格的波动取决于经济的状况，金融危机使得经济呈现萧条状态，以美国为首的发达国家碳交易市场需求大幅度下降，致使交易价格降低。

（四）信息不对称风险突出

清洁发展机制（CDM）项目本身具有特殊的复杂性风险，主要体现在审批、注册、核证等问题上，尤其在借贷前审批的复杂性，需要银行对贷款企业的信息进行全面的了解与核实，存在较大的“逆向选择”问题。清洁发展机制（CDM）项目标准的严谨性以及环保法规日益严格又为企业的还款能力带来不确定性，这

---

① 周纪昌. 构建我国商业银行碳金融风险管理机制. 金融理论与实践，2012，10:63~66

种信息不对称风险在传统信贷业务的基础上又加深了。

（五）业务技术风险

碳信贷业务的特殊性与技术性使得开展此项业务必须配备专门的技术人才，熟悉业务操作流程，同时配以专业管理性人才，对碳交易业务流程的实时监督。碳信贷项目的交易规则、审批程序的复杂性对相关工作人员提出了较高的职业要求。2011 年黑客入侵碳交易系统偷取 300 吨碳排放量，呈现出碳交易系统监测方面的问题[①]。银行开展碳信贷业务需要内部具有专业的人才，熟悉整个操作过程并能熟练掌握碳信贷业务的交易规则；另外，针对不同的碳信贷业务应建立不同的操作系统，熟悉操作方法，并要进行有效维护与监测，尽可能将碳信贷业务技术风险最低化。

二、科技型中小企业信用风险特点

由于我国的科技型中小企业具有自身的特殊性，其经济发展状况、产业发展水平、内部管理水平、技术水平发展均对企业的持续经营产生影响。科技型中小企业未来现金流的不确定性致使银行业不愿意将款项贷给他们。本文将科技型中小企业的信用风险特征归纳为以下 4 点：

（一）信用风险的独立性

随着风险识别能力的提高和衡量技术的细化，早先包含于市场风险中的信用风险逐渐被单独出来进行识别和评估。同时，独立评估信用风险不仅可以明确双发的债权与债务关系，而且也便于独立管理。

（二）信用风险的可分散性

首先，科技型中小企业本身对资产进行有效配置，通过购买资产组合来降低企业的信用风险，当科技型中小企业出现信用违约时，可以通过金融工具组合的风险分散降低自身财务风险；

其次，以产业集群为整体的科技型中小企业的信用风险可以在集团内部自行消除，风险均由集群的所有企业承担。

（三）信用风险的量化

对近 20 年文献梳理可以发现，随着模型的日益演变与完善，可以将企业信用风险量化，度量方法主要有两个：一是度量某一类资产或资产组合的风险，对其信用水平与资本市场中整体的信用水平进行比较；二是通过建立数据模型测量

① 杜莉，王利，张云. 碳金融交易风险:度量与防控. 经济管理，2014，04:106~116

企业的违约概率，量化企业的资本成本。信用风险度量方法的演化主要历经三个阶段：如图 6-1 所示：

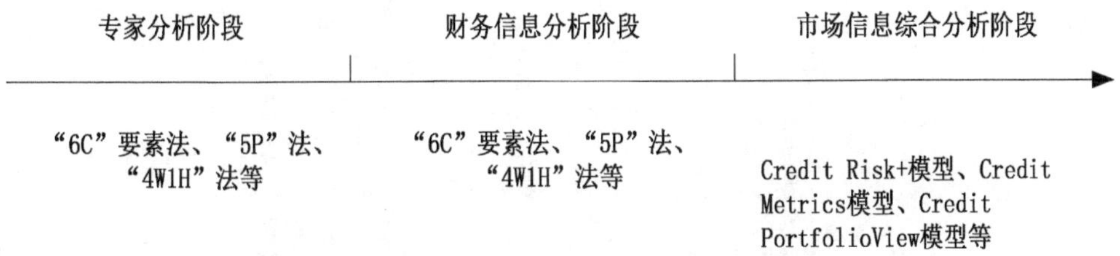

图 6–1　信用风险度量经历的三个阶段

（四）信用风险的可控性

首先科技型中小企业申请信贷时银行对其条件认定程序较为严格，特别是针对一些优惠型的银行信贷，对企业的技术水平、规模水平、生产条件、人才资质、财务指标比率等条件均需达到相关文件中的规定；而且针对一些贷款除了需要银行进行核查审批之外还需要科技部审批。另外，还需要对其相关的中下游企业、担保机构、企业的其他债务人等利益相关者进行监督，使贷款风险最小化。

第二节　信用评级法在科技型中小企业碳信贷信用风险度量中的应用

据中国科学院科技政策与管理科学研究所发布的《推进中小企业低碳技术创新的政策体系研究报告》显示，该类企业低碳技术创新与发展面临的首要问题就是信用评价机制不完善导致融资渠道不畅，低碳信贷进行融资的作用原理即企业利用降低碳排放获取信贷额度解决融资困境的路径。因此，对现有的企业信用评价方法归纳和分析是确定针对科技型中小企业合理的评级制度的基础。

信用评级(Credit Rating)源于美国，产生于 20 世纪初，是指中介服务部门依据法律进行数据采集、整合、保存、进一步处理自然人、单位法人或者其他组织的信用信息，并将整理好的数据编制信用报告对外提供。此外，该机构也为客户提供信用评估、信用信息咨询的服务。

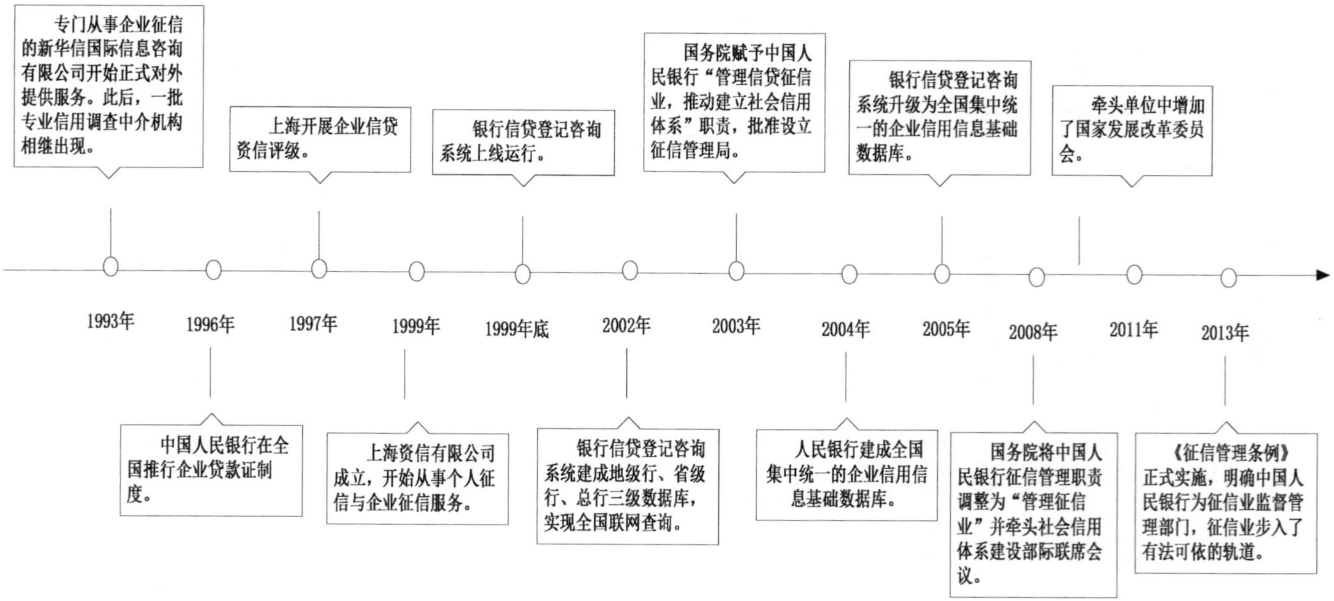

图 6-2　中国征信业发展历程

一、科技型中小企业信用评级的特点及重要性

科技型中小企业作为特殊的企业群体，其信用评级也具有独特性。主要表现在以下几个方面①：

1. 信用评级的整体性

一般银行对大企业进行信用评级时，比较注重企业财务指标的定量分析，如偿债能力，盈利能力和运营能力等。但是科技型中小企业规模小，资金实力单薄，因此在对科技型中小企业的信用等级进行评定时，需要更加注重从全面、综合、整体的角度对科技型中小企业的情况进行分析，包括领导者素质、经济实力、资金结构、履约状况、发展前景等方面。

2. 评级信息难度获取大，信息失真

科技型中小企业特别是非上市的中小企业，信用评级信息获取难度相当大。因为一般科技型中小企业不对外公开财务信息，基本情况和融资信息等，因此不太可能从公开渠道获得评级信息。此外，大多科技型中小企业内部管理不够健全，导致评级信息存在失真现象，失真的评级信息取得的结果缺乏客观性与科学性。

3. 信用评级的连续性

科技型中小企业的体制建设不完善，经营波动大，抵抗风险能力不足。因此要建立风险监测的机制，通过连续性的、落到实处的信用状况采集与评估，及时为债权人或潜在债权人提供偿债能力的预测，增强社会信用信息的透明度，使市场参与者能够通过一定正规的方式和渠道以尽可能低的成本迅速获得相关信息。

构建适用于科技型中小企业信用评级的指标体系的重要性主要体现在以下两个方面：

1. 为银行贷款决策提供重要依据

一般对于银行来说，给科技型中小企业贷款比给大企业贷款要承担更大的风险，但是科技型中小企业日渐发展成为银行的重要客户。做好科技型中小企业的信用风险的管理工作，采用科学合理的方法对科技型中小企业进行信用评级，可以使商业银行等金融机构了解科技型中小企业的信用状况以及违约风险，为银行是否给科技型中小企业贷款提供了决策的依据，从而有利于银行对科技型中小企业的贷款风险进行控制，有利于银行降低风险。

---

① 贾媚. 中小企业信用评级指标体系研究. 博士论文. 中央民族大学,2013.

2. 有利于科技型中小企业解决融资难的问题

信用评级是科技型中小企业融资的一大优势，信用级别高的企业往往容易得到投资者的青睐，公开信用评级的等级将直接影响科技型中小企业在资本市场上融资的能力。另一方面，有利于促进完善科技型中小企业的经营管理。这主要表现在当科技型中小企业向银行等金融机构贷款时，科技型中小企业资信等级要登录“银行信贷登记咨询系统”，向各金融机构通报或向社会公告。这种公示行为将对科技型企业造成一定压力，从而促进科技型中小企业为获得更高的信用等级而改善经营管理。

二、信用评级的分类

银行根据个人、企业的信用状况确定信用贷款的发放额度，以最大程度防范信用贷款风险是信用评级的目的。现有的信用评级方法归纳为表 6-1。

三、信用评级的方法归纳

相关机构对贷款人进行信用评级目的是判断被考察对象的还款能力与还款意愿，包括对各种评级指标进行数据处理、加工、分析、评价。信用评级法主要包括要素分析法、综合分析法、信用记分法与模糊综合评价法。

（一）要素分析法

要素分析法包括的内容如图 6-3 所示：

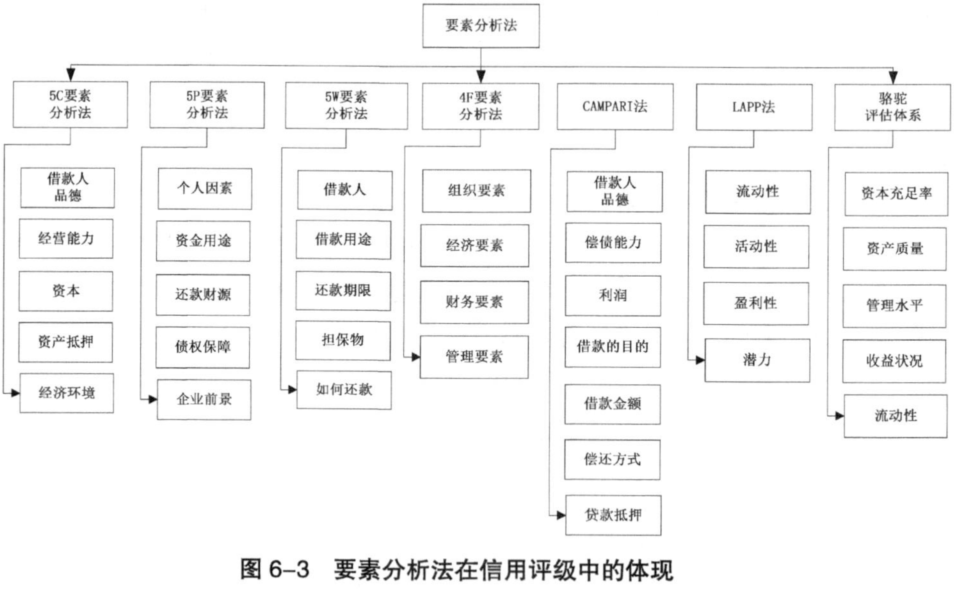

图 6-3　要素分析法在信用评级中的体现

表 6-1　信用评级的分类

分类	细分	适用范围
按照评估对象	企业信用评级	商业银行、保险公司、信托投资公司、证券公司等金融组织，工业、商业、外贸、交通、建筑、房地产、旅游等企业。
	证券信用评级	包括长期债券、短期融资券、优先股、基金、各种商业票据等的信用评级。主要是债券信用评级，对普通股票发行后上市公司的业绩评级。
	国家主权信用评级	影响国家偿还能力的因素、财政负担进行分析
	其他信用评级	对某一特定项目进行的信用评级
按照评估方式	公开评估	独立的信用评级公司进行的评估，评估结果要向社会公布，向社会提供资信信息。评估依据要符合国家有关法规政策，具有客观公正性，在社会上具有相当的权威性
	内部评估	如银行对借款人的信用等级评估，作为审核贷款的内部参考，不向外提供资信信息
按照评估收费与否	有偿评级	由独立的信用评级公司可接受客户委托进行的信用评级，一般都要收费
	无偿评估	只能按照有关单位的公开财务报表和资料进行，不能进行深入现场调查。因而资信信息比较单一，评估程序和方法也较简单
按照评估内容	综合评估	对评估客户的各种债务信用状况进行评级，提出一个综合性的资信等级，它代表了对企业客户各种债务的综合判断
	单项评估	对某一具体债务进行的有针对性的评估，例如对长期债券、短期债券、长期存款、特定建设项目等信用评级。债券评估属于单项评估的典型例子，通常采用“一债一评”的方式

通过对比发现，要素分析法主要以定性评价为主要方式，将图 6-3 中每一个要素按照相关的标准进行评分，各个财务要素指标、偿债能力指标、利润指标、借款金额等定量指标采取量化的方式，将能够影响到企业信用水平的因素全部纳入考核体系中去，尽可能全面的分析、评价企业的信用状况。该种方法对各个相关要素进行打分，但该方法主观臆断较大。

（二）综合分析法

综合分析法在信用评级中的体现归纳为表 6-2。

表 6–2　综合分析法在信用评级中的体现①②③

分类	细分	分析要素或具体含义
综合分析法	加权评分法	最为常用，根据各具体指标在评级总目标中的不同地位，给出或设定其标准权数，确定指标的标准值，然后比较指标的实际数值与标准值得到级别指标分值，最后汇总指标分值求得加权评估总分。不足体现为：1. 未能区分指标的不同性质，会导致计算出的综合指数不尽科学；2. 不能动态地反映企业发展的变动状况；3. 忽视了权数作用的区间规定性。
	隶属函数评估法	首先利用一元线性隶属函数求出各项指标在闭区间[0，1]内相应的数值，称为“单因素隶属度”，对各指标作出单项评估。然后计算综合隶属度，得出综合评估的向量指标值。最后，根据综合评估的指标值评估企业的信用水平。隶属函数评级方法较之加权评分法具有更大的合理性，但该方法对状态指标缺乏有效的处理办法，会直接影响评级结果的准确性。
	功效系数法	根据多目标规划原理，对每一个评估指标分别确定满意值和不允许值。然后计算其指标实现满意值的程度，并转化为相应的评估分数，最后加权计算综合指数。 由于各项指标的满意值与不允许值一般均取自行业的最优值与最差值。因此，功效系数法的优点是能反映企业在同行业中的地位。但是，功效系数法同样既没能区别对待不同性质的指标，也没有充分反映企业自身的经济发展动态，不能完全实现信用评级所要实现的评级目的。
	多变量信用风险二维判断分析评级法	这类模型的应用是最有效的。多变量分析就是要从若干表明观测对象特征的变量值（财务比率）中筛选出能提供较多信息的变量并建立判别函数，使推导出的判别函数对观测样本分类时的错判率最小。二维判断就是从两方面同时考察信用风险的变动状况：一是空间，即正确反映受评客体在本行业(或全产业)时点状态所处的地位；二是时间，尽可能考察一段时期内受评客体发生信用风险的可能性。

（三）信用记分法

整体上与综合分析法相似，都是采用定量与定性分析相结合的方法对企业进行信用评级。但与其不同的是，信用记分法在对企业进行定量与定性分析之后，要对结果进行数量化，将对企业进行指标打分的数值汇总出信用总分值，不同的分值对应不同的等级，通过这个信用总分值得出企业的信用等级。这种方法操作起来简便易行，但不利于发挥信用评级专业人员的智慧。

（四）模糊综合评价法

这是一种以模糊数学为基础的评价方法，通过模糊数学的隶属函数，将定性指标转化为定量指标，进而对研究问题做一个综合的评价。该种方法与上述隶属函数评估法不谋而合，但此方法还加入了层次分析。具体的步骤是：将研究的问题进行分层次分析，建立分层次模型，然后从最低层开始进行模糊综合评价，得出的企业信用水平的综合评价结果便是对最高层的模糊综合评价④。

---

① Baofeng Shi,Guotai Chi,Gelan Yang. A Model for Recognizing Key Factors and Applications Thereof to Engineering. Mathematical Problems in Engineering, 2014, 03:117~127

② 李毅，赵兴罗. 企业债券信用评级方法比较与分析. 2009，03:67~69

③ Stephen Figlewski,Halina Frydman,Weijian Liang. Modeling the effect of macroeconomic factors on corporate default and credit rating transitions. International Review of Economics and Finance, 2011,01:87~99

④ 霍海涛. 高科技中小企业信用风险指标体系及其评价方法. 北京理工大学学报(社会科学版)，2012，01:60-65

四、银行碳信贷融资业务体系

银行业努力创新产品，争取更多的客户面对日益激烈的竞争。从银行的角度而言，努力寻找优质的、有潜力的科技型中小企业作为长期潜在的客户，作为今后的业务增长点，实现银行业务的持续发展，建立科学完善的信用评级体系是十分必要的。

对于企业而言，以企业可持续发展与履行企业社会责任为基础，银行的碳信贷融资为科技型中小企业不仅带来了良好的资金来源，而且也是其长远性发展的重要战略选择。对于银行而言，国家对碳信贷的支持以及国际上碳信贷在银行业中的拓展与应用，使碳信贷产品的设计、研发与推行是银行业在经营过程中面临的一个重要性的机遇与挑战。因此，建立企业碳信贷的信用评级指标体系显得尤为重要。

建立银行碳信贷信用评价指标体系最重要与最根本的就是要识别各种信贷风险，包括企业自身的信用风险以及与碳信贷融资相关的各类市场风险、政策风险等，对各类风险进行量化评分、处理加工。碳信贷融资最大的特点除了银行业要考虑企业对该项贷款的还款能力，还要考虑该项碳减排项目、技术、产品等是否能够为社会带来重要的贡献，其所产生的社会效益、环境效益的评估。对于科技型中小企业而言，自身管理的缺陷、人力资本不足使得其内在实力无法与大型的高技术企业相对比，但是产业集群效应能够很好地解决这样的问题。

建立信用评级体系首先要了解银行碳信贷融资业务体系，见表6-3，图6-4：

表6–3　银行碳信贷金融业务

基本原理	主要内容
信贷价格和担保的杠杆放大效应	对低碳和高碳经济分类管理，对低碳经济实行低息、进出口退税补偿等扶持措施。对高碳企业实行高息、提高担保条件等信贷限制政策。采取有区别的信贷政策，转变能源消费模式。从产业结构、能源结构等角度对绿色信贷政策进行创新，用好信贷价格和担保的杠杆放大效应。
绿色金融服务	目前，银行在碳金融服务创新领域推出了一系列绿色金融服务的方案，主要包括绿色融资、绿色能效、绿色公益等子方案。银行推出绿色金融服务是新时期下银行承担社会责任的积极体现，旨在通过制定有针对性的服务方案，深化与政府环境保护管理部门与环保公益组织的业务合作，拓展环保领域的新商机。
推动“三新产业”信贷市场发展	紧随国际国内低碳经济政策走向，切实扶持低碳经济项目，选取低碳经济重要组成部分三新产业、新能源产业和新技术产业作为创新绿色信贷政策切入点，从拓宽市场、培育新的信贷增长点角度逐力节能环保信贷项目的发展领域。

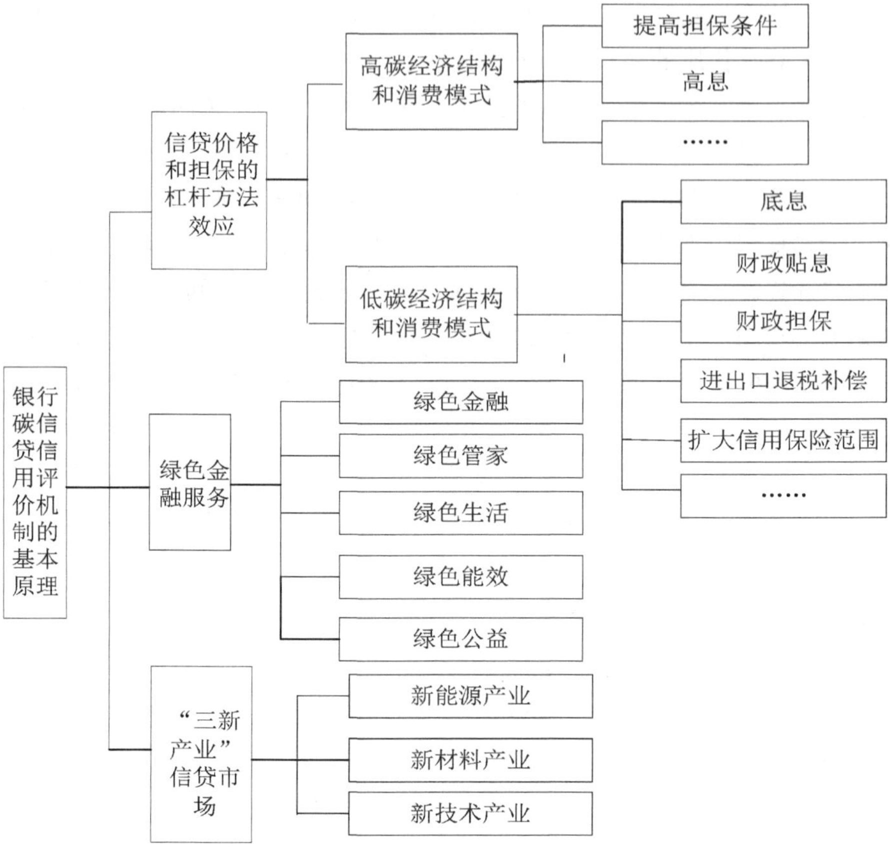

图 6–4 银行碳信贷信用评价机制的基本原理

五、科技型中小企业信用评级指标体系的设计

信用评级指标体系设计的内容主要包括设置评估指标、根据原始指标值与评估标准确定指标最终值，计算指标所占权重比。信用评级指标体系是资信评级的重要依据，为了与国际接轨，商业银行及其他金融机构纷纷推出信用评级指标体系，使自信评级更加科学、公正和客观。

为了帮助科技型中小企业解决由于信用资源不足导致融资难这一问题，本书构建了科技型中小企业的信用评级体系，参阅相关资料，国内外研究科技型中小企业信用评级的文章极少。所以本书借助对中小企业的信用评级的相关文献与企业自身发展特点，构造适合科技型中小企业的信用评级指标体系。

（一）指标设计的原则

目前，我国各商业银行及评级机构运用的信用评级指标体系并不一致，由于企业性质的不同，影响其信用水平的指标也不同，很难将所有因素都涵盖在一个统一的指标体系下，科技型中小企业融资信用评价指标体系的选取需要科学、整体、可比、实用、综合、实效的原则。

1. 科学性原则。以科学理论为指导，分别考核评级对象的定性与定量指标，若有必要定性指标也可以加以定量化。

2. 整体性原则。所纳入分析的指标需要涵盖科技型中小企业信用情况的各个方面，应注意使指标体系层次清楚、相互关联。

3. 相关性原则。根据企业所在的省、市以及国家的政策规定设计指标体系，指标的建立要符合宏观环境，定量指标的计算要与会计政策相一致，定性指标要与相关专家进行协商与协调，指标数据必须真实可靠相关。

4. 可比性原则。为了便于评级对象横向与纵向均可比，各项评级指标统计口径需一致。

5. 针对性原则。在指标体系的基础上，按照有关科技型中小企业政策的规定和准则，选择对科技型中小企业融资信用评级影响大，有代表性的指标，尤其要避免指标过多导致重复性较高，影响评价的效果和科学有效性。

6. 可操作性原则。选择和构建科技型中小企业融资信用评价指标应在科学、全面、有效的基础上，同时充分考虑数据的可得性和评价方法的运用，以提高信用评价的准确性和有效性。力求做到指标体系全面但不重复多余，简单易懂又便于操作和应用。

7. 及时性原则。企业信用评级在资信等级评出以后，一般有效期为一年，从审批认定之日起计算。

8.“一票否决”制。判断是否为科技型中小企业进行贷款的第一步，主要针对几大重点指标的核查建立“一票否决”制。

（二）科技型中小企业信用评价指标的构建

1.“一票否决”指标的确定

下述五项指标（见表 6-4）只要存在一项指标不合格，银行业等金融机构均不给予科技型中小企业贷款额度。

表 6–4　筛选性指标的确定

序号	筛选性指标
①	企业的主营业务是否符合国家产业政策；
②	企业的核心技术是否符合国家鼓励支持的技术领域
③	企业的知识产权是否清晰，是否存在产权纠纷问题
④	企业的主要项目是否对社会或自然环境有不良影响
⑤	企业主要产品的销量或专利技术是否在销售区域处于领先地位

2. 主体性信用指标的设置

以信用评级指标体系设计原则为基础，结合国内外相关文献以及现有部分银行针对中小企业设计的信用评级指标体系，结合科技型中小企业的发展特征，建立科技型中小企业信用评级指标体系，见图 6-5。

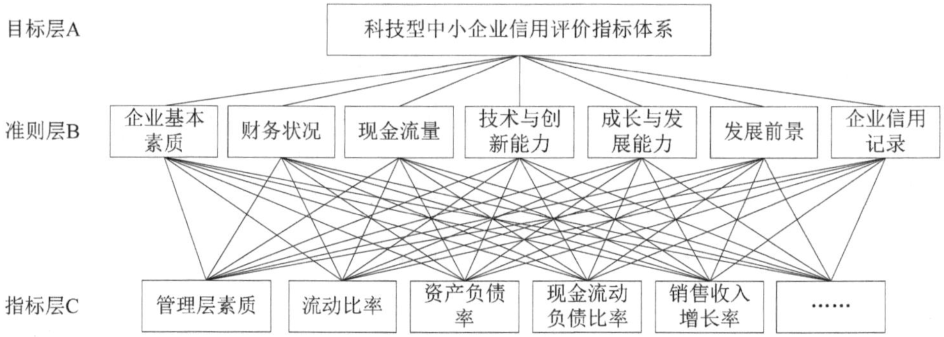

图 6–5　主体性评价指标的目标层、准则层及指标层

表 6–5　主体性评价指标体系的内容解释

层次	内容	指标
目标层	建立指标体系的目标与方向	科技型中小企业信用评价指标体系
准则层	界定企业所要评价的各个层面	财务状况、发展前景、现金流量、技术与创新能力、成长与发展能力、企业基本能力、企业基本素质、企业信用记录。
指标层	所能代表每个层面的具体指标	管理层素质、流动比率、资产负债率、现金流动负债比率、销售收入增长率等24个指标来反映科技型中小企业的信用状况

具体指标如表 6-6 所示：

表 6–6　主体性评价指标的选择

序号	准则层指标	细分指标
①	财务状况	流动比率、速动比率、资产负债率、销售净利率、净资产收益率、存货周转率、应收账款周转率
②	发展前景	产业政策、行业前景
③	现金流量	现金流动负债比率、销售现金比率、盈利现金比率
④	技术与创新能力	无形资产比率、R&D 投入比率、技术开发人员比重
⑤	成长与发展能力	销售收入增长率、净利润增长率、净资产增长率
⑥	企业基本素质	管理层素质、员工素质、企业组织机构、企业战略与文化
⑦	企业信用记录	合同履行情况、偿债意愿

3. 评价指标主要的核算内容

（1）企业基本素质

企业基本素质是企业内部的基本情况，其中包括组织、人员素质、企业长远战略与组织文化。

本书同时构建了基于科技型中小企业员工的融资评级标准参考表，从员工角度评价科技型中小企业融资的级别及信用情况。

企业基本素质考核指标及具体内容如表 6-7 所示：

表 6–7　企业基本素质考核指标及具体内容

定性指标	具体考核内容
企业管理层素质	领导才能、知识学历、职业道德、创新精神
企业员工素质	员工的学历构成、团队协作能力、培训情况、敬业精神
组织	组织结构设置明晰性、人员之间合作程度、各部门协调、内部提拔制度
企业战略与文化	企业长期性目标，企业文化决定企业的战略导向。

科技型中小企业的规模较小，企业的管理层对整个企业的发展导向与企业内部文化的建立起着至关重要的作用，领导者的素质对企业的信用存在着重要的影响。管理层敏锐的视角、独特的创新能力影响着整个企业未来的经营状况。员工素质直接影响文化氛围的形成。任何企业都离不开异性的组织结构，合理的制度是企业科学管理的重要前提与保障。企业战略是企业的目标方向、是企业综合性的决策与行为方式，通过企业战略可以了解到企业的发展理念。文化是企业塑造

核心竞争力的非正式制度，它能塑造企业团队正确的价值理念、建立团队精神，共同实现企业的发展目标。战略与文化的结合能够为企业发展带来潜移默化的力量。

借鉴上海大学硕士论文《商业银行公司信贷客户信用评价研究》，基于科技型中小企业员工的融资评级标准如表 6-8 所示：

表 6–8 基于科技型中小企业员工情况评分参考表

计分事项	计分标准
文化程度 （满分10分，配偶另加2分）	博士 9-10分；硕士 8-9分；学士 7-8分；专科 6-8分； 中专或高中6分；初中以下5分
工作年限 （满分10分）	30年以上 9-10分；20-30年 8-9分；10-20年7-8分； 5-10年 6-7分；5年以下0分
职业 （满分10分，配偶可另加3分）	公务员 8-10分；科教人员 8-9分；企业管理者 8-10分； 私营业主 7-10分
职务 （满分10分，配偶可另加2分）	局级以上10分；处级 8-10分；科级 7-8分；科级以下0分
职称 （满分10分，配偶可另加2分）	高级10分；副高级 8-10分；中级 7-8分；中级以下0分
个人年经济收入 （满分20分）	20万元以上20分；15-20万 18-20分；10-15万 17-19分；8-10万 16-17分；5-8万 14-16分；2-5万 10-14分；2万以下0分
家庭财产评估价值 （满分30分）	50万以上 30分；40-50万 26-30分；30-40万 24-28分；25-30万 22-25分；20-25万 20-22分；20万以下0分
其他分 （最高10分）	连续三期贷款都能按时还本付息，并有提前还清贷款的能力， 5-10分；连续两期贷款都能按时还本付息，无欠账，1-5分 未曾贷款，0分

（2）财务指标①

表 6–9 财务状况指标公式

财务能力	指标	计算公式
偿债能力	流动比率	$\frac{\text{流动资产}}{\text{流动负债}}\times 100\%$
	速动比率	$\frac{\text{流动资产}-\text{存货}}{\text{流动负债}}\times 100\%$

① 李淑平，蒋葵. 中级财务管理，武汉理工大学出版社，2007，112~134

财务能力	指标	计算公式
偿债能力	资产负债率	$\frac{负债总额}{资产总额}\times100\%$
盈利能力	销售净利率	$\frac{净利润}{销售收入净额}\times100\%$
	净资产收益率	$\frac{净利润}{平均净资产}\times100\%$
营运能力	存货周转率	$\frac{销售成本}{平均存货}\times100\%$
	应收账款周转率	$\frac{销售收入净额}{平均应收账款}$
现金流量	现金比率	$\frac{现金类资产}{流动负债}\times100\%$
	销售现金比率	$\frac{经营现金流量净额}{销售收入净额}\times10\%$
	盈利现金比率	$\frac{经营现金流量净额}{利润总额}\times100\%$
技术与创新能力[①]	无形资产	$\frac{无形资产}{总资产}\times100\%$
	R&*D*投入比率	$\frac{R\&D经费总额}{营业收入}\times100\%$
	技术开发人员比重	$\frac{专职技术开发人员}{企业职工总数}\times100\%$
成长与发展能力	销售收入增长率	$\frac{本年销售收入总额-上年销售收入总额}{上年销售收入总额}\times100\%$
	净利润增长率	$\frac{本年净利润额-上年净利润额}{上年净利润额}\times100\%$
	净资产增长率	$\frac{本年净资产总额-上年净资产总额}{上年净资产总额}\times100\%$

（3）行业发展前景

企业战略的成功需要不仅需要企业自身具备一定的实力，还需要企业所处行业具备较强的吸引力，企业并不是孤立生存的，而是处在经济社会系统之中，与外部环境的相互作用持续经营。而外部环境中对企业影响最大的就是行业发展前景，行业的增长速度、行业的饱和度等都直接影响企业的经营状况。本文通过两

① 吴添祖. 技术经济学概论，高等教育山版社，2004，231~243

个定性指标表示企业所处的行业发展前景：产业政策和行业前景[①]。行业政策是政府机构为了某一行业的发展特许所颁布的一系列激励性、惩罚性、限制性的政策，每一项政策的颁布对企业的发展都是机遇和挑战；行业前景是指企业所在行业所处的生命周期阶段、行业容量等有关行业发展的内容。

（4）企业历史信用水平

征信系统是企业信用数据的有效整合，通过系统、历史信用评级报告等有关企业信用情况的报告与指标，了解企业的信用记录。若企业具有较强的信用，银行等金融机构就愿意把款项贷给他们。本书将采用企业历史合同是否违约与企业偿债意愿表示企业的历史信用水平[②]。

对于科技型中小企业这样一类具有较高无形资产、较低的固定资产的高科技创新的小规模企业而言，定量指标往往更能表达企业过去和目前的状况，而定性指标则从一定意义上来看能够为企业的发展带来决定性的作用，是企业的未来所在。综合国内外有关信用评级指标体系的文献与科技型中小企业的实际情况，本文采用定性指标与定量指标相结合的方式对构建科技型中小企业的信用评级指标体系。

（三）信用评级标准的确定

“信用评级”诞生于美国，起源如图 6-6 所示：

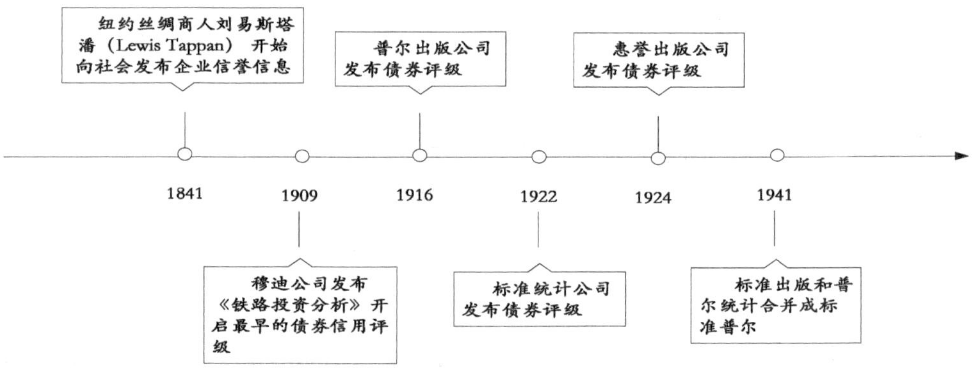

图 6-6　信用评级的起源

1941 年，出现了目前全球大信用评级机构：穆迪、标准普尔和惠誉国际。

① 王素义，朱传华. 中小企业信用评价指标的选择与拓展. 生产力研究，2009，11：180~181

② 沈明豪，陈冰. 高新技术中小企业信用评价. 大众科学，2007，01：72~73

表 6-10　三大评级机构评级标准

机构	评级
穆迪	Aaa，Aa. A，Baa，Ba，B，Caa，Ca和C九个级别； 其中Aaa级债务的信用质量最高，信用风险最低；C级债务为最低债券等级，收回本金及利息的机会很小。
标准普尔	投资级AAA，AA，A和BBB四个级别； 投机级分为BB，B，CCC，CC，C和D
惠誉国际	投资级AAA，AA，A和BBB四个级别； 投机级BB，B，CCC，CC，C，DD和D

1932 年我国成立了第一家征信机构“中华征信所”，中国目前主要有三大评级机构：大公国际资信、联合资信、中诚信。

大公国际资信评估有限公司，是我国最早成立的信用评级机构。1993 年 7 月，国家经贸委发布《关于成立大公国际资信评估有限公司的批复》、1994 年中国人民银行发布《关于成立大公国际资信评估有限公司的批复》，大公国际于 1994 年 3 月登记注册成立。信用评级标准如表 6-11 所示：

表 6-11　大公国际信用评级标准

评级对象	评级等级
长期债务评级	AAA,AA,A,BB,B,CCC,CC,C
短期债务评级	A-1,A-2,A-3,B,C,D
短期债务和长期债务评级中的主体评级	AAA,AA,A,BB,B,CCC,CC,C
借款企业评级	AAA,AA,A,BBB,BB,B,CCC,CC,C
担保机构信用评级	AAA,AA,A,BBB,BB,B,CCC,CC,C
中小企业评级	AAAs,AAs,As,BBBs,BBs,Bs,Cs
信誉评级	AAAc,AAc,Ac,Bc,Cc
中关村企业信用评级	AAAzc,AAzc,Azc,BBBzc,BBzc,Bzc,CCCzc,CCzc, Czc
商业银行信用评级	AAA,AA,A,BBB,BB,B,CCC,CC,C;
	AAAp,AAp,Ap,BBBp,BBp,Bp,CCCp,CCp,Cp;
	ABCDE(财务评级)
国家信用评级	AAA,AA,A,BBB,BB,B,CCC,CC,D

本书结合国内外学者的研究成果与大公国际的评级标准，考虑科技型中小企业的特点，采用如下信用评级标准作为科技型中小企业信用评级等级与评分，如表 6-12 所示：

表 6–12　信用等级与评分的说明①②③

等级	分值	含义	具体说明
AAA	90–100	信用卓越	资信状况很好、市场竞争力非常强，有很好的发展前景，流动性很好，管理水平很高，具有很强的偿债能力。
AA	75–90	信用优良	市场竞争力强，有好的发展前景，流动性好，管理水平高，具有强的偿债能力。
A	60–75	信用较好	流动性较好，管理水平较高，具有较强的偿债能力。
BBB	45–60	信用一般	市场竞争力一般，发展前景一般，偿债能力一般，具有一定风险
BB	30–45	信用较差	市场竞争力、流动性、管理水平、发展前景尚可，偿债能力较弱，风险较大。
B以下	30分以下	信用很差	经营管理存在严重缺陷，信用记录差，现有债务的偿还已不能保证，经营风险或财务风险大。

（四）指标确定评级指标权重

同一指标对不同评级对象的影响程度不同，因此需要对该类重要程度加以量化，确定权重占比。

权重指的是各个评价指标对评价对象的解释程度，该指标对评价对象越重要，说明权重值越大。不同对象可能具有同一评价指标体系，但由于权重的不同，使得两个评价对象最终得分完全不同。因此，必须确定每个评价指标体系对评价对象的解释程度。这对信贷决策有着至关重要的意义。

科技型中小企业信用评级指标既有能够量化的指标，也有无法量化的情况类、说明类等表达某一性质的指标，量化的指标往往根据历史数据即能得出真实数值，但性质类指标无法给出具体数值，需要依靠相关专家人员的主观评定。层

① 高媛，卞直巍. 关于中小企业信用评级体系. 长春工业大学学报（自然科学版），2003，12：45

② 刘淑莲，王真，赵建卫，基于因子分析的上市公司信用评级应用研究. 财经问题研究，2008，7：58

③ 康书生，鲍静海，史娜，李纯杰. 中小企业信用评级模型的构建. 河北大学学报(哲学社会科学版)，2007，02：26-33

次分析法（Analytic Hierarchy Process，AHP）能够将人的主观评定加以量化，通过分解、比较、综合分析最终进行决策。

因此，本书将采用层次分析法确定评价指标的权重，使评价结构能够量化，使决策能够更加准确、客观。

基于权重系数的 AHP 评价指标筛选方法过程如下所示：

1.建立分析结构

根据所选的指标建立分析结构，确定层次体系。

2.构造矩阵

根据建立的分析结构，将处于同一层次的指标两两进行比较，确定同层指标 A_i 与 A_j 哪个相对较为重要，如表 6-13 所示。

表 6–13　同层指标相对重要程度值得确定

标度	意义	说明
1	A_i比A_j同等重要	A_i和A_j为同一层次中的两个要素
3	A_i比A_j稍重要	按同一准则进行判断
5	A_i比A_j重要	按同一准则进行判断
7	A_i比A_j重要得多	按同一准则进行判断
9	A_i比A_j绝对重要	按同一准则进行判断
2.4.6.8	为上述判断的中值	管理层素质、员工素质、企业组织机构、企业战略与文化

根据专家意见，为同层指标之间的重要度复制，形成判断矩阵。例如，根据赋值情况可以得出（A_{31}，A_{32}，A_{33}，A_{34}，A_{35}）的判断矩阵，见表 6-14。

表 6–14　A_{31}，A_{32}，A_{33}，A_{34}，A_{35} 的判断矩阵

A_3	A_{31}	A_{32}	A_{33}	A_{34}	A_{35}
A_{31}	$A_{31}A_{31}$	$A_{31}A_{32}$	$A_{31}A_{33}$	$A_{31}A_{34}$	$A_{31}A_{35}$
A_{32}	$A_{32}A_{31}$	$A_{32}A_{32}$	$A_{32}A_{33}$	$A_{32}A_{34}$	$A_{32}A_{35}$
A_{33}	$A_{33}A_{31}$	$A_{33}A_{32}$	$A_{33}A_{33}$	$A_{33}A_{34}$	$A_{33}A_{35}$
A_{34}	$A_{34}A_{31}$	$A_{34}A_{32}$	$A_{34}A_{33}$	$A_{34}A_{34}$	$A_{34}A_{35}$
A_{35}	$A_{35}A_{31}$	$A_{35}A_{32}$	$A_{35}A_{33}$	$A_{35}A_{34}$	$A_{35}A_{35}$

3. 计算指标占比

$$w_i = \frac{v_i}{\sum v_i} \qquad \text{公式(6-1)}$$

其中

$$v_i = \left(\prod_j A_{ij}\right)^{\frac{1}{n}} \qquad \text{公式(6-2)}$$

$\mathbf{v_i}$为同一层次指标之间相对的影响程度；$\mathbf{w_i}$表示指标对评价对象的影响程度，即权重。由此得出权重向量$w_i = (w_i, w_2, \ldots, \ w_n)$

（4）一致性检验

最大特征根

$$\lambda_{\max} = \frac{1}{n}\sum_i \left(\frac{(AW)_i}{w_i}\right) \qquad \text{公式(6-3)}$$

一致性指标

$$C.I. = \frac{\lambda_{\max} - n}{n-1} \qquad \text{公式(6-4)}$$

一致性比率

$$C.R. = \frac{C.I.}{R.I.} \qquad \text{公式(6-5)}$$

其中R. I.为平均一致性指标，取值如表 6-15 所示。

表 6–15　*R.I.* 的值

阶数	3	4	5	6	7	8	9
R.I.	0.58	0.9	1.12	1.24	1.32	1.41	1.45

一般而言，当$C.R. < 0.1$时，表示判断矩阵一致性较好，能够接受。当$C.R. > 0.1$时，判断矩阵应该修正。

（五）符合科技型中小企业特点的信用评级定量指标分数的确定

科技型中小企业既有独特的研发能力，较高的创新能力，拥有高技术人才，又具有资产、经营规模均较小的特点。其生存与发展离不开企业的研发技术与创新，功效系数法是一种能够将具体的定量指标确定相应功效积分的方法，对某一定量指标确定其上限与下限，即满意值和不允许出现的数值，再根据该指标的实际值最终确定出定量指标的实际分数。

其模型为：

$$指标的实际分数=\frac{指标实际值-指标不满意值}{指标满意值-指标不满意值}$$

现有的研究成果及查阅国内部分商业银行有关企业信用等级评价准则[①②③]等相关资料，根据科技型中小企业的特点，对信用评价体系的 24 个指标范围给予确定。本书给出的是通用标准，金融机构可以根据实际情况对行业进行适当调整，见表 6-16。

表 6-16　主体性指标的评价标准

科技型中小企业信用评价指标体系	评价指标	权重	满意值[④]	不允许值	实际值	评分标准	得分
企业基本素质	管理员素质				根据企业实际情况打分，0 至满分。		
	员工素质						
	企业组织机构						
	战略与文化						
财务状况	流动比率		160%	70%			
	速动比率		90%	40%			
	资产负债率		30%	80%			
	销售净利率		10%	3%			
	净资产收益率		10%	3%			
	存货周转率		250%	50%			
	应收账款周转率		570%	50%			
现金流量	现金流动负债比率		60%	15%			
	销售现金比率		70%	5%			
	盈利现金比率		75%	10%			
技术与创新能力	无形资产比率		8%	3%			
	R&D 投入比率		6%	3%			
	技术开发人员比率		30%	20%			

① 中国建设银行.中国建设银行小企业客户评价办法[R].中国建设银行,2007:1-8

② 中国农业银行.中国农业银行企业信用等级评价[R].中国农业银行,2005: 3-8

③ 中国工商银行.中国工商银行小企业法人客户信用等级评定办法[R].2005:l-6

④ 各项指标的满意值与不允许值一般均取自行业的最优值与最差值。

续表

<table>
<tr><th>科技型中小企业信用评价指标体系</th><th>评价指标</th><th>权重</th><th>满意值</th><th>不允许值</th><th>实际值</th><th>评分标准</th><th>得分</th></tr>
<tr><td rowspan="3">成长与发展能力</td><td>销售收入增长率</td><td></td><td>10%</td><td>3%</td><td></td><td></td><td></td></tr>
<tr><td>净利润增长率</td><td></td><td>40%</td><td>10%</td><td></td><td></td><td></td></tr>
<tr><td>净资产增长率</td><td></td><td>8%</td><td>2%</td><td></td><td></td><td></td></tr>
<tr><td rowspan="2">发展前景</td><td>产业政策</td><td></td><td></td><td></td><td colspan="3" rowspan="4">根据企业实际情况打分，0至满分。</td></tr>
<tr><td>行业前景</td><td></td><td></td><td></td></tr>
<tr><td rowspan="2">企业信用记录</td><td>合约履行情况</td><td></td><td></td><td></td></tr>
<tr><td>偿债意愿</td><td></td><td></td><td></td></tr>
<tr><td>总计</td><td></td><td>100</td><td colspan="5"></td></tr>
</table>

注：a.如果 $90\% \le$ 资产负债率 $< 100\%$，信用等级 $\le BBB$ 级别；
资产负债率 $\ge 100\%$，信用等级 $< B$ 级
b.如果本期亏损，信用等级 $\le A$ 级
如果本期和上期均亏损，信用等级 $\le BBB$ 级
c.如果贷款企业于所在行业中不处于领先地位，根据情况降低等级。

（六）定性指标与定量指标权重的确定

企业在经营过程中的财务风险等定量指标与行业发展、企业前景对企业的信用影响存在较大的差异。因此，单纯地将各个指标的评分汇总不能很好的说明企业的信用问题。本书参照刘迎春①的思想，将影响科技型中小企业信贷融资违约概率的影响因素区分为定量指标与定性指标，测算定量与定性指标对违约概率的解释程度，即权重值，先通过将上述财务指标进行主成分分析，将原始变量 $X_1, X_2, X_3, \ldots, X_n$ 提取主成分：$Z_1, Z_2, Z_3, \ldots, Z_m$ 进行降维,即 $X = BZ$，降维效果理想情况为：$\dfrac{\text{特征值累计贡献率}}{\text{总方差}} \approx 80\%$，将 m 个主成分采用 Logistic 回归方法进行回归，求出样本的违约概率 P：

$$P = \frac{e^{\alpha_0 + \alpha_1 Z_1 + \alpha_2 Z_2 + \alpha_3 Z_3 \ldots + \alpha_m Z_m}}{1 + e^{\alpha_0 + \alpha_1 Z_1 + \alpha_2 Z_2 + \alpha_3 Z_3 \ldots + \alpha_m Z_m}} \qquad \text{公式（6-6）}$$

最终测算出定量指标对违约概率的解释程度，作为定量指标的指标权重，依据定量指标的权重测算定性指标权重能大大降低测算误差与主观性。

（七）科技型中小企业所处行业信贷风险来源及控制指标筛选

在借鉴国外已有研究的基础上，结合我国具体情况建立适合我国科技型中小企业的信用评级指标企业进行信用评级指标的选取，首先要研究确定影响企业碳

① 刘迎春. 我国商业银行信用风险度量和管理研究. 博士学位论文，东北财经大学，2011.

信贷信用评级的因素有哪些。将《新巴塞尔协议》同我国具体情况相结合，本书将碳信贷风险分为环境风险、财务风险、经营风险和信贷风险。总结如表 6-17 所示：

表 6–17　科技型中小企业所在行业风险评价指标来源及构成

<table>
<tr><th>指标体系</th><th colspan="2">指标名称</th><th>指标体系</th><th>指标名称</th></tr>
<tr><td>环境风险</td><td>社会
环境</td><td>世贸组织因素
财政政策
产业成熟度
产业政策
法律法规
重大事件
经济周期
货币政策
市场供求
体制转轨</td><td>财务风险</td><td>行业应收账款增长率
行业销售（营业）利润率
行业净资产收益率
行业资本积累率
行业亏损面
行业利润总额增长率
行业亏损度</td></tr>
<tr><td>经营风险</td><td colspan="2">技术风险
持续经营能力
产品替代性
行业垄断程度
产业依赖度（上游）
产业依赖度（下游）</td><td>信贷风险</td><td>信贷平均损欠率
不良率变幅
行业信贷扩张系数
行业信贷资产加权平均期限
信用支持度
新发放倍贷质量
利息实收率
……</td></tr>
</table>

注：亏损面=亏损企业数量/全部企业数量，亏损深度=亏损额/利润总额

五、基于碳信贷科技型中小企业信用评级指标体系构建

银行碳信贷融资通过获取企业碳排放额度对融资机制和产品进行模式创新，主要分为针对企业碳排放的测算和行业碳排放的测算两部分。

在气候变化研究中碳排放量的测算比较复杂。目前没有针对企业碳排放是否开展碳排放核算进行强制性要求，但是对科技型中小企业进行碳信贷信用评级核算企业碳排放量是不可或缺的一步。企业碳排放量计算公式在第五章第一节已经加以说明。企业所在行业碳排放量的测算是评定企业碳排放量的一个重要依据。

（一）行业碳排放测算公式

为检测不同行业碳排放量间碳排放情况，对不同行业碳排放进行评价，引进行业碳排放量测算公式，采用国家标准（GB2589-81）中能源标准煤折算系数及政府间气候变化专门委员会（IPCC）碳排放系数，最终计算得出不同行业主要碳排放行业碳排放量情况：

行业碳排放量计算公式为：

$$C_i = \sum_{k=1}^{i} LH_k \times CE_k \times AC_{ik} \qquad \text{公式（6-7）}$$

其中 C_i 是指 i 行业能源消费 CO_2 排放量（万吨），LH_k 表示第 K 种低位热值（kJ/kg,kJ/m^3），CEk 是指燃料 K 的二氧化碳排放系数，AC_{ik} 表示第 i 个行业第 K 种燃料的消耗量（kg,m^3）。

由于不同行业碳排放额度相差较大，行业碳排放的测算有助于银行针对不同行业的科技型中小企业开发碳金融产品，也为进一步完善信贷产品提供了依据，为银行积极开发差异性的产品指明了方向，提高贷款质量，降低贷款风险。

（二）基于碳信贷融资科技型中小企业信用评级机制

在整个信贷业务体系中，商业银行可以为碳的需求方与供给方共同提供信贷业务，与环境交易所开展信息交流与合作。贷款企业通常是碳的供给方，他们通过减少碳排放量（间接供给碳排放权）以获取更大的碳贷款额度。基于碳信贷融资科技型中小企业信用评级机制的建立，商业银行可以参考评级机构的做法自行为科技型中小企业进行信用评级，并考虑企业碳排放等相关信息。为此，本书参考周艳等人[①②]的做法与环境责任的界定[③]，以中国证监会办公厅发布的《绿色信贷情况关键评价指标》为参考，将企业碳减排相关信息纳入传统的信用评级体系，构建科技型中小企业碳信贷融资的信用评级机制。

对于定量的碳排放信息指标，利用功效系数求出各指标的评分，汇总计算出定量指标的总分值；针对定性的环保工作落实情况指标，采用专家打分方式确定各指标分数；采用层次分析法算出各定性指标和定量指标的权重，最后得出信用评级分数。

① 周艳. 基于共生网络的我国商业银行碳金融业务发展研究. 金融论坛，2010，S1:36~41

② 周艳. 基于共生网络的商业银行碳金融业务研究. 金融论坛，2010，09:17~22

③ 贺立龙，朱方明，陈中伟. 企业环境责任界定与测评:环境资源配置的视角. 管理世界，2014，03:180~181

表 6-18　碳信贷信用评价指标

指标类型	科技型中小企业信用评价指标体系	评价指标	核算内容	数据来源
基于碳信贷评级指标	碳减排信息	企业单位增加值二氧化碳排放量	根据本书提供的计算公式与能源消耗数据计算碳排放量	中国高技术统计年鉴；《企业内部》
		企业历史碳减排项目投资额占总投资额之比	-	企业内部
		企业单位产值综耗能率	企业能源消耗量/企业产值	企业内部
		企业环保投资额占其所在地区环保投资额之比	-	企业内部《中国环境统计年鉴》
	环境保护落实情况	企业环境违法情况	∑环境违法行为严重程度×违法情节次数，严重程度依次递减 10 分，最低为 0 分	企业征信系统①
		企业环境事故影响情况	∑环境事故后果严重程度×事故次数，严重程度依次递减 10 分，最低为 0 分	企业征信系统
		企业环保公益履行情况	∑环境公益行为影响效果×公益行为次数，影响效果依次递增 10 分，最高为 100 分	企业提供；第三方核实
		企业碳减排项目管理制度是否健全	根据环保制度的健全程度依次递增 20 分，最高为 100 分。	企业提供
		企业环保披露机制完善程度	提供一项财务类信息加 10 分，一项非财务类信息加 5 分，最高为 100 分	企业社会责任报告；环境报告书；可持续发展报告

注：环保制度健全程度根据《绿色信贷实施情况关键评价指标》应重点关注如下 10 项：（1）劳动和工作条件；（2）爆炸物和化学品管理；（3）环保防范措施；（4）周围居民安全与健康；（5）土地征用和非自愿迁移；（6）生态补偿与能源利用；（7）尊重少数民族文化与习俗；（8）文化遗产保护；（9）供应链上的环境和社会风险；（10）客户的环境和社会风险评估及管理系统。

① 银发【2006】450 号《关于共享企业环保信息有关问题的通知》中明确要求将企业环境信息（该信息主要是环境违法信息）纳入企业征信系统。

表 6-19 碳信贷信用评价指标评分表

科技型中小企业信用评价指标体系	评价指标	权重	满意值[①]	不允许值	实际值	评分标准	得分
碳减排信息（定量指标）	企业单位增加值二氧化碳排放量						
	企业历史碳减排项目投资额占总投资额之比						
	企业单位产值综合耗能率						
	企业环保投资额占其所在地区环保投资额之比						
环保工作落实情况（定性指标）	企业环境违法情况				根据企业实际情况打分，0 至满分。		
	企业环境事故影响情况						
	企业环保公益履行情况						
	企业碳减排项目管理制度是否健全						
	企业环保披露机制完善程度						
总计		100					

银行等相关评级机构可以将此分数与主体性指标测算分数进行综合分析，确定主体性指标和碳信用指标的权重，最终确定企业的信用分数。综合科技型中小企业信用评级指标体系如图 6-7 所示。

本书构建的科技型中小企业碳信贷信用评级体系与一般信贷项目和绿色信贷项目在指标的选择上存在一定的差异。付淼等（2011）基于环境风险从社会环境风险和自然环境风险两个方面构建了信贷风险指标体系，在自然环境风险中考虑了污染排放指标和资源与能源消耗指标。孔新星（2013）基于 ANP 和模糊综合评价法从节能措施、三废防治、全球变暖影响、环境管理、社会影响五个方面来构建企业的环保业绩指标。王忠超（2013）基于 BP 神经网络构建绿色信贷指标体系，在指标体系中通过测量三废排放量来衡量企业的环境质量作为绿色信贷的环保指标。赵泽辉（2014）以能源消耗、综合利用以及废弃物排放作为企业绿色信贷环境绩效的衡量指标。现有研究大多基于绿色信贷构建信用评级指标体系，基于碳信贷信用评级指标体系的研究较少。本书以科技型中小企业为例构建碳信

① 各项指标的满意值与不允许值一般均取自行业的最优值与最差值。

贷信用评级指标，为银行开展碳信贷进行风险评估提供考核依据。本书设计的信用评级指标综合考虑了科技型中小企业的特征和碳信贷风险特征。基于科技型中小企业成长性较高，研发投入较大、文化凝聚力较强等特点，本书设计了利润增长率等成长性指标、研究与开发（R&D）投入比例等研发能力指标和战略与文化等企业基本素质指标，同时补充了企业信用记录方面的指标，反映科技型中小企业的信用状况。碳信贷是绿色信贷概念的进一步细化，是在绿色信贷产品中落实到碳减排具体层面的金融创新产品，鉴于碳信贷主要考核的是企业低碳环保绩效，本书引入企业单位增加值二氧化碳排放量与高技术产业基准能耗之比等碳排放信息定量衡量指标，并从企业环保工作落实情况来定性分析企业的环保绩效。

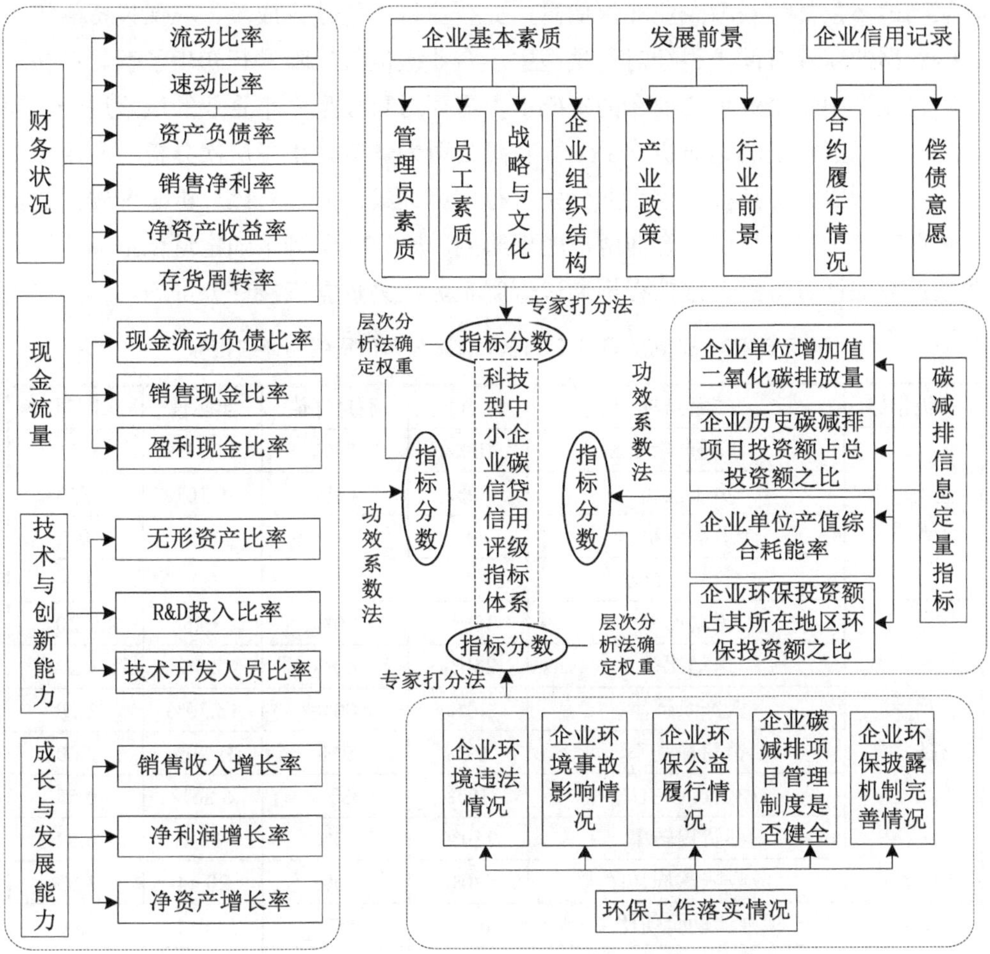

图 6–7　科技型中小企业碳信贷融资信用评级指标体系

六、科技型中小企业碳信贷风险管理措施

风险管理的本质是风险识别、风险评估和风险控制，也就是在监管机构和银行等金融机构的共同作用下，建立一个可以对风险进行识别、度量以及控制的机制。借鉴国外银行开展碳信贷的实践，本书从风险识别体系、风险防范运行体制、风险控制三个方面论述银行针对科技型中小企业发展碳信贷的风险管理措施。

（一）建立完善风险识别体系

碳信贷项目具有审批时间长、开发周期长、牵涉众多利益主体的特点，因此其本身存在复杂的风险来源，银行需要在风险管理初期进行风险识别，确定碳项目风险来源。在风险识别过程中，银行应深入科技型中小企业进行调查分析，同时从当地环保部门获取企业环保信息，如企业每年的碳排放量、环保投资额等，这些数据的获取有助于银行对科技型中小企业碳信贷风险进行初步了解。在初步了解科技型中小企业信贷信息的基础上，需要对科技型中小企业的风险进一步识别，本书以浙江亿利达风机（SYB）有限公司为案例，采用层次分析法利用碳信贷指标和一般信贷指标对该企业分别进行信用评级，通过对比分析研究碳信贷指标是否有利于科技型中小企业解决融资难题。表 6-20 所列示的定量化指标是根据功效系数法计算得到，定性指标通过查阅企业相关数据直接评分得到。

表 6–20　亿利达风机（SYB）有限公司信贷信用评级指标

一级指标	二级指标	满意值	不允许值	实际值	实际得分
企业基本素质	管理员素质	100%	59%	73.33%	0.35
	员工素质	82%	48%	59.10%	0.33
	企业组织机构	1	0	0.5	0.5
	战略与文化	1	0	0.5	0.5
财务状况	流动比率	300%	70%	3.45	1.20
	速动比率	200%	40%	2.46	1.29
	资产负债率	30%	80%	15.30%	1.29
	销售净利率	10%	3%	21.20%	2.60
	净资产收益率	10%	3%	6.86%	0.55
	存货周转率	250%	50%	1.64	0.57
	应收账款周转率	570%	50%	20.44	3.83
现金流量	现金流动负债比率	60%	15%	33.01%	0.40
	销售现金比率	70%	5%	0.18%	-0.07
	盈利现金比率	75%	10%	97.92%	1.35

续表

一级指标	二级指标	满意值	不允许值	实际值	实际得分
技术与创新能力	无形资产比率	8%	3%	6%	0.60
	R&D 投入比率	6%	3%	11.83%	2.94
	技术开发人员比率	30%	20%	39.12%	1.91
成长与发展能力	销售收入增长率	10%	3%	-21.79%	-3.54
	净利润增长率	40%	10%	-3.17%	-0.44
	净资产增长率	8%	2%	0.02%	-0.33
发展前景	产业政策	1	0	0.3	0.30
	行业前景	1	0	0.35	0.35
企业信用记录	合约履行情况	1	0	0.5	0.50
	偿债意愿	1	0	0.6	0.60
碳排放信息定量指标	企业单位增加值二氧化碳排放量	1.69	5.68	2.04	0.91
	企业历史碳减排项目投资额占总投资额之比	2.88%	0.76%	2.52%	0.83
	企业单位产值综合耗能率	0.57	1.33	0.67	0.87
	企业环保投资额占其所在地区环保投资额之比	7.39%	2.10%	5.32%	0.61
环保工作落实情况	企业环境违法情况	100	0	100	1.00
	企业环境事故影响情况	100	0	100	1.00
	企业环保公益履行情况	100	0	50	0.50
	企业碳减排项目管理制度是否健全	100	0	60	0.60
	企业环保披露机制完善程度	100	0	70	0.70

本书采用层次分析法和专家打分法确定碳信贷信用评价体系各指标权重，为了剔除由于不同专家打分造成的权重确定差异，在已有权重基础上进行归一化处理，由此确定一般信贷评级体系各指标权重。基于上述两个指标权重的确定，结合本书搜集的该企业各指标数值，最终得到该公司碳信贷和一般信贷的信用评级分数，如表 6-21 所示。

表 6-21　SYB 有限公司碳信贷和一般信贷信用评级分数

指标名称		碳信贷信用评级		一般信贷信用评级	
一级指标	二级指标	权重	信用评级得分	权重	信用评级得分
企业基本素质	管理员素质	0.0132	0.0046	0.0200	0.0070
	员工素质	0.0111	0.0036	0.0168	0.0055
	企业组织机构	0.0206	0.0103	0.0313	0.0156
	战略与文化	0.0100	0.0050	0.0152	0.0076
财务状况	流动比率	0.0211	0.0252	0.0320	0.0383
	速动比率	0.0199	0.0256	0.0302	0.0389
	资产负债率	0.0301	0.0389	0.0456	0.0590
	销售净利率	0.0134	0.0348	0.0203	0.0528
	净资产收益率	0.0233	0.0128	0.0353	0.0195
	存货周转率	0.0087	0.0050	0.0132	0.0075
	应收账款周转率	0.0090	0.0345	0.0137	0.0524
现金流量	现金流动负债比率	0.0563	0.0225	0.0854	0.0342
	销售现金比率	0.0195	-0.0014	0.0296	-0.0022
	盈利现金比率	0.0270	0.0366	0.0411	0.0555
技术与创新能力	无形资产比率	0.0250	0.0150	0.0380	0.0228
	R&D 投入比率	0.0454	0.1337	0.0690	0.2030
	技术开发人员比率	0.0826	0.1579	0.1253	0.2396
成长与发展能力	销售收入增长率	0.0239	-0.0847	0.0363	-0.1285
	净利润增长率	0.0132	-0.0058	0.0200	-0.0088
	净资产增长率	0.0434	-0.0144	0.0659	-0.0218
发展前景	产业政策	0.0252	0.0076	0.0382	0.0115
	行业前景	0.0503	0.0176	0.0764	0.0267
企业信用记录	合约履行情况	0.0501	0.0251	0.0760	0.0380
	偿债意愿	0.0167	0.0100	0.0253	0.0152
碳排放信息定量指标	企业单位增加值二氧化碳排放量	0.0581	0.0530		
	企业历史碳减排项目投资额占总投资额之比	0.0346	0.0287		
	企业单位产值综合耗能率	0.0489	0.0424		
	企业环保投资额占其所在地区环保投资额之比	0.0291	0.0177		
环保工作落实情况	企业环境违法情况	0.0345	0.0345		
	企业环境事故影响情况	0.0600	0.0600		
	企业环保公益履行情况	0.0222	0.0111		
	企业碳减排项目管理制度是否健全	0.0318	0.0191		
	企业环保披露机制完善程度	0.0222	0.0155		

由表 6-21 可知，采用碳信贷指标对亿利达风机（SYB）公司信用评级最终得分为 0.8020，基于一般信贷指标对该公司进行信用评级得分为 0.7894，在碳信贷指标下企业信用评级分数更高，表明在引入碳排放信息定量指标和环保工作落实情况指标后，科技型中小企业的实际信用状况优于一般信用评级下的信用状况，有利于调动科技型中小企业节能减排的积极性，同时促进科技型中小企业融资问题的解决。

（二）建立全过程风险预警机制

建立完善的风险预警机制是商业银行防范风险的重要措施，有利于银行提前预测碳信贷项目风险，制定风险应对策略，尽可能降低风险引发的损失。目前银行风险预警机制主要是通过测算财务指标估计风险预警值，运用银行内部预警测控技术分析确定风险等级。针对科技型中小企业碳信贷项目，根据企业所在行业风险来源选择环境风险指数、经营风险指数、财务风险指数、信贷风险指数构建科技型中小企业碳信贷预警指标，并将与低碳环保相关的指标引入碳信贷风险预警机制中。碳信贷风险预警指标如图 6-8 所示。此外，银行需要在信贷全过程中建立风险预警机制，如借贷企业人员预警信号、银企关系预警信号、生产经营预警信号、财务预警信号、碳信贷预警信号，通过建立全过程的风险预警机制识别各个环节的风险源，有效防范碳信贷风险。

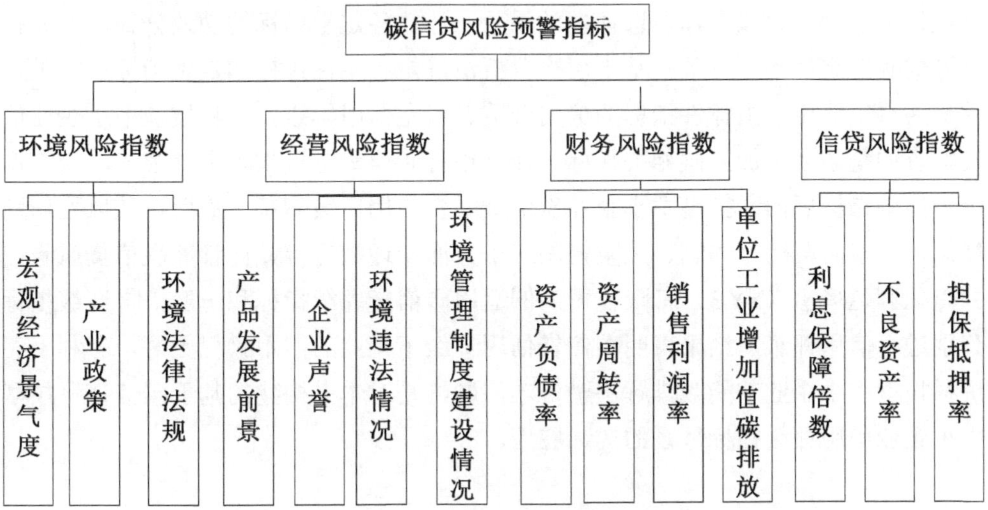

图 6-8 银行碳信贷风险预警指标

（三）加强碳信贷风险内控制度建设

银行内控制度建设是自我规范、自我约束的自律行为，可有效进行碳风险控制。首先，创建明晰的职责权限制度，在信贷开展过程中对操作人员权限进行合理的分工与限制，防止不相容职责由同一人负责，利用职责权限予以权利的制约与平衡；如通过审贷分离制度可以将审核人员与发放贷款人员相互分离，利用内部控制达到防控风险的目标。其次，适时审核碳信贷过程，根据信贷项目的级别审查可能出现的信贷发放存在的人为操作风险，同时在年度报告时期对全年的评级工作加以汇总和审核，防止出现不良职业道德所造成的经营风险。最后，银行在发放碳信贷以后需要对科技型中小企业进行必要的审查和追踪，包括企业的环保工作落实情况，企业是否存在环境事故被环保部门处罚的情况等，因为这些都会影响到企业的声誉和偿债能力，对银行收回贷款产生不利影响。为此银行需要设立专门的贷款监督机构，该机构必须具有相应的专业能力以及与贷款业务相分离的独立性，从而有效地对碳信贷实施过程中的各个环节进行系统审核与监督。

金融机构与科技型中小企业之间的信息不对称是企业快速发展与目前融资难对立的根本原因，解决此类问题最关键的是需要政府从政策加以引导、银行密切配合、企业自我规制。本章首先对科技型中小企业碳信贷融资的风险特征做出描述，介绍碳信贷融资的风险特点与科技型中小企业融资风险特点，为后续建立评价体系做铺垫。其次，概述了信用评级法的定义，介绍中国征信业的发展历程，并对信用评级方法进行了归类。再次，在风险识别基础上，筛选符合科技型中小企业特征的信用评级指标，选择功效系数法计算各定量指标的功效分数，专家打分方式确定定性指标分数，基于层次分析法确定各定性指标和定量指标的权重，并最终得出该企业主体性指标的信用分数、确定信用等级。在科技型中小企业信贷融资的基础之上加入碳相关指标，建立银行碳信贷融资指标考核模式，最终拟定考核碳指标后的科技型中小企业碳信贷融资信用评级体系。最后，从风险识别体系、风险防范运行体制、风险控制三个方面论述银行应如何管理碳信贷风险，并以亿利达风机（SYB）有限公司为例运用碳信贷评级指标和一般信贷评级指标分别进行信用评级，结果表明碳信贷信用评级下企业的信用状况更好，有利于促进科技型中小企业节能减排解决融资难问题，是对本书构建的基于碳信贷科技型中小企业信用评级指标体系的实际应用。

第七章　科技型中小企业碳信贷融资机制的对策分析

第一节　政府对科技型中小企业碳信贷的政策支持

政府在低碳信贷的发展过程中起着引导的作用，一方面，政府的政策制定为科技型中小企业的信贷融资提供政策支持，银行等金融机构进行碳信贷也需要遵循这些政策，另一方面，碳信贷的发展离不开政府的监管，政府的监管措施为碳信贷的发展创造了公平透明的环境。随着碳减排责任的全球化以及科技型中小企业的融资困境的日益凸显，为了缓解这一现象，世界各国推出碳信贷相关的政策法规，通过碳信贷政策的引导鼓励科技型中小企业利用技术创新进行环保节能生产，从而缓解科技型中小企业的融资困难问题。碳信贷需要政府、银行、企业的参与。本书在对影响碳信贷的因素分析中，研究发现对碳信贷影响程度最大的因素是政府，其在碳信贷业务开展与推广中起着基础性作用。因此，本书将从制定完善相应的法律法规、健全税收政策、促进科技与金融的结合以及积极发展天使投资四方面探讨政府为科技型中小企业提供的碳信贷融资支持。

一、法律法规支持

近年来，中国政府颁布了一系列与低碳信贷相关的法律法规，在一定程度上推动了碳信贷的实施，有利于缓解科技型中小企业的融资难融资贵现象，如表 7-1 所示。

表 7–1　政府对碳信贷的政策支持

法律法规	颁布时间	颁布部门	主要内容
《关于落实环保政策法规防范信贷风险的意见》	2007年	国家环境保护总局、中国人民银行、银监会	要求各环保部门、商业银行等应该加强对企业的环境监管和信贷管理。
《循环经济促进法》	2008年	全国人民代表大会及其常务委员会	规定金融机构应该对符合国家节能、节材等相关产业政策的项目提供优先级资金支持，并给予其他相关的配套的服务支持。
《绿色信贷指引》	2012年	银监会	要求银行等金融机构加大对绿色信贷的支持，优化信贷结构，促进金融机构的可持续发展
《银行业金融机构绩效考评监管指引》	2012年	银监会	规定了银行金融机构绩效考评指标，将社会责任类指标纳入考评指标中，促进银行金融机构发展绿色信贷。
《绿色信贷实施情况关键评价指标》	2014年	银监会	要求各银行对照规定的绿色信贷实施情况关键评价指标对绿色信贷业务进行自我评价，并将自我评价报告报送给银监会。
《能效信贷指引》	2015年	银监会、发改委	主要服务于工业节能、建筑节能、交通运输节能的能效项目，规定银行对上述节能项目进行信贷融资，包括用能单位能效项目信贷和节能服务公司合同能源管理信贷两种形式。

通过对近年来碳信贷有关政策的梳理，可以看出尽管目前已经有相关的政策支持碳信贷的发展，但是政府对碳信贷的支持还存在不足之处：（1）碳信贷的法律法规体系仍不完善；（2）政策在银行和监管部门、环保部门以及科技型中小企业之间不能实现有效沟通。因此，本书认为应该从以下两个方面来完善关于科技型中小企业的碳信贷的法律法规体系：

（一）建立健全碳信贷法律法规体系

政府应从两方面对科技型中小企业的碳信贷进行支持，一方面，建立《碳排放法》，按照行业明确减排对象、减排标准，以法律的形式确定科技型中小企业的减排责任，对科技型中小企业碳排放行为形成一定的法律约束，增强其在信贷过程中的竞争力。

另一方面，针对科技型中小企业来修订《公司法》、《著作权法》、《专利法》以及《合同法》的相关法律。修订可以朝两个方向展开：（1）对科技型中小企业的上市条件进行适当放宽，如，连续三年盈利的条款相对不成熟的科技型中小企业来说进入较严格。另外，对科技型中小企业的非专利合作出资比例不做限制。（2）加强保护知识产权的力度。对于科技型中小企业来说，其创新投资，如产品创新、服务研发等都是凭借其知识产权获得。如果科技型中小企业的知识产权不能得到保证，企业的核心技术很轻易流到市场，势必会影响科技型中小企业的收益。这对于像计算机软件、数据库等领域的知识产权尤为重要，需要制定严格的法律法规来保护技术秘密和知识产权。

（二）构建碳信贷政策信息共享机制

银行和企业间的信息不对称是导致科技型中小企业融资难的重要原因。一方面，科技型中小企业不能及时获得国家颁布的碳信贷政策，导致其失去利用碳信贷政策融资的机会；另一方面，银行不能及时获取关于企业的环保绩效以及社会责任等信息，无法判断科技型中小企业是否符合碳信贷相关政策的贷款标准，导致企业和银行之间的信息不对称。因此，在企业、银行、政府等监管部门之间建立政策信息共享机制十分重要，利用共享机制，环保部门可以定期定时披露企业的环保信息；银行可以根据这些信息对企业的整体风险进行定性和定量的评估，为贷款决策提供信息；政府监管部门也可以通过这个政策信息共享机制分析碳信贷政策的实际运用状况，为后续的政策制定奠定基础。

二、税收政策支持

国家税务局、财政部门针对科技型中小企业的融资困难的现象，在税收方面采取免征、减半征收、提高起征点等方式给予税收优惠，体现出国家对科技型中小企业的政策扶持。税收负担的轻重与两个因素有关，即税基和税率。税基越大，税收负担越重；税率越高，税收负担越重，税收负担与税基、税率呈正相关关系。发达国家为了促进投资效果，在对税收进行优惠时偏向于税基的优惠。我国的税收优惠主要侧重于税率优惠和减免税方面。我国税收优惠政策如表 7-2 所示。

表 7–2　科技型中小企业的税收优惠政策

税种	优惠方式	具体规定
增值税	税额式减免	科研单位取得的技术转让收入免征增值税
	税率式减免	对于部分技术产品，包括集成电路、分立器件、移动通讯基地站、硬盘驱动器等，出口退税率由现行的13%提高到17%
所得税	税率式减免	高新技术企业实行15%的所得税税率
	税额式减免	境内新办的集成电路设计企业和符合条件的软件企业，从2017年的12月31日起，采取两免三减半的税收优惠
	税基式减免	信息传输、软件和信息技术服务业，在2014年1月1日后购进的用于研发和生产经营的设备和仪器，价值在100万元以下的，可以直接抵扣；对于价值超过100万元的，可以采取加速折旧的方式进行抵扣。
关税	税额式优惠	科学研究、技术开发机构，在一定的数量区间内进口我国无法生产或者性能不足以满足需求的科研技术或产品可以免收关税
	税率式减免	集成电路设计企业设计的集成电路，如在境内确实无法生产，可在国外生产芯片，其加工合同经行业主管部门认定后，进口时可按优惠暂定税率征收关税

（一）进一步完善税收政策引导资金流向科技型中小企业

目前，财政、环保、税务等部门给予了科技型中小企业一系列的税收优惠政策，然而在低碳信贷方面缺乏对金融机构给予相应的政策支持，导致现有政策无法对银行和中小规模的科技企业进行碳信贷产生激励效应。如前文所述，在碳信贷的推行路径分析中，对碳信贷影响最大的是激励因素，因此，政府需要进一步完善税收政策发挥其对科技型中小企业和银行的激励作用。首先，建议财政机关颁布有利于科技型中小企业和银行的优惠政策，提供风险担保及补偿等基金的措施，促进银行等金融机构主观能动性，与财政部门建立良性互动，从而引导社会资金参与到科技型中小企业的发展中来。其次，针对科技型中小企业扩大税前扣除项目的范围和标准，如科技型企业的低碳产品或项目扣除标准应引入其中并可以适当调高。最后，对于那些实施碳减排政策、环境效应较好且按时披露企业环境信息的科技型中小企业可以给予税收抵免。

（二）引入碳税完善税收体系

借鉴英国的气候变化税，我国可以增设一种碳税，碳税是对燃料中的碳含量通过符合国家要求的折合标准，计算的燃料中的碳含量的价格。增设碳税在完善税收体系的同时，也是为了促使科技型中小企业及其他类型企业，在进行相关研发或者设备选取时都以低碳作为目标之一。

碳税改革最早起源在欧洲，早在 20 世纪 90 年代欧洲就已经开始制定碳税，经过 20 多年的发展，碳税这一税种已经在欧洲各国建立起来。本书选择芬兰、瑞典、挪威、丹麦，从碳税的税收政策以及税收监管方面进行梳理（如图 7-1 所示），对我国的碳税制定具有一定的借鉴意义。

欧洲的碳税制度对我国的碳税建立具有一定的参考意义，我国可以从以下三个方面逐步推广碳税制度：（1）在碳税推广初期制定较低的税率，这样有利于碳税被企业和居民接受，随着经济的发展，碳税可以根据物价的变化逐步提高，通过碳税的调节起到减排的作用；（2）采取税收减免、财政贴息等方式对高耗能企业进行补偿，降低推行碳税的难度；（3）税率的制定需要考虑行业、地区的承受能力，对不同地区、不同行业的采取不同的税率，如根据经济发展水平和对环境造成的伤害不同，对于我国的东部、中部、西部制定不同的碳税税率，体现税收的公平原则。

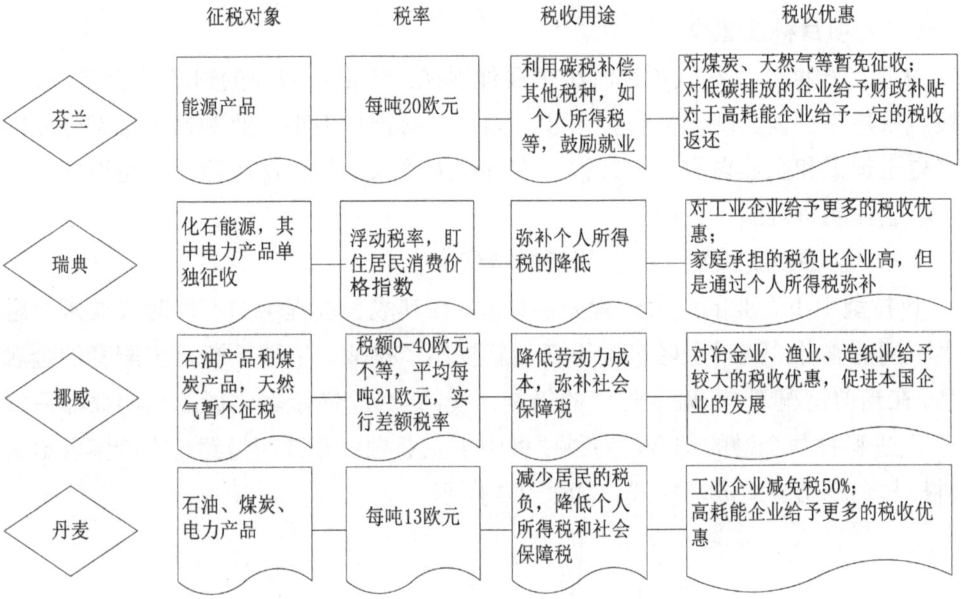

图 7-1　欧洲各国的碳税实践

三、促进科技与金融的结合

在 20 世纪 70 年代之前，科技与金融看似并无交集，科技与金融独立运转，直到改革开放之后，两者才逐渐融合，并对经济发展产生了新的贡献。我国科技金融大致可分为以下几个发展阶段。如图 7-2 所示。

由图 7-2 可以看出，科技与金融的融合在经历 30 来年的发展之后，有了突飞猛进的变化。数据显示，2014 年全年我国科研经费支出 13312 亿元，比 2011 年增长 12.4%，占国内生产总值的 2.09%。在 2014 年国家创业投资企业资金总规模高达 574 亿元，全年累计支持设立 213 家，投资 739 家初创期企业。然而科技与金融的结合还没有达到让人满意的程度，还存在诸多的问题：

（一）科技资源投入少

目前，银行对于成长性高、收益好的科技型中小企业并不十分重视，造成该现象的原因是现有的金融服务模式不能迎合成长性科技型中小企业的金融需求，科技型中小企业的无形资产多而有形资产少，这就意味着其可抵押的实物不足。银行依旧热衷于传统的企业和产业，而不是企业未来的潜力。如此一来，诸多具有潜在竞争力的科技型中小企业不能得到资金支持，导致其科技研发创新止步不前资金缺口依然是创新型科技型企业的一大问题。

（二）项目科技源少

从现实层面看，科技项目源少主要体现在三方面：必要的财政资金支持少、科技成果规模小以及缺乏复合型人才。因此，科技型中小企业融资困难部分原因也来自于国家和企业自身，银行被一贯责怪为“求安稳、惧风险”只是造成科技型中小企业融资难的一方面。

（三）金融创新跟不上科技创新的步伐

科技型中小企业的成长过程充满风险，在其成长过程中的不同时段要求金融提供不同的服务，这对金融机构不断创新提出了挑战，需要不断推出配套的金融商品。在当前情况下，金融业经营的仍是传统的业务，新金融创新工具明显滞后①。

促进科技与金融的结合，为科技型中小企业融资开辟新道路，应借鉴各地关于科技与金融结合的成功模式。如表 7-3 所示。

---

① Douglas Cumming. Pre-seed government venture capital funds. Journal of International Entrepreneurship，2009, 01:65~76

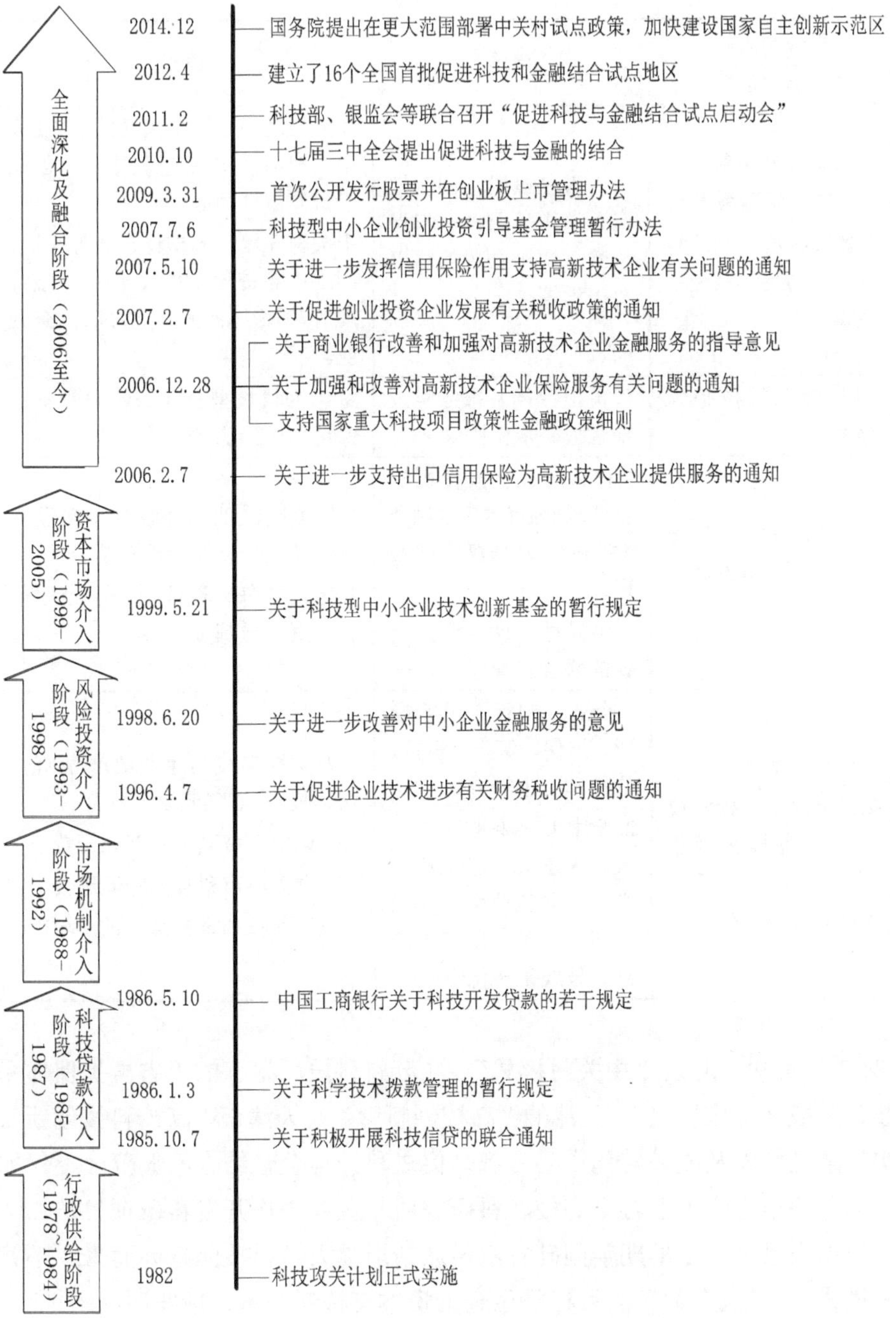

图 7-2　国内科技金融发展阶段

表 7-3 我国部分地区科技与金融结合成功案例

地区	科技与金融结合模式	措施	成果
北京中关村	1.建立信用体系 2.打造融资服务平台 3.建设科技金融功能区，推动互联网金融创新	引入天使投资、创业投资、境内外上市、担保贷款、实施企业信用培育工程等	先后推动设立了中关村发展集团、中关村科技担保公司、中关村创业投资发展公司等； 中关村在第三方支付、众筹投资、网络小额贷款、P2P、信用风险管理等领域中涌现了一大批优秀企业。
江苏	科技金融的再担保体系	省再担保体系服务科技金融战略合作协议	每年为科技型企业的转向融资担保达 30 亿元。
青海	政府部门推荐、银行独立审贷、双方联合监管①	1.积极与社会投资机构合作，加强资本深度融合 2.推进知识产权质押融资 3.加强对农牧业科技贷款的联合监管	1.与英国欧瑞基金联合发起设立青海欧瑞科技发展投资基金。 2.建立青海省科技型中小企业创新投资引导基金
天津	1.高校创新牌 2.《天津市高校科技创新工场程实施意见》 3.成立成果转化中心	1.企业、银行、风险投资、担保、保险、租赁、信托和上市等方式； 2.天津市科委推动落实天津大学、天津工业大学、河北工业大学和天津职业大学四所高校成立科技成果转化中心	1.为支持高校与企业的产学研合作，投资 50 亿元以上资金。 2.转化中心资助 750 万元经费 3.建立天津市科技金融促进会 4.成为科技和金融结合试点城市

由表 7-3 可知，北京“中关村模式”、江苏省科技厅签订的“省再担保体系服务科技金融战略合作协议”、天津的“高校创新牌”，《天津市“高校科技创新工场程”实施意见》以及成果转化中心，都是促进科技与金融结合的典范。不仅如此，国际上，每年有成千上万个高校、科研院所与企业合作开发科研项目，二者之间的合作由来已久，如早期美国硅谷就是从斯坦福大学科技园延展而来。不管采用何种模式，“科技金融”的目标是用金融资本支持新技术、新发明的落地。

① 谭华，孙炜琳. 科技金融结合的“政银企”模式——青海省推进农业科技成果转化中科技金融结合的创新实践. 中国农村科技，2012，12:64~69

处于不同生命周期阶段的科技型中小企业，其生产经营具有不同的特点，科技型中小企业的种子期和初创期是融资最为困难的时期，在这个时期企业的融资风险很高，导致银行等信贷部门不愿意为企业提供信贷支持，政府应该放宽政策性融资的标准，在贷款条件、贷款期限上给予科技型中小企业更多的优惠政策；建立高新技术产业孵化器，给予有创业激情和创新能力的科技型中小企业一定的有形和无形资源的支持，如提供厂房设备、融资、培训、法律相关服务。在进入成长期以后，企业的发展逐步稳定，经营风险有所降低，科技型中小企业可供选择的融资渠道增加，可以选择与自身发展特点相适应的融资方式。科技型中小企业生命周期阶段科技与金融结合方式如图 7-3 所示。政府应该根据科技型中小企业的发展特点推出政策法规帮助科技型中小企业，从而促进科技与金融的结合。

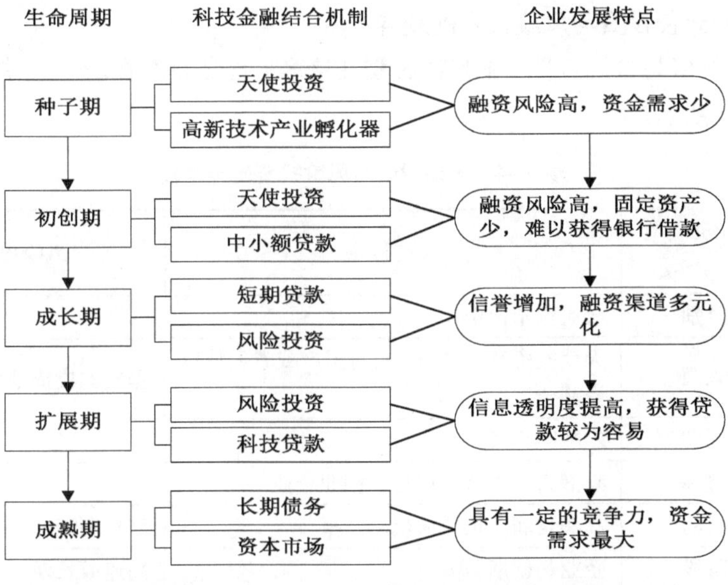

图 7–3　科技型中小企业生命周期阶段科技与金融结合方式

四、积极发展天使投资

（一）天使投资概述

天使投资来源于 19 世纪初，美国纽约富人为百老汇的演出进行捐助。在当时出资人投资不是为了获取高额利润，仅仅是因为让他们对艺术的一种支持与热爱。再后来，人们将这种投资人尊称为“天使”。20 世纪 80 年代，学术界逐渐采纳这种用“天使”来描述这种特定的投资人与投资方式。

20 世纪 90 年代末，我国的天使投资开始投资于互联网企业和高科技产业。截至目前，很多科技型中小企业的初期资金都是由天使投资者提供的。鉴于发展天使投资的积极意义，2010 年科技部办公厅印发《科技企业孵化器认定和管理办法》，以科技型企业为服务对象，通过开展咨询、试制、企业培训以及法律法规、市场推广等服务，降低创业风险和创业成本。创业孵化器主要是为那些科技类企业处于初期的给予最低级的启动资金、便捷性的设备、廉价的办公场地、甚至人力资源服务等。2012 年，由国家发改委、财政部等九个部门与北京市政府共同发布的我国国家层面第一个科技金融指导性文件重点关注了天使投资。2014 年中国人民银行会同科技部等六部门，联合发布《关于大力推进体制机制创新扎实做好科技金融服务的意见》，提出一系列政策鼓励天使基金的发展。

（二）天使投资与风险投资的差异

天使投资与常规意义上的风险投资在诸多方面还是存在着一些差异，具体差异如表 7-4 所示。

表 7–4　天使投资与风险投资差异比较[①]

投资类型 区别	天使投资	风险投资
所属类别	权益资本投资	
资金来源	天使投资家（机构）自有资产或者天使投资基金	募集的投资基金
投资周期	2 到 8 年	
投资选择	有潜力的团队、项目、创业企业	
投资目的	高额利润回报或成就感回报	高额利润回报
投资阶段	企业初创期	高速成长期
投资规模	几万到几百万美元	几百万到上亿美元
投资评估	灵活、快速	手续繁杂
投资环节	投资、管理、退出	融资、投资、管理、退出
推出机制	并购和股权转让为主，个别 IPO（首次公开募股）	以 IPO 为主要选择

① Christian Keuschnigg. Venture Capital Backed Growth，Journal of Economic Growth，2004, 02:53~67

（三）建议与对策

首先，要正确认识天使投资。天使投资是一种风险投资形式，政府和企业应该对天使基金在金融发展中的作用给予足够的重视，尊重市场规律。另外，各级政府可以成立天使投资引导基金，并通过给予民间资本一定的税收优惠等财政支持，让民间资本也参与到天使基金的投资中来，从而推动科技型中小企业发展。投资者应对天使投资风险有明确的认识，不要只做一个单纯的投资者，应主动提高自身素质，学习风险转移和风险控制等风险应对措施，适应天使基金的发展。

其次，完善相关政策和立法。为了加快我国金融创新的步伐，我国各地方可以制定地方法规，明确天使投资的具体内涵，建立完善天使基金的监督机制，为各地天使投资的健康发展提供约束和保障。

再次，加强行业的监督与管理。我国可以按照地区和行业划分，成立相应的民间组织和建立科技型中小企业数据库适时监管企业财务状况和发展能力，进行行业自律知识教育和投资者教育，利用市场来构建完善的行业内监督体系，进一步推动天使投资行业的完善。

最后，完善风险管控体系。天使投资机构应该进一步完善内部控制，建立科学的管理体制，从风险预警、风险转移、风险控制等多个方面入手，加强风险控制，促进与风险相关的信息在投资人内部传递与沟通。此外，对于天使投资人需要进行备案管理，以便更好地管控风险并对其进行有效的监督与治理。

第二节　银行对科技型中小企业碳信贷的支持

低碳金融的发展应从三方面着手，一是发展绿色金融，为低碳节能的各种金融制度服务。二是创新低碳金融产品和服务。在清洁发展机制的碳交易、绿色融资租赁等基础上，进一步推出如碳掉期交易、碳证券、碳期货、碳基金、碳权质押融资等各种碳金融衍生品。三是政府出台宏观政策引导低碳金融的发展。而银行为科技型中小企业提供碳信贷的过程中要扮演好两个角色，第一要成为低碳理念推广的实践者。积极探索金融环保机制、管理机制、经营创新策略以及激励考核体系等，实现真正从业务到规则上把好关。第二，银行要成为低碳经济的创新者，积极与国外有关机构合作，共同研发低能耗的清洁能源和可再生能源。

银企之间信息不对称、信用担保体系的不健全是科技型中小企业融资面临的重要障碍，一方面，科技型中小企业初创期融资需求大，但是经营风险高，其经营特点导致银行面临的信用风险较高，有资金但是惜贷、慎贷；另一方面，银行自身风险管理体系不健全，风险分担机制不合理，导致信用风险不能很好地分散和管理。前文在碳信贷的推行路径中指出银行可以从建立低碳文化、创新碳信贷等金融产品、降低碳信贷风险、承担环境和社会责任、进行业绩评估五个方面来推行碳信贷，缓解科技型中小企业的融资困难现象。因此，本书从发展关系型融资、完善中小规模科技企业的信用担保体系、完善中小规模科技企业的风险管理体系三个角度探讨银行对科技型中小企业的碳信贷支持。

一、发展关系型融资

科技型中小企业融资出现瓶颈的原因主要是信息不对称，其实质是金融交易中的市场失灵，而关系型贷款具有准市场交易的特征。对于关系型贷款，银行与科技型中小企业之间在长期合作下产生大量软信息，其中大部分可以替代财务数据信息。银行可以根据这些软信息为科技型中小企业进行信用评级，并参考本行的信贷标准为中小企业提供资金支持。因此，关系型贷款可以缓解银企之间的信息不对称，减轻中小企业的融资困难问题。发展关系型贷款是基于银行对借款企业长期和多渠道积累信息而做出的，通常包括科技型中小企业的财务状况、经营成果、人格品行和社会荣誉。上述信息的获取需要银行与中小企业的长期接触，银行通过为企业办理结算业务、调查企业的利害关系人、了解企业所处的环境来获得软信息。

关系型贷款有三点优势：（1）对银行而言，银行可以较早发现企业的财务问题，进而采取积极的应对措施，避免陷入被动状态。（2）对科技型中小企业而言，关系型贷款为其发展提供了资金保证。（3）在这样一种模式下，企业会向贷款者披露比在其他贷款方式下更多的信息，银行为了取得长期合作，会选择不透露这些信息。长此以往，银行对科技型中小企业的了解越来越深，信息不对称现象得到缓解，科技型中小企业的贷款可得性也进一步改善。

推行关系型贷款的具体措施应从如下几方面展开，如图 7-4 所示。首先，大力发展和完善科技系中小企业融资机构。目前构成我国小银行发展的现实基础的有城市商业银行、城市信用社和独立法人的农村信用社。小银行对科技型中小企业的融资产生了重要的影响，不少小银行积极推出碳信贷，支持科技型中小企业的发展，而大银行的贷款标准较高，科技型中小企业的融资往往会受到一定的限制。要实现大、小银行相得益彰、和谐共生的局面，关键在于大、小银行明确自身的业务范围，发展自身擅长的业务，相互合作而不是相互竞争。此外，民间融资是科技型中小企业的重要融资渠道，但是其不受政府的监管和法律的保护，政府应制定相关政策引导其成为科技型中小企业融资机构的一部分，纳入中国人民银行的监管范围内，为科技型中小企业的融资提供保障。

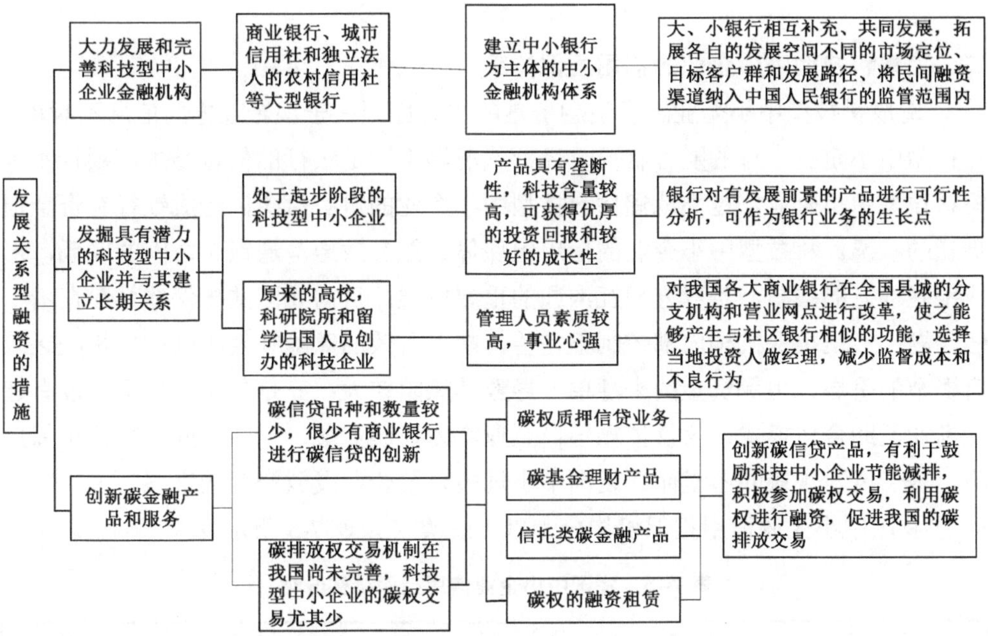

图 7–4　发展关系型融资的脉络图

其次，银行应发掘具有潜力的科技型中小企业并与其建立长期关系。银行应不断改变对处于初创期的科技型中小企业的看法。初创期的科技型中小企业产品的科技含量往往较高，投入资金的市场投资回报率和成长性都较好。银行应该重点关注高校、留学人员等创办的科技型中小企业，虽然这些企业在初创期规模较小，但是其创新能力较强，企业的成长性较好。针对这些企业，银行应该分析企业产品和业务流程，若企业的科技确实能转化为成果，产品也具有较好的发展前景，银行则可以与其建立长期的合作关系。

最后，创新碳金融产品和服务。科技型中小企业规模较小、固定资产等可以抵押的实物资产比较少，银行对企业的质押融资可以从无形资产入手，鼓励企业利用无形资产进行质押融资，但是无形资产的评估较为困难，评估成本大且评估价值难以实现完全公平，可以通过第三方评估机构进行评估。科技型中小企业还可以将碳排放权作为一项资产来进行质押融资。2014 年 9 月，宜化集团在碳金融市场利用自身所属的碳排放配送额度获得来自兴业银行的4000万质押贷款，是中国第一笔真正意义上的碳信贷交易。除此以外，银行还可以加大对碳基金理财产品、信托类碳金融产品、碳权的融资租赁等业务创新，为科技型中小企业的融资提供多方面的渠道。

二、完善科技型中小企业的信用担保体系

造成科技型中小企业融资贵融资难的重要原因在于银企双方的信息不对称，科技型中小企业本身的财务状况、经营状况等不满足银行的信贷要求，银行不了解科技型中小企业，过高地评估科技型中小企业的财务风险，造成银行有资金但惜贷的状况。科技型中小企业的信用担保体系能有效地沟通银企之间的联系，形成银企双方的共赢，是双方相互沟通的重要桥梁。目前我国的担保体系存在着一些问题：一是担保机构内部控制不完善，缺乏有效的风险补偿机制；二是缺乏政府资金的引导，担保资金的来源单一导致其风险较大；三是各个担保组织没有建立商业互助合作模式，仅仅依靠各自企业实力开展业务，无法很好的转移担保风险，基于风险规避的考量而缺乏向中小规模科技企业发放资金的意愿。

我国中小企业信用担保机构分为以下三类（如表7-5所示）：

表7–5　我国中小企业信用担保机构分类

种类	特征	作用
政策性担保机构	一、居于主导地位 二、占全部担保机构的90% 三、非金融机构	在支持本地经济和社会发展中发挥了银企纽带、活跃地方经济、促进中小企业发展的作用，由于是政策性担保，基本都是政府投资控股的担保公司，对符合国家产业政策和发展方向的企业扶持，实行低收费或免担保支持。
互助性担保机构	一、自我出资 二、自我服务 三、独立法人 四、自担风险 五、不以盈利为目的	互助性担保机构可以有效缓解中小企业和银行之间的信息不对称现象，不以盈利为目的的特征也有利于降低中小企业的交易成本。
商业性担保机构	一、独立法人 二、商业化运作 三、以盈利为目的 四、兼营投资其他商业业务	商业性担保机构的治理机制较为健全，抵御风险的能力较强，业务操作流程市场化程度最高，运行最为规范，能够有效降低企业的担保风险。

科技型中小企业信用担保体系模式创新对于提升企业碳信贷融资，扩宽银行业务有着积极的作用。因此，针对科技型中小企业融资困难的现状，需要对现有的担保体系进行进一步的完善和创新。

（一）完善风险补偿机制

目前，我国担保机构的资金来源比较单一，其中一部分是担保机构的自有资金，另一部分是政府投入的基金，但这种资金多是一次性投入，缺乏对担保机构进行的后续信用补偿。2012 年国家调整颁布了有关对中小规模的企业信用担保资本的管理办法，鼓励担保机构为中小企业提供担保服务，对担保资金采取业务补助、资本金投入、保费补助这三种支持形式，如表 7-6 所示。

表 7–6 政府对中小企业担保的支持

担保资金形式	具体规定
业务补助	对担保机构开展中型、小型、微型企业担保业务，分别按照不超过年平均在保余额的1%、2%、3%给予补助。对再担保机构开展的中型和小微型企业再担保业务，分别按照不超过年平均在保余额的0.5%和1%给予补助。
保费补助	在不提高其他费用标准的前提下，对担保机构开展的担保费率低于银行同期贷款基准利率 50%的中小企业担保业务给予补助，补助比例不超过银行同期贷款基准利率 50%与实际担保费率之差，并重点补助小微型企业低费率担保业务。
资本金投入	鼓励担保机构扩大资本规模，提高信用水平，增强业务能力。特殊情况下，对担保机构、再担保机构，按照不超过新增出资额的 30%给予注资支持。

上述支持方式丰富了我国现有担保机构的资金来源，有利于降低担保机构面向科技型中小企业提供担保时面临的风险，鼓励担保机构积极为科技型中小企业提供担保，但是我国的担保体系仍有需要进一步完善的地方。

稳定长期的资金来源是完善风险补偿机制的重要途径。境外担保机构的发展较早，在风险补偿机制上建立比较完善，对我国具有一定的参考价值。以台湾为例，其在 1974 年设立了中小企业信用担保基金，在资金来源、内部控制、风险分担、信息披露、制度创新上值得我国借鉴和学习，如图 7-5 所示。

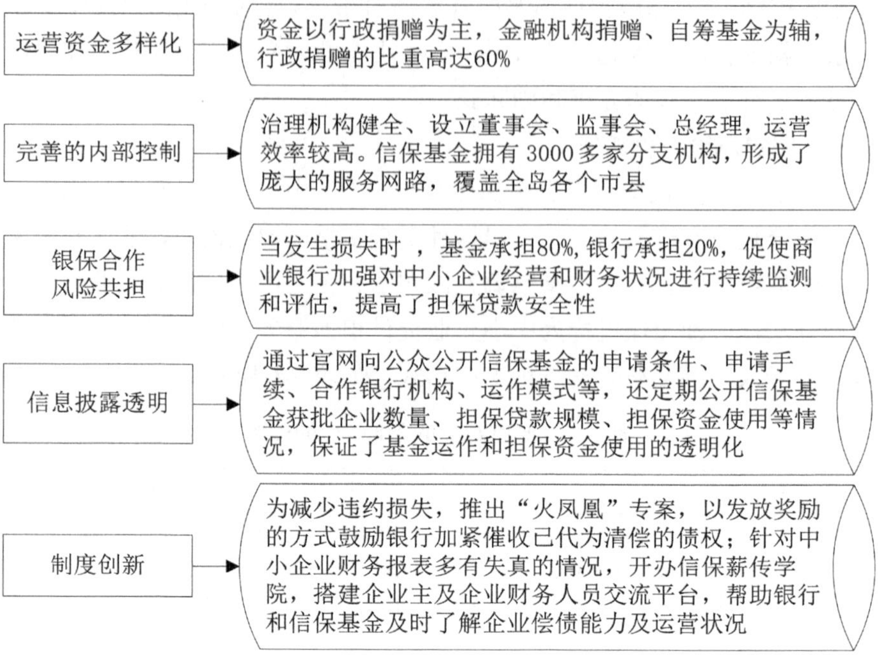

图 7–5　台湾中小企业担保基金的借鉴

在风险补偿机制上，我国应该进一步推动科技型中小企业担保基金建设，可以从以下几方面推动试点的建设：（1）政府应该增加对担保基金的资本金投入，将担保基金纳入财政预算中；（2）担保机构应该进一步完善信息披露制度，为政府和公众能够有效监督担保基金的运营提供及时的信息；（3）担保机构进一步完善内部控制，加强对风险的预警和管理，增进对科技型中小企业的了解；（4）担保基金应该主动进行业务和制度上的创新，增强其自身发展的活力和创造力。

（二）建立健全再担保体系

由于科技型中小企业的财务风险大，经营不稳定，导致银行和担保机构面临的信用风险较高，因此，需要将科技型中小企业的担保风险进行分散。完善再担保体系有利于建立信用担保风险的长期分散机制。国外的再担保体系发展较早，在风险分担方式、运行方式上对我国有一些借鉴意义，本书选择了日本、韩国、美国、德国的再担保体系进行梳理，如表 7-7 所示。

表 7–7　国外中小企业信用再担保体系

国家	风险分担方式	运行方式	借鉴
日本	由中小企业金融公库承担 70%-80%，地方信用保证协会承担 20%-30%，完全由政府财政出资	1.设立再担保基金，完全由国家财政出资； 2.再担保体系运行高效率； 3.再担保体系中的责任分担、费用比率合理	1.政府颁布财政和税收政策大力支持再担保体系的构建； 2.建立健全法律法规体系保障再担保体系； 3.现金技术支撑再担保体系的运行
韩国	韩国信用担保基金联合会进行再担保，承担 50%-60%的责任	1.再担保基金来源多样化； 2.责任分担设置合理	1.政府的支持； 2.推出多种担保品种，职能多样化； 3.再担保的服务对象不断扩大，不仅仅局限于中小企业
美国	根据政府要求，贷款银行需要承担 25%的责任，剩余部分由美国小企业局承担	1.政府直接干预再担保体系的运行； 2.对中小企业的覆盖范围广； 3.对担保机构的审查严格，最大限度降低风险	1.政府的大力支持； 2.让银行和担保机构共同承担风险； 3.在贷款期限上进行创新，采用长期和短期相结合的方式
德国	一方面通过贷款银行与担保银行之间分担风险，贷款银行通常承担 20%，担保银行承担 80%；另一方面，担保银行与自助银行之间分担担保风险，担保银行承担的 80%中的一部分再由国家分担	1.担保机构为自助性的担保银行； 2.担保贷款以长期为主	1.各担保银行相互合作，提高担保效率； 2.企业之间的互助合作降低道德风险，缓解政府的财政压力

根据上述国外再担保体系的建设发展，本书对建立我国建立再担保体系提出以下两方面的对策：（1）引导再担保服务面向国家宏观政策支持的科技型中小企业，针对科技型中小企业的发展特点，鼓励银行和担保机构合作，为科技型中小企业设定合适的贷款条件，开发合适的担保品种，如允许科技型中小企业利用其无形资产等进行质押融资、质押担保等；（2）促进银行、担保机构、再担保机构

相互合作，完善风险分担机制，银行在授信过程中也应当承担一定的责任，将信用风险进一步分散。

（三）利用中小企业基因库（DNA）融资征信服务平台

1. 基因库（DNA）平台简介

天津市南开区人民政府金融服务办公室根据信息不对称是造成中小企业融资难的主要问题提出了基因库（DNA）平台。鉴于中小企业管理水平低，发布信息不准确，公众认知度差，财务报表不真实等多方面原因最终造成了信息的不对称。联合信用基于十余年投融资中介服务经验，研发出了能够极大改善中小企业融资环境的“中小企业基因库（DNA）融资征信服务平台”。基因库（DNA）平台的推出，得到了各地方政府、金融机构、投资机构的高度评价，被认为是目前国内促进中小企业与投融资机构融资对接的最有效的基础平台。

基因库（DNA）服务平台从信用中介机构获取中小企业的真实信息，建立中小企业信息数据库。该数据库与商业银行、担保公司、小额贷款公司、风险投资机构等投融资机构对接，在信息主体授权下，向投融资机构提供真实、有效的中小企业基本信息、经营信息、风险信息、资金缺口信息以及中小企业融资申请信息，促进中小企业实现多元化、多层次、多渠道融资。如图 7-6 所示。

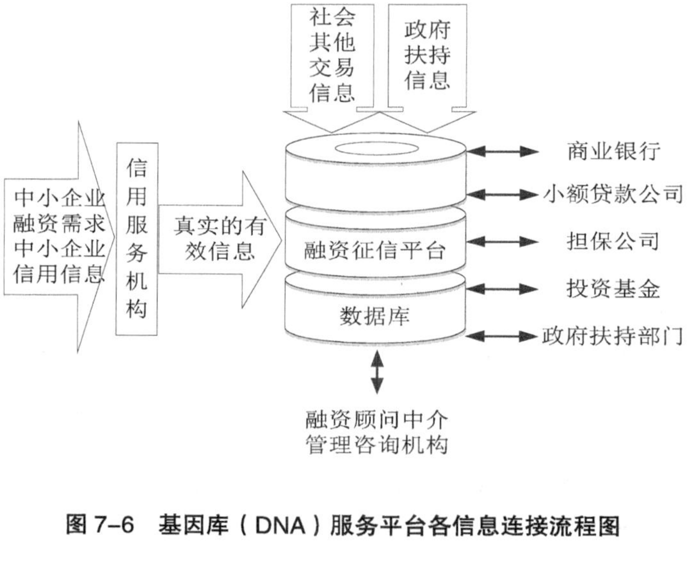

图 7–6　基因库（DNA）服务平台各信息连接流程图

2011 年，联合信用的基因库（DNA）平台被工信部认定为首批“国家中小企业公共服务示范平台”。同时，基因库（DNA）平台也被科技部作为“促进科技与金融结合”工作的配套性基础平台，推荐在条件较好的国家级高新区落地实施，全国各地都获得了高度的认可和评价。目前，基因库（DNA）平台已经为中小企业的融资推出了多种信贷产品，如节能贷、软件贷、订单贷、商户贷、智权贷、创意贷等，中小企业可以根据自己的融资需求选择适合自己的融资方式。纳入基因库（DNA）征信平台的银行有天津银行、北京银行、大连银行、招商银行和国经财智担保公司，为方便中小企业进行融资，在征信平台内部还设置了君悦律师事务所、普天联合会计师事务所等中介机构为中小企业提供咨询服务。

2. 基因库（DNA）平台的服务机理

征信服务+基因库（DNA）数据库+四类信息（基本信息、经营信息、风险信息、资金缺口信息）。

首先，联合信用通过对大批量的中小企业进行实地调查，采集相关信息，去伪存真和加工处理，形成能够支持投融资机构开展融资服务的真实、有效企业信息。按照征信技术设定跟踪点，适时跟踪企业，更新基因库（DNA）数据库信息。如图 7-7 所示：

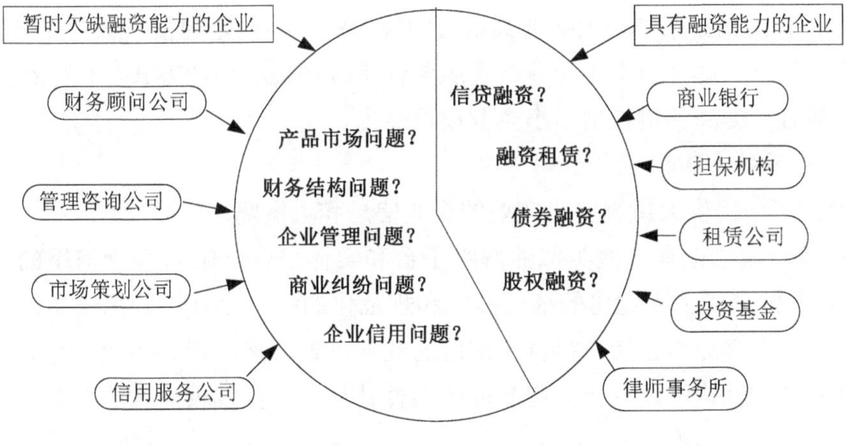

图 7–7 基因库（DNA）中小企业征信信息数据库信息

然后，通过基因库（DNA）平台的网络，建立基因库（DNA）数据库与中小企业、投融资机构、中介服务机构和政府相关部门的连接，向这些部门提供大量的企业真实状况信息和融资需求信息。如图 7-8 所示。

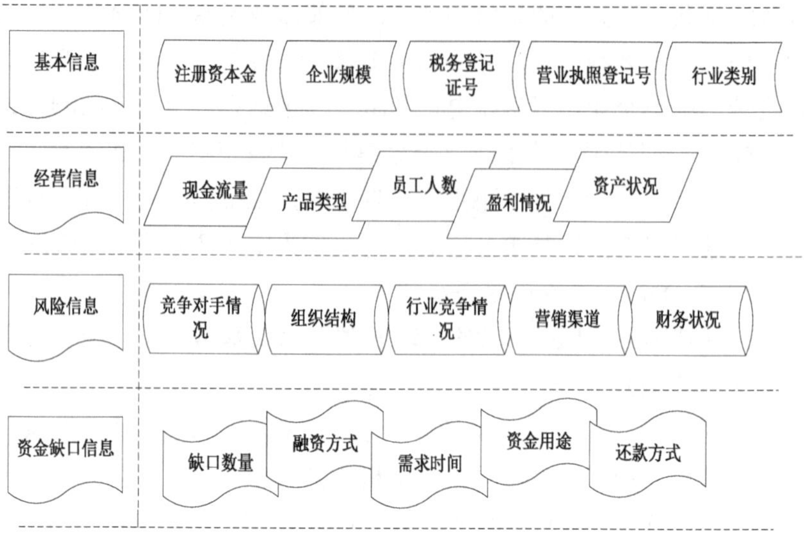

图 7–8　企业真实状况信息和融资需求信息

最后，由企业在平台上挑选其认可的投融资机构并定向发布融资需求、定向开放企业信息。这种由中小企业挑选服务优质投融资机构的方式，使中小企业由弱势变强势，提高了科技型中小企业议价能力。

3. 基因库（DNA）平台的突破点

（1）平台提供大量真实、有效的企业信息和融资需求

目前，国内也有一些类似的网络平台和实体平台，唯有联合信用的基因库（DNA）平台采用了专业化的征信技术和规范化的制度设计，确保信息的真实、有效。信息内容能够直接与投融资部门的业务审查对接，得到商业银行等各类投融资机构的高度认可。联合信用的征信调查是基于企业授权同意的真实性调查，手段合法。

（2）平台降低了商业银行等投融资机构的业务成本

根据联合信用对中小企业信贷的监测与分析，投融资机构通过基因库（DNA）平台获取筛选客户，可以大幅降低业务成本，贷款成功率能够提高到80%以上。此外，基因库（DNA）平台还为商业银行等投融资机构带来了批量化业务。

（3）平台是地方中小企业管理部门的动态监测工具

中小企业管理部门可以在平台上设置监测条件，监测中小企业的发展动态，如：融资状况、产值变化、带动就业状况、政府扶持效果等等。

（4）平台是中小企业信用体系的核心

第一，平台聚集了大量的中小企业行为信息，具有很强的信用信息特征；第二，平台信用通过被多部门广泛使用，增加了企业的违约成本，构成了信用体系的威慑力；第三，从制度设计上，使得各部门信用信息的整合工作简单、易行。

4. 基因库（DNA）平台的落地实施

基因库（DNA）平台落地，采取“政府推动，市场化运作”的商业模式，建立市场化长效运行机制。首先由政府推动，将扶持政策与平台挂钩，推动中小企业加入基因库（DNA）平台；其次，联合信用与企业签订征信服务协议，并承担信息的真实性责任；第三，融资服务机构利用基因库（DNA）数据资源，开展金融服务；第四，由政府部门对基因库（DNA）平台的运行和使用进行监管。此外，基因库（DNA）平台资源免费向政府开放，便于政府对辖区内的中小企业的发展情况进行监控。

基因库（DNA）平台的建设，对突破中小企业融资瓶颈障碍，优化金融资源配置，创新协调机制，打造多层次融资市场具有十分重要的意义。

三、完善科技型中小企业的风险管理体系

科技型中小企业具有科技型和规模小的特点。企业规模较小，抵御经济变化等系统性风险的能力较弱，同时企业的产品和服务是以科学技术为基础的，科学技术与成果之间的转化风险导致了企业的现金流量不稳定，因而在向银行等信贷机构进行融资时，银行等信贷机构会面临较大的信用风险。建立完善的针对科技型中小企业的信用风险管理体系一方面可以使得银行等金融机构对企业有一个系统的了解，缓解银行与科技型中小企业的信息不对称现象，帮助科技型中小企业解决融资问题；另一方面，也可以降低银行等金融机构面临的信用风险，针对科技型中小企业的特点设计符合科技型中小企业的融资方案。

（一）进一步完善科技型中小企业信用评级系统

目前，大多数银行在内部均采用5C、5W、5P等要素分析法来对企业进行信用评级。目前的信用评价体系在以下三方面存在不足之处：①信用评级指标的层次少，数量较少，难以对科技型中小企业做出准确的评价；②银行的信用评级对所有企业均适用，但是缺乏针对性，银行没有针对科技型中小企业建立信用评级系统，导致了二者之间的信息不对称现象；③指标设定过于传统，不利于银行对科技型中小企业的深度了解，导致银行惜贷而中小企业融资难融资贵的现象。

1. 设计科技型中小企业的信用评级指标。本书对原有的指标进行重新梳理和删减，降低资产负债率、净资产收益率等传统财务指标的比重，可以从企业的

财务状况（如流动比率、资产负债率等）、发展前景（如产业政策、行业前景）、现金流量（如现金流动负债比率、销售现金比率等）、技术与创新能力（如无形资产比率、R&D 投入比率、技术开发人员比重）、成长与发展能力（销售收入增长率、净利润增长率等）、企业基本素质（管理层素质、员工素质、企业组织结构等）、企业信用记录（合同履约情况、偿债意愿）这六个方面来完善企业的信用评级指标体系，从多方面了解和分析企业的信用状况。科技型中小企业的发展特点是成长性好、科技水平较高，信用评级指标中应该具有能够反映科技型中小企业发展特点的指标，如企业的技术与创新能力、发展前景等，使得银行在对科技型中小企业进行信用评级的过程更加客观和真实。

2. *在科技型中小企业的信用评级系统考虑碳的因素*。根据赤道原则的要求，金融机构在贷款时要对项目可能造成的环境影响进行评估，促进社会的和谐发展。本书在现有指标的基础上，加入了碳的因素，从企业环保工作落实情况（企业违法违规情况、环境事故影响情况、环保公益履行情况、碳减排项目管理制度是否健全、环境披露机制完善程度）和碳减排信息（企业历史碳排放量占高技术产业碳排放量之比、过去实施节能减排项目的碳减排量、单位增加值碳排放量与高技术产业基准能耗之比、历史碳减排项目投资额占总投资之比、环保投资额占所在地区环保投资额之比）指标两个方面完善了企业的碳信贷指标，鼓励科技型中小企业积极参与节能减排，履行环境保护的责任，促进中小企业的可持续发展。

（二）建立碳信贷风险预警机制

在对科技型中小企业的信用风险进行初步评估以后，银行在决定贷款之前还应该分析企业的财务和碳排放等预警指标来计算企业的风险预警值，进一步评估碳信贷的信用风险，并且根据各个企业的碳信贷风险预警值，为企业设计合适的贷款条件、金融产品，可以在降低银行面临的信用风险的情况下，使科技型中小企业顺利获得融资。碳信贷预警机制在银行的运作流程如图 7-9 所示。

碳信贷风险预警需要信息作为支撑，银行可以通过从科技型中小企业财务报告获得财务信息，调查科技型中小企业的客户和供应商获取客户信息和关联信息，咨询环保部门获得企业的环保工作落实情况，从中国人民银行等金融监管机构获得企业的信用信息。这些信息通过银行的内部的模型预警和规则预警进行风险排查，重点关注银行面临的信用风险。银行一般需在事前设定风险预警值，对于高于风险预警值的企业，银行可以增加贷款条件、提高贷款利率等方式转移信用风险。风险预警是一个事前风险管理机制，有利于银行在对科技型中小企业的授信过程中降低风险。

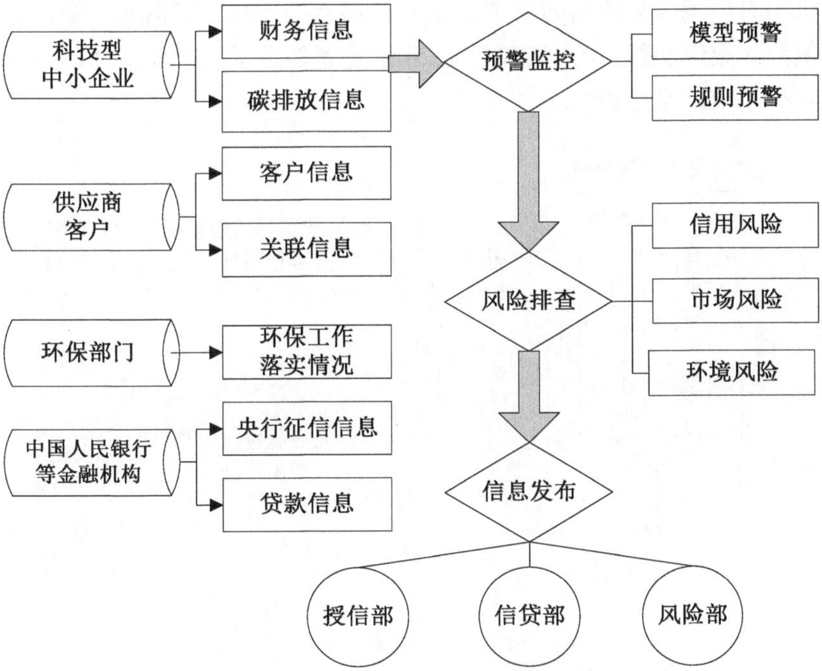

图 7–9　银行碳信贷风险预警机制

（三）建立科技型中小企业信用信息共享机制

构建一个科技型中小企业信用信息共享系统，一方面有助于银行等信贷机构及时了解企业的信用信息，便于银行从中选择指标进行信用评级，降低银行获取企业信息的难度和信息不对称带来的信用风险，推动银行碳信贷的发展。另一方面便于利益相关者了解企业的真实情况，如政府部门可以通过共享机制获得企业有关碳排放、资源消耗等方面的信息，为政府政策的制定奠定基础；公众可以通过了解企业的碳排放等相关数据参与对企业的环境监督。强制要求科技型中小企业通过信用信息共享系统披露信用信息可以起到对其监督的作用，并通过其他机制的有效结合使科技型中小企业能够进行绿色运营，银行能够进行碳信贷，从而起到保护环境的作用，解决企业的融资难题。科技型中小企业信用信息共享机制如图 7-10 所示。

目前，我国已经开始逐步推动社会信用信息共享机制的建设。2008 年，中国环境保护部颁布了《国家环境保护总局中国银行业监督管理委员会信息交流与共享协议》，要求在环保局和银监会之间建立信用信息共享机制，环保局为银行业等金融机构在授信过程中提供环境数据作为支持，同时银监会向环保局提供银行等金融机构对环境信息使用的反馈意见。2014 年 12 月，中国人民银行征信中心与环境保护部政策法规司等 8 家单位在北京签署信息采集合作文件，进一步推动了我国社会信用体系建设。

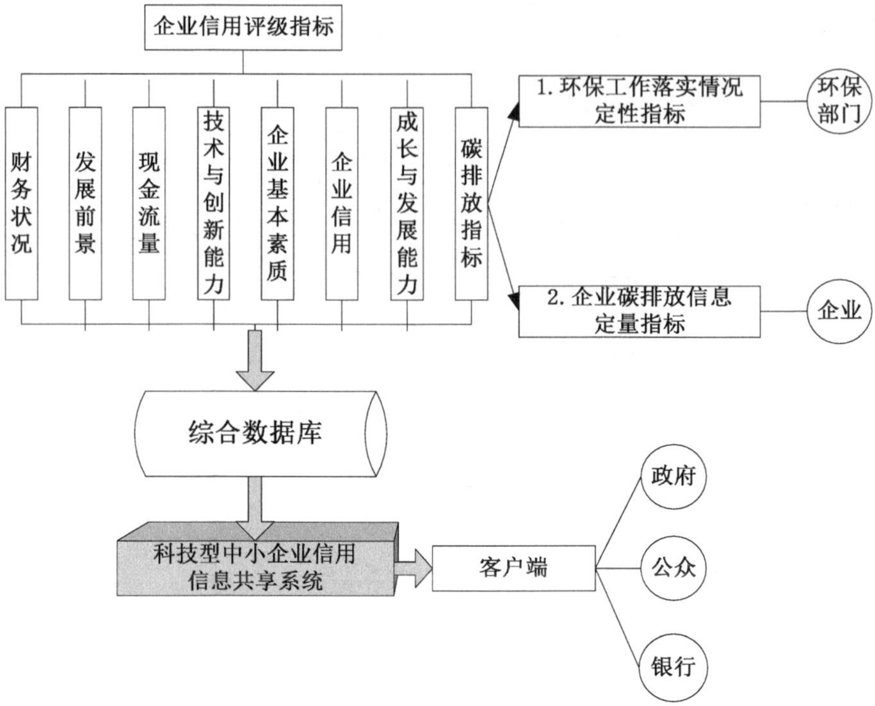

图 7-10　科技型中小企业信用信息共享机制

第三节　科技型中小企业碳信贷的机制构建

科技型中小企业自身存在的问题是造成其融资困难的内在原因，科技型中小企业对风险的抵御能力较差，信息披露制度不完善，信用意识不强，以及科技成果转化率不高是导致银行不愿意为科技型中小企业贷款的重要原因。在对碳信贷的推行路径分析中，本书认为科技型中小企业应该从提高财务绩效、科技创新能力、信用水平这几个方面来增强自身的实力，推行碳信贷的实施，其中最为重要的是提高企业的科技创新能力。基于对科技型中小企业存在问题的分析，本书从完善碳排放核算和披露机制、优化科技成果转化路径、提高信用水平、引入物质流成本会计（MFCA）控制环境影响四个方面完善科技型中小企业碳信贷的对策。

一、碳排放核算与披露机制

（一）碳排放核算

企业污染物事后处理面临环境质量降低和治理成本高两大弊端。企业降低污染物排放以履行其社会责任并赢得可持续发展，加大节能减排和低碳技术的研发需要政府的支撑和知识产权的保护来添加动力。更为重要和直接地是，作业过程和产品结构是污染物的重要排放来源，这主要归结于现行的会计核算系统和信息披露机制。因此，有必要利用作业成本法来核算企业的环境成本，进而对企业的业务流程和产品进行优化和改造。

作业成本法（ABC）是一个以作业为基础来分配产品间接成本的科学信息系统①。现有的理论研究表明作业成本法的资源—作业—产品的分配流程可以应用到环境成本的计算中来，提高环境成本核算的准确性。文森泰等（2012）认为企业需要构建成本反向跟踪图，运用作业成本法的原理将企业的作业的环境成本准确合理地分摊到企业的产品中。企业可以根据自身的业务流程来设计成本反向跟踪图，也可以聘请外部专家来设计，其内容主要是反映企业的业务流程中的物料、系统、能源及污染物之间的勾连关系，包括企业的每一个作业，每一个作业都是某一确定的的实体。为了更加简洁清晰的阐释，本文使用e_i代表在成本反向跟踪图中的第 i 个实体，以 F 代表最终产品、A 代表作业以及 N 代表污染物的一组实体。

以某产品f_1为例，其成本反向跟踪图中各实体都可用箭头连接起来，箭头从实体e_i延伸至实体e_j表示e_j是e_i的成本组成部分，用$<e_i,e_j>$表示。同时，f_1的环境成本来源于$a_1,a_2,a_3\ldots\ldots,a_i$，而$a_1,a_2,a_3\ldots\ldots,a_i$及$a_{i+1},a_{i+2},\ldots\ldots a_n$的环境成本则可能由$n_1,n_2\ldots\ldots \mathrm{n}_n$种的某一种或几种构成。通过引入序列 L 记录成本跟踪图中各实体的关系，序列中，若$<e_i,e_j>$存在，则$l(i,j)=1$，否则，$l(i,j)=0$。基于产品作业过程的成本反向跟踪如图 7-11 所示。

① 徐瑜青，王燕祥，李超. 环境成本计算方法研究——以火力发电厂为例. 会计研究，2002，03:49~53

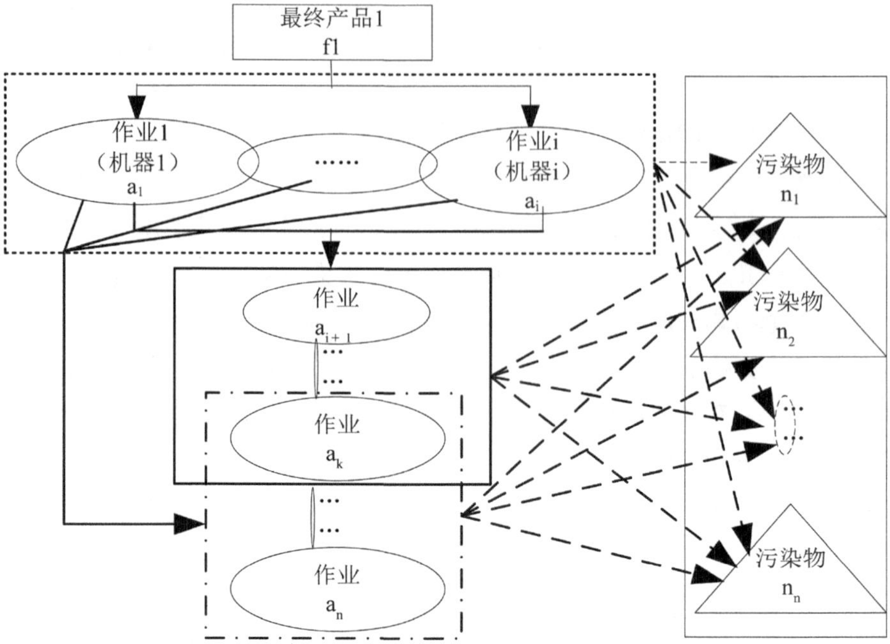

图 7–11　基于产品作业过程的成本反向跟踪图

假设e_i的成本组成部分构成集合$\mathrm{Out}(e_i)$，一个实体只有满足$l(i,j)=1$时，才有$e_j \in (e_i)$；相反地，只有在$l(i,j)=1$时$e_j \in \mathrm{In}(e_i)$。各实体之间的路径构成一个有方向（箭头）的序列，设序列$P=\lim\limits_{m\to\infty}(\sum_{s=1}^{m}(L)^s)$，以此表示任意双实体间的存在的路径数，那么$p(i,j)$是$e_i$与$e_j$之间的所有路径的总和。

本书用$d(e_i,e_j)$表示每一种单位实体e_i直接需要e_j实体的数量。但在现实生产活动中，一些实体以间接的模式来消耗其他实体，因此使用$td(e_i,e_j)$表示每一单位实体e_i通过直接和间接两种方式需要e_j实体的总的数量，则$td(e_i,e_j)$的值可以通过公式（7-1）进行计算：

$$td(e_i,e_j)=\begin{cases}0,\cdots\cdots\cdots\cdots\cdots\cdots\cdots\cdots\cdots\cdots p(i,j)=0\\1,\cdots\cdots\cdots\cdots\cdots\cdots\cdots\cdots\cdots\cdots e_i=e_j\\\sum\limits_{\forall e_k\in Out(e_i)}d(e_i,e_k)td(e_k,e_j)\cdots\cdots p(i,j)>0\wedge e_i\neq e_j\end{cases}\qquad \text{公式（7-1）}$$

企业一项作业的进行可能伴随着某些污染物的流出，因此相应地产生了环境成本。假定e_j是某类污染物质，以$EC(e_j)$作为该污染物质的环境成本，则所有实体的总的环境成本可以利用公式（7-2）计算：

$$TC(e_i)=\begin{cases}0, \cdots\cdots & e_i \notin N \wedge Out(e_i)=\phi \\ EC(e_i), \cdots\cdots & e_i \in N \\ \sum_{\forall e_k \in Out(e_i)} d(e_i,e_k)TC(e_k)\cdots\cdots & e_i \notin N \wedge Out(e_i) \neq \phi \end{cases} \quad \text{公式（7-2）}$$

进一步地，e_i被单个污染物e_j引起的部分环境成本$PC(e_i,e_j)$可以用公式（7-3）计算，而是e_j由生产每个e_i所导致的，$td(e_i,e_j)$是作为制造每一单位e_i产生的污染物e_j的集合：

$$PC(e_i,e_j)=td(e_i,e_j)EC(e_j), e_j \in N \quad \text{公式（7-3）}$$

（二）信息披露层面

信息的沟通与共享是融资机制不可或缺的一部分。一方面，科技型中小企业大多没有上市，我国目前的法律法规还没有要求非上市公司必须进行信息披露；另一方面，科技型中小企业缺乏主动披露信息的意识，没有认识到信息是影响其获得融资的关键因素，导致科技型中小企业的信息披露滞后于上市公司，银行不能获得科技型中小企业的真实情况，因此阻碍了其获得融资的渠道。因此，需要建立完善的科技型中小企业的信息披露制度，加强科技型中小企业的信息披露监管，从而提高银企双方的信息交流与了解。

对于在创业板上市的科技型中小企业，其信息披露属于强制性信息披露，受到证监会和证券交易所的监管，其信息披露是按照政府部门出台的法律法规的要求来披露的，信息质量较高；对于非上市的科技型中小企业，其信息披露受到的监管力度较低，信息披露制度不完善，信息披露的数量少、质量低、不完整等问题加大了企业的融资难度。

可扩展商业报告语言（XBRL）是专门用于财务报告编制、披露和使用的计算机语言，可以对企业输入的数据进行识别分类，企业只需输入一次就可以重复使用这些数据，并且在数据输出环节可以将不能自动读取的信息转化成可以自动读取的信息，便于信息使用者理解和获取。利用可扩展商业报告语言披露信息可以降低科技型中小企业的信息披露成本，提高信息披露的效率，有利于银行等信贷部门直接获得科技型中小企业的信息，便于发展与科技型中小企业的关系型融资。尤其是非上市的科技型中小企业，其信息披露缺乏统一的标准和规范，利用可扩展商业报告语言还可以提高信息披露的可比性，提高了信息在银行信贷决策的相关性，科技型中小企业可扩展商业报告语言碳信贷信息披露机制如图 7-12 所示。

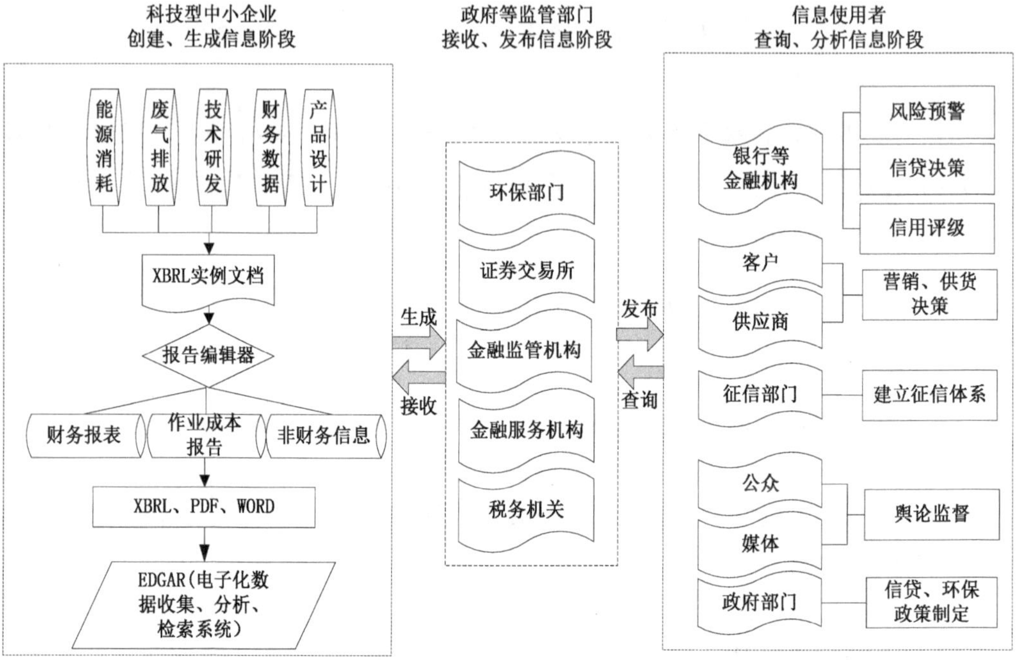

图 7-12　科技型中小企业可扩展商业报告语言（XBRL）碳信贷信息披露机制

信息的真实性和完整性是科技型中小企业获得融资的前提和保证，企业披露的信息对于银行信用评级产生重要的影响，直接影响到企业融资问题的解决。因此，非上市科技型中小企业在完善信息披露制度的同时还需要自觉提高信息披露的质量，保证披露信息的真实性和完整性，提升自身的信用水平。政府也需要对科技型中小企业的信息披露进行一定的约束。一方面可以通过聘用独立的第三方机构对科技型中小企业的信息进行独立审计，对信息的真实和可靠提供合理保障；另一方面，将科技型中小企业的信息纳入社会信用体系，一旦企业出现违规披露、不及时披露、虚假披露等现象时，在社会信用体系中予以反映，形成对企业的硬约束。

二、科技成果转化路径优化

科技成果转化率直接影响我国经济的增长方式的转变进程。经过 20 多年的经济飞速增长，我国经济成果举世瞩目，然而经济的快速增长仍以资源和劳动力的高消耗为代价。以科技进步为经济发展的主要推动力的集约型发展模式成为我国经济发展追求的模式。如表 7-8 所示，给出了 2007~2012 年我国高新技术产业专利申请量和发明专利量：

表 7–8　2007–2013 年我国高新技术产业专利申请量和发明专利量

指标＼年份	2007	2008	2009	2010	2011	2012	2013
专利申请数（件）	34446	39656	71337	59683	77725	97200	102532
有效发明专利	6658	8141	41170	50166	67428	97878	115884

资料来源：2014 中国高技术产业统计年鉴

由表 7-8 可知，我国专利申请量和发明专利量逐年增加，截至 2013 年，我国的专利申请数达 102532 件，有效发明专利 115884 件。该成果由图 7-13 可以更直观地得到。

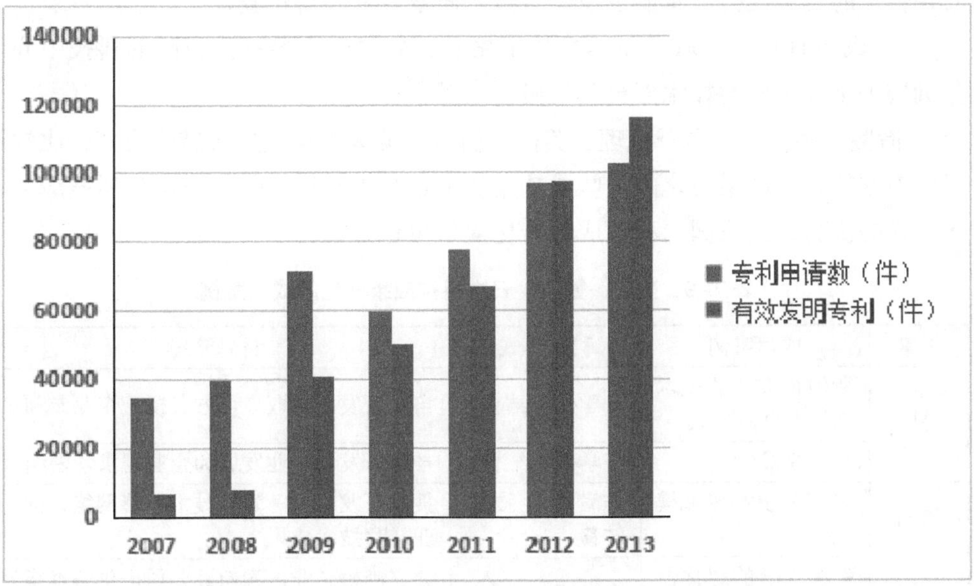

图 7–13　2007–2013 年我国专利申请数和有效发明专利量

资料来源：2014 中国高技术产业发展年鉴

虽然我国专利技术发展呈现上升趋势，但根据国家发改委公布的数据，截至2015年，我国的科技成果转化率10%左右，与发达国家40%的转化率相距甚远，阻碍了我国科技水平的提高。促进科技成果的转化成为科技型中小规模企业可持续发展的关键。导致科技成果转化率低下有很多原因，具体归纳为以下五点：

1. 缺乏转化技术的有效运营机制[①]。一方面政府科技成果商业化缺乏组织协调，部门分割、行业分割严重。另一方面，我国尚未完全建立以发挥科技资源优势为重点的科技成果转化机制，这在一定程度上阻碍了科技与成果之间的相互转化。

2. 成果转化主体不明确且力量分散。其中，高等学校和科研院所的转化动力不足，转化意识不强，各类企业往往把自身研发的核心科技作为机密而不进行市场推广。各类中介机构需要在研发方和转化方之间建立桥梁，促进二者间相互合作，将科技转化为成果。在这三类成果转化主体中，每一个主体都存在成果转化的问题，导致成果转化往往不成功。

3. 企业和科研单位信息不对称。科研人员对实际情况了解不够，研究出来的成果难以满足实际需要，使企业难以利用。

4. 科技成果转化的投入不足。政府对科技成果转化不够重视，缺乏对科技成果转化的资金支持，企业也没有将技术研发放在关键位置。

5. 我国科技中介服务组织发展不完善，组织形式单一。我国的科技中介服务机构少，高素质的技术人员队伍极为缺乏。

借鉴国际经验，本书梳理了美国、德国、英国的科技成果转化方式，比较这三个国家的科技成果转化的一些成功案例（如表7-9所示），得出国外科技成果转化模式的优势，为我国的科技成果转化提供可选方案。

表7–9　美国、德国、日本科技成果转化的成功案例

国家	成功案例	科研模式	科研管理
美国	斯坦福大学的技术许可办公室模式	产学研相结合	自主研发，采取许可方式授予企业专利
	硅谷模式	产学研相结合	技术研发与产业发展和企业需求紧密结合
德国	史太白技术转移模式	非营利性技术转移	搜索研发成果，建立技术转移网络，向企业转移技术成果
英国	剑桥大学的孵化器运营模式	产学研相结合	建立剑桥企业，为新建公司提供咨询指导和知识产权相关服务

① 王华雨，我国科技成果转化存在的问题及对策，河南科技，2012，21：37~38

由上表可知，国外科技转化有三大特点：（1）注重本国现实科研情况，优化科研结构；（2）注重运用法律和政策促进研究型大学科技成果转化；（3）借助于科技中介机构完成科技成果的转化。首先，企业应该根据科学技术的特点和市场需求设定特定的科技成果转化链，科技成果转化大致可以分为市场预测、成果研发、成果转移、成果使用阶段。科技成果转化模式应与市场的需求相吻合，这样研发出来的产品才能为社会所利用。科技成果转化链如图 7-14 所示。

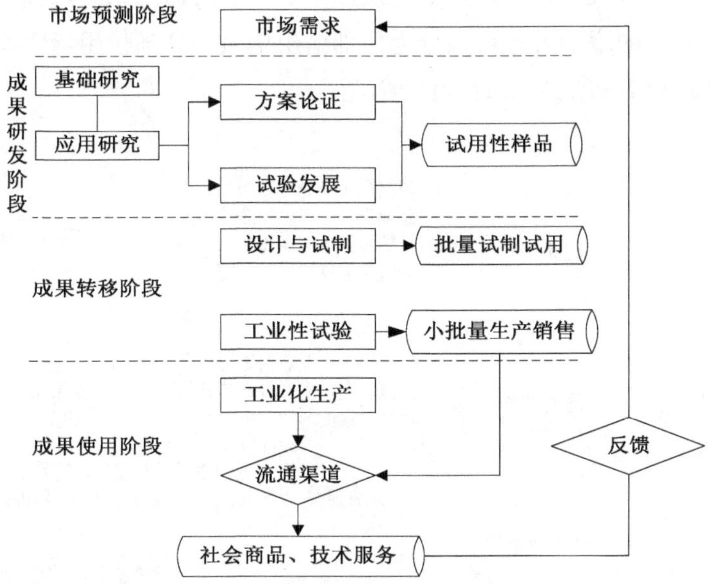

图 7–14　科技型中小企业科技成果转化链

其次，了解科技成果转化的影响因素，重点关注对科技转化成果影响大的因素。例如企业自身的资源，包括研发水平、资金获取渠道、市场营销管理以及人才建设等影响着科技成果转化模式的选择。另外，一些非技术因素和政策因素对科技成果的转化也有潜移默化的作用。

最后，构建完善的技术成果转化机制。一方面，政府、成果完成方和成果转化方相互合作，提高科技成果转化率。政府应该给予一些在技术上先进、技术研发比较成熟、市场前景广阔但成果转化不良的项目进行一些引导。另一方面，建立完善的专业成果转化信息共享平台。科技成果需要一定的平台和渠道才能被社会所认同和接受，才能使得转化为成果的技术具有市场前景。这些平台和渠道包括：科技成果转化服务交易平台、中国高科技成果转化信息网等互联网渠道；专业市场、专业展览、科普场馆等现实交易平台。这些渠道和平台为公众和成果完成方、成果转化方搭建桥梁，促进科技信息共享和交流，增进公众对科技成果的了解。

三、提高科技型中小企业的信用水平

（一）科技型中小企业“增信”平台建设

科技型中小企业的信用风险过高是银行不愿意为中小企业贷款的重要原因。通过信用增级的方式可以有效降低科技型中小企业的信用风险，提高其信用级别。科技型中小企业的增信方式可以分为内部信用增级和外部信用增级。目前科技型中小企业的增信方式汇总如图 7-15 所示：

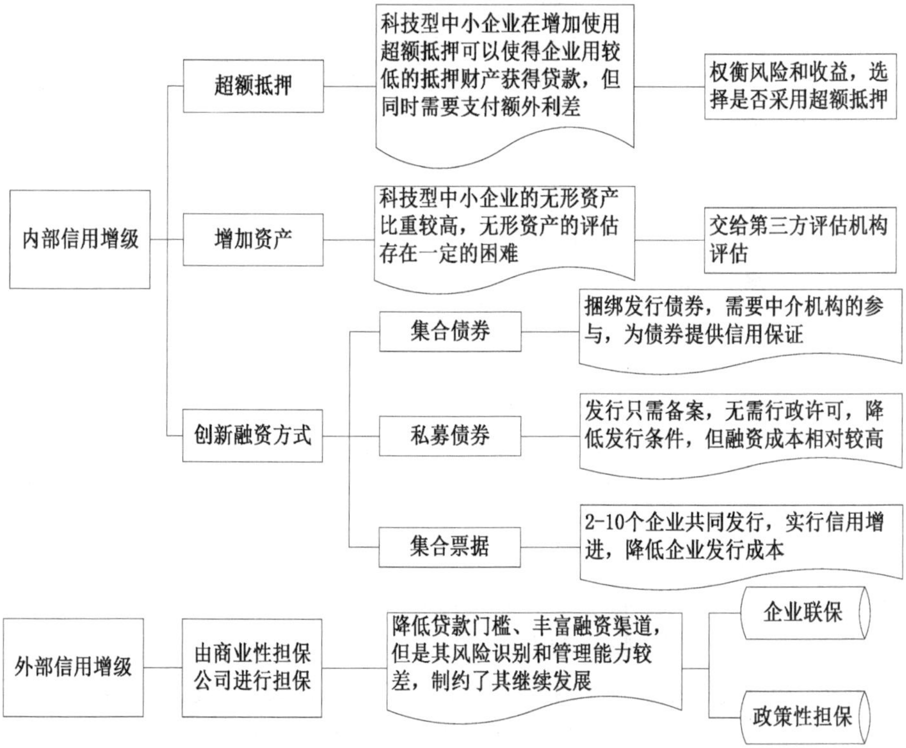

图 7-15　科技型中小企业的信用增级方式

借鉴国外经验，我国科技型中小企业增信机制仍不完善，应该在已有的增信方式基础上进一步创新。在内部增信方式上，已有的融资模式虽然放宽了发行条件，但是其融资成本较高，对科技型中小企业是一笔较大的负担，企业可以利用自身的资产进行融资方式的创新，如利用应收账款债权流转业务进行信用增级。

在外部信用增级上，企业不能单独依靠商业性担保机构进行担保，而要进行担保方式的创新，如企业之间可以实行互保机制、政府可以为企业提供政策性担保等。

应收账款债权，其凭证从申请、流转、到期回购、兑付全过程都必须通过管理公司登记办理，债权流转业务是科技型中小企业当前较受欢迎的融资形式。首先，应收账款债权凭证的出具是由申请人提供有效资产为应收账款抵质押，并存入保证金作为回购保证。其次，业务由融资性担保公司和非融资性担保公司提供多级担保，当回购人无力回购则由担保公司及时代偿，若担保公司代偿后仍有不足，则由管理公司动用统筹保证金垫付，再向回购人追偿。最后，参与流转业务的企业和商户，必须是管理公司董事会。这种从双重保证、确保回购到多级担保、及时代偿再到系统登记、实名确权的过程，有力地保证了应收账款债权业务的安全性、流动性和收益性。其业务流转原理如图 7-16 所示：

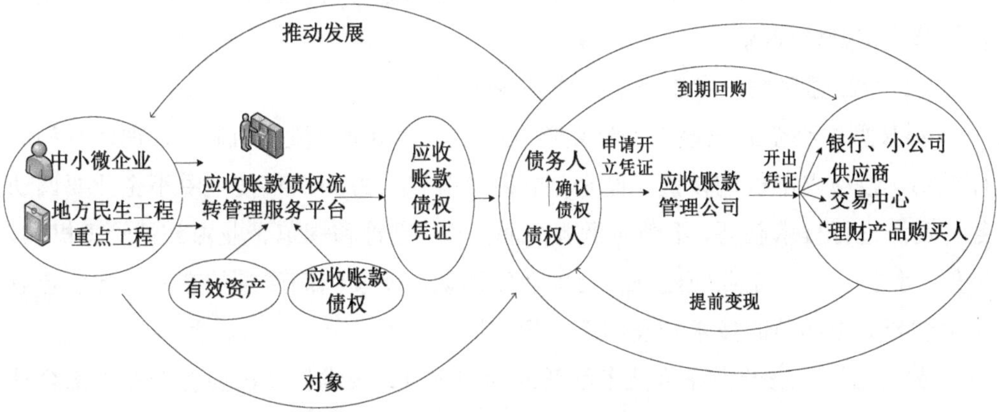

图 7–16　应收账款债权流转业务原理

其中，应收账款管理作为流转过程的重要环节，其风险管理可以从三方面进行运作：

1. 风险识别：风险管理人员首先确立风险管理目标、查找风险源、分析风险类型、受险部位和风险损失程度。然后，找出申请人的风险因素诱发风险事故而导致的风险损失。最后，根据申请人整体的风险管理计划，识别出需要管理的风险对象和范围，制定风险应对措施，并开展进一步调查，最终提交风险识别调查报告。

2. 风险评估：全面考虑固有风险和剩余风险，采取集体讨论、实体访谈、调查研究、设定基准、概率评估技术和非概率分析技术方法，将定性和定量相结合进行评估。

3. 风险管理：积极的流动风险管理是企业获得成功的核心因素。现金流量缺口的实时监控，建立风险预警机制，要求申请人实施流动性危机管理计划。企业应制定合适的风险管理方案，以公司的发展战略为目标，根据公司的内部环境和外部环境来确定风险管理标准，选择风险规避、风险转移、风险转换、风险补偿和风险控制等适当的管理工具的总体措施，确定与之匹配的人力和财力资源。

为响应中央“盘活存量、用好增量”的指导方针，2011 年起天津和安徽作为全国的试点省市，积极开展应收账款债权流转业务。2014 年 8 月，由中国科学技术大学管理学院、合肥工业大学、安徽海汇金融投资集团三方合作研究的应收账款债权流转平台，经过三年多的试行，平台的资金规模已经达到 256 亿元，共有 39 家中外资银行参与合作，569 家中小型企业通过平台以较低的成本盘活应收账款，解决了融资问题。

（二）加强科技型中小企业的内部管理

科技型中小企业应该进一步完善内部机制，如优化激励机制、管理体制和运行机制、改革内部机构设置、健全创新网络等。一方面，科技型中小企业要调动各种资源进行技术创新，不断协调各方面工作，完善和规范企业内部的管理机构。另外，科技型中小企业应建立自己的研发团队，研发出高质量的产品，促使企业技术创新关键环节的技术开发体系发挥作用。

另一方面，进一步完善技术创新的管理制度。技术创新需要有企业内部合理的制度提供保证，在合理制度的基础上，企业的技术创新活动才能得到全员的支持与参与，激发公司的创造活力。

1. 引进创新人才

当前，我国创新人才缺乏，制约着科技型中小企业的创新活动。创新人才不再仅仅追求经济利益，随着其生活质量的提高，创新人才越来越关注其社会地位和社会知名度等其他方面的环境。因此，要吸引国内外人才参与技术创新，可以从以下四个方面完善现有的人才引进机制：①提供更好的工作和生活条件，吸引技术创新人才，如建立完善的激励和选拔制度激励科技人才的创新。②创新分配制度，分配制度多元化，鼓励按照科技成果分配收入。③完善人才流动机制，为技术创新人才的流动创造条件，放宽技术创新人才的进出管理。④探索多元化的激励机制。对科技型中小企业中做出突出贡献的人员给予提成、奖金等多种形式的激励，并对人员进行培训、考核与待遇相结合的机制，激发员工的创造力。

2. 技术创新激励

首先，科技型中小企业应完善人事分配制度，根据员工的能力合理分配员工的工作，提高员工的工作效率，培养员工成为科技创新的主体，激发员工的创新积极性和主观能动性，充分发挥各自的潜力。其次，针对不同类型、不同层次的创新建立奖励制度，科学合理地制定技术创新项目绩效评价体系。采取股权激励方式让员工持股，参与企业的经营管理，鼓励员工进行技术创新，有利于营造创新的企业文化，强化企业的创新意识。最后，科技型中小企业应该进一步推动组织制度的创新，建立一个尊重创新、层次分明的开发体系，逐步完善开发体系的运行制度，加强企业研发和各个生产运营流程的信息共享与合作，从而实现企业研发的规模经济效应。

（三）科技型中小企业的产业集群优势

1. 构建核心共性技术研究开发的新体制

所谓共性技术是指研发成果可以被一个产业或多个产业共享，对企业能产生深刻影响的一类技术。它是推动产业集群创新能力提高的关键，具有基础性、公用性和外溢性的特点。目前，主要我国科技型中小企业产业集群创新能力的环节就是共性技术和核心节能问题。构建一个高效率的共性技术，充分发挥科技型中小企业产业集群优势显得格外重要。为此，可从两方面进行研究，第一，对共性技术和核心技术的基础性研究。以政府政策为支撑，以高校和科研院所为依托，对产业集群内关联度高的技术进行重点击破。第二，建设核心关键共性技术创新基地，鼓励在技术上具有创新能力的企业与科研机构相互合作，充分发挥产学研三者相互融合所产生的协同效应，深入挖掘关键核心共性技术，以创新基地的形式形成示范效应，确保科技型中小企业形成技术产业集聚优势。

2. 实施创新型集群发展战略

为了培育和支持新兴产业的发展，2011 年科技部颁布了《创新型产业集群建设工程实施方案》鼓励企业形成创新型产业集群。创新型产业集群有助于我国建立与传统产业集群相比，具有协作性好、内部调节和适应能力强、创新能力充足的优点，有利于企业自主创新能力的增强，形成产业集群优势。产业集群优势有助于科技型中小企业获得融资，缓解融资困难问题。在实施创新型集群建设中，应以发展较为成熟、集群机制效应明显的产业集群为重点，发挥集群内部的协同创新效应，培育有地方特色的创新型产业集群。2014 年国务院批复支持苏南建设国家自主创新示范区。目前，我国已经在上海、天津、浙江、成都等地建成八个国家自主创新示范区。

3. 建立具有集群创新优势的科技成果转化机制

一方面，推动科技体制创新。借鉴国外经验，我国应出台相关政策，改革高校及科研院所的职称评审、工作考核、激励奖励制度等，利用高校以及科研院所在科技创新上的优势，促进产学研相结合，推出一条高校的科技成果转化路径。另一方面，鼓励科技型中小企业与高校、科研院所联合兴办研发中心，增强科技型企业的科技创新能力。政府可以建立如技术评估机构，无形资产评估机构，碳排放交易中心等为科技型中小企业碳融资提供中介服务。此外，政府还可以推动建立技术交流平台、创办科技博览会、融资洽谈会等，为科技型中小企业提供更多的融资信息，鼓励企业技术创新获得融资机会，推动企业的技术产业化，抢占科技产业制高点。

四、引入物质流成本会计（MFCA）控制环境影响

（一）物质流成本会计（MFCA）运行机理

物质流成本会计（MFCA）是对生产过程中的物质流动进行会计核算，首先创建以实物流成本为主的核算矩阵，将物质流量系统的各个组成因素进行相应的量化，根据系统内部的可视性可以增强物质流的生态引导作用，把生产过程中产生的废弃物所耗物质成本和相应的摊配的间接费用合并计算，将所有的成本或费用视为管理对象。相比传统会计来说，物质流成本会计（MFCA）在核算产品成本时不仅考虑期望性的正产品成本，而且纳入无法进行生产利用的废弃物质等负产品。核算的生产出负产品所耗费的成本，可以作为衡量企业碳排放的指标，为科技型中小企业碳信贷提供信息基础，并且可以通过制定标准成本对企业的负产品成本进行定量考核，进一步优化企业业务流程，降低企业的负产品成本，二者之间的差异如图 7-17 所示。

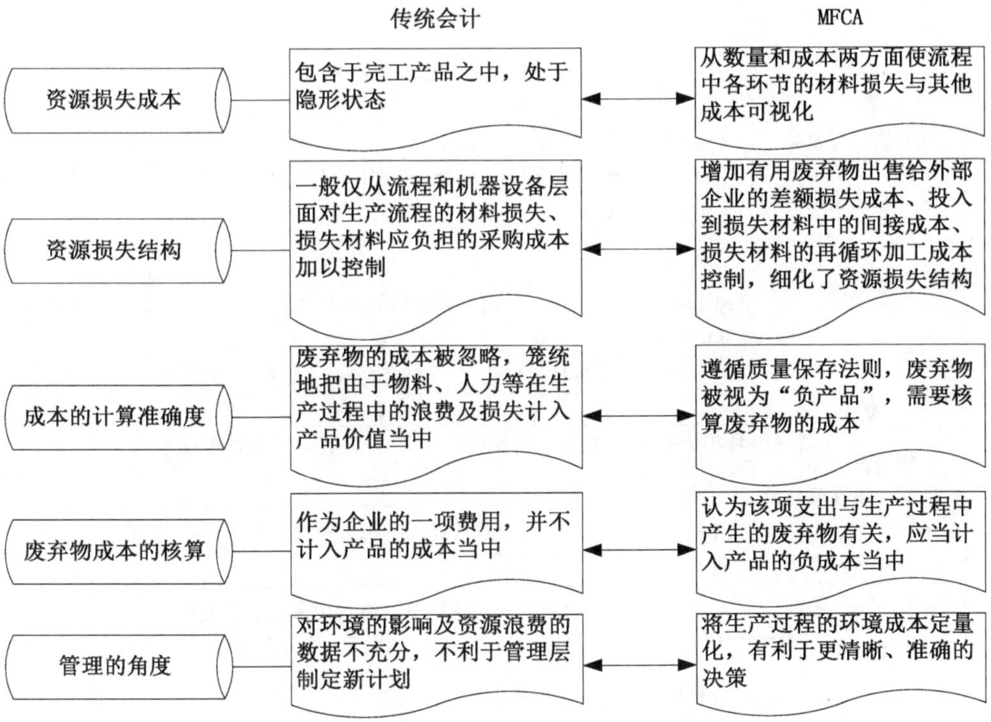

图 7-17　物质流成本会计（MFCA）与传统会计的比较

物质流成本会计（MFCA）的操作需要企业建立与成本核算相关的数据库，将企业的实物、货币信息纳入数据库中，并且根据企业的生产流程不断更新数据库中的数据，采用一定的会计核算方法对企业的物料成本、系统成本、能源成本三类实物流的成本进行核算，对正制品直接输出，对负制品还要进一步评估其对环境的影响，最终形成环境成本报告供信息使用者使用，为管理层制定决策提供支持，为银行信用评级提供信息来源。具体操作流程如图 7-18 所示。

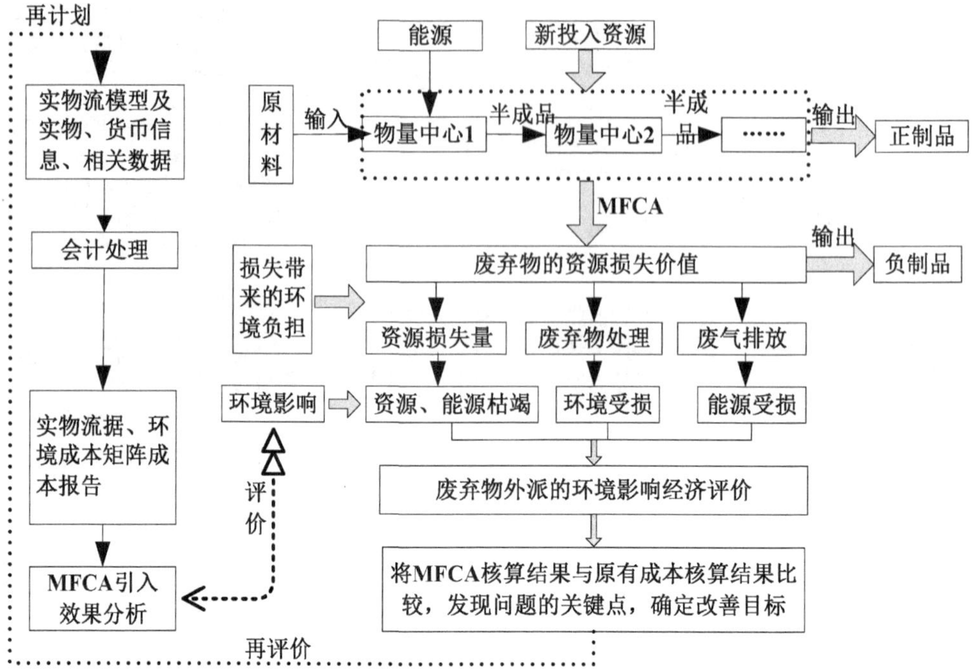

图 7-18 物质流成本会计（MFCA）与企业生产过程及环境绩效评价融合流程图

（二）物质流成本会计（MFCA）优势及应用范围

通过物质流成本会计（MFCA）可以为企业提供与产品生产运营相关的信息，主要可以分为以下三类：

1. 正制品成本信息，此部分产品信息与传统会计核算的信息基本一致，主要有生产过程中所耗费的料、工、费等信息；

2. 负制品成本信息，此类信息是生产过程中的非期望产生成本信息，主要有正常生产时产生的废弃物质、损失的物料以及修复造成的环境破坏产生的费用等信息；

3. 其他相关信息，大多为环保工作落实情况相关的信息，如企业环境违规情况、环境事故影响情况、环保公益履行情况、碳减排项目管理制度是否健全、环境披露机制完善程度、环保设备的运用状况等。

这些信息在企业内部进行流通，一方面可以帮助企业优化生产流程，进行成本考核，降低企业的环境成本，使得科技型中小企业在寻求信贷支持中获得优势；另一方面，利用物质流成本会计（MFCA）帮助科技型中小企业优化会计核算体系，提高企业会计信息的相关性和完整性，弥补了科技型中小企业在信息披露缺乏环境信息的缺陷，使得企业披露的信息与银行、政府、公众等信息使用者更加相关。

目前，物质流成本会计（MFCA）在我国主要应用于制造业。不少制造业企业引用物质流成本会计（MFCA）控制环境影响，达到企业内部的生态循环。物质流成本会计（MFCA）的建立成本较低，并不需要企业建立完备的计算机系统，只需要企业有简单的数据库计算表和计算器就可以，因此其应用范围不应仅局限于制造业，对于科技型中小企业也是适用的。本书认为物质流成本会计（MFCA）在制造业的成功应用可以引入科技型中小企业，帮助科技型中小企业降低碳排放量，优化企业的生产流程，提高企业的信息披露水平。

（三）引入物质流成本会计（MFCA）对策建议

物质流成本会计（MFCA）有利于提高企业的环境管理效益，为企业披露环境信息提供数据支持。因此，科技型中小企业应该积极引入物质流成本会计（MFCA）核算企业的环境成本。本书给出以下两个方面的对策建议：（1）建立内部信息共享机制，生产部门和财务部门应该加强联系，财务部门需要了解生产流程、废弃物排放和循环利用等情况，为企业核算环境成本提供信息基础，生产部门也需要根据财务部门核算的环境成本分析判断企业生产流程降低成本的可能性，从而有助于企业改进生产技术降低环境成本；（2）设置环境管理组织，由生产技术人员和财务人员组成，优化企业现有的业务流程，从技术手段上加以创新，降低企业的环境成本，并定期对企业的环境成本和效益进行定量考核。

第四节 环境主体的职能转变

一、低碳信贷发展的公众参与

健康环保的生活环境是人们幸福指数重要衡量标准。随着环境破坏给人类和谐稳定的生存环境带来的负面影响逐步增强，近年来，公众的环保意识逐步增强，公众已经开始作为一个监督机制制约企业的损害环境行为。根据公共物品理论，环境作为一种公共物品，其本身在消费上具有非竞争性和非排他性，但是其投入和产出具有不对称性，社会收益超过经济收益。因此，公众要想享受环境保护的社会收益，需要自觉承担起保护环境的责任。

本书认为让公众承担起保护环境的责任可以从低碳信贷发展公众参与机制：

一方面可以通过公众的加入监督科技型中小企业是否进行节能优化，是否符合银行等金融机构规定的碳排放标准，并及时采取措施；另一方面也可以使公民了解自己所处环境是否健康安全，及时反馈以便政府制定相关政策或通过法律手段遏制科技型中小企业的高污染高排放的“粗放型”经济行为。低碳信贷公众参与机制如图 7-19 所示。

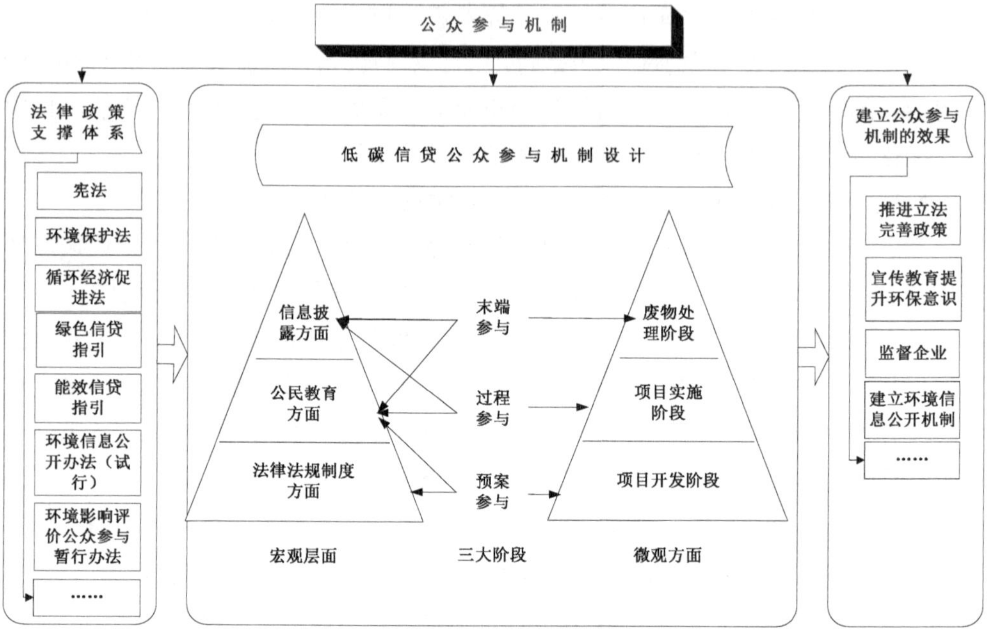

图 7-19　低碳信贷公众参与机制

科技型中小企业低碳发展公共参与机制依托《宪法》《环境保护法》《循环经济促进法》《绿色信贷指引》《能效信贷指引》《环境信息公开办法》《环境影响评价公众参与暂行办法》等法律体系的支撑，明确了公民对污染和破坏环境的单位和个人进行检举和控告的权力，但法律体系中并没有对低碳信贷公众参与机制进行立法，原有法律体系中也没有明文规定政府在决策和审批环境影响报告书时更多地采用哪种方式来促进政府与公众的良性互动。因而，构建低碳信贷公众参与机制有利于引导民间投资健康发展。

科技型中小企业低碳发展公众参与机制分为三大部分，分别是预案参与，即事前参于；过程参与，即事中参与；末端参与，即事后参与。从政府角度出发，主要就是推进相关立法，强制企业进行环境信息的披露，通过宣传来加强公众环保意识和知识等。微观角度就是站在公众的立场行事，首先是公共参与立法，参与企业的科技项目每个运营设计阶段，从全局视角考察项目的技术可行性、可能存在的环境问题及企业的解决方案，然后提出反馈意见。企业以此进一步修改、整合方案，在项目终结之后，监督企业的科技项目的废物处理情况。

通过公众参与可以更加完善相关法律法规政策体系；加强公众的环保意识；督促科技型中小企业自觉进行节能减排；建立健全的科技型中小企业碳信贷公开机制。公众参与机制的方式可以是多种多样的，如网络、电话采访等方式，政府也可以设置专门的环保监督小组进行实地访问，也可以采取听证会等形式为公众提供现场反馈意见的平台。

二、政府在环境保护中的职能转变

低碳信贷的根本目标是缓解目前日益严峻的环境问题。环境问题主要转化为公众生活质量、生产要素及社会安定等方面并反馈给政府供其决策。纵观我国环境治理的历史与成效，目前环境防治的问题主要表现在“无”和“软”两个层面，即核算不全面和监管不严格。本书认为政府在环境保护中需要提高并充分发挥其软实力，由于政府行政资源的有限性，其在环境保护中的作用可以概括为引导和强制。环境防治是以环境为基础、公众为中心、政府为引导的促进经济可持续发展的动态循环。一方面，政府通过会计准则和法律政策的完善来引导企业规范环境会计核算，为企业环境会计核算提供标准和参照，使得企业的环境信息相互可比，有利于银行等信贷部门对企业进行信用评级。另一方面，政府也需要加强对企业污染排放行为的监管，制定严格的惩罚制度来约束企业的污染行为。

环境保护中“经济、民生、环保”的博弈机理如图 7-20 所示：

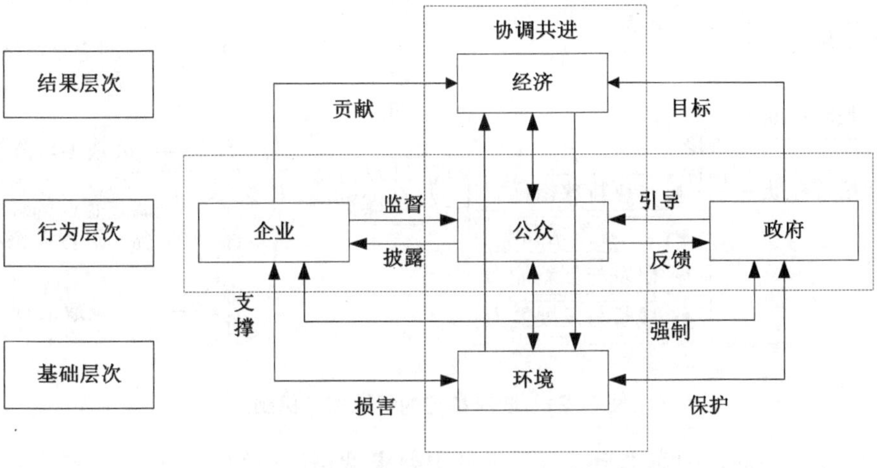

图 7–20　环境保护中“三力”的博弈机理

经济、民生、环保的博弈关系决定了环境防治的复杂性。三者关系中，企业行为在环境的基础上经过公众参与和政府监管达到经济发展的目标，污染物排放于经济增长是一种权利，于环境是一种损害；经济的持续性增长需要以安定的环境（自然环境和公众自我满足）为基础，而经济的增长则能提升公众生活水平和治理环境的能力；政府可能在经济实力增强到一定程度时才将环境问题提升至具体操作层面。环境保护需要兼顾经济利益和社会利益，政府在环境保护中的职能应从目前的污染治理转变成事前规避和防治，发挥其软实力约束企业的环境行为。本书建议政府从规划层面、技术层面、考核层面、披露层面全面着手改革环境保护机制。环境保护机制如图 7-21 所示。

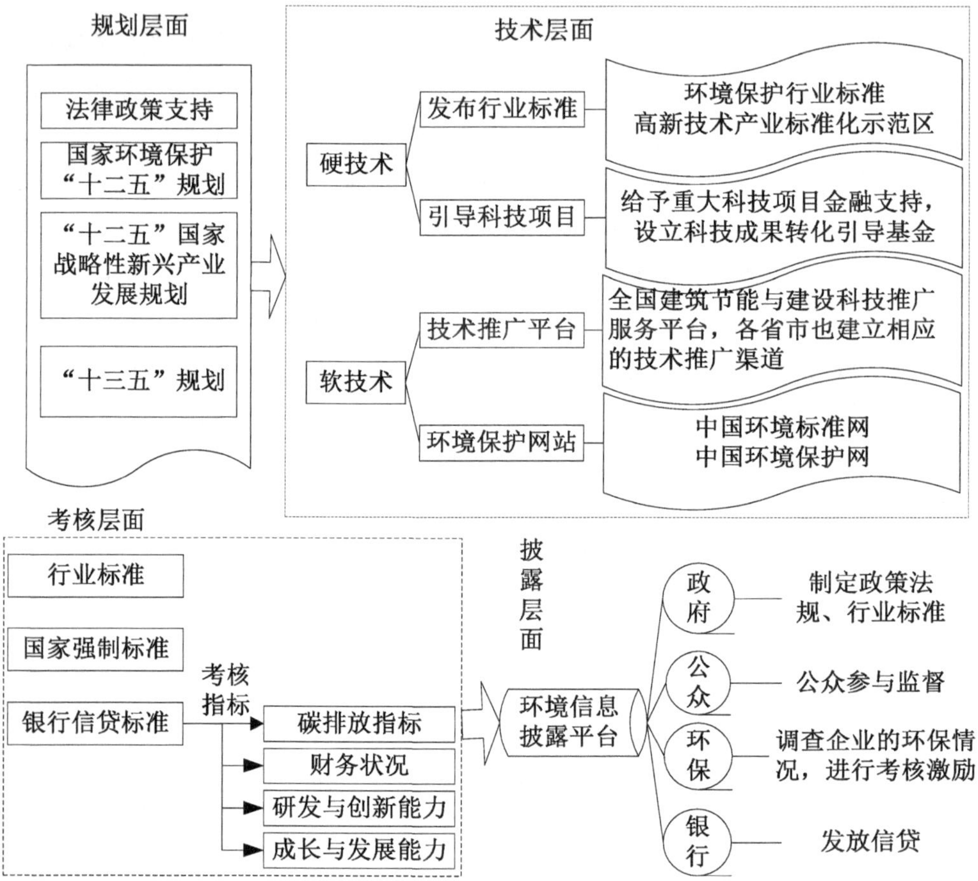

图 7-21 政府参与的环境保护机制

在规划层面，国家“十二五”规划中要求调整产业结构，重点发展高新技术产业，为高新技术产业创造良好的发展环境。政府先后颁布了《支持国家重大科技项目政策性金融政策实施细则》，为高新技术产业创造良好的融资环境，鼓励企业进行技术创新。国家环境保护“十二五”规划明确制定了环境保护的主要指标，提出了加大结构调整力度、加大二氧化硫和氮氧化物减排力度、强化生态保护和监管等相关政策措施。在“十三五”规划中，国家发改委也强调了进一步增加在环境保护、生态建设的力度。

在技术层面，政府应该加大从硬技术和软技术两个方面来完善环境保护机制。在硬技术上，政府应该在已有的行业标准的基础上，进一步完善与环境保护相关的行业标准，如针对高新技术产业的碳排放等标准，同时也鼓励各省市建立高新技术产业标准化示范区，以示范区的形式鼓励其他企业节能减排、科技创新。

在考核层面，政府可以采用国家强制标准、银行信贷标准、行业标准对企业的环境成本和环境效益进行考核，环保部门等可以根据考核指标的完成情况对企业实行惩罚或是激励机制，激发企业进行环境保护的动力。银行可以建立对科技型中小企业的碳信贷指标，对符合考核指标的企业放宽贷款条件，推动银行碳信贷的发展，解决企业的融资难题。

在披露层面，建立环境信息共享平台，可以为政府、银行、环保部门、公众提供企业的环境信息，为政府部门制定政策、公众进行环境监督、环保部门考核企业、银行提供获取信贷信息的渠道。